行政行为与公共服务论互证研究

A study on the Mutual Proof of Administrative Acts and Public Service Theories

黄泽勇 著

四川大学出版社
SICHUAN UNIVERSITY PRESS

图书在版编目（CIP）数据

行政行为与公共服务论互证研究 / 黄泽勇著． — 成都：四川大学出版社，2023.4
ISBN 978-7-5690-5741-6

Ⅰ．①行… Ⅱ．①黄… Ⅲ．①行政行为—研究②公共服务—研究 Ⅳ．① D035 ② C916.2

中国版本图书馆 CIP 数据核字 (2022) 第 193139 号

书　　名：	行政行为与公共服务论互证研究
	Xingzheng Xingwei yu Gonggong Fuwu Lun Huzheng Yanjiu
著　　者：	黄泽勇
出 版 人：	侯宏虹
总 策 划：	张宏辉
选题策划：	蒋姗姗
责任编辑：	蒋姗姗
责任校对：	庄　溢
装帧设计：	墨创文化
责任印制：	王　炜
出版发行：	四川大学出版社有限责任公司
地　　址：	成都市一环路南一段 24 号（610065）
电　　话：	（028）85408311（发行部）、85400276（总编室）
电子邮箱：	scupress@vip.163.com
网　　址：	https://press.scu.edu.cn
印前制作：	四川胜翔数码印务设计有限公司
印刷装订：	四川盛图彩色印刷有限公司
成品尺寸：	165mm×238mm
印　　张：	20
字　　数：	355 千字
版　　次：	2023 年 4 月 第 1 版
印　　次：	2023 年 4 月 第 1 次印刷
定　　价：	68.00 元

本社图书如有印装质量问题，请联系发行部调换

版权所有 ◆ 侵权必究

国家社科基金后期资助项目
出版说明

后期资助项目是国家社科基金设立的一类重要项目，旨在鼓励广大社科研究者潜心治学，支持基础研究多出优秀成果。它是经过严格评审，从接近完成的科研成果中遴选立项的。为扩大后期资助项目的影响，更好地推动学术发展，促进成果转化，全国哲学社会科学工作办公室按照"统一设计、统一标识、统一版式、形成系列"的总体要求，组织出版国家社科基金后期资助项目成果。

全国哲学社会科学工作办公室

序　言

人类社会进入新时期，具有新的特征，需要有新的理论和制度来提供更加符合人类实际需要的规则。人类社会的新特征之一是"抽象化"，即社会交易从自然人为主到拟制人为主，社会主体以拟制人（如公司）为主提供服务和产品，自然人在一定程度上去掉了情感、情绪，成为抽象的个体，以适应飞速发展的社会，甚至去人格化，让社会性、经济性、交易性占据主导地位，如破产（是一定程度上突显人的市场经济交易特性的制度）。规范自然人的基本规则是法律，法律是对抽象化的人进行调整，法治也是如此，是去人格化、抽象化。"法律的世界是一个人为建构的空间，而所谓法治，不但意味着要在生活世界之上人为地构造出一个法律世界，而且意味着人们自愿把在生活世界里面发生的冲突放到这个人为世界中去解决，并且接受其结果。"[1] 面对可以抽象的人、社会的人、可能理性的人，作为人类命运共同体的国家应制定出详细而具体的规范来调整社会主体行为和关系。法律规范是普遍的，形成的规范是可预期的，对未来的预测是相对稳定的，也是公共需要的，即给予抽象主体的抽象规则。在法治抽象规则中，行政行为是行政活动的基本范式，公共服务论是行政法学的基础理论，二者互为表里，互为指向，行政行为及其基础理论都是抽象化的结果，更是抽象化的过程和证明。本书研究行政行为和基础理论（公共服务论）之间的具体关系，衡量、比较行政行为和公共服务论，循着二者的基本发展轨迹，推理出行政行为与公共服务论实则互为支持和目的。

实施行政行为的原因、目的、原则和指向，评价行政行为施行结果的标准乃至规制行政行为的基本要求、行政主体范围、行政行为内容、法律规范制定及行政救济的原则和指导思想，需要有一以贯之的基本理论。法治实践者和法学理论研究者对此孜孜以求。事实上，法治理论与

---

[1] 梁治平：《法治的危机》，http://www.cngdsz.net/view/view—show.asp?viewID=105.

实践是交互发展、互相促进、混合发展、相辅相成的，不一定是先有理论后有实践，也不一定是实践总结后再出理论。实践发展到一定程度，就需要对其进行科学、全面的总结和概括，从而将感性认识上升为理性认识，即升华为理论；理论再指导和规制实践，对实践活动中的无序、混乱以及冲突现象不断进行总结，得出经验。通过观察近几十年的法治实践可知，社会快速进步，社会现象丰富多彩，规范也需要与时俱进，不断调适，不断完善。例如，对互联网、人工智能、基因工程等都需要不断总结规治经验，平衡保障社会主体的权利，继续形成稳定、可预期的社会规则，调整人们的生活和生产。原有的法学及行政法学的基础理论，经实践检验，有的继续发挥作用，有的可能会被调整，有的需要提炼形成新的有价值的经验，成为新的理论。行政法原有的控权论、服务论、平衡论、公共服务论继续发挥作用，指导行政法规则的完善和发展。各个学者亦可以选择不同的理论对法治实践进行解释，指导制定、修订新的法治规则。通过衡量，本书选择公共服务论对行政行为进行再衡量，对二者进行比较、适用、反向考察，期待深化公共服务论与行政行为之间的对接、契合、运用关系，是一种理论与实践结合的尝试。

行政行为是行政法实践中的公权活动内容，通过行政法理论的思考与抽象，形成一系列行政法片段，概括称为行政行为。国家建立了行政处罚、行政许可、行政强制等有关行政行为规范的法律体系；还建立了规范行业、部门的法律体系，包括土地、教育、安全、生态、市场、食品药品、工业生产等方面的部门法。各个部门法律规范中设定了管理监督实施手段，规范行政活动的具体展开。就理论而言，实施各项具体活动都遵循一定的指导思想、基本原则，即行政法基础理论。行政行为的设定和实施中是否需要遵循主要的行政法理论，如何遵循，遵循情况如何，目前还不得而知。本书从以下几个层面具体展开对行政行为与行政法基础理论之间关系的探讨。

第一，行政行为与行政法基础理论的契合度的考察。它包括：在不同场合规定的行政行为与行政法基础理论之间是否契合，在多大程度上落实了相互之间的契合。具体考察行政行为是不是行政法理论的落实。单个的行政行为可能是对社会主体行为的限制乃至惩罚，如行政处罚、行政强制等。从行政处罚、行政强制设定的理由及其实施效果来观察，究竟在多大程度上体现了公共利益？为维护公共利益，对少量个体利益的损害是否值得和必须？从公共利益角度思考，各个具体行政行为是否真实体现公共利益，是不是行政法基础理论如控权论、平衡论、公共服务论的体现？

第二，行政行为对行政法基础理论的落实程度的具体考察。行政法基础理论落实在什么行为里面？这个行为在什么情况下具体实现行政法基础理论内涵？行政行为的真实基础是什么？行政行为在何种程度、何种方面体现了行政法基础理论内涵？将一项一项的行为与相关理论直接对照考察。例如，个人驾驶机动车时违反《中华人民共和国道路交通安全法》被行政处罚（罚款）、社会主体纳税、社会主体接受行政检查等活动到底体现了什么理论？在哪里体现？理论是否落实？行政法理论（平衡论、公共服务论）与行政行为（行政检查、行政处罚）二者的具体体现如何，需进行对照、核对后，得出基本认知。

第三，行政行为与行政法基础理论之间的深层次关系探索。二者具有多层次关系，是否有冲突？冲突大不大？行政法基础理论与行政行为之间是否有张力？行政行为不体现行政理论时会发生什么现象？例如，违法行政行为、不适当的行政行为就不是理论（公共服务论）的体现，或者是公共服务论的扭曲。理论不支持的行政行为是否就是违法行政行为或者不适当的行政行为、需矫正的行政活动？在什么情况下行政行为与行政法基础理论之间会产生互动？新的理论支持新的行为，新的行为接受新的理论支持，那么要如何设定、修改一项行政行为的理论？

第四，行政行为与行政法基础理论二者相互不支持的原因探究及其处置。行政行为与行政法基础理论之间是否完全支持？如何判断二者关系？判断标准是什么？是否采用司法或立法判断标准？如何对法律规范进行合法性审查？符合法律规定的就是正当、合理的？不符合法律规定就不是合法行政行为？立法行为本身怎么来约束和判断？理论、行政行为与法律规范之间怎么衔接对应？理论与行为之间还有几种可能的排列情形？是否存在合法不合理、合理不合法的情形，怎么处理？司法要判定一项行政行为违法，是不是这个行为不受理论（公共服务论）的支持？合法的行政行为得到理论（公共服务论）的支持，违法的行政行为没有得到理论（公共服务论）的支持。假设行政行为和理论都是理性的，因此产生合力，二者形成良性互动，理论和行为就和谐发展；二者出现张力，就形成裂变，导致一方发生变革，以适应社会需求。

第五，行政法基础理论（公共服务论）是行政行为的基本判断标准及其运用。公共服务论对行政行为进行约束，同时，多种理论综合约束行政行为，包括立法行为。法律接受公共服务论及其相关理论结合的审查。如果某项行政行为不受公共服务论及其相关理论结合的支持，则这个行为是可以放弃的。例如，罚（款）缴（纳罚款）分离受公共服务论支持，但三种特殊情形除外①。罚缴同一可能被认为，行政处罚的执行者是个体（或者其所在的行政主体实施罚款），罚款的一部分被收入执行者的囊中，执法活动为一部分收入执法者口袋中的钱而执法，为个体目的执法，不是为公共利益执法。一定程度上，公共服务论不支持此种行为。公共服务论是支持罚缴分离的，执法活动是对侵害公共利益行为的处罚；除外情形就是行政行为实施的效益太低，无法获得理论的支持，则放弃公共服务论支持的罚缴分离制度。用理论（公共服务论）去衡量、检测每一项行政行为，可以不断优化行政行为，提高行政行为的质量。行政审批事项从 3000 多项减少到 1000 多项再减少到 600 项左右，现在考察减去的 2000 多项行政审批事项，当初是不是不应该设立？这证明设定行政审批事项时应该用公共服务论检测，违背公共服务论的事项，就不应该立法设定，或者应修改该事项的管控方式。其基本规则：设定、修改、监督、改变行政行为，都用行政法基础理论（公共服务论）检测一下；符合基础理论要求的就设定，不符合基础理论要求的就不设定；在行政行为的设定和修改中减少浪费和反复，提高行政活动效率。

　　建设法治国家、法治政府，要求行政主体依法行政，合法性是行政主体实施行政行为的第一原则。这里的法主要是指法律、法规，也可以包括规范性文件②。立法内容是行政行为的权力内容，也是行政主体的行政依据。立法文本内容是对行政主体的具体规定，也是行政主体对外提供服务的主要内容。在具体的行政活动中，行政主体完全可能根据自己的理解采取行政活动，即在依法的同时，对具体法的实施有差异。从提供公共服务的实现思考，所有行政主体的行政行为都是公权力主体依法提供的一种服务，是公权力主体与私权利主体之间的一种交换。私权力主体能够承担，通过签订宪法文本让渡权力；公权力主体提供宪法等

---

① 在三种情形下，行政执法人员可以现场（直接）收缴罚款。参见《中华人民共和国行政处罚法》（2021 年修订）第六十八条："依照本法第五十一条的规定当场作出行政处罚决定，有下列情形之一，执法人员可以当场收缴罚款：（一）依法给予一百元以下的罚款的；（二）不当场收缴事后难以执行的。"第六十九条："在边远、水上、交通不便地区，行政机关及其执法人员依照本法第五十一条、第五十七条的规定作出罚款决定后，当事人到指定的银行或者通过电子支付系统缴纳罚款确有困难，经当事人提出，行政机关及其执法人员可以当场收缴罚款。"

② 法律规范包含的具体内容有争议，如果包括规范性文件，则法的位阶太低；如果不包括规范性文件，而很多实务中的实施依据实质上是地方政府及其部门制定的文件文本，暂不论述法的位阶及其对建设法治国家的影响，以实际效果而言，行政行为的公定力表明其要依据规范性文件。

法律法规授权，获得财力支持后提供服务。本书具体考证各个行政行为，如行政公开、行政决策、行政审批、行政检查、行政听证、行政服务热线、行政奖励、行政救济等，具体分析公共服务思想在行政行为中的体现，更深入地研究行政行为如何为社会主体服务，满足社会主体的需求，提高服务质量，建设法治国家。

本书率先提出行政行为和公共服务论互证命题，是理论自信的表现。结合理论与实践进行真实、较为全面的验证，对行政实践、理论都是实际的贡献和发展，是行政法研究的进步。

目　录

第一章　公共服务论渊源概述 　1
　第一节　法学及行政法学理论基础　1
　第二节　服务及公共服务论概述　10
　第三节　公共服务论具有行政法比较优势　20

第二章　行政行为承载公共服务论 　31
　第一节　行政行为的公共服务性价值特色　31
　第二节　行政是公共服务论主要载体　33

第三章　公共服务论指引行政行为 　43
　第一节　公共服务论呈现行政价值　43
　第二节　公共服务论导引行政目标　48
　第三节　公共服务论奠基行政行为　50
　第四节　行政是公共服务的学理支持　53

第四章　行政立法与公共服务论互证 　60
　第一节　行政立法理念导向公共服务　60
　第二节　行政立法内容实现公共需要　69
　第三节　程序规范行政法公共服务　71
　第四节　行政立法与公共服务论相互支持　81

第五章　行政执法与公共服务论互证 　101
　第一节　行政许可实践公共服务性　101
　第二节　行政强制规治公共服务　122
　第三节　行政处罚保障公共服务目的实现　137
　第四节　行政公开保障公共服务性　152

1

第五节　行政检查呈现公共服务性 …………………… 171
　　第六节　行政服务热线是典型的公共服务 …………… 196
　　第七节　法治评估促进公共服务论发展 ……………… 209
　　第八节　行政执法与公共服务论关系小结 …………… 226

第六章　行政救济与公共服务论互证 …………………… 234
　　第一节　行政救济是提供公共服务 …………………… 234
　　第二节　行政救济的公共服务实践 …………………… 241
　　第三节　行政救济对接公共服务论路径 ……………… 253

第七章　行政行为与公共服务论对接契合 ……………… 261
　　第一节　行政行为与公共服务论对接契合的含义 …… 261
　　第二节　行政行为与公共服务论对接契合的价值 …… 266
　　第三节　行政行为与公共服务论对接契合的举措 …… 270

第八章　行政行为与公共服务论互证的发展 …………… 277
　　第一节　行政行为大力推动公共服务论进步 ………… 277
　　第二节　对行政中非公共服务的认定与排除 ………… 284
　　第三节　公共服务论保障行政行为发展方向 ………… 291
　　第四节　运用公共服务论提升行政行为质量 ………… 296

后　记 ……………………………………………………… 306

第一章　公共服务论渊源概述

行政法学的理论来源于长期的行政实践活动，同时，理论应当高于实践，并且理论要能够解释与指导实践活动，实现理论与实践互动、相互促进，避免两者相互脱节。从行政法学的基础理论到实践中的解释和应用，中间有着相当漫长的距离，如运用行政法学基础理论解说行政行为。

第一节　法学及行政法学理论基础

法学是将法律、法律现象以及法律问题作为研究对象的一门社会科学。法学的研究需要基础理论的指导，那么法学研究的基础理论是什么呢？这需要对整个法的公平公正，法律观念、原理、原则、概念、权利义务范畴等进行系统思考。

一、行政法学基础理论几乎为政治学、哲学理论所替代

法理学对法学基础理论的研究作了细致的工作，但法学理论的基础问题在部门法中并未引起足够重视，只有个别部门法对法学基础理论有所研究。许多有关部门法理论基础的研究将理念充当法理基础，这是因为法学基础理论并未形成一个严密的逻辑体系。从某种意义上讲，法学基础理论很难形成一套独立的理论体系，因为法学与社会学、哲学、经济学存在天然的联系，如果只以一种理论思想指导法学，可能是危险的。法学基础理论不可避免地要回应什么是法律，为什么需要法律，需要什么样的法律，如果深入研究这些问题，必将涉及哲学层面的思考，对于法学基础理论的探讨将永远停留在"应然"层面。将马克思主义作为基本指导思想来分析法学理论基础，是一种求实的思维角度。

法学研究的基础思想应深深扎根于马克思主义政治经济学和马克思

主义哲学。以马克思主义为基础理论的法学研究包括三大部分：马克思主义哲学、马克思主义政治经济学、科学社会主义。马克思主义法学在我国经历了形成、停滞和发展三个时期。第一个时期为形成时期。新中国成立后，废除了"六法全书"①，在解放区马克思主义新法学的基础上，马克思主义法学建立和形成，马克思主义成为指导法学理论的唯一基础，这得益于法学理论工作者将马克思主义的立场、观点、方法运用到新的法学理论体系中。1954 年之前，我国还大量学习苏联的理论和实践经验，全面否定和批判旧的法学理论。第二个时期为停滞时期。"文化大革命"期间，法学教育处于停滞状态，公检法机关遭到破坏，法治建设严重倒退。第三个时期是发展时期。十一届三中全会后，法学研究步入正轨，社会主义法律体系基本形成，行政法学理论也逐渐建立并发展。

二、作为法学理论基础的马克思主义

1845 年秋至 1846 年 5 月，马克思、恩格斯共同撰写了《德意志意识形态》书稿，第一次系统阐述了马克思主义法学基本原理。1848 年 1 月，《共产党宣言》问世，仅仅三十岁的马克思和二十八岁的恩格斯献出了"目前为止人类世界独有的一部开创历史的著作"。《德意志意识形态》标志着马克思主义法律观的形成，《共产党宣言》将马克思主义法律观公之于世。在这一时期，马克思主义法学理论的一些核心观点得到了鲜明显现。

（一）法的起源是法学研究必然遇到的问题

在社会契约论者看来，法律是理性制定契约的结果；在马克思看来，法和国家是人类历史发展到一定阶段的产物。马克思和恩格斯指出："私法和私有制是从自然形成的共同体形式的解体过程中同时发展起来的。"马克思和恩格斯认为法律的发展变化不能脱离社会物质生活关系的发展变化。

（二）法律的本质也是法学需要回答的问题

马克思主义法学认为，法律是统治阶级共同利益所决定的具有国家形式的共同意志的体现。马克思、恩格斯在《德意志意识形态》中提道：

---

① "六法全书"：国民党统治时期宪法、民法、刑法、民事诉讼法、刑事诉讼法、行政法六个门类的法规汇编。

"个人除了必须以国家的形式组织自己的力量外,他们还必须给予他们自己的由这些特定关系所决定的意志以国家意志即法律的一般表现形式。这种表现形式的内容总是决定于这个阶级的关系,这是由例如私法和刑法非常清楚地证明了的。这些个人通过法律形式来实现自己的意志,同时使其不受他们之中任何一个单个人的任性所左右,这一点之不取决于他们的意志,如同他们的体重不取决于他们的唯心主义的意志或任性一样。他们的个人统治必须同时是一个一般的统治。他们个人的权力的基础就是他们的生活条件,这些条件是作为对许多个人共同的条件而发展起来的,为了维护这些条件,他们作为统治者,与其他的个人相对立,而同时却主张这些条件对所有的人都有效。由他们的共同利益所决定的这种意志的表现,就是法律。"如果使法脱离它的实在基础,而仅仅将它看作统治者的一时灵感,就会"经常发现法律在世界的'硬绷绷的东西'上碰得头破血流"。

马克思和恩格斯指出:"在现实的历史中,那些认为权力是法的基础的理论家和那些认为意志是法的基础的理论家是直接对立的……那些决不依个人'意志'为转移的个人的物质生活,即他们的相互制约的生产方式和交往形式,是国家的现实基础,而且在一切还必需有分工和私有制的阶段上,都是完全不依个人的意志为转移的。这些现实的关系决不是国家政权创造出来的,相反地,它们本身就是创造国家政权的力量。在这种关系中占统治地位的个人除了必须以国家的形式组织自己的力量外,他们还必须给予他们自己的由这些特定关系所决定的意志以国家意志即法律的一般表现形式。"这说明物质生活即生产方式和交往形式,决定了国家与法律。马克思在《哲学的贫困》一书中写道:"其实,只有毫无历史知识的人才不知道:君主们在任何时候都不得不服从经济条件,并且从来不能向经济条件发号施令。无论是政治的立法或市民的立法,都只是表明和记载经济关系的要求而已。"法律只能适应和反映经济规律,而不能创造或废除经济规律。

(三)人及人的自由发展是法的最终目标

法及法治是为人及人类服务的。我们的理想是追求、形成人类共有共享的大同社会,人人都享有权利和自由,都自觉知晓、践行基本的行为边界,达致美好、太平的盛世。马克思、恩格斯在《共产党宣言》里提出了共产党人的最终目的:"如果说无产阶级在反对资产阶级的斗争中一定要联合为阶级,如果说它通过革命使自己成为统治阶级,并以统治阶级的资格用暴力消灭旧的生产关系,那么它在消灭这种生产关系的同时,也就消灭了阶级对立的存在条件,消灭了阶级本身的存在条件,从而消灭了它自己这个阶级的统治。"到最高理想实现的时候,阶级消灭了,不再存在阶级统治,体现阶级意志性的法律也将自行消亡。马克思、恩格斯所憧憬的,乃是这样一个社会:"代替那存在着阶级和阶级对立的资产阶级旧社会的,将是这样一个联合体,在那里,每个人的自由发展是一切人的自由发展的条件。"这就是法律的最后归宿,也是共产党人追求的最终目标。

三、理论基础概述

十一届三中全会之后,法学研究和实践进入法学研究的视野,在行政法学者的引介和研究下,行政法学主要的基础理论逐渐明晰。现在简述行政法学理论基础:法学基础理论指能够指导和支撑整个学科体系的思想根源和基础,行政法学基础理论和法学理论一样,由理性认识产生,但基础理论具有特殊性,它不仅"具有能涵盖行政法所有内容和特征的广度""也有避免经验主义的非理性发展而迷失前进方向的高度""更有能反映行政法的性质、特征、功能、观念和价值目标等的深度"[①]。行政法学的一切问题都能够由此出发,并在此基础上发展,同时又能够印证理论基础。对于行政法学的理论基础,要回答的根本问题是"我们为什么需要一部行政法"以及"我们要建立一门什么样的行政法学"。

在法学研究或者其他部门法学研究中,"没有哪个学科像行政法学一样热衷于理论基础的讨论,历经三十余年的热议而经久不衰;没有哪个法律部门像行政法一样,其规范的制定与实施如此依赖一个统一的理论基础"[②]。这是值得思考的。有学者认为,"对行政法学理论基础广泛而热烈的探讨显示了行政法学者对行政法功能的整体性反思和对行政法价值取向的强烈关怀"[③]。国内最早探讨行政法学理论基础的文献当属应松年、方彦等合著的《行政法学理论基础问题初探》。为什么行政法学界首先开启了基础理论研究?本书笔者认为"在行政法学研究中,行政法学的理论基础问题是很重要的课题之一。它不仅反映了不同类型行政法学

[①] 孙笑侠:《"部门法理论基础"析要——兼及当前行政法学同类问题》,《法学》1997年第10期。

[②] 成协中:《行政法平衡理论:功能、挑战与超越》,《清华法学》2015年第1期。

[③] 何海波:《中国行政法学研究范式的变迁》,载罗豪才主编《行政法论丛》(第11卷),法律出版社,2008年版,第497页。

的阶级本质和形成过程的具体历史特点，而且直接影响行政法学的体系结构、主要观点以及整个行政法学的研究和发展方向"[1]。晚一点的杨海坤则认为："行政法学的理论基础是行政法学体系中的核心部分，由其决定一个国家行政法学的社会阶级性质、基本框架结构、基本原则以及发展方向，对于该国行政法的建设和发展具有直接的指导意义。"[2] 虽然行政法学者对于行政法学基础理论的概念有分歧，但是对于行政法的基础功能和价值能够达成一致。关于行政法学基础理论的讨论从二十多年前开始持续到今天，有关提法有很多，比如控权论、平衡论、服务论、公共服务论等。那么，为什么基础理论研究一直是行政法研究的热点呢？为什么有如此多的观点回应行政法基础理论呢？有学者认为，"主要是对构建行政法学科体系的'关键词'或者说'支撑性概念'的理解上发生不同的认识"[3]。法学的研究和理论发展无非从以下三方面找寻方向：第一，引入国外先进理论和经验；第二，从本国经验中找到根源；第三，将域外和本土结合。

行政法和其他部门法学科一样，作为规范行政关系的法律规范，在行政理论研究和实践中需要理论基础作为支撑。对行政法理论基础的研究，需要明确其内涵和外延，这就需要对相关的或者相近的一些概念进行区分，比如行政法理论、行政法理论基础、行政法基本原则。如果能对这些相关概念进行分析、归纳和辨别，可以深化对行政法基础理论的认识。

第一，行政法理论和行政法理论基础。理论的构建是为了回应现实问题，这是毋庸置疑的。从逻辑上讲，行政法理论和行政法理论基础是很清晰的，在行政法理论基础之上才能构建相关的理论体系，"在'此基础上'才能确定理论的基本范畴，赋予理论范畴以特定的观念性的内涵，从而建立一整套理论体系"[4]。

第二，行政法理论基础和行政法基础。法律为了调整社会关系而存在，同时产生于一定的社会关系。行政法得以产生和发展的社会基础就是行政法基础，而在此基础上探求行政法的学理和原理就是行政法理论

---

[1] 应松年，朱维究，方彦：《行政法学理论基础问题初探》，《中国政法大学学报》1983年第2期。
[2] 杨海坤：《论我国行政法学的理论基础》，《北京社会科学》1989年第1期。
[3] 王学辉：《对行政法学基础理论的思考》，《西南政法大学学报》2002年第3期。
[4] 孙笑侠：《"部门法理论基础"析要——兼及当前行政法学同类问题》，《法学》1997年第10期。

基础。

第三，行政法基础和行政法原则。行政法原则贯穿于整个行政法律制定与适用过程，具有广泛性、指导性、协调性的特点，是行政法基本原则得以确立的理论根据。在行政法原则中，合法行政原则是最核心的原则；在合法行政原则中，控权论为法律优先和法律保留提供了理论基础。

第四，行政法理论基础和行政法基本观念。行政法理论基础和行政法基本观念的关系十分密切，在许多行政法学者的文章中，两者概念是互通的。王学辉在文章《对行政法学基础理论的思考》中认为："关于行政法的理论基础，或曰行政法治的基本观念……"① 行政法的基本观念也是行政法所有理论、原则、观点的基础和前提。这是受到法国的影响，法国被称为"行政法母国"，法国的行政法基本观念就是行政法理论基础。

四、行政法学主要的理论基础

对于行政法学理论基础的概念，国内外行政法学界没有形成统一的说法，在法国叫作"行政法观念"。应松年、朱维究等最早将行政法学理论基础问题纳入研究，他们在1983年发表《行政法学理论基础问题初探》，提出我国行政法学理论基础是"人民服务论"。此后，国内学者一直对行政法学理论基础进行讨论，杨海坤提出"人民政府论"；1993年，罗豪才等行政法学者提出"平衡论"，也还有其他一些理论；一直以来，行政法学最基础的理论还是控权论。下面对行政法学几种理论基础进行概括阐述。

（一）控权论

持控权论的学者认为，行政法的实质是控制行政权力的法。行政法学研究上并没有关于行政法"控权"的系统研究，这一提法是"从一些英美行政法学者关于'行政法是控制政府权力的法'这一定义和相关理论体系中引申出来的"②。控权论有其自身的思想内核，持控权论者也可以说"行政法理论基础的表现形式有时被阐述为一种学说，尽管也可能

---

① 王学辉：《对行政法学基础理论的思考》，《西南政法大学学报》2002年第3期。
② 罗豪才：《关于现代行政法理论基础的研究（代序）》，载罗豪才主编《现代行政法的平衡理论》，北京大学出版社，1997年版，第5页。

没有被明确认定为理论基础，但实际起着理论基础的作用"①。故控权论是以理念的形式存在的。

控权论包括三部分：首先是有关行政机关权利的法律，其次是有关行使行政权要件的法律，最后是有关对不法行政行为补救的法律。以这三个方面为核心，我们建立了以行政主体理论、行政行为理论、行政程序理论、行政救济理论为主干的行政法学理论体系。

（二）平衡论

1993年，罗豪才在《中国法学》发表论文《现代行政法理论基础——论行政机关与相对一方的权利与义务的平衡》，认为行政法是平衡共益和私益的法。平衡论的主要观点有：行政法的本质是平衡法；行政法研究的历史就是一部平衡史；行政法是权利和义务的平衡；平衡是行政法制建设和行政法学研究的指导。②

（三）管理论

管理论者认为行政法是管理法。在新中国成立早期，受到苏联法学的影响，管理论十分流行。行政权指的是行政机关或者国家在法律规定的范围内对行政事务进行管理的权利。在管理论体系下，行政法主要研究管理者、管理活动、被管理者及其活动的监督等方面的内容。

（四）公共服务论

公共服务论是后来的学者提出的观点，最早提出公共服务论的是法国公法学先驱狄骥，狄骥"将公法学的功能定位为保障政府供给公共服务就成为法国公法的基本立场；围绕公共服务这个核心范畴来建构公法知识体系，也成为一种公法学术传统"③。服务型的政府是政府转变行政理念和方式的必然选择，传统的行政法学理论可能限制了行政权更好地实施。从市场经济为主体的社会中的供需双方关系进行考察，公共服务论具有较强的说服力。

---

① 孙笑侠：《法律对行政的控制——现代行政法的法理解释》，山东人民出版社，1999年版，第36页。
② 罗豪才：《现代行政法理论基础——论行政机关与相对一方的权利与义务的平衡》，《中国法学》1993年第1期。
③ 袁曙宏：《服务型政府呼唤公法转型》，《中国法学》2006年第3期。

五、需要对行政法学理论基础与行政行为进行对照研究

行政法学逐步得到社会的认识和看好。法制建设初期,学界借鉴、学习的主要的基本法有刑法、民法、程序法等,乃至满足经济建设之需的商法亦得到推崇。后来,对以政府为主的公权行使主体的认识、规治,随着对其认知的重要性上升而被看重。随着政府活动内容不断丰富,自身需要规治的对象多、范围广、难度大。逐渐地,学界视野转向了行政法学。从十八届四中全会明确提出全面推进依法治国,建设社会主义法治国家到习近平法治思想的提出,法治建设成为热门话题,更成为推动社会进步的主要举措。行政法已经得到社会和学界的关注,行政法学界要牢记未完成的使命,"重估或重建行政法学的评价标准和知识传统"[1]。探求行政法学基础理论之可用、可变、可发展、可适用性及其对法治实践的解释空间,是行政法学进一步发展的基础和前提。

继续探索行政法学理论基础,或者对原有理论加以挖掘,找出对现实更有用的概念范畴。法治理论要能够真实、具体指引实践,为"行政法学的体系化提供概念工具和逻辑框架、描述行政法治的发展历程并指引发展方向"[2]。从行政法学理论功能上探求行政法学理论如何进一步指导实践,从法治的链条上立法、执法、司法、普法等环节具体考察行政法学理论的适用状况。行政行为是行政法学理论的重要载体,是控权论、平衡论、公共服务论的实验场域。理论是实践的指南,是指导实务前瞻性发展的目标和宗旨。

(一)指导立法

立法是对社会现实的规范制定出必要的条文,是对实践中冲突解决经验的提炼。若现实中有解决问题的基础性规则,可以将其提升为法律规范;若现实中没有,可以根据法治理论的需要拟就、形成正式规则。

行政法理论基础指导行政实践。一是对现实提炼的规则进行理论考察,考察其是否符合法律基础理论思想和技术规范。如,是否对网约车进行立法规治,就得考察网约车立法的必要性。当网约车无序发展、冲突较大时,就需要制定全面适用的规则进行调整。在制定网约车规则中,有人提出有犯罪经历的人员不得从事网约车运营服务。对此,就应该平

---

[1] 王学辉:《对行政法学基础理论的思考》,《西南政法大学学报》2002年第3期。
[2] 成协中:《行政法平衡理论:功能、挑战与超越》,《清华法学》2015年第1期。

衡考虑有犯罪经历的网约车驾驶人员对乘客侵权的可能性及该类人员的职业需求。堵塞一类人的求职通道需要有正当理由，需要在实际案例的统计数据支持和理论上人权保障（生存权）之间进行平衡。二是当现实中没有规则时，根据理论需要发展出新的规则，是理论的推演和深化。例如，实务中，金融机构对贷款有一条规则：还旧贷新，要先还掉贷款再给企业等贷新的款项。对此，企业就必须有一笔贷款资金周转。多数企业会找另一家金融机构借钱作"过桥费"，垫支给银行，再从该银行贷出钱把前面的垫资款还了。这就是折腾。故笔者在参与拟定《四川省民营企业保护条例》（专家建议稿，尚未出台）时，拟出"对符合贷款条件的可以直接续贷款"，为民营企业节省"过桥费"。这就是根据现实需要和保护企业发展的需要，从服务方的需求出发，运用公共服务的基本理念，让立法在不增加社会主体负担的情形下，提供更高质量的法律规范服务社会。即如果将公共服务论作为基础理论，那么会将政府的行为视为对社会提供的一种服务，这种服务只能由政府提供，对服务内容、服务要求、服务质量提升、服务主体要求等都实行全面的检视。政府作为公共服务的提供者，其行政行为应全面规治，全面法治化。

（二）规范执法

执法活动是行政主体实施法律规范的重要表现形式。行政行为是行政法的中心，行政执法通常受行政主体法、行政程序法和行政救济法的控制，现在也受到公共服务论的指导、支持。在市场经济中，供需双方的地位和要价是由供需双方实力决定的，哪一方过剩（服务能力）哪一方就可能强势，可能垄断，导致服务质量降低。从提供服务的角度而言，要规范服务主体、服务内容、服务方式、服务救济、服务监督。提供服务者受基本的市场规律约束，提供合适的质量较高的服务，对服务质量低劣的进行淘汰和排除。服务的基本规则受市场经济中服务基本内涵的约束，不能反客为主，店大欺客，服务质量低劣。这就需要从服务的基本理念来制定规治执法的基本规则：权力渊源、主体资格、权限法定、程序正当、文明高效、救济有路。

（三）完善司法

司法是国家设定的救济制度，是国家权力的行使方式之一。通过司法，对立法规范进行适用，对行政主体适用立法规则的情形进行监督，对社会主体学习、掌握、运用法治规则形成指导。司法本身是垄断性的，具有中立性、权威性、最后裁决性。但司法本质上是公权力的一种，具有公权力的基本属性——服务性。从公共服务论的角度而言，司法是法定的、必须的、具有较高公信力的国家权力，是公共主体对外提供的服务之一。服务权力来源于法律规范，如法院的受案范围；服务内容是符合法律规定，如诉讼法的规定；服务质量高效公正，有法律依据，采用效力原则选择适用法律规范；服务有保障，如服务有救济制度，至少二审终审，特殊情形下还实行三审制。

各个权力行使主体都遵守服务、公共服务的基本属性，在自身规则制定、法律规范适用、规范效果检验、规则适用主体的服务导向、服务质量监督评价、救济等方面都全部遵循服务性内涵，不断地、持续地保持服务的高质量。

（四）持续普法

法治理念、法治思想要充分地贯彻、落实，需要包括自然人在内的社会主体具体、深入地学习、掌握、运用。社会主体需要习得基本的法治思想、原则、理念并持之以恒地贯彻、运用。

社会主体对法律规范的认知、了解、掌握、运用，让法律规范活起来、用起来、真实地发挥作用。法律规范内容丰富，社会主义法制体系基本建成，截至2020年年底，已有270多部法律，还有法规、规章、规范性文件，法律规范数量庞大、内容丰富、博大精深，值得社会主体学习掌握。

普法与监督共同作用。社会主体学习法律规范，明确权利义务边界，定分止争，同时联系公共服务论与法律规范进行系统考察，监督法律规范是否直接运用并贯彻公共服务基本思想、法律规范运用的效果是否保障了公共服务目标，在法律规范的立、改、废、释中完全遵守公共服务理论基础。

第二节　服务及公共服务论概述

在以市场为基础建构的社会中，提供服务是供需双方交易的主要内容之一。一般而言，在竞争的市场中，服务是双方争夺的焦点；在非竞争性交易中，对服务需要进行规治。加强对服务进行的研究是形成良好秩序、保障社会健康运行的重要法治建设内容。

一、服务概念复杂

服务是市场经济社会中的基本内容、基本活动方式之一。典型的服务是超市服务，即在一定的空间范围、时间场域中，卖方把所能够提供的货物展示出来，供顾客选择。供方提供的产品符合社会需要，符合法律要求，服务态度、服务时限、服务方式要体贴、合法，或者以满足需方要求为目标。服务的一般含义是一个主体为满足其他主体（社会、集体、他人等）的需要所提供的帮助或援助的活动过程[①]。"质量认证系列标准"定义服务是为满足他方需要而提供的活动及活动结果。服务有三个要素，即服务方（供方）、活动、接受方（需方），要对这三个基本的要素进行管理。社会复杂，事务多项，服务内涵丰富，供需双方的地位、服务内容、服务质量有较大变化。法律以满足需方为基本指向，制定的消费者权益保护方面的法律规范是对现实中保护消费者权益的规则的提炼，倾向于保障更多消费者权利。如，供方对产品功能有更多认识和了解，产品要满足需求，产品本身要符合基本的安全、环保等条件，不能对使用者造成危害。服务是供需双方在一定范围和条件下的合作，共同建构、发展社会的过程。在服务主体、内容、程序、结果等链条式内容中，各方要遵守一定的规则，既要使自身能够获得一定的利益，又要给对方一定的利益获得空间，共享社会提供的发展空间、实践、事项。

二、服务特性鲜明

产品和服务是社会中的两大交易品。这里论证的服务规则也包括产品提供规范。服务一般具有无形特性。有外观形状的是产品，没有外观形状的是服务，即通过一方的劳动让对方得到满足。如，教学活动主要是无形的，还要通过一定的形式（讲授、宣讲）、产品（课本、教具、教案、教室设施乃至学校设备等）在一定的时间、空间中实现。服务具有差异性。不同主体可以提供相同服务，同一主体可以提供不同服务，服务内容确定相对困难，服务品种、质量、时限、效果有较大差异。服务具有判断标准复杂性。服务内涵丰富，用文字规范地描述服务内涵比较困难。例如，近年政府提倡的"最多跑一次"行政许可类改革，就是一个比较粗疏的形式上的描述。服务具有即时性。服务与消费同时进行，需方在享受服务的过程中才可以实现消费，供需双方是必然存在的，二

---

① 卫建国：《简论服务伦理》，《光明日报》2006年12月25日。

者不能单独存在。服务一般无法贮存，是一个过程，在一定时空内发生、发展、延续。服务主体主要是人（或者拟制人），服务方式主要是主动提供，服务双方多具有平等地位，一般不具有强势地位，服务从内容到结果具有鲜明的市场平等交易色彩。

（一）服务有态度

服务主要由人提供，是面对面提供、即时提供、即时享用、即时消费。在社会生活、社会活动中，每个人既是服务提供者，又是服务接受者；是这时的服务提供者，又是他时的服务接受者。在市场交易中，各个主体的角色是变化的。提供者和接受者有接触，就有语言、行为、肢体的交流。在交流中，二者的肢体、语言就表露出基本的倾向，表现出服务质量的高低。

（二）服务有交互性

服务是两个或者两个以上主体之间的有关内容的交换活动。在具体的服务活动中，服务在不同主体之间多次进行。在具体的社会活动中，每一项服务活动是单向的；在具有交互性的二者之间，服务提供者与接受者之间一定程度上是平等的。某些服务甚至具有综合性、多次性、复合性、长期性，一系列内容的组合形成一次复杂的服务。在多次交易活动中，双方对事项的看法、观点、认知不断地变换，有的达成共识，得到共知，达成共治；有的可能产生冲突。社会和公权主体对服务的基本规范十分重视，要有基本的共识才能达成服务的一致和尽快完成。

（三）服务可以有偿也可以无偿

服务一般以有偿为主，无偿为辅。有偿服务是主要的社会交易方式，无偿服务是特殊事例。有偿服务的定价非常复杂，定价的方式、标准、支付、履行都是长期约定俗成或者是双方制订、认可的。服务的价格一般是双方的对价，服务是相互的，对价是社会性的，高于或者低于社会基本价格都可能是不正常的。有偿、对价是市场交易中服务的基本品行。世界上没有免费的面包，天上不会掉馅饼。基本的社会伦理规则在社会生活中得到实现。

（四）服务具有基本社会存在性

市场经济是一种交换经济，交换是市场经济的基础。农耕社会是典型的自给自足的社会。农户自行生产产品满足自身的需要。特定产品通过交换的方式获得，如盐、铁。政府对特定产品采取特定方式予以控制，并从中赚取高额利润，控制特定产品也是政府控制社会、控制其他主体的主要方式之一。除特定产品外，有普通民众甚至可以完全自给自足，几乎不需要外来的产品。特定时期，政府仍然可以作为一种特定的服务存在，这种特定的服务是通过多重包装后出现的，比如"君权神授"包装后的封建皇权体制就是一种提供社会服务的形式。

在市场经济国家，社会产品是社会主体需求对象之一，是能够满足社会主体需求对象。同时，社会主体还需要提供或得到非产品的服务来满足需求。在高度发达的商品经济社会，服务是社会主体主要的需求对象之一。交换产品或服务是社会的一种主要的活动方式。每一个社会主体，几乎都只提供一种或数种产品或服务，而自身需求是多种多样，几乎所有的需求都可以通过交换获得。社会治安、公共利益维护、国防、教育、医疗等需要一个组织来专门提供或组织制度规则，即形成特定的公共服务。

三、服务内容丰富

社会有多复杂，服务内容就有多丰富。社会是立体的、多面向的。政治、经济、社会、生态、法治等多位一体总体发展，每一个方面都非常复杂。经济服务主要是指在物质资料的生产、运输、交换、分配、售后等过程中产生的服务。一方付出劳动，另一方获得需要。政治服务主要是公权力为社会提供公共产品，还有对公权力自身的规治、对公权力持续的探索等。规则制定包括各个主体权利的配置、资源的分配、冲突矛盾的化解等。生态服务存在于与人们生存环境相关的环节，要求人们保持自身生存条件的稳定、优化。在发展其他方面（如新产品、大交通）时，如果没有良好的生态条件，人类就没法生存。服务还具有一定程度的精神性，可能会产出精神产品，如科学、教育、医药等。文学作品可以满足人的精神需要、精神发展。阅读是消遣，也是享受，还能拓展人的心灵等。服务内涵丰富，特征多样，规治困难。

从公权力的行使形态来看，可以把公权服务划分为立法、执法和司法三个基本类型。立法是社会主体（主要是自然人）让渡个人权利，通过授权，选择特定代表，形成集体意志，制定法律文本，形成基本的执法、司法规范。立法规范是公共意志的体现，是个体意志的集合。立法行为是为社会服务，是一种公共服务。执法是实施立法规范，是对社会事务的综合、全面的管理和服务。部分执法是直接运用法律规范；部分执法是落实法律思想、法律精神；部分执法是概括实施法律原则，乃至有创造性地提供服务，满足社会主体需要。司法是实施法律或解决纠纷，是公权服务的另一个重要部分。

四、服务论出现

服务是市场经济社会的主题词之一，具有鲜明的市场经济特征，是与市场经济相辅相成、相互发展、相互促进的基本内容之一。社会不断进步，导致服务在社会中的占比不断提高。在城市化进程中，人民在城市里生产、生活、发展，对外提供各种服务，换取一般等价物（货币），又用一般等价物换回自己所需的物品和服务。服务就是社会交易的基本存在、基本方式。即使是产品生产、制造、销售、售后等，也需要基本的服务，要求服务者具有服务意识、改善服务态度、提高服务质量等。酒好也怕巷子深，要宣传，要竞争，就需要有高质量的服务加持。从17世纪英国古典经济学家采用"服务"描述市场经济中的交易之后，服务内容、特征规范地持续地发展变化。社会进步，产品丰富，竞争加剧，生产、交易社会化，服务成为专门的职能和独立的经济部门。企业生产、社会主体提供产品，逐渐围绕服务开展。现当代社会，服务更是主要内容。当社会产品和服务内容更为丰富，可替代产品增多之后，服务成为产品和服务本身的主要要素之一。服务质量高的，出售的技能（供给方）就多，赚得也多，反之亦然。在经济领域的任何行业，都习惯在前面加上一个"服务"，由此出现了"服务经济"[①]。在实践中，服务被供需双方正式认可、地位日高的同时，正成为学术研究的内容"登堂入室"。对各个提供交易的对象——服务的研究深化、拓展了，形成基本理论，进行把握、掌控。在公权力领域，1944年9月，毛泽东在张思德同志的追悼会上发表名为《为人民服务》的著名演讲，提出了"为人民服务"的概念，可以看成现代政治领域对服务内涵的新拓展、新认知。

五、公共服务论形成学说

公众对政府权力的认知在加强。在市场经济中，供需双方竞争核心

---

① 服务经济（Service Economy）是以人力资本基本生产要素形成的经济结构、增长方式和社会形态。具体来看，服务经济的范畴包括以企业为主发挥职能的社会服务，如物流、金融、邮政、电信、运输、旅游、体育、商贸、餐饮、物业、信息、文化等行业服务，以及以政府事业单位为主发挥职能的公共服务，如教育、医疗卫生、人口和计划生育、社会保障等。

在于"服务"。在公权力领域，公共产品提供的就是公共服务，对公共权力的规治、对公共产品交易规则的制定就是公共服务理论。在行政学术领域，19 世纪后半叶的德国社会政策学派和 20 世纪初期的法国公法学者已经提出公共服务理论，渊源于服务行政思想和理论。1954 年萨缪尔森提出"公共产品"的概念，1978 年以后公共服务成为公共行政与公共管理研究的核心内容。20 世纪 80 年代兴起的新公共管理运动"则将公共管理看成是公共产品与公共服务的供给"，与此同时出现了新公共服务理论[1]。20 世纪 80 年代以来，西方世界掀起了一场深刻而广泛的行政改革运动和政府转型浪潮，人们对包括政府在内的公权力进行持续的研究，撰写文章，进行规范，对公权力的公共性特征持续地挖掘，系统地探求，不断地完善。"福利国家"出现后，服务行政成为一种全新的公共行政模式，可谓"行政法的未来是强烈的服务化的未来"[2]。政府转型的主题就是在政府的行政方式等方面进行改革和创新，主要目标在于重新定位政府在公共社会中的作用，提高行政效率，为社会提供更全面的公共服务。

公权力姓"公"。划分公私两者的标准在于，个体的是私有的，集合的就可能是公有的。集合众多主体形成的公共权力，本身就是公共需要的产物，为满足公共需求而存在。社会主体自由交往，为满足各自的需求，从经济人的角度出发进行谈判、商议，对具体产品、服务进行定价、交易。混乱、多样甚至冲突都可能成为常态，甚至会形成不可化解的矛盾。私有主体自行调解矛盾，单独地商议规则，其实效率非常低下，以至于严重损害各个主体利益。为了集合体的共同利益，多次试错之后发现，对共有、公有部分权利进行让渡，成为公共权力，更利于集合体的发展。集合各个私有主体让渡的权利使其成为公有的部分，是为公权力。公权力的来源表明：公权力是为公有而产生的。社会主体有地域性、圈层性、发展性，集合而成的公共权力具有相应的特征，即公共权力具有不同的层次性、地域性、圈层性等特点。最初的最基本的公共权力是地域性的，为不同地域的秩序稳定提供保障。基础性的是安全，如治安管理成为首要法律规范。在打破地域特点之后，不同圈层的人们的交往交易领域扩展，权力空间扩大，公共权力需要规治的部分增加。基础性安

---

[1] 新公共服务理论是指关于公共行政在将公民参与置于中心地位的治理系统中所扮演角色的一系列思想和理论。

[2] 杨海坤，关保英：《行政法服务论的逻辑结构》，中国政法大学出版社，2002 年版，第 250 页。

全、秩序获得保障之后，更高级的教育、医疗、养老保障、发展类的权利被提上议事日程，获得重视，公共权力得到跟进规治。

政府本身是公共产品，提供公共服务。为了使政府能够更有效地为全体人民和整个社会提供最好的服务和最大的福利，法律授予其各种必要的职权，使其能够凭借该职权积极处理行政事务；但是行政职权的行使不得超越法律授权的范围，更不得对人民的自由和权利造成侵害。也就是说，"服务论"以法定职权为条件，要求政府扮演"服务者"的角色，积极创新，服务于民，造福社会①。公权力提供的公共服务，一定程度上是对公共部分的掌控，更多的是管控，如要求人们在公共场合、公共空间有节制有秩序地开展活动，对不利的活动、侵犯他人权利的活动进行处理、处罚。现象和秩序维护都表现出公权力带有管控特征，更多的是为社会提供某种必须存在的平衡各方利益的产物。同时，其自身的定位和提供的服务质量可能有变异。如政府应该提供什么样的服务以及怎样提供服务，都是政府独断性和强制性提供，较少考虑公众的愿望及其多样化的需求，政府与公众之间是一种服从式的单向关系、管控状态。政府甚至被认为如果赋予部分主体一定的权利，便会以"恩赐"的面目出现。政府自身的职能运行有变化，管理实现增加、调整，甚至管多了，没有管好，阻滞社会的发展。公权力本性如何？如果不予以根本探求，其提供的服务变异、扭曲、空洞、自利，公权力可能对社会发展造成阻滞。还原公权力的本性，考究公权力的特征，准确把握公权力的进步方向，是法治实践和法学理论的恒定主题。社会会有新需求，如新产品、新行业、新业态。一般情况下，社会可以自由自行发展。政府先观察、支持，如发现有危害社会主体的苗头，便及时采取行动规治。如金融业本身管控比较严格，长期的"当铺"思想利弊皆有，民间自发设立的金融机构出现，发展小额、信用贷款，一定程度满足了社会主体的需求，金融繁荣，金融机构生意兴隆。但逐利的金融机构把贷款及吸收利息用到极致，唯利是图，有利就图，创造机会和方式图利，利息高，催收严，逼死人。人是理性的，但也是不理性的。不理性的人在金融刺激下，可能铤而走险，唯利是趋，不计后果，高利贷缠身，无法正常生活。这种现象不断增加，不但危害个体的人权，也危害正常社会秩序。故公权力对此进行规治，要求金融机构有限逐利，不让部分人由于不理性而陷入绝境，不致使公共利益受损严重，不危害公共秩序（高利贷逼

---

① 周媛：《浅析行政法的服务论》，《消费导刊》2008 年第 8 期。

16

迫造成较大的社会危害)。对公共领域、公共部分，政府及时提供必要、恰当的服务，是为公共服务。

私有主体之间的冲突难以解决之时之地，即公共服务应该发展完善之点。政府提供服务的权力来源、内容标准、监督救济制度都是公共的。如，民间借贷自发形成、发展，但纠纷不断。人民法院对民间借贷利息的规定就是公共权力调整私有主体之间利益的主要内容。2015年，司法保护利息是36%[①]。但高利贷案件持续发生，纠纷不断。经过评估判断，超高利息对社会、经济造成危害较大，故司法持续降低利息保护限高额度。对之前收取的超高利息，可以要求返还[②]。到2020年8月，再次降低民间借贷利息，按照当时人民银行利息计算，是16%[③]。根据社会需要，不断调整民间借贷利息保护额度，是不断地提供合适的公共产品。一个典型的观察点是城管执法。曾经的公共执法领域，如街面执法，"七八顶大盖帽管不住一顶小草帽"。故集中各个部门的街面执法，形成综合的城管执法体制，集中对小摊贩、"鬼饮食"、不良习惯(不讲清洁卫生地乱扔垃圾)等进行执法、劝导，建设文明社会。还有一个较为突出的典型案例是城乡规划的完善和建设。一段时间内，在城乡交通要道，很多主体都想公地私享，占有交通公共资源，方便自己，甚至以此谋利。集中在交通要道两边修建房屋，房屋多，公共交通的公共性被破坏殆尽，形成公地悲剧。公共交通路段拥堵，道路过度使用，破烂不堪，公共设施无人修建，公共便利的交通变成各个主体过度使用的资源而可能被废弃或者低效使用。故政府应加强对城乡建设的规划，特别是公共设施的保护，公权为公，造福社会主体。

[①] 《最高人民法院关于审理民间借贷案件适用法律若干问题的规定》(2015年9月1日起施行)第二十六条规定：借贷双方约定的利率未超过年利率24%，出借人请求借款人按照约定的利率支付利息的，人民法院应予支持。借贷双方约定的利率超过年利率36%，超过部分的利息约定无效。借款人请求出借人返还已支付的超过年利率36%部分的利息的，人民法院应予支持。

[②] 2018年8月，最高人民法院发布的《关于审理民间借贷案件适用法律若干问题的规定》第二十六条："借贷双方约定的利率未超过年利率24%，出借人请求借款人按照约定的利率支付利息的，人民法院应予支持。借贷双方约定的利率超过年利率36%，超过部分的利息约定无效。借款人请求出借人返还已支付的超过年利率36%部分的利息的，人民法院应予支持。"

[③] 2020年8月19日，最高人民法院发布了新修订的《关于审理民间借贷案件适用法律若干问题的规定》第二十六条："出借人请求借款人按照合同约定利率支付利息的，人民法院应予支持，但是双方约定的利率超过合同成立时一年期贷款市场报价利率四倍的除外。前款所称'一年期贷款市场报价利率'，是指中国人民银行授权全国银行间同业拆借中心自2019年8月20日起每月发布的一年期贷款市场报价利率。"

政府和国家两个概念被混淆在一起是不准确的。政府和国家应该区分开来，政府是国家的主要的重要的部分，国家是一个政治地理学名词和主权主体复合概念。一般而言，作为主权主体的国家是由国土、人民（民族）、文化和政府四个要素组成的。在国际法上，有"主权国家"之称谓[①]。国家是指拥有共同的语言、文化、种族、血统、领土、政府或者历史的社会群体。政府则是国家权力的执行机关，是行政机关。中国古代思想家们一直在努力探求政府（国家，当时政府和国家的认知是混合的）的存在必要性、公共服务性。《韩非子·五蠹》记载："上古之世，人民少而禽兽众，人民不胜禽兽虫蛇……民食果蓏蚌蛤，腥臊恶臭而伤害腹胃，民多疾病。有圣人作，钻燧取火，以化腥臊，而民说之，使王天下。"在古代，人民疾病多，有人为人民提供新的服务，如钻燧取火，人民就可以吃上煮熟的食物，免除病痛灾害。人民获得新的利益，把提供新的服务的人奉为众人的管理者，对提供了新服务的人感恩戴德，形成基本的社会规范。至少，服务他人、获得尊重是公共服务论的起始和基本含义。毛泽东同志在《论联合政府》一文中提出："……一个显著的标志，就是和最广大的人民群众取得最密切的联系。全心全意为人民服务，一刻也不脱离群众；一切从人民的利益出发，而不是从个人或小集团的利益出发……这些就是我们的出发点。"他指出的"为人民服务"就是承认和维护人民的利益。国家制定和实施公共决策，建立实现有序统治的机构，制定、执行和贯彻法律规范，对有疑惑的法律规范进行解释和补充，为此设定必要的组织机构。政府是执行法律规范的主要机构（部分制定法律规范，这是辅助性的、临时性的）。历史中，国家也是变化的，政府和国家变化大，关系相对复杂。就国土不变的国家而言，政府可以组建和更换（变换等），而国家一直稳定存在。政府一直是提供公共服务的主要机构，不断接受公共服务论的约束和指引。

六、服务型政府建设持续发展

唐代李世民提出过"为君之道，必须先存百姓"，后世形成基本的统治伦理"所敬惟天，所重惟民"，要义是公权力一定程度要为百姓所用，具有服务的影子。当然，这不是服务论。真正的服务论是中国共产党提

---

① 主权国家指具有固定领土、一定的居民、一定的政权组织形式和主权的政治单位。国际法将主权国家定义为一个非物质的法律实体，依据国际法而对确定的领土拥有主权，并以一个法定的政权机构为代表行使主权，主权可分为国内和国际两个方面。

出来的。党的十六届三中全会《中共中央关于完善社会主义市场经济体制若干问题的决定》首次正式提出"要建立服务型政府"。提出要建设"服务型政府",是对服务论、政府服务论有了实践层面的认知和推进,是衔接之前的"为人民服务"政府基本思想(1944年,毛泽东提出"为人民服务"的基本思想,目前政府机关许多部门门口有"为人民服务"的牌匾、标语)。在各地的实践中,服务型政府建设大张旗鼓地开展,如2003年前后,成都市政府提出建设"规范化服务型政府";2014年,南充市政府提出"开放型政府、责任型政府、法治型政府、服务型政府、廉洁型政府""五型"政府建设。各级政府一直在探索服务型政府建设的具体内容,提升对地方民众的服务能力。服务型政府即责任政府:"一个政府,不论其权力来自人民通过投票表达的明确授权,还是人民的默示同意,都应该是一个可以问责的政府,而且责任的归属是恰当的。"[1] 政府从"全能型"转向"服务型",突出规范化,增加透明度和公众参与度。政府是法定的提供公共服务的组织,"法定的公共服务"也可以使公共服务私人化,只要采取法律的方式,任何一个组织都可以提供公共服务。所以我们必须界定哪些服务是政府必须提供且只能由政府提供的。服务型政府在政府职权设定和使用上,真正关注社会公众的利益、需要和愿望,搭建法定的、便利的民众利益搜集渠道,通过正式的方式,把民众的利益需求汇聚起来,形成政府执政、施政的内容,如城市建设、义务教育、公共医疗、社会福利和社会保障、劳动力失业和培训、安全生产、环境保护、基础设施、社会安全和秩序、市场交易环境、公共交通建设,及需要集中发展的行业和领域,如旅游、乡村振兴、科技艰建设、国际竞争等。可以从几个方面进行论述:一是基础设施建设,如水、电、气、路、光纤、通信等;二是民众生活环境的建设,保证食品、生产、居住、出行的安全和秩序;三是对社会主体的发展的推动和促进,如工业、交通、企业发展等;四是服务性的工作,如招商引资、项目建设;五是自身权力约束方面的工作,如行政许可、处罚、强制等公平公正设置和实施;还有民众权利性的工作,如补贴、奖励、指导等。

政府软环境方面的建设。如服务型政府应当是一个具有核心竞争力的政府。政府提供的不应该是"垄断性服务","垄断性服务"质次价高。我国封建社会所谓的"为天和人服务"就是一种"垄断性服务",虽有"服务"思想,但实质上是"人民为自己服务",为封建帝王、为皇权服

---

[1] 刘海波:《中央与地方政府间关系的司法调节》,《法学研究》2004年第5期。

务。法治政府要回归公共服务的根本，是要去除垄断性服务提供的弱点和缺点。服务型政府具有服务性、法定化、竞争性。地方政府所提供的服务要有一定的竞争力，竞争是经济发展的主要动力之一。服务本质贯穿政府的行政行为整个过程：政府服务以社会需求为导向；更加重视政府的产出、效率和质量；加强对绩效目标的测评①。公共服务型政府的建设要求政府有"服务型"定位，积极回应人民需求，根据社会需要，发展全新的服务内容，满足自身和国家进步的需要。

第三节　公共服务论具有行政法比较优势

有学者提出了"控权—服务"理论，并指出公共行政"善治"路径：政府有界、服务为魂、政府有责、过程可控②。公共服务论在行政法、法学基础理论的各项指标的比较中具有突出的优势。

一、公共服务姓"公"

通常的认知是，公共服务属于政府对社会提供的保障性服务，如《社会学简明辞典》认为公共服务是指由政府机关举办的公共服务事业，如邮政、公用事业；以及直接的服务性工作，如救济、娱乐以及有关健康和安全的服务等。社会主体——如公民、法人——在自愿的基础上发生的平等交易，是纯粹的主要的私有服务内容。社会主体之间的这种交易一般都需要有利可图，双方都能满足各自的需求才发生。部分交易由于外部部分条件复杂或者欠缺，如牵涉多个主体的、范围广的、难以进行个体性收费的交易，就需要公共组织部门全面地开展工作，加强基础性、保障性工作，如教育、道路建设等。这是上述辞典表述的主要内容，也是比较常见的、狭义的公共服务内容。

公共服务的内容逐渐纳入了政府服务。《金融大辞典》对公共服务的解释是指公共部门提供给整个社会的服务，包括政府提供的公共服务（主要有安全和防务、法律和秩序的维护、立法和制定规章条例、公共卫

---

① 新公共管理理论：新公共管理从现代经济学和私营管理方法中获得诸多理论依据，认为政府应以市场或顾客为导向，提高服务效率、质量和有效性，要对政府绩效目标进行界定、测量和评估，在部门管理和人事管理上应当灵活。

② 邓蔚：《行政权的正当性证成——控权—服务论理论合理性》，《行政法学研究》2008年第1期。

生的维护、环境保护、研究与开发等）和非营利机构提供的服务。这个概念一定程度上对政府提供的服务作了概括。《科学发展观百科辞典》对公共服务的解释是一种政府职能，是指通过提供或创造公共产品、公共环境以满足公共需要的过程。根据所要满足的公共需要的内容，公共服务主要分为三种类型：政权性公共服务，主要包括立法、司法、行政、外交、国防等，与国家的传统职能相吻合；社会性公共服务，主要包括社会就业、社会保障、教育、卫生医疗、文化教育等直接关系到人的发展这一根本需要的服务；经营性公共服务，主要包括邮电、通讯、电力、煤气、自来水和交通等。

从公与私相对而言的本质上来说，公共主体、公共组织提供的全部的对外活动及其自身的一切活动，都可以认为是公共服务的内容，受公有、共管、共享、共治的基本理念支配。其具体包括三个层次的概念：一是指政府对私有主体提供的保障性基础性活动，如基础设施（水、电、气、路、通信等）、教育（各个层次的教育及内容）、医疗（各种类型的医疗医护医养）、保障性养老等，是基本的公共需要的服务，是针对私有服务可能导致的扭曲的一种公共机构提供的活动。一般而言，市场交易中，如果部分或者个别主体提供了全范围全链条多层次的服务，难以形成竞争，自然形成垄断，可能让接受服务的主体的地位与提供服务的主体的地位差异很大，导致价格畸高、服务质量很低等与市场交易基本规则不符合的情形出现，即形成了与平等交易相反的局面。这就需要公共权力机构统一提供服务，规定与社会发展阶段相符合的服务质量、服务价格。这是避免市场失灵导致畸形交易出现而形成的公共服务内容。二是政府对外的活动都可以认为是公共服务内容。政府执行法律规范的活动，如各个部门的执法活动，对土地、环保、安全、教育、社会秩序、生产建设等方面的法律活动。立法机关制定了各个部门法、单行法，各级政府及其职能部门是执法的主体。通过检查、逐一或者抽样核对社会主体是否和如何尊奉法律规范，推进社会工作。对不符合法律规范的社会活动（执法者有基本的、初期的判断功能），政府执法者有排除妨碍、惩罚或制止违法者的权力，维持或保障法律规范确定的内容得以实施、实现①。政府部门的一切活动，都具有公共性特征，受公共规范观念的约束、支持、规治。行政法在调整传统行政管理关系的同时也必须对公共服务的主体、公共服务的范畴、公共服务的服务方式以及与公共服务有关的设施和其他相关关系等作出规制②。三是公权机构的活动都是公共服务，公共部门、公共组织、公共机构提供的所有行为、活动、事项都是对社会主体"纳税"及纳税相关事项的"对价"。公权机构的存在是补充市场经济中私权机构提供产品（或服务）的不足，必然形成的公共部门承担的对社会主体的一定程度的必要产品（或服务），是从私有主体提供产品（或服务）转换而来，遵守基本私有主体之间交易的基本规则，如平等、自愿、诚信原则，或者是这些原则的转化。平等原则转化为整体平等，如整体而言，公权主体与私有主体之间的权利义务是平等的，综合整体上平等，不存在一方天然高于另一方的情形，如果事实上不平等，是法律规定，保障实施使然。自愿原则转化为法定原则，双方之间不是一一对应的平等，而是在法律面前是平等的，遵守法律的规定。诚信是指双方在信息方面应该保持对称性，公权机构对私有主体而言，政务信息以公开为原则，不公开为例外。公共服务是特定服务，是人类社会共同发展必不可少的，特定组织提供的与私有服务对应的共同体存在和发展的必要的公共物品或服务。

二、政府执法是主要的公共服务内容

基础性、典型性公共服务是指公共部门向不特定服务对象提供的公共服务；具体公共服务是指公共部门向特定服务对象提供的公共服务。根据

---

① 《中华人民共和国土地管理法》第二条："中华人民共和国实行土地的社会主义公有制，即全民所有制和劳动群众集体所有制。全民所有，即国家所有土地的所有权由国务院代表国家行使。"第四十六条："征收下列土地的，由国务院批准：（一）永久基本农田；（二）永久基本农田以外的耕地超过三十五公顷的；（三）其他土地超过七十公顷的。"第六十七条："县级以上人民政府自然资源主管部门对违反土地管理法律、法规的行为进行监督检查。"第七十六条："违反本法规定，拒不履行土地复垦义务的，由县级以上人民政府自然资源主管部门责令限期改正；逾期不改正的，责令缴纳复垦费，专项用于土地复垦，可以处以罚款。"如果是对"拒不履行土地复垦义务的"处以罚款，就按照《中华人民共和国行政处罚法》进行。如果符合该法"第四十二条　行政机关作出责令停产停业、吊销许可证或者执照、较大数额罚款等行政处罚决定之前，应当告知当事人有要求举行听证的权利；当事人要求听证的，行政机关应当组织听证。当事人不承担行政机关组织听证的费用"听证条件的，土地方面法律没有规定，专门的处罚法方面有规定，执行专门法的规定。应该听证而不举行，属于程序违法，仍是违反行政。

② 法国公法学家莱昂·狄骥认为行政法的发展经过了一个历史变迁过程，在行政法发展初期，主权理论是行政法的理论基础；随着社会的发展，主权理论被公共服务理论所取代；就当代的行政法理论基础而言，公共服务是整个行政法存在的基础和前提。

公共产品与公共服务的性质，可分为基本公共服务、混合公共服务与政府管理私人部门所产生的管制性公共服务。基本公共服务一般包括法律法规体系、公民权利保护、保证分配公正和经济稳定增长、财政税收和金融政策、社会保险与社会福利政策、国防、外交、国家安全、环保、航天科技、公费中小学教育、公费医疗系统等；混合公共服务一般包括下水道系统、电话电讯系统、电视广播系统、邮政服务系统等；政府管理私人部门所产生的管制性公共服务一般包括政府要求企业生产的产品符合统一的质量标准、卫生标准、技术标准、安全标准等。

执法是本书讨论的主要的公共服务内容。政府对外活动，执法占据主要的内容。如部门执法，各个职能部门对外实施部门法律，规范社会主体的活动，保障法律规范确定的社会秩序的持续存在和发展是其主要职责。部门通过行政检查等活动了解、认知社会主体的活动情形。其对不符合法律规范的行为进行制止、处罚，惩前毖后，目的是保障社会主体遵守法律规定，形成全社会守法的良好状态，也是为了实现立法确定的社会状态，达成公共服务目标。如，交通道路安全秩序需要通过《中华人民共和国道路安全法》来规范。前述法律规范规定要求机动车驾驶人员实行驾驶技能符合条件的可以许可；不允许驾驶技能不合格的人驾驶机动车在公共道路行驶。驾驶机动车需要专门的技能、技术，如果没有相应驾驶技能者驾驶机动车，极容易引发交通事故，造成人、财、物的损害。驾驶证许可是维护和保障驾驶者及交通参与者的安全设定的必要的法律规范。对无机动车驾驶证件者驾驶机动车上路行驶，就要予以处罚。有此类执法，才能保障"驾驶机动车，应当依法取得机动车驾驶证"的法律规范确定情形的出现和公共安全的社会目标的实现[①]。

行政执法是系统、全面、完整、法定的公共服务内容。公共服务的具体内容是公权主体（公权行使机关）与社会主体之间的交换内容，一方支付税负，另一方支付公共服务，公共服务是税负的对价。公共服务和税负是法律法规规定的。在公法领域，有法律规范就必须根据法律规范采取活动，这是依法行政、合法行政，是贯彻合法性原则的政府行为。强调公共服务之法定性，有利于厘清公共服务具体的标准、服务内容、服务质量、监督检查等公共服务系列内容。

---

① 《中华人民共和国道路安全法》第十九条第一款：驾驶机动车，应当依法取得机动车驾驶证。

三、政府公共服务具有相关特性

（一）服务性

行政行为是一种服务，整体上具有服务性。公共服务是一种公开、大众、透明的交换内容。政府提供的公共服务是一种大众化的社会主体的需求、基本的服务。公共服务还是社会主体共同需要的现实法定需求。如维持秩序、对违法者进行处罚，这类执法活动是公共服务，即行政处罚、行政强制具有服务性特点。应该依法予以处罚与强制的行为是有损公共利益的行为，因而行政强制、行政处罚行为彰显了公平正义核心价值观，是一种矫治行为，是对公共利益事实上的保护。服务性体现在对社会整体利益的矫治和补偿。

（二）合法性

公共服务应是行政机关积极作为的行为。法律有规定，行政主体就要主动作为，完成任务；法律没有明确规定，如有社会需求，政府可以主动提供受益性行政行为；紧急情况下，有概括授权时，政府主动作为，提供服务。对社会整体有利的活动，政府可以主动立法，执法，监督督察，提供服务。例如，建立政府服务热线制度，旨在推动政府主动行政，建设法治政府，其积极的做法都表明政府为争取合法性，争取民意，争取民众的支持，主动行政。

（三）公共性与非营利性

公共性是指行政主体实施以行政行为为目标的公共服务，满足公共需求，避免和祛除为私利实施的行政行为。公共服务的非营利性是指公共权力提供的满足社会需求的服务不直接获得补偿，不是直接的交换行为。整体而言，所有社会服务都是有对价的，但公共权力提供的服务的主要特征是非直接对价，非直接收取利益。在政府提供的公共服务中，行为主体直接收取利益（回报）是被禁止的。如执法者私下收取被服务对象的钱款是一种腐败行为，被严格禁止。公共服务是一种非营利性的服务，是由政府和公共部门来提供的。企业提供一种服务（产品），是以获取盈利为目的的。政府提供公共服务，其目的不是盈利，是一种非营利性质的服务。

（四）公平正义性

行政行为需要公平性、法定性、正义性。为公共利益服务的公共权力才能让人民相信政府。公共服务性是为整体、为基本公平正义、为社会积极向上追求服务。公共服务论是衡量行政行为是否公平正义的标准，如为少数人员修建别墅、度假村等活动，是个别的、特权的服务，不具有公共服务性，不具有公平正义性。

（五）调控性

公共服务是政府采取的实现社会整体需求的活动，是对社会主体行为的调整，是对社会主体整体活动的调控与塑造。例如，产业和行业的支持，货币的发放等，逐步地影响社会主体自身对外提供服务的真实价值和质量。政府加强推动房地产行业，既是保障和满足人们居住的需要，也是对相关产业的支持，对其他产业有巨大影响。如果住房价格畸形发展，就会出现经济泡沫。经济泡沫对经济发展本身有巨大伤害。因此，政府的调控实质上对社会主体权利影响很大。

四、公共服务是行政法学的主要研究对象

公共服务是社会正常运行的基础，是多学科研究的对象，是主要的行政行为，是行政法学理论承载的对象。

（一）公共服务的提供主体是以政府为代表的公共部门

公共部门的职能之一就是创造或提供公共服务。社会非营利机构尽管也为社会上的一定人群提供一定的公共服务，但其公共服务的提供能力、覆盖范围以及有效性与政府都不可同日而语。

（二）行政活动是公共服务主要内容

服务是指行为主体通过某活动使另一个主体即服务对象获得某种利益的行为。这种服务的特点在于公共性，其公共性表现在提供主体、服务本身和提供对象或接受主体等方面。首先，这种服务是由代表国家、具有一定公权的公共部门提供的，即提供主体的公共性。其次，这种服务不会因为向某一个人提供而减少对社会其他成员或某一特定部分社会成员所得的服务量，即在公共服务的获得上不存在竞争。最后，服务对象是社会上具备某些条件的不特定的多数人，即服务对象的不确定性。

（三）公共服务的目的在于满足人的某种需求

根据马斯洛需求层次理论，人的需求按照不同层次可分为以下几种：生理需求（Physiological need）、安全需求（Safety need）、爱和归属需求（Love and belonging need）、尊重需求（Esteem need）和自我实现需求（Self-actualization need）五类。它们依次由较低层次到较高层次排列，具体如图1-1所示。我国刚全面建成小康社会，这一历史阶段的背景决定了我国广大群众的需求仍在"爱和归属需求"与"尊重需求"等层次上①。

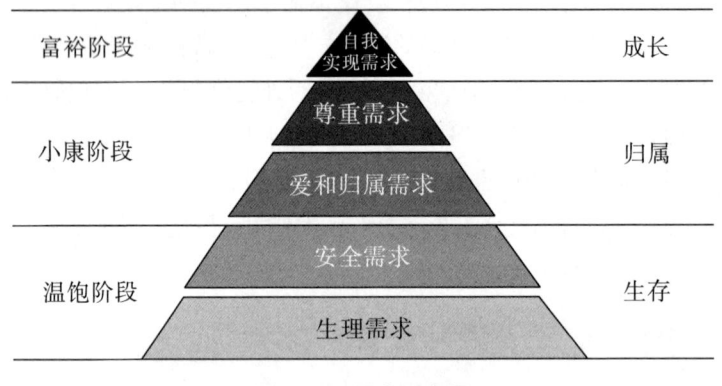

图1-1 需求层次图

（四）公共服务内容不断发展、进步

公共服务的内容从基础性纠纷化解、基础设施建设逐步发展到执法、社会主体多种需求的满足及社会进步的导向。如，在民族国家的竞争中，各个政府有维护自身群体利益的职责；在身居海外的公民权利受损时，本国政府要进行救助、支援；在科技领域加强竞争、发展，杜绝本国在科技领域被封锁、资源交易不公的情形。政府要获得国民的支持，要拓宽服务内容，增强行为合法性。公共机构加强对国民的保护、国民福利的保障，随着福利国家逐步兴起，政府公共服务内容更加丰富。

---

① 见百度百科：https://baike.baidu.com/pic/%E9%A9%AC%E6%96%AF%E6%B4%9B%E9%9C%80%E6%B1%82%E5%B1%82%E6%AC%A1%E7%90%86%E8%AE%BA/11036498/0/0d338744ebf81a4cf6d87ba8d42a6059242da6ed?fr=lemma&ct=single#aid=0&pic=0d338744ebf81a4cf6d87ba8d42a6059242da6ed，最后访问时间：2020年12月29日。

故从行政法角度认识公共服务，公共服务是指由代表国家的公共部门（行使公共权力的部门）向社会公众提供的能满足其一定需求的服务活动。它包括：行政法的本质是公共服务法；新行政法史是一部公共服务历史（法治社会之前行政法历史可以说是"统治＋法制"历史）；行政是一个提供公共服务的过程；行政法的内容是对公共服务内容进行界定、监督评估与改革；公共服务论是行政法治建设和行政法学研究的指导。

附：

王某乘坐公交车受伤解决案公共服务性探析

一、案件简介

2000年8月，王某乘坐南京市公交总公司7路无人售票车，驾驶员急刹车，加之其他乘客行李挡绊，王某摔伤；经医院诊断，王某为伤残九级。南京市交通治安分局认定：驾驶员进站疏于观察，安全措施不当，负主要责任；乘客汪某行李阻碍绊倒王某，负次要责任。2001年初，王某向南京鼓楼法院提起诉讼，要求公交总公司按照《中华人民共和国消费者权益保护法》（以下简称《消法》）和《江苏省实施〈消法〉办法》赔偿人身伤害损失。公交公司对此诉求不认同。法院请示江苏省人大法工委，得到函复："承运人提供的运输服务造成乘客人身伤害，当事人主张适用《江苏省实施〈消法〉办法》的，应当适用《江苏省实施〈消法〉办法》。"法院审理后依据《消法》作出判决：公交总公司支付王某医疗费等共计12万元。王某与公交公司均有异议，都提起上诉。南京市中院审理后，判决公交总公司一次性赔偿共4万余元。检察机关认为本案应当适用《消法》；适用《道路交通事故处理办法》（以下简称《办法》）系适用法律不当。根据南京市检察院请求，江苏省人民检察院向江苏省高级人民法院提出抗诉。江苏省高级人民法院请示最高人民法院审监庭，得到答复："本案是因道路交通事故引起的侵权纠纷，应适用《办法》。"据此，江苏省高级人民法院开庭再审，王某拒绝调解；再审维持了二审判决。

二、案件体现的公共服务性

（一）法定救济是公共服务

《中华人民共和国民事诉讼法》规定，我国民事司法实行两审终审，有特殊的抗诉、再审程序。本案涉及司法程序内容较多，完整"走完"民事诉讼所有程序。这种情形在法院诉讼解决的案件中占比非常小。司法是法治的重要内容，通过适用法律规范于具体案件，实现法律规范所确定的法律效果。此案对《消法》或者《办法》适用的选择，在法律规范适用发生冲突时选定解决办法；在法律规范具体含义认识有分歧时，及时请示立法主体（及其相应机构）予以明示，确保法律规范预设的社会秩序得到实现。这是国家立法、司法主体共同提供的完整系列开创性的法律服务。

（二）成本效益核算是公共服务，成本是公共负担

能够"走完"法定全链条的司法（另外包含两个立法内设机构对立法条文内容的解释、适用建议）案件，耗费立法、司法资源多（如时间长、程序多、公共资源负担的公职参与主体及人员多），而案件涉及的经济价值并不高，只有公共负担的立法、司法机构才能这样不计成本地解决问题。为解决社会纠纷树立基本规则，不惜用完一切法定救济程序，社会亦认可。王某案对其个人是大事，但在社会纠纷中，就经济量、社会影响性、社会关注度等方面而言，只能是小事件，但前述纠纷解决，花费司法、立法（解释）资源甚巨，为公共目标，才可以这么"放肆"地干，典型地体现了公共目的性。

（三）法定性是显然的公共服务，依照法律规定、法律规范的精神进行裁决，是以公共利益为目标的

非私有救济是公共服务，最终由国家审判机构依法作出判决，定纷止争。化解矛盾纠纷的方式有多种，如和解、调解、司法裁判等。乘客王某在乘坐公交公司车辆时，正常权利受到侵害（经医院诊断，王某左髌骨粉碎性骨折，左第9、10根肋骨骨折，属于九级伤残），纠纷当事人二者之间不能自行调解矛盾，达成问题解决的一致性。国家也预见了此类纠纷出现频率高、需要形成统一的解决规则；在纠纷出现后，司法机关根据申请介入，依照法律规范，适用具体内容，形成裁决结果，是专门机关依法提供的公共服务。

（四）法律规范冲突的调和，最后规范的选择，以公共利益最大化为标准，体现公共服务思想

处理案件适用《消法》或者《办法》，结果差异很大①。原因是两者规定的侵权赔偿项目中的"残疾者生活补助费、残疾赔偿金"两项，前者法律规范理解为一倍，后者明确规定适用时是多倍，计算出的结果差异很大。把承运合同作为消费者合约进行规治，对承运人科以较重的义务；本是常见的合同法律关系，对一方附加很重的义务，对其不公平。合同双方是平等的，法律一定要科处特别的义务，应该有特别的事由。本案反映出这类现象没有事由证明应该给予公交公司承运人过重的法律义务；且公共交通有公共福利成分，新案判决，对社会问题解决有导向作用。侵权赔偿过度易产生不良的社会影响，畸轻畸重都是对公共利益的损害。减少侵权赔偿的差距和空间，有利于法律规范对人们的行为更精准地发挥指引作用。

三、案件得到公共服务论的指引

（一）救济制度本身是提供更高质量的公共服务

案件经历的一审、二审、再审，抗诉、相关主体的解释（答复）等都体现了解决纠纷的公共目标。这是个案的解决，但这类个案的解决、规则的适用，对社会主体的生活有指引功能。《消法》、前述《办法》完全公之于众，当事人都可以获得并阅读、认知，法律规范

---

① 《中华人民共和国消费者权益保护法》（1993年10月制定，2009年8月第一次修正，2013年10月第二次修正；本条是未修正条文）第四十一条："经营者提供商品或者服务，造成消费者或者其他受害人人身伤害的，应当支付医疗费、治疗期间的护理费、因误工减少的收入等费用，造成残疾的，还应当支付残疾者生活自助具费、生活补助费、残疾赔偿金以及由其抚养的人所必需的生活费等费用；构成犯罪的，依法追究刑事责任。"《江苏省实施〈中华人民共和国消费者权益保护法〉办法》第二十五条："经营者提供商品或者服务，造成消费者或者其他受害人（以下统称受害人）人身伤害、残疾、死亡的，应当按照下列标准支付费用：（一）医疗费，按照受害人接受治疗所必需的费用计算；（二）治疗期间的护理费，根据受害人治疗期间的护理需要，按照当地雇请护理人员所需费用计算；（三）因误工减少的收入，按照受害人因误工减少的实际收入计算；（四）残疾者生活自助具费，按照受害人购置普及型器具所需的费用计算；（五）残疾者生活补助费，根据受害人的伤残等级，按照当地居民年平均生活费的十倍以上二十倍以下计算；（六）残疾赔偿金，根据受害人的伤残等级，按照当地居民年平均生活费的五倍以上十倍以下计算；（七）丧葬费，按照当地殡葬单位基本服务项目收费标准计算；（八）死亡赔偿金，按照当地居民年平均生活费的二十倍计算；（九）完全丧失劳动能力的残疾者扶养的人或者死者生前扶养的人必需的生活费，按照当地居民年平均生活费标准，对不满十八周岁的，按照扶养到十八周岁计算；对其他无劳动能力的，按照扶养二十年计算。法律、法规对前款另有规定的，从其规定。前款规定的各项费用，应当一次性支付。经营者提供商品或者服务造成受害人人身伤害、残疾、死亡，构成犯罪的，依法追究刑事责任。"

清清楚楚、明明白白，但二者无法自行适用，还需专门机关依照法律规定（民事诉讼法）适用具体的实体法，出具裁判机构的正式结论，让当事人遵照执行。立法机关、司法机关本身不生产产品，不提供社会性服务，没有交易收入，其运行费用由全部纳税人负担，提供立法、司法公共服务。公共服务论要求社会问题的解决，目标是满足公共需求，引导公共价值，重点考量公共利益。公共服务机构依法化解矛盾纠纷，形塑良好社会关系，是按照公共服务论的基本内涵采取行动，必要时提供完整、全面的立法、司法救济，全面保障当事人权利，形成经得起考验，具有良好法律效果、社会效果的典型案例，实质性地呈现公共服务论的基本内涵。

（二）案件裁决结果具有较好的公共服务价值标准

此案根据不同法律规范进行计算，得出不同赔偿结果。赔偿项目不变，在"残疾者生活补助费、残疾赔偿金"计算上面差异较大，形成 4 万和 12 万的巨大差异。结果 4 万赔偿更合理，符合法治精神和当事人承受能力，并考虑到公交公司的公共服务部分目的。笔者认为，法律给予一方过重的义务，如果没有特殊需求，就是属于考量不周，可能使某些人利用法律规范获利，或者导致社会交易发生不当扭曲；（江苏省人大法工委）立法（解释）只根据法律条文进行僵化的说明，形成畸轻畸重的权利义务配置，司法并不简单跟进，即使有检察院抗诉监督，司法亦不为之屈服，尊重合同法律关系的平等性，不随意、过度扭曲，更多地考量社会整体、公共、全体的利益，更符合公共服务论基本要义。

（三）司法救济，几乎不计成本，是实现和示范追求公平正义，达致公共服务（论）目的

解决（小）问题，程序复杂，效益低下，只有为公共利益才可负担，才可示范性解决；在公正与效率中，取公正。在有新问题、新现象出现，社会对其认识、把握不准，当事人双方各执一端，社会主体众说纷纭、莫衷一是之时，就更需要通过立法、司法适用，形成典型案例，导引社会主体的生活、生产。示范性地化解个案，即使效益非常低下，成本核算非常划不来，也得穷尽所有程序。社会正义在综合考量后得到实现，就是实现了最大最有价值的公共服务目标。

第二章 行政行为承载公共服务论

行政主体依照法律规定进行活动，形成一系列成果：行政行为、行政事实、行政非行为活动等，其中以行政行为为主体。行政活动是行政主体自主意识支配下的行动，也是行政主体在法律规范下的行动。以行政行为为主的行政活动的基本理念是什么？传统的理论支持有控权论、平衡论、服务论，各有千秋，且各有难以自圆其说之处。行政法发展到今天，大量的行政活动和理论汇集，形成行政活动是一种公共服务的基本认知，能够得到理论和事实的支持。

第一节 行政行为的公共服务性价值特色

不论公共服务理论的内涵到底包含哪些，公权力实际是主要的公共服务内容，公共服务论主要研究公权力的服务对象。行政行为更是公权力的主要的、显而易见与社会其他主体接触交往最多的活动。重点探讨行政行为的特性、实施、发展、规制，正好可以考察公共服务论的核心内涵和规范发展。行政行为是公共服务，可以为法学基础理论提供现实案例支撑，也为解释、发展、约束行政公权力提供学术源泉。行政行为的公共服务性价值特色体现在几个方面。

一、合法性来源

行政行为与公共服务对应，可以较为合理地解释行政活动的基本特点，行政主体、行政相对人更为自愿地接受、理解、遵奉相关行政活动。社会关系复杂多样，数千年人类历史表明：国家是必然存在的，而国家有自身的发展逻辑和运行轨迹。因此，必然存在的国家，同时接受必要的规治，更为符合人类社会发展的需要及人的愿望。把国家中的政府行动限定在提供公共服务的界限内是目前比较合理、有效的选择。有几个关键词——公共、服务，即非自愿非单方支配。自愿交易是市场经济中的基本原则，也是能够保障社会稳定秩序的基本规则。以法律为主的社会规则保障自愿交易（特定交易也采取法定方式、实施形成）。对非自愿交易，采取法定方式、法定途径推进，即画一个圈，囊括进一部分必须的社会服务，针对特定主体进行规范运行提供，形成一部分特定服务内容，即公共服务由政府提供。市场经济的另一个交易原则由双方自主形成，在各个主体都争取自主权利的同时，市场调节资源，最大限度丰富社会产品，满足各主体的需要。对一方主体单方面提供的服务必须进行限定，采取法律规定的方式进行，最大限度获得社会认同，对服务内涵进行详尽保障，让社会主体最大限度认可，减少相应冲突造成的损失。在非自愿、法定强制等条件的制约下，行政行为这种特定的公共服务符合社会需要，能最大限度满足社会主体需求，得到认可和遵从。

二、公共性要求

行政行为及其一系列活动都需要满足一个重要的关键词：公共性。采用公私二分的角度进行区分，公私之间分别按照不同的规则运行。第一，政府是公共需要形成的特定组织，本身是公共组织。公民及个人组成不同的社会主体，如法人、非法人社会组织等，都为完成特定目标而行动。公民让渡权利形成的组织是独特的为公共目标而存在的"唯一"组织。第二，政府行政主要满足公共需要。政府解决公共需要，是私有主体无法完成或者完成成本太高的群体的共同任务。私有主体通过自愿、合意达成交易，进行资源配置。留下来的公共空间只能且必须通过公共组织——政府来提供相应的服务。这是人类社会发展的历史经验总结。第三，行政本身是公共目的。私有天下，家天下，是封建皇帝治理国家的办法，这种国家治理方式被称为人治，早就被抛弃了，取而代之以更为先进的治理方式。众人的、多人的、群体中公有的事项，形成公共观念，采取公有方式治理社会；与此相反的是，以私有的、个别的、少量的、秘密的方式等形成的社会交易方式，要么被市场交易者的自愿交易吸纳，要么被法律规范禁止。政府行政行为的基本特性是公共性，从主体、目标、内容、程序到救济、发展，采取公共方式办理，形成现代社会治理新模式。

三、服务性特色

政府行政行为的服务性是对传统社会公权强行性的反叛。私有天下的封建时期，组织人员形成各种机构，对社会进行治理，形成秩序，促进发展，他们是强行的、管理的、高权的，行政相对人本身在暴力之下极为不愿意，被迫完成。行政本身的公权组织为社会提供的服务，从整体而言，是完整的、全部的、本性方面的特定定位；行政相对人让渡权利，提供资源（税负为主）承担各种公共组织（政府为代表）的成本，本意是为以人为中心的整体提供高质量的服务和产品。纳税人负担、纳税人同意、纳税人监督乃至更换政府提供的各种产品。在市场交易的本质上，行政行为是行政主体依法提供的服务。行政行为的服务本性，决定了行政行为本身是接受被服务对象约束的。在竞争性交易的市场中，消费者可以自由选择自己偏好的产品；在垄断性提供产品的交易中，客大欺店、店大欺客都可能存在。为避免垄断权力者提供质次价高的产品，除对垄断行为本身、交易活动进行全面规治外，还要从理念上确定产品供给服务性，从根本上设定制度，形成规则，采取措施，规治产品，提高服务质量，形成现代的社会治理模式。

第二节　行政是公共服务论主要载体

理论是实践的提炼和总结，也是实践的依附和提升。从实践中得来的理论，具有较强的指引、规范、评价、发展功能。行政法中的公共服务论正好选择了行政作为基础和载体，是行政自身的理论化、法治化。

公共服务的"公共"二字就彰显了其非竞争性和非排他性特征。服务提供者为了最大多数人的利益而生产提供公共产品，特别是在社会治理多样而复杂的情形下，包括政府在内的公权力需要主动行政、积极行政、担当行政，是公共服务性质的行政。故公共服务是指由政府或相关组织（或纳税人负担的公权机关）提供的社会发展必不可少的多人或组织共同消费满足需要的活动。

一、行政是服务

行政具有公共服务的基本内容，以政府为主的行政活动是公权主体依法对外提供的公共的服务活动，主要包括以下几个方面的内容。第一，行政活动的提供主体是依法确定的政府，以及接受政府领导、指导、监督等的各类行使公共权力的组织；未得到合法授权者不得提供行政及其相关活动，行政活动是以政府为主的组织专门提供的。只有在特定情形下，行政才由非公权有关组织提供。第二，行政的内容是以行政行为为主的公共服务，其本质是为社会主体提供非公共组织不能提供或不能有效提供的社会所必需的服务。行政的内容与政府公共服务内容是对接的、一致的。第三，公共服务与非公共服务是对应的、可以区分的，公权主体"垄断"提供公共服务，非公权主体一般不能提供公共服务，非公共服务社会主体自行自愿交易提供，公权主体必要时提供规则支持。

公共服务是一种特定服务。服务内容特定，服务主体特定，服务监管特定。服务一般等同于市场经济中市场主体的交易活动。市场交易根据双方特点可以划分为典型的竞争性交易和非典型的竞争性交易，前者以超市交易为代表，后者以房地产交易为代表。超市交易是一种直观、常见、充分的竞争性交易，双方在超市中，形成围绕商品或服务进行的交换活动：第一，在超市交易中，买卖双方主体平等，意志自由，交易信息相对透明，交易双方竞争充分完全。商品供给充分，交易双方完全自由决定交易内容，替代商品丰富，没有或者少有商品供不应求、高价低值的现象。第二，充分竞争的表现是交易双方主要锚定商品或者服务本身进行。出卖者提高商品或服务质量，买方获得高质量的商品或服务和有质量保障的商品或服务。具体的商品或服务质量如"质量三包"、送货上门、微笑服务、无理由退换货、最低价承诺（如沃尔玛承诺如发现有比本超市更低价的商品，价格低于10%，则10倍赔偿）、商品质量符合行业标准或者国家标准，遵守《中华人民共和国消费者权益保护法》等基本规定等。顾客是上帝，顾客在超市能够获得上帝般的感觉，但前提是有钱消费。超市服务的重要特点是竞争充分，市场自主竞争，即如果超市提供的卖方服务或者商品质量低下，买方可以选择"用脚投票"，到别的超市消费。这是对超市交易者出卖方的根本约束。第三，非超市商品或者服务交易是民事交易活动，双方平等，交易自愿，意志自由。这类交易的竞争充分性差一点，可能存在某一方强势的现象。对于买方而言，可能谈判的筹码大一点，或者服务质量高一些，如通常说的合同交易中的甲方，一般对合同条文有较大的制定主动权，有的带有垄断性，提供格式合同，己方权利多一些，义务少一些，合同约定条件更有利于己方。卖方如果存在自然或者市场垄断现象，也有更多的条件保障己方权利，免除己方义务，"店大欺客"现象经常存在，其外在表现形式差异很大。第四，非超市交易，双方筹码不一，约束条件有差异，商品或者服务质量有差异，服务特性有较大的差别。在常见的非超市交易中，消费者是弱势一方，没有或者少有自由平等谈判的权利。这类产品或者服务具有一定的公共性，某些产品或者服务实质是准公共产品。除了遵守基本的《中华人民共和国消费者权益保护法》之外，还需要对非超市交易活动进行公共权力的管理。第五，存在自然或者市场垄断情况，垄断者获得超额利润，可能提供的商品或者服务质量难以尽如人意，但商品交易双方进行的还是一种基本的交易活动，排除直接的强买强卖行为。公共权力需要介入，对垄断一方进行规治，采取多种措施，要求商品或者服务提供者回归超市交易状态。

二、公共权力是一种特殊服务

行政是交易中出现的垄断性典型代表。把公共权力作为服务对待，是现代法治和市场发展的结果，是对传统国家和社会治理的一种颠覆性认知和革命。

（一）公共权力服务具有垄断性

一般而言，在现代国家中，公共权力行使部门是统一的、唯一的。只有一个合法有效的政府组织，统一、系统地行使国家公共权力。维护社会稳定、秩序，提高社会主体的积极性，发展生产，丰富市场，繁荣国家，富裕人民等都是公共权力的服务目标。政府的全部活动都可以看作提供服务，只是这种服务还可以再做细分，如内部的、过程性的服务。垄断企业提供价格高昂、质量较差的服务是常态，而在外力约束较好的情况下，公共权力提供者可以不断改进服务，提供高质价优售后有保障的服务。

（二）公共权力具有暴力性强制性、复合性混合性

政府是公共权力提供者，为社会提供各种公共服务，还具有维护秩序等多种目标，具有强制力。存在多种服务目标且很难区分的情况下，政府权力提供的服务可以称为独一无二。政府既提供类似的超市服务（如法定服务提供，政府必须提供，具有义务性），也提供类似的自然垄断性商品服务（如水、电、气、油、航空等服务，价格与服务质量对应但是否对称难有定论）。

（三）公共权力更换成本高

公共权力提供者更换非常困难，即使对公共权力非常不满意。现代社会，个别人在一定程度上可以有限地"用脚投票"，相对自由地选择居

住生活地。历史上，对公共权力提供者进行更换都是附着在国家机构的更换上进行的，成本和代价是人类不可承受之重。公共权力难以平衡更替是人类社会治理中的重要问题，故人类社会发展出对公共权力的全面约束制度。超市的"用脚投票"、自主选择情形没有了，经过多方博弈，双方达成新的契合条件：对公共权力本身及其行使者进行全面系统的规治。

（四）通常对公共权力进行规治即法治

要求公共权力提供者执行法律，履行义务，不得怠工，不得谋私。国家架构中直接采取立法、执法、司法分工的方式进行约束。执法部门本身具有执行性，在有限的自主制定规范空间中遵守法律保留、法律优先原则。政府执法是公共权力实施。理论而言，公共权力实施是责任，必须严格依法进行。国家从对公共权力实施的方式、程序、时限方面直接规治和要求其不得从事某些活动进行反向规治。反向规治重点在公共权力的防治腐败、挤压惰政空间、打击违法行为等方面。正向规治就是对权力实施的直接监督、监控，权力公开、透明行使，权力接受救济规范等。赋予公共权力的先定性，但要接受事后的监督检查，对违法的公共权力行使可以撤销并给予相对人损害请求权；对违法行使公共权力者依据法律规范可以给予一定的惩罚乃至刑法对待。即法治社会中，公共权力行使规则完善且事后督查手段较为严厉，公共权力提供，有自身固有的优越性，但也有更多的义务要履行，有各种行使权力性限制措施平衡公共权力行使者过大的权利。

三、行政具有公共服务基本属性

司空见惯的超市服务与千百年来政府提供的各种服务，差异甚大，但本质一样。政府提供的公共权力运行是特定服务，具有服务的基本属性。

（一）服务性是最基本的特性

政府是公共权力的提供方，行政相对人是公共权力的消费者。政府提供的各类公共服务目标指向社会整体利益。行政相对人对消费的价格、服务的质量（服务方式、时限、程序、直接金钱负担等）有直接或者间接的发言权，一定程度上有参与权。法律从根本上是代表行政相对人整体利益的。行政主体执行法律、遵守法律，制定规则时法律是基本准则。

消费者对公共权力提供不满意时，对行政权力的去留可能保有最终的决定权。

（二）公共服务性是相对的

在"政务超市"中，公共权力可以当作一般商品进行出售，还保障售后质量。可以把公共权力作为基本的公共商品或者服务进行对待。从理论上说，公共服务与私人服务的区别是清楚的；但现实情形非常复杂，各种各样的服务，其性质具有不同程度的模糊性，边界有时候难以界定。判断是否属于公共服务的因素很多，在实际生活中还应当依据服务本身的特征等进行判断。

（三）消费者最终决定权

在公共权力消费中，消费者选择权小，选择空间也有限，但消费权力最终决定权在包括消费者在内的社会主体手中。公共权力一定程度接受消费者直接的权力制约，如批评建议权（宪法规定的公民基本权利之一，见《中华人民共和国宪法》第四十一条）、（劳动者）休息权（见《中华人民共和国宪法》第四十三条），部分国家公民还有如信访类的系统性对个案表达异议的权利。公共权力还接受以法律为主的规则的限制，是消费者权利的间接行使。有法可依，有法必依，执法必严，违法必究，对公共权力及其行使同样适用。在法治社会中，公共权力遵守更多的全面的行为规范，服务质量不断提高，消费者满意度不断提升。

（四）公共服务的消费具有区域性

全国范围的，国防、外交，基本制度的提供，如宪法、法律制度建设；区域性的，如区域发展、区域项目建设、区域交通、交流渠道、教育、医疗、卫生、环境保护乃至治安等；地方性的，如地方性基础设施、城市垃圾处理、街道照明等；社区性的，如社区绿化与环境、农村社区治安等。故有的国家征收房产税，主要用于地方公共服务的发展、建设。公共服务支持费用的来源与支持项目具有一定的对应性。全国性的公共服务，国家负担；地域性的公共服务，各个地方自行负担。区分公共服务消费区域，对应主体负担，有利于提高公共服务支持资金的使用效率，有利于纳税人监管，方便制度设计，避免资金挪用。

（五）公共服务具有层次性、多样性

同一种性质的公共服务是分层次的，如教育可以分为幼儿教育、义务阶段教育、高等教育、社会教育等；医疗有基础性社区医疗、专业医疗、大病治疗等。即同一层次的公共服务是多样化的。还有不同种类的公共服务，大概可以区分为政权性（制度性）公共服务、社会性公共服务、经营性公共服务（水电气基础设施）等。各类公共服务的消费水平不一样，以教育为例，有些公民消费的是基础教育，而有些公民不仅消费了基础教育，还消费了高等教育。

（六）公共服务的发展具有阶段性

经济水平高则公共服务内容丰富，反之亦然。整个社会的公共服务水平因为经济发展水平的影响而呈现出阶段性的特征。社会认识的不断变化也会导致整个社会的公共服务的发展呈现出阶段性的特征。①

行政具有法定性、主动性、担当性、公共性与非营利性、公平正义性、调控性、提供主体多样性等多种特性；对应的公共服务也具有相应的特征，二者相辅相成，共同发展。

附：

检察行政公益诉讼案公共服务性探析

一、案件简介

（一）云南省剑川县人民检察院诉剑川县森林公安局怠于履行法定职责行政公益诉讼案

2013年1月，剑川县玉鑫公司（委托王寿全）在国有林区开挖公路，剑川县红旗林业局发现并制止，随后剑川县森林公安局进行查处，告知其有申请听证权利，认定玉鑫公司在未取得合法的林地征占用手续的情况下，在林地开挖公路，面积为2226.6平方米，共计3.34亩。根据《中华人民共和国森林法实施条例》，剑川县森林公安局作出行政处罚：责令限期恢复原状；处罚款22266.00元。3月29日，玉鑫公司交纳了罚款后即结案。2016年11月9日，剑川

---

① 孙晓莉：《公共服务论析》，《新视野》2007年第1期。

县人民检察院向剑川县森林公安局发出检察建议，建议其督促玉鑫公司履行"限期恢复原状"的行政义务。12月8日，剑川县森林公安局了解到王寿全已经死亡，执行终止；没有对玉鑫公司要求履行前述义务[①]。后检察院向云南省剑川县人民法院提起检察行政公益诉讼，法院于2017年6月19日作出判决：确认剑川县森林公安局怠于督促履行行政处罚决定内容的行为违法；责令其继续履行法定职责。宣判后，剑川县森林公安局积极履行了判决。

（二）南京市鼓楼区人民检察院诉南京盛开水务有限公司污染环境刑事附带民事公益诉讼案

南京盛开水务有限公司（以下简称盛开水务公司）于2003年5月成立，主营污水处理业务；2014年至2017年间利用暗管向长江排放高浓度废水、含有危险废物的混合废液、含有毒有害成分污泥及超标污水，造成生态环境损害，经鉴定评估认定生态环境修复费用约4.7亿元；2017年4月10日，被南京市公安局水上分局立案侦查，8月25日，移送南京市鼓楼区人民检察院审查起诉。2018年1月23日，南京市鼓楼区人民检察院向南京市玄武区人民法院提起公诉。2018年9月14日，南京市鼓楼区人民检察院对盛开水务公司提起刑事附带民事公益诉讼，诉请法院判令其公开赔礼道歉并承担生态环境损害赔偿责任[②]。法院开庭审理后，以犯污染环境罪，判处盛开水务公司罚金5000万元、其他直接责任人郑一庚等有期徒刑及罚金。盛开水务公司及郑一庚等不服，提出上诉，南京市中级人民法院作出二审裁定，维持原判。2019年12月27日，法院主持，检察院与盛开水务公司、盛开投资公司共同签署调解协议：分期支付赔偿金2.37亿，并开展替代性修复项目，修复项目正在履行中。

二、检察行政公益诉讼类案呈现的公共服务性评析

（一）公益诉讼属于公共服务论体系的一种形态

行政公益诉讼作为一种行政救济的手段，是检察院认为行政主体行使职权的行为违法，侵害了公共利益或有侵害之虞时，为维护公共利益，向行政机关提出检察建议，督促其依法履行职责，如若行政机关不依法履行职责的，人民检察院依法向人民法院提起诉讼的制度。其背后蕴藏的法理是社会公共性权利是公民权利的延伸，

---

① 云南省剑川县人民法院（2017）云2931行初1号行政判决，最高法院指导案例137号。
② 江苏省南京市鼓楼区人民法院（2018）苏0102刑初68号。

这正契合公共服务论思想。如案例一中剑川县森林公安局因怠于行使职责而以行政不作为的方式损害公共利益，剑川县人民检察院对其提起公益诉讼；案例二中，盛开水务公司以作为的方式违反法律规定，排放、处置有毒物质和其他有害物质，严重污染环境，并造成严重后果，检察院以公共权利代表的名义对其提起刑事附带民事公益诉讼。这两案均是公益诉讼的典型代表，体现了我国行政主体对公共服务的重视及落实。

（二）行政诉讼直接呈现公共服务性特点

公民权利以及社会公共性权利受到尊重和保护的程度，是一国法治状况和人权发展水平的反映。行政诉讼制度是民主政治在某一诉讼领域的具体反映。一个国家赋予什么样的人可以提起行政诉讼的权利，是诉讼程序问题，更是通过行政诉讼体现国家对公民权利的保护；从行政诉讼制度监督行政职权的依法行使角度而言，赋予原告起诉资格是民主权利的表现。诉讼是典型的争端解决方式，行政诉讼中，要求行政主体对行政行为合法性进行举证，否则，承担举证不力的法定责任。这是法律规范的二次适用，是对行政权力行使的再次监督，以特定的方式监督行政权力是否合法行使、依法行使。行政主体是行使人民（通过人民代表大会）委托的权力，是否完全依法进行，人民群众不是很清楚。设定专门机构、制度，采取特定方式，如检察公益诉讼的方式进行监督，维护法律所确定的公共利益的实现。在行政主体怠于行使职权时，督促其积极履行法定职责，如两案例中的环境保护（或者环境修复）职责，完成法定任务，维护公共利益，保证最终的公共利益得到实现。

（三）社会公共性权利的实现需要司法手段作为依托

公民的各项权利根本上是通过法律来确认和规范的，法律的制定和实施的过程实质上是法律使公民权利从应然权利演变为法定权利，再发展成为现实权利的过程。公民权利的主要内容是法律权利，是由公民权利的性质和法律的性质决定的，是权利获得法律保障的必然要求。法律要保障公民权利，要为公民权利设立相应的权利保障制度，包括宪法和普通法律两个层面的制度根据。有制度不实施，权利保障就是"空中楼阁"，没有意义。社会公共性权利特定情形下以诉讼手段为依托。立法者局限于创制制度，关注法律规范自身的逻辑完整性，忽视法律实施的实然性。我国宪法和法律对公民的社会公共性权利设置了实体权利体系，部分是多数人共同享有，公民个人一般不被认为具有直接的诉的利益，无法直接起诉救济，如环境保护权、公共安全权等。无救济即无权利，权利受侵害者都应享有申请救济的资格。司法救济是保护公民的最后一道防线。作为国家公权力机关人民检察院的公益类诉讼制度应运而生，检察院以服务公共利益、保障公共权利为指导，对行政主体不作为、懒作为、乱作为进行监督、督查、纠正，契合公共服务论思想，体现一定的公共性、目标性，以实现公共利益为指向。

三、公共服务论指引纠正违法行政行为

（一）公共服务论要求建构检察公益诉讼制度保障法定公共利益的实现

以剑川县人民检察院诉剑川县森林公安局公益诉讼案为例，森林公安局被诉的根本在于怠于履行职责，而履职的本身涉及公共服务理论。2013年9月27日，云南省人民政府《关于云南省林业部门相对集中林业行政处罚权工作方案的批复》[①]授权各级森林公安机关相对集中行使林业行政部门的部分行政处罚权，根据规定剑川县森林公安局行使原来由剑川县林业局行使的林业行政处罚权。剑川县森林公安局在查明玉鑫公司及王寿全擅自改变林地的事实后，以剑川县林业局名义作出对玉鑫公司和王寿全责令限期恢复原状和罚款22266.00元的行政处罚决定符合法律规定，但在玉鑫公司缴纳罚款后三年多时间里没有督促玉鑫公司和王寿全对破坏的林地恢复原状，也没有代为履行，致使玉鑫公司和王寿全擅自改变的林地至检察院向剑川县人民法院提起行政公益诉讼时仍没有恢复原状，且未提供证据证明有相关合法、合理的事由。其行为显然不当，是怠于履行法定职责的行为。基于其行政处罚决定没有执行完毕，故剑川县森林公安局应当依法继续履行法定职责采取有效措施并且督促行政相对人限期恢复被改变林地的原状。

（二）检察行政环境公益诉讼案直接承载公共服务基本思想

盛开水务公司偷排废水、废物、废渣，对环境造成严重破坏，是严重违法行为，是违反公共利益行为。部分或者个别居民个体对其无可奈何，也没有太多时间、精力、经济实力监督处理其违法行为。作为人民委托权力行使机关的国家行政机关、检察机关对违法行为的查处、起诉，法院的依法审理，按照法律规定作出判决，要

---

① 云南省人民政府《关于云南省林业部门相对集中林业行政处罚权工作方案的批复》（云政复〔2013〕69号），2013年9月27日发布。

求违法者承担法律责任、履行环境修复的义务,是对公共利益的保障。公权机关联手查处、惩罚违法行为,督促违法者履行法律义务等活动,保护了环境安全,示范了公权机关维护公益的行为标杆,保障了公共利益,实现了公共服务论基本内涵。

第三章 公共服务论指引行政行为

行政行为是行政法基础理论的载体，行政行为需要理论支持，基础理论通过行政行为得到具体实现。行政行为在具体理论思想导引下开展活动，形成具有该指导思想基本特征的行政活动。公共服务论应该而且能够持续地规治、指引行政行为，形成具有中国特色的行政法治制度。

第一节 公共服务论呈现行政价值

公共服务论有何效用？为何要继续研究公共服务论？在现有的几种行政法学的基础理论中选择公共服务论来检视行政行为有何作用？笔者认为，比较其他几种行政法学乃至法学的基础理论，公共服务论对于行政行为具有独特功效。

一、公共服务论可以比较圆满地解释行政行为

一种基础理论，要对现有行为规范具有解释功能，能够说明某种社会现象的存在及其运行的基本原理。行政行为是行政主体实施的表达于外、满足社会主体需要的具体活动。公权主体为何要制定法律规范？行政主体为何要依法行政？在何种程度上创造性地制定规范、调节社会？服务的基本作用是满足社会主体的需求。行政主体提供各种活动，完全是为了满足社会主体的各种需要。职权性的行政行为，如行政处罚、行政强制等活动，是社会需要，不对违反社会秩序、侵犯他人权益的行政进行规治，社会就会无序混乱，公众也不会有安全感，没人会完全自动履行各种义务。行政强制和行政处罚是为了维持秩序，维护社会公平正义。授益性的行政行为如行政救助、行政服务热线、行政抚恤等是为了满足社会主体的需求。弱势群体或者市场竞争中的失意者需要政府扶助，避免社会过度不公。故公共服务论可以比较圆满地解释各种行政行为。

（一）公共服务论可以指导、发展、创立新的行政行为

需求是供给方提供服务的基础，有何种需求就需要何种服务。但社会主体的需求种类和服务内容不是同步的，可能发生错位。行政法学基础理论要能够不断指导行政主体创立新的行政行为，发现新的需求，满足社会主体的需要。公共服务在行政法治的发展中被认为是在行政法治体系中产生的一个新的范畴，或者说行政法为政府行政系统增加的一个新的功能。这个新的功能就是行政系统在履行行政管理职能时承担了一种新的职能——公共服务的职能[①]。以最低生活保障为例，在生产力水平较低的社会中，公权主体可能只是对特定人进行保障，如曾经出现的为"五保户"特殊人群提供的生活资源方面的保障[②]；生产力发达了，生产水平提高了，能够集合的公共资源更多，对低收入人群提供普惠式的保障有了可能，发展出了最低生活保障。生产力要发展，"要想富，先修路"。为提高效率，政府大力改善交通，提高道路运载能力等。互联网发展，网络购物、网络交易丰富复杂，政府就要提供新的满足网络交易的公共服务，如制定网络交易服务质量标准，杜绝网络交易诈骗行为，限制利用网络进行的危害社会行为等。公共服务论要求政府根据社会主体的需求不断地变更服务方式和类型，满足社会主体的需求。

（二）公共服务论可以指导制定公私冲突化解规则

公权主体一定程度上具有"人"性，具有人的自私、经济、向善等特性。私有主体具有典型的人性，自然人和法人（以营利为目的）是"人"，具有人性。具有相同程度的"人"性的主体之间可能发生矛盾和冲突。如果有矛盾，如公权主体不恰当的行政执法，如何解决？2016年6月上旬，深圳市发生了数起警方随意查验身份证，直接强行限制不主动配合查验身份证当事人人身自由的案件。警方的查验身份证行为和当事人人身自由，接受法定检查的义务之间有了冲突。在双方理解不一致的情形下，如何规范警方行为？公权与私权发生冲突，如果从公共服务的必要性，从公权服务的目的进行思考就不难规范。如果不是必要行政行为，警方随意查验公民身份证件就不可取。为更大程度方便公民，保

[①] 张淑芳：《论公共服务体系的行政法构造》，《法学论坛》2014年第5期。
[②] "五保"是对鳏寡孤独等人的保吃、保穿、保医、保住、保葬（孤儿还保教），享受五种保障的人简称"五保户"。

障公民权利，限制公权滥用，强制权如非必要则不能行使。故公共服务论可以指导制定化解公私冲突规则。

二、公共服务论规范行政行为

公共服务论视角下，行政行为是一种全新的政府履行职能的方式，是实施与社会主义市场经济发展相适应的行政活动。行政行为是行政主体作出的，行政主体是合法成立的，具有法定渊源。不是任何一个主体作出的行为都能成为行政行为，非法定主体作出的行为不是行政行为；行政行为是行政主体作出的与其基本特征相符合的职权活动。行政行为是达致行政目的的活动，行政主体存在和运行的目的不是谋私利，而是实现公共行政，通过行政活动（即公务行为）满足社会公共利益需求。行政目的不能是社会主体的个别的特定的诉求满足。行政活动、行政原则、行政法基础理论、行政行为规范、行政救济等一系列制度都指向和满足社会主体的公共部分特定的活动，保障行政目的是社会主体整体需求的特定展现。

行政行为是行政主体行使行政职权的行为。行政行为具有职权性特征，行政权是行政行为的内核，行政职权是典型的公共权力，其本身是公共产品，应该为公共利益服务。行政行为不等于行政机关的行为，行政机关在社会活动中根据不同身份可以作出不同性质的行为，如少量自身运营行为、多数对外的行政行为、部分民事等其他性质的行政行为。公共机构是否为公，当审核、检视、监督其主要的职权活动——行政行为。行政行为要求具有公共性、公权性、公权性能、非公权性能，如为私有的（典型的代表是以权谋私、权钱交易）应该受到监管和处罚。制度设计保障行政权力的公权"初心"和主要公共目标。行政行为是一种公法行为。宪法、行政法、刑法、程序法等是公法，行政主体受公法规治，可以直接或者间接地产生法律效果，也可以不发生法律效果，而产生事实上的法律后果，如行政事实行为。行政行为受公法约束、规治、发展、调整。

政府能做什么，不能做什么，要由法律来确定。正如有学者所主张的："（服务型政府）核心是服务内容由民意决定。民意决定包含两层意思：一是政府提供什么服务是由立法机构（民意代表机构）来决定，而不能由行政机关来决定，而立法机关又必须根据人民的真实要求来立法。这需要严格的民主程序和民主方式来立法。二是政府服务的评估主体是人民。"① 政府行使法律赋予的权力,公权行为于法有据,程序正当,效果具有法律性,目的达到公共性。即各项法律法规一旦公布实施,就必须得到有效贯彻执行,做到令行禁止,提高制度的执行力和公信力。

三、公共服务论指引行政行为

行政行为是公共服务。社会主义市场经济飞速发展,伴生的民主、法治、人权等价值理念深入人心,社会多元化发展。政府法治主导型继续推进。保持社会进步和发展,原有的"命令"与"强制"继续改进发展(如行政处罚、行政强制等);行政行为更要为社会组织和个人行为方向与活动空间提供更多可能,充分满足公民自由与发展需求;政府职能重心转向公共服务,政府创新性、系统性、体系化服务具有更大的发展空间。政府服务内容、范围、手段、方式继续改革深化。多种方式、模式促进发展,服务公共利益。

(一)以人民为中心的行政理念

坚持以人民为中心的行政理念,是"以人为本"的升华和进步。人是社会的主体,是环境、建设等的中心,要保障人的生存权、发展权、追求幸福和公平的权利。这和公共服务论的基本思想完全契合,是公权力的来源与归宿。避免政府管理者的控制、束缚和管理,人及人权是立法、执法、司法、普法、监督救济的中心和原点。社会主义民主政治决定政府对国家事务和公共事务的管理目标是维护广大人民群众的根本利益。在加强城市的公共服务建设的同时,更要关注乡村、城郊之公共服务建设,完善政府对公共服务的推动与改善。从人民的需要出发,以为人民谋幸福为宗旨,以人民满意为工作评判标准,公共服务论要求政府行政是提供公共产品、公共服务,为人民群众提供更多的参与、管理渠道,加强自身规治,加强与人民的交流沟通,促进政府公共服务效能更高、品质更优。

(二)行政行为构建社会发展环境

政府提供社会主体发展进步的基础性制度环境。一是立法制定基本的行为规则,执法、司法分别实施、保障。二是维护治安秩序。社会主体之间权利竞争及冲突较为剧烈。立法把基本的公平正义、权利边界划分

---

① 吴玉宗:《服务型政府:缘起和前景》,《社会科学研究》2004年第3期。

出来，对行政执法进行具体分割，保障规则落实和社会秩序。三是当事主体认定与数字化命名，方便交易交往。自然人落实身份证，编排身份证号码（自然人纳税号）、社会保障号码，方便管理和交往、交流；制定及实施法人、非法人组织制度，编排号码，发放证件，进行数字管理。四是制定并实施行政部门管理及服务规范，提供行业服务。行政法律规范是把社会空间划分出两大部分：一部分是需要公权力进行干预和规范的领域，另一部分是社会主体自由活动的空间。行政部门管理的是主要的公权力划分出来的社会主体需要遵循的基础性规范空间，如安全、汇报、教育、医疗等。五是政府软法、指导性法律规范，对行业企业进行指导、劝导，提高生活品质。六是提供基本保障，如低保、社保、法律救助等，避免人们陷入过度贫困，社会失去基本秩序。七是司法及行政的纠纷化解。人民调解等纠纷裁决化解矛盾。八是其他公共服务，即根据社会需要建构、完善、推进社会服务工作。服务社会、服务社会主体是行政为主的公权力主体的主要目标。

（三）行政行为促进经济发展

经济发展是基础，是基本的民生需求。政府本身提供制度、环境，特别是高品质的营商环境，可让市场主体更充分地竞争和发展。一是立法构建行政执法实施市场主体基本交易法律规范，如公司法、合同法、证券法等的具体落地实施。政府建构制度，创造环境，增加方式和渠道，激发社会主体的活力，要求更多社会主体参与提供社会产品和服务，政府行政行为的目标是促进社会产品更加丰富多样。二是部门法律规范实施。在一定程度上，政府开拓新的发展领域，如环境保护、安全生产、科技建设等。通过行政许可为参与生产、交易的社会主体设定行业清单，在社会环境承受范围内开展经济交易活动，耗费资源；通过行政检查、行政处罚、行政强制等行政行为不断地推进各项规范的实施，保障法律规则预定的社会管理目标得到实现；通过行政复议、信访、调解、行政诉讼等制度开展救济活动，促进市场经济规则精准落实，避免行政权力任性。三是政府建立健全公共服务体系。政府提供更优质的教育、医疗和社会保障，提供规则，让部分社会主体主动、积极地为社会提供产品。市场经济是竞争性经济，部分社会主体如果在市场竞争中落败，政府依法给予救助，避免其完全落败，保障社会公平底线。四是加强经济指向性行政执法，如金融市场建构，促使社会主体增加交易、减少居民的预防性储蓄，促进消费，扩大内需，为经济增长提供重要驱动力。五是政府支持相关项目，扩大内需，如扩大交通、城建、住房建设规模，推进PPP制度，开展重大项目建设如水电站建设、大运河开工建设、成渝经济圈建设等，直接提供就业岗位和市场需求，间接开展经济活动。六是政府对经济有重大引领的项目、事项进行法治推进，加强知识产权制度完善、运行，推进高科技建设，加强专利等技术转化，推进经济发展。

（四）增加人力资源等法治保障间接促进经济发展

人力资源、资本是经济发展的基础。劳动生产率与劳动者文化程度呈现高度正相关，政府行政中持续推进公共教育、医疗卫生、公共文化、就业服务方面的投入，在高科技领域实施政府奖励直接投入或者政府补贴企业研发、税收优惠等政策，推进人力资源及资本投入，提高劳动者知识文化素质，增强体能，拓宽创新空间，积累人类发展资源，促进经济发展。政府行政中持续改善环境、民生服务，增加直接服务功能，促进社会公平正义，维护社会和谐稳定，社会规范明确，政策支持公开透明，社会主体公平竞争，全体人民积极向上，经济追求快速高效。

第二节　公共服务论导引行政目标

采取多种方式，从理论阐释、主题确定、制度设计、规则运行、救济反馈等多个方面，全面、系统、积极、肯定地完善行政是公共服务的基本理论。这要求深化行政管理体制改革，明确政府在公共服务建设中的责任，将公共服务建设作为行政工作的重点，强化政府的公共服务能力供给。

一、公共服务论支持建设服务型政府

积极转变政府角色定位，加紧建设服务型政府，明确政府机关应该承担的社会服务责任，强化行政机构公共服务职能，真正做到服务为民。着重培养行政公职人员的公共服务精神，强化政府机关的公共服务意识，真正意义上为老百姓提供高品质的公共服务产品。在实践中，通过创新公共服务工作方式，提高工作人员的素养，大量听取群众的意见和建议，不断提升公共服务的能力。政府对公共服务的工作态度是建设服务型政府的基础，以公共服务为中心，加强制度建设，持续推进工作，减少政府非公共服务活动的时间、资源配置，加强政府公共服务职能发挥的监

督考评，不断完善政府的公共服务职能①。

二、公共服务论支持社会主体参与政府建设

积极吸纳广大群众和各类社会组织参与到政府公共服务职能建设中。构建政府主导，市场和社会积极参与的多元供给的公共服务建设机制。增加政府公共服务的供给数量，提高质量；制定和实施规则，建立健全相关制度，为公共服务体系建设创造良好的行政环境，促进社会主体提供的服务满足公共服务目标，引领和推进全社会的服务能力、公共服务能力建设。政府借助现代化的时代背景，提高公共服务建设的科学化、电子化水平，例如，推行"电子政务"，搭建和公众互动的网络平台等。在市场主体参与公共服务供给的过程中，政府还应注意相关事项的规范。行政部门要为市场主体参与公共服务体系创造良好的行政环境，推进行政审批改革，优化审批程序，公开审批信息，为市场主体参与公共服务铺好道路；规范市场主体间的竞争机制，当前我国公共服务市场化各主体之间竞争略显混乱，政府要进行有效的竞争规范，促进良性竞争的形成，以进一步提高公共服务水平；借鉴西方拓展市场机制的实践经验，提高多元供给主体提供公共服务的积极性。

健全公共服务体系建设的公众参与机制。公共服务就是针对公众的实际需求来提供相对应的公共服务产品。只有让公众有效地参与到公共服务体系建设中来，才能真正实现我国公共服务产品的供需平衡。首先，要提高公众参与度。例如，在某一公共服务产品的设计过程中，保持与公众的沟通，广泛征集当地居民的意见，对收集到的意见进行加工，并及时公布公共服务产品的各项信息，确保整个过程都有公众参与。在一些发展不平衡地区，更要关注落后地区和特殊人群的公共服务需求，加强对落后地区公共服务体系建设的支持，缩小各地公共服务差异。其次，通过邀请公众对公共服务进行评价、评分等方式来加强公共服务体系的建设，直接采纳公共服务需求方的意见，既有利于提高公众参与度，提高公众的满意度，也有利于行政工作者不断完善工作，提高效率。最后，作为公共服务需求方的公众自身也要积极转变思想观念，树立与时代相适应的公共服务意识，提供为公共目标服务的能力。在与政府的互动中要敢于说出自身的需求，敢于提出意见与建议，进而实现自我的价值，同行政机构一起努力实现公共服务的供需平衡。

---

① 赵越：《我国公共服务体系建设研究》，山西财经大学，2018年硕士论文。

三、公共服务论支持对政府监督、评估

首先，健全公共服务评估机制。部分西方国家的公共服务评估体系建设起步较早，许多经验可供我国借鉴，从我国国情出发，从我国现有的理论和实践经验出发，建立具有中国特色的科学全面的评估体系。对比学习国外的公共服务经验，总结自身的公共服务实践成果。公共服务评估机制的建立和完善可以有效促进公共服务建设，如建立公共服务行政及结果的问责制度，将公共服务评估结果与官员的晋升结合在一起，形成督促官员自觉履行公共服务的监督督促体系，推进评估、检查、考评、问责机制，完善激励和惩罚机制。对于将公共服务落实得好的行政单位、社会组织要予以奖励，通过奖励这些单位和组织达到激励其他公共服务供给方的热情；对于没有做好公共服务的单位和组织采取相应的惩罚机制，如公共服务的问责机制，如果公共服务产品的供给方没有履行好自己的义务或者滥用自身权力，那么可以将这些纳入考评范围内，以提高公共服务产品的质量。其次，通过扩宽评价主体，使评价结果更为真实地反映公共服务需求方的真实感受。不仅要求行政机构进行内部的自我评价，还要引入第三方对供给方提供的公共服务进行评价，通过外部组织的评价对供给方形成制约，以实际提高公共服务评估的质量。公共服务的评估应该是长期的、规范的，以人民为中心的公共服务制度是契合国家长远发展和提高国家竞争力需要的制度。

第三节 公共服务论奠基行政行为

经过对主要内涵、基本特点到目标指引，对行政活动的监督、评估、校正等一系列行为考察后，可以认为公共服务论可作为行政行为的基础支撑理论。

一、控权论是最基础的理论

有政府就有行政，有行政不一定有行政法，但有行政肯定存在着有关行政的规范。我国古代政府就有三公六部、王权相权划分等，对民间纠纷处理、平民户籍管理等都有相对完善的规则。而传统的皇权统治是以控制为主，以皇权保护为中心，发展出的全面、系统的稳定社会格局的制度规范。现代以限权控权为基础的行政法学，是以控制、限制无序

无限扩展的皇权的系统法律规则。西方传统宪法思想认为"权力无分立者不足以言宪法"。现代宪法以建立有限政府目标为主,对以政府为主的公权力实施全面的制度化的控制。国家的制度性建构与公民的精神性认同一致,公民的精神性认同在西方语境中则与宗教传统有着莫大的关系[①]。"在宗教中,理念是内心深处的精神,但是,正是这同一理念采取国家的形式而给自己以尘世性,并替自己在知识和意志中获得定在和现实。"[②] 由于历史是偶然发展,也是必然,形成宗教与世俗王权分而治之的状态,如托克维尔所说:"美国的法律让人们自行决定一切,但美国的宗教却禁止人们想入非非。"[③] 皇权管世俗,宗教管精神,事实上形成分野、分权、分而治之。各管一套,各有一套体系,长期坚持发展。皇权是受约束的权力,皇权是有边界的权力,皇权是公权力的一种,皇权也受神权的支持等思想逐渐形成权力控制的基本观点。对照其他文明可以看出,权力特别是公权力一统天下,对掌握权柄者自然的走向几乎没有任何拘束,眼之所看,思之所想,权力之所到之处,都可归权柄行使者,有权者有一切,无权者一无是处。最后的结果是,没有万年不变的权力持有者,变是永恒的,唯一不变的是"变"。社会总是在更替,甚至采取惨烈的方式在轮换。故有了思考:如果权力是社会主体攫取的基础和中心,也许权力行使者也是社会中受害最重的群体,对权力本身进行约束,可能减少权力的能量,减少对权力的欲望,也减少权力本身的风险;进行控权,理论指导制度建构,社会也许能够更加稳定,更加符合人类自身利益最大化的追求目标。有了权力分立的思想理论基础,有权者接受权力分立、权力限制的基本理念,建构起权力配置基本合约——宪法,把公权力分开,互相制约,互相约束。人人都想当皇帝之时,还有人愿意自觉接受约束,权力接受约束,才有了人权保障。行政权力是执行权,本身接受立法和司法的约束和控制。行政立法理念、基本规则和制度设计都注重对行政权的约束。行政法是控权法,是对行政权的规范控制。

二、公共服务论是控权论的升级版

控权论是行政法学的基础。控权论要求对权力本身和权力设立、行

[①] 孙向晨:《黑格尔论国家与宗教——〈法哲学原理〉第 270 节附释解读》,《学术月刊》2019 年第 4 期。

[②] 孙向晨:《黑格尔论国家与宗教——〈法哲学原理〉第 270 节附释解读》,《学术月刊》2019 年第 4 期。

[③] 托克维尔:《论美国的民主》(上卷),商务印书馆,1996 年版,第 339 页。

使过程及结果进行控制，控权的目的是公共服务论的思想，让权力为公共利益、公共目标服务，公共服务论阐释了行政的正当性以及法与行政的正当关系："行政法兼具控权功能与服务导向，行政法是一部控权法和服务法，是控制行政权的法，是服务于社会、服务于民的法的观点"①。控权、服务要求行政权在法律设定的范围内并按法定的程序行使；要求政府不以管理者身份自居，以服务者的身份去为人民提供各种服务；以服务目标为监督、评估、改革的标准，服务和控权二者构成良性互动关系②。对行政权力进行控制后，服务功能大增。人是感性的，掌握公权的人亦具有人性的两面性。增强以行政权为主的公权力的服务指向，要提高行政的公共服务能力、服务质量。在权力控制和权力服务公共目标之下，掌握公权之人的行为要接受约束，给公众以优质高效的公共服务。公共服务论要求公权主体主动为社会主体提供更多的优质服务。

公共服务论激发权力行使者的积极性、主动性、创造性。公共服务提供者从理念上认同服务的供求关系，提供服务要能够满足社会的需要，社会的需要就是服务提供者努力的对象。公共服务论可以促使公共服务提供者不断地追踪社会的需求，不断更换服务的内容，跟进服务；可以督促公共服务提供者增强责任意识，逐渐摆脱自我约束，以外在服务目标为导向，增加服务力度、宽度和广度。公共服务论是控权论的升级，控权是基础，公共服务是控权基础上的升级，二者是互相促进的关系，最终指向为社会主体提供更高质量的公共服务。

三、公共服务论能满足社会主体的需要

人是理性的、独立的、积极健康向上的，由人组成的社会是充满活力和蓬勃向上的。社会主体是自然人、法人、非法人组织等，他们在社会中参与各种活动，提供产品和服务，追求自由和财富。以政府为主的公共服务机构，提供基本的制度环境，保护生存的生态绿色环境，建设快速运转的法治保障环境，推进公平正义的救济制度环境。社会主体希望政府或社会组织能够在一定程度上主动提供相应服务。公权组织根据社会整体需要提供一定的公共服务成为可能和必须。公权需争取更多的

---

① 邓蔚：《行政权的正当性证成——控权—服务论理论合理性》，《行政法学研究》2008年第1期。

② 王学辉：《对行政法学基础理论的思考》，《西南政法大学学报》2002年第3期。王学辉：《控权—服务论——当代行政法的一种认知模式》，载应松年、马怀德主编《当代行政法的源流》，中国法制出版社，2006年版，第163—164页。

民意支持，形成搜集、综合、实施符合更多民意的公共服务职能，检视、评价、救济公权组织服务能力及目标实现程度，不断校正公权组织公共服务行为。以人民为中心即以为社会主体提供服务为主，以社会健康、生态、和谐等目标为指向，建构政府权力实行、检查、监督、推进制度，促进社会整体福祉提升。

第四节 行政是公共服务的学理支持

行政是公共服务，是一种交易对象，是社会主体主动追求的结果，具有宪法学、民法学、政治学等多学科的理论基础。

一、行政是公共服务的宪法理论支持

人类从原始社会开始，逐渐发展出公共权力机构。原始的社会个体在交往中，发现全凭个体之间的自由交往，难以积累财富和形成有效群体规则。需要逐步形成维护社会公共利益的公共机构，制定基本的社会主体交往规则。公共权力机构逐渐取得社会主导地位，并发展出"君权神授"的理论依据。掌握公共权力的一方主体，权力来源于当时认识到的物理空间中的最高阶层，上天的眷顾、委托，称为"天子"，即"天之子"（这是中国古代公共权力的主要解释内容，其他地方的公共权力来源与行使主体名称不同，但基本的化公为私、自称当时所认知物理空间中的唯一代表的现象则基本相同）。天子即皇帝管控当时的社会群体中的公共事务，兼有为公和为私两个方面的功能：为公是维持公共秩序，制定并施行基本的社会主体的交往交易规范，形成各自安好、自主发展的基本局面；为私是利用公共权力，夺取社会主体的财富（物质的、人力的、精神的）为天子个体，以天子为主的家族、公权行使团队服务。以行政为主的公共权力也在为公为私的不同主体直接提供不均等的服务。过度的为私服务打破了社会主体与以天子为主的管控主体之间权利义务划分的基本的平衡，可能引起动乱，公权行使主体被更替，形成新的掌权主体，但以行政为主的公共权力的为公服务的基本内容和方向一直延续发展。

行政作为社会主体与公权行使主体主要的委托代理对象出现，形成新的公权行使方式和社会治理局面。社会发展，人类进步，对自然物理空间的认识拓展了，原来的"天"（中国传统文化中的天）是人间最崇高

和最神秘力量的代表的认识被突破，天之外还有很广阔的空间。代表天行使人间公共权力的掌权主体失去了理论上的依归，回归人间。掌权主体经过多次轮换更替后归政于人，由人来掌控公共权力，通过选举等程序选择人来行使行政等公共权力。以行政为主的公共权力是社会主体与国家之间委托代理的主要内容。行政维护社会安全、秩序、效率的基本需求。

根据现有的宪法理论，公民（自然人、社会主体等）与政府（在行政方面是国家的代表）之间的关系是一种委托代理、经济交易对价、权利（权力）对等关系，主要标的就是政府活动，政府对外提供的公民（其他社会主体等）接受的服务，即公共服务。提供服务的一方主体主要是政府，还包括政府领导、指导、管理的一系列由政府资金支持的机构，接受服务的一方主体是公民，以及自然人、公民组成的各类团体等；公共服务的内容分为各类层次，有政府直接提供的公共权力运行，如治安、安全、生态环保等权力，也有教育、医疗等相关机构提供的大众接受的服务，还有政府组织的交通建设、环境整治及其文化科技等软实力工作；公共服务的实施方式主要是政府主动提供，依法运行，部分公共服务是政府被动实施，依申请行政行为是政府被动提供公共服务的代表。政府提供的公共服务的内容、方式、种类、数量繁多，其主要的典型的代表是行政行为。

以政府提供的直接的典型的行政行为为代表论述政府与公民（及其社会主体）之间的公共服务对价交易。宪法规定，国家的一切权力属于人民，是人民通过直接或间接授权的方式，让渡部分权利，形成公权力，交给公民代表及其组织（代表组织），代表及其组织通过直接或间接授权，委托给政府行使的。政府行使的权力是由人民直接或者间接授权的，权力最终来自人民。人民授权的内容，即政府接受的内容，通过议会等组织转委托的内容，即公共服务。

二、行政是公共服务的民法学理论支持

民事交往交易伴随人类社会诞生而出现。社会主体在交往中逐渐认识到，自愿、对价交换是人类社会最基础最能够持久的社会交往方式。观察自然界可以得知，狼虫虎豹等动物，基本的物质资源获得方式是暴力取得。力量为王，谁的暴力最强就可以夺取最多的物质财富，弱者就只能逃避。社会主体只是生存第一，没有发展出更多的需求，也无法形成更多的精神追求，社会物质财富依靠自然界给予，社会主体没有也无法创造性地劳动，积累物质财富，满足多种需求。人类社会走出动物界的丛林法则，另一种表现方式是放弃强迫获取资源的方式，形成新的交易方式——自愿交易。有了自愿交易，社会主体的物质财富一定程度上有了基本的保障，社会主体也有了加强劳动、创新，积累财富的动力。以行政为主的公共权力转而保护自愿交易基本规则，促进人类的劳作与创造，丰富了物质和精神财富。

在市场经济中，（自愿）交易是最基本、最原始、得到最广泛认可的社会交往方式，形成市场经济自愿交易的基本原则。通过交易，各个社会主体有创造财富的激情和动力，通过交易，换取他人创造的物质财物。非暴力获得物质财富的方式让一部分人积累了巨额的社会财富，以公民为主的社会主体在财富占有方面拉开了距离。社会主体对以行政为主的公权主体寄予新的希望，要求行政适度干预，保护市场交易中的失败者（弱势群体），至少在基本的社会保障等活动中，维持人类能够继续交往交易的局面。

民事交易的基本规范是自愿、对价。在政府权力来源、行使、救济、监督活动中，国家形成及其历史表明，自愿交易最能得到普遍的认可，强迫交易总是伴随风险。整体而言，国家必然存在，国家存在的主要内容就是组建政府，把控政府与公民及其他社会主体之间的交易活动，促使政府提供价廉物美的服务，使公民一方负担小而获得的服务质量高。自愿交易可以获得认同，强迫交易就可能激发反抗。政府与公民之间的交易主要内容就是公共服务。

三、行政是公共服务的政治学理论支持

根据政治学（法学）基础理论，社会主体交易的权利（权力）义务（责任）对等。人生而平等，交易之初，各个主体的权利相等。物理个体的人被赋予基本权利总量相等的基本形态。为了促进社会进步，形成基本的以行政为主的公共权力体系，各个个体自愿让渡权利，组成新公权集合。组建以维护社会需要、满足社会主体需要为目标的公共机构行使公共权力。公共机构获得的权力，是公民、其他社会主体让渡的义务，二者是一条以零为起点的横坐标的两端，一端是权利，一端是义务，二者数量上的绝对值相等，方向相反。任意一方绝对值数量上的增加都代表另一方数量上的减少。对权利、义务数量的绝对值的争夺、监控、平衡就是对公共服务本身的把控。

社会主体对行使行政权力的公共机构提出了新的更高的要求，要求政府廉洁、高效、诚信、积极。政府廉洁是指行使行政权的机构及其公

职人员，在为社会提供服务时不收取非正当费用；制定规则时，遵守法律保留和法律优先的基本规范；公权行使中不得自主取利，不得为公权主体和人员牟取非法定利益。行政主体及其公职人员获得的利益是社会主体通过其他机构和途径（如议会、人民代表选举的人民代表大会）实现的。拥有行政等公权的机构和人员行使职权时，效率要高，如果有经济价值衡量时，要有效益；可以比照以营利为主的公司等私营主体，要求行政主体不断提高权力行使的效率，包括提高权力行使后果的经济性效益。排除惰政、懒政、混政，对效益低下、无效行政活动，通过社会主体赋权法定机构，制定规则，进行监督督查。行政的政府还应该诚实守信，直接、完整、准确地理解法律规范，行使法律规则，不违反法律规定。行政机关及其公职人员不得有不诚实、虚假的言行（行政主体的活动）。赋予社会主体一定的监督权、异议权，如批评建议权（宪法规定的权力）、提出反对行政活动的游行示威权、特定的采取信访等方式表达不满权。现代政府还需要积极行政。在现代社会，各个民族、国家在软硬实力方面展开了全面、立体的竞争，逆水行舟，不进则退。公民等社会主体赋权行政主体积极有为，努力进取，发展生产，在竞争中胜出。权利义务对等基本模式已经发展为对行政主体提出更高的要求——服务性价值追求。

社会财富在市场经济中不断积累、集聚、发展，形成的社会样态是：财富集中，无财富的个体量大；社会贫富差距增加，社会危机出现；人人平等的基本理论遭遇"滑铁卢"，"财富生而不平等"，部分人占有更多的社会财富。以行政为主的公权机构主导财富的再次分配，如保障人的基本权利之一——最低工资标准，公共设施的低价、免费提供，市场交易中交易能力弱的农业产品保护，形成社会普遍存在的社会保障制度，不让人流浪街头、无家可归。行政需要采取更多的措施保护人权、人的尊严、人的经济相对自由，社会主体需让渡更多的权利，保护社会共同体的继续进步。

附：

行政奖励案的公共服务性探析

一、案件简介

（一）国家科学技术进步奖，是国务院设立的国家科学技术奖5大奖项（国家最高科学技术奖、国家自然科学奖、国家技术发明奖、国家科学技术进步奖、国际科学技术合作奖）之一，是国家对在技术研究、技术开发、技术创新、推广应用先进科学技术成果、促进高新技术产业化、完成重大科学技术工程等过程中作出创造性贡献的中国公民和组织给予特别的表彰、奖励。《国家科学技术奖励条例》对此有严格而明确的实体和程序规定。主要评审程序有：国家科学技术奖励评审委员会评审、国家科学技术奖励委员会审定、科技部审核、国务院批准、国家主席签署。2019 年度科学技术奖授予黄旭华院士、曾庆存院士，表彰黄旭华院士在我国核潜艇研制方面、曾庆存院士在气象科研探索方面的杰出贡献。2019 年，国务院表彰国家自然科学奖授奖项目 46 项（一等奖 1 项，二等奖 45 项）、国家技术发明奖授奖项目 65 项（一等奖 3 项、二等奖 62 项）、国家科学技术进步奖授奖项目 185 项（特等奖 3 项、一等奖 22 项、二等奖 160 项），还表彰了 10 名外籍专家。① 国家科学技术进步奖是对给我国科研事业作出巨大进行的科学家的专项专门表扬和奖励，是以国家的名义作出的认可和肯定。

（二）2016 年，国家给屠呦呦颁发科学技术奖，表彰屠呦呦在抗疟新药青蒿素发明中的巨大贡献，奖金 500 万元人民币，是 2000 年正式设立国家科学技术进步奖以来的第一位女性科学家（截止 2016 年有 27 位科学家获奖）。屠呦呦用科学技术为人类进步立下的不朽功勋。屠呦呦带领科研组系统整理历代医籍、本草，收集二千多种方药，归纳编篡成《抗疟方药集》，再选出 200 多方药，用现代科学进行筛选、提取抗疟疾成分，在 1971 年获得成功，发现对鼠疟、猴疟具有 100% 的抗疟功能的药物。经过全国协作，验证二千多病例，研发出"高效、速效、低毒"的抗疟新药，是抗氯喹恶性疟特效。在持续深入的研究中，科研组发现双氢青蒿素，形成"复方双氢青蒿素"药物，形成免疫新药。青蒿素是抗疟新药，也为寻找新疟药开辟了新路，推动国际抗疟领域工作新进展，世界上很多国家对青蒿素展开了进一步研究，挽救了全球特别是发展中国家数百万人的生命。②

二、公共服务论在行政奖励中得到实现

（一）国家科学技术进步奖的设立、颁发体现了公共利益、公共

---

① 今日头条：2019 年国家科学技术进步奖获奖名单。
② 搜狐网：屠呦呦的七个贡献。

目标导向。科学技术是第一生产力。通过科学进步，研发新产品，推出新技术，提高生产率，也提高了社会生产能力。科学进步强大了人类的生产力，丰富了产品和服务，减轻了人类的体力劳作。科学家是科学进步的推动者、直接研发者，为人类整体进步持续不断地作出特有的贡献。国家对科学家在专业领域作出的巨大贡献予以重奖，对他们成绩的肯定和表扬，对整个社会都是直接的正面导向；有利于激发社会的创造活力，推动社会继续进步；也有利于在社会中形成崇尚科学的新风向，形成良好的学习氛围，特别是在市场经济浓厚的社会中，重赏科研重大项目和杰出人才，才能吸引更多优秀人才从事科研工作，推出更重大的发明，为人类社会作出更大的贡献，以此形成良性循环。国家重奖科研项目和优秀科学家，体现行政奖励推进公共服务，为社会整体利益服务的重要导向作用。

（二）行政奖励屠呦呦，是对她在医药学中作出世界级重大贡献的认可和肯定。人类一直在与疾病的斗争中前行。疾病是危害人类整体利益的主要方式之一。在人类社会的发展进程中，战争、疾病、自然灾害都是人类社会进步的敌人。人类历史上数次人口锐减，都是由疾病，特别是恶性疾病造成的。屠呦呦带领科研小组，研发免疫新药，人类接种免疫疫苗后，就不再受该种疾病的折磨。研制、适用免疫药物是保护公共健康、人类健康的重要方式。生命权是人权的基础，保护人的生命权是人类社会追求的最大公共服务。公共卫生安全服务是公共服务的一部分，是极其重要的一部分。屠呦呦获得国家科学技术进步奖，是国家对公共利益、公共目标的重视。国家对研制新药的屠呦呦的奖励，体现国家对人民群众的身体安全健康的重视，也体现了国家（政府）恪守公共服务的理念。

三、行政奖励在公共服务论的指引下展开

（一）国家科学技术进步奖的授予与公共服务论基本思想完全一致。公共服务论要求包括行政权力在内的公共权力，施行权力的目标和作用对象，以保障公共利益、公共安全为主；非公共目的在次。对社会、对国家、对民族发展的整体有利的，就积极提倡、推进。国家（政府）选择对国民最重要的科研事项进行重大奖励，树立全国瞩目和学习的旗帜，从发展导向、社会风气、人才培养等方面形成良好的重科学、促科学、学科学、用科学的机制和方向，是带头服务人民、服务社会、服务公共利益的表现。国家科学技术进步奖的授予是公共服务活动，也是契合公共服务论基本思想的重大活动，是公共服务论的实践展现，也推进了公共服务论的实践进程。

（二）屠呦呦获得科学技术进步奖是完全契合公共服务论基本思想的重大政府行为。屠呦呦所作的巨大贡献是她使医学技术创新与公共服务达到了完美的统一，其所取得的成就本身是公共服务论的呈现。国家（政府）大张旗鼓地表彰，是明显地重视科学、重视服务人民人才的行动，契合公共服务论基本思想，是彰显政府一心服务公共目标的政府导向活动。

第四章 行政立法与公共服务论互证

行政立法的概念没有完全、直接统一。事实上,"任何抽象、普遍的处理都属于实质立法的范畴"[①]。但本书还得对行政立法进行限缩,把行政立法限定在制定特定规则的活动内。行政立法是重要的行政行为,主要指行政机关依照法律规定,制定通用的普遍性的行政规范,对相对重要的对象进行较为全面系统整体性的一致性规范,是除国家宪法、法律规范之外的主要的调整社会主体生产生活的法律规范。法律规范要达到控制社会秩序、保障权利、调节利益等多种行为目标;而行政法律规范直接大范围调整、指导、协调各方社会主体的生产、生活,因此对其进行全面、系统的思考和衡量就非常必要。行政法基础理论告诉我们,行政行为主要目标指向为公共利益服务,为国家、为社会服务,为利益交集调整服务。具体如何有效有力提供服务,值得专项的对照、比较、研究。

第一节 行政立法理念导向公共服务

党的十九大提出"科学立法、民主立法、依法立法",良法促进发展,确保善治。制定良好的、获得最大多数人遵奉和认同的、能够促进发展的行政法律规范,是现代治理的基本要求。现代治理制度要求,行政立法基本目标、理念、价值取向、程序保障、救济等制度都指向基本行政目的——公共服务。立法是最主要的公共服务内容,行政立法是一

[①] 〔德〕汉斯·J. 沃尔夫,奥托·巴霍夫,罗尔夫·施托贝尔:《行政法》(第1卷),高家伟译,商务印书馆,2002年版,第166—167页。

种提供公共服务的方式和途径①。立法本身是为人类群体提供秩序、安全、效率、正义等基本的公共服务需求，这些服务即法律的基本价值，实现立法与公共服务二者唯一对接。

一、行政立法理念遵照公共服务内涵

通过对行政立法内容观察得知，行政立法理念遵照公共服务内涵，包括以下几个方面的含义：行政立法满足公共需要。城市管理执法规范的形成及制度变迁比较典型地说明了行政立法面向现实，面向公众，面向公共需求。

（一）跟进公共服务需要不断完善城市管理执法规范

改革开放进程是农村到城市化转型的过程。20世纪70年代末期，我国人口多居住在乡村，实行以地域为范围的乡村行政治理，主要是基本的治安类公共服务。后来，知识青年返城，大量青少年学生进城考学，农村青年进城务工，逐渐开启城市化进程。城市扩张，城郊接合部聚集大量进城务工农民；工厂集聚的乡镇不断扩大，聚居大量人口，并且人口密集，人员交往增加，形成权利重叠、交叉，易发生权利冲突。进城人员需自寻生路，如在公共场所摆摊设点，贩卖各种物品（饮食、水果等），既堵塞交通，也污染环境，摊贩离去之后，留下一地垃圾，久之，该地环境卫生恶化，几乎无法居住。因此，需要公权力介入，对摊贩行为进行规范。总之，人口无序聚集、流动后，形成新的权利聚合的平台，环境恶化，急需行政提供相应的服务，恢复、建设美好的新的家园。于是，城市城镇管理提上议事日程，如对城市街道提供一系列的公共服务：环境卫生维护（卫生服务部门管理小餐馆、流动饮食摊点卫生）、工商服务（管理商户经营、广告服务规范）、交通治安服务（管理道路秩序、治安秩序）等。单一性的行政管理职能各管一项，面对庞大的流动经营群

---

① 《中华人民共和国立法法》对立法方向、指导思想、立法原则等进行了基础性规定，确定了基本的价值取向和发展趋势，其规范表现如何能得到认可，得到何种程度的认可，如果方向有变化，需要进行适度的纠偏、调整。例如，《中华人民共和国立法法》第四条：立法应当依照法定的权限和程序，从国家整体利益出发，维护社会主义法制的统一和尊严。第五条：立法应当体现人民的意志，发扬社会主义民主，坚持立法公开，保障人民通过多种途径参与立法活动。人民意志=公共服务=共同体人的整体意志—排除特权（为少数人服务的情形），反对公权谋私利。第六条：立法应当从实际出发，适应经济社会发展和全面深化改革的要求，科学合理地规定公民、法人和其他组织的权利与义务、国家机关的权力与责任。基础性的条文完全准确、细致地规范了立法的方向，是法律规范的基础新条文。

体和摊贩经营需求市场,没有办法强行禁止。疏导、规范或者取缔相关市场,单一职能部门无法完成任务,因此非常需要形成综合的行政执法部门。城市管理部门——主要是对违法经营进行处罚、驱逐的部门——逐渐出现。国务院授权省政府确定,对设区市的城市管理,行政处罚权相对集中,形成对城市管理逐渐集中的体制。开始组建的城市管理部门可以称为"城市行政处罚权相对集中局",主要职能是集中交通、卫生、工商、绿化等方面的行政处罚职能。开始时一个城市行政集中的相对处罚权大概有600多项,后来逐渐归并、归还、减少,截至2019年年末,成都市城市管理部门大概还有190项左右的行政管理职能。从城市公共经营区域的各个职能部门自行管理——行政处罚权相对集中——城市管理职能部门职能升级,就是不断根据公共服务需要、变化提供行政服务方式、内容。

(二)跟进行政管理的需要系统优化城市管理执法制度

20世纪90年代初形成的城市公共经营区域的公共服务,是以驱赶、没收为主。城管队员一来,各个摊贩赶紧跑走,城管队员一离开,摊贩又回来,打游击战。逐渐发展为摊贩与城管队员对抗、冲突,各地城管队员与摊贩之间的冲突不断。2009年5月16日,沈阳市一摊贩夏俊峰与妻子在路边摆摊贩卖西瓜,遭到城管队员驱赶,发生冲突,持刀刺死两名城管队员,后以故意杀人罪被判处死刑。类似的城管与摊贩之间的冲突,各地都在不断上演,层出不穷,城管执法者亦头疼不已。城管队员与摊贩经常发生对抗事件,这与当时城管队员的性质定位有关,城管队员多属临时雇用,主要任务是"行政处罚"行政相对人、罚款、没收等,是矛盾"汇集地"。底层百姓为生存,在激情之下,可能以命相搏,城管队员本身权威不高,行政相对人不愿意服从管理(包括处罚),在经营物品遭到暂扣时,就大力反抗。周遭人群支持、声援的不少。这种单一的执法处罚模式需要改革。于是,城管执法部门加强自身执法培训,提高执法人员素质,改变执法方式,提高执法效率,减少执法冲突;把部分执法事项归还给更有权威和执法能力的警察部门去实施;丰富城管执法部门的内容,增加如事前管控的行政审批事项,增加行政强制的法定依据,剥离部分职能,集中政府力量搞集中执法,借助相关执法主体的权威,逐渐形成大家理解、认可的城市管理公共服务制度。

城市管理事实上承担了地方政府需要实施的大量的行政强制职能。城管制度形成过程中,还承担一个主要的功能,即拆除违法建设。城市人口暴涨、聚集，而规范化提供住房的制度及现实可能无法应对。城市住房的土地经过征收、拍卖、建设税费收取等，引致城市住房价格高，普通进城人口无力承担，而城市现有住户就见缝插针进行违建，如加盖顶层、破墙开店、占用公共道路扩大住房面积等，各种挤占公共资源的方式不断出现，形成城市违法建设"遍地开花"，城市形象大打折扣，城市消防隐患大量聚合等问题。行政主体积极改变这种情形，大力拆除违法建设，城管是主要力量之一，也是非警察队伍中的成建制的执法力量。违建拆除的阻力不比驱逐摊贩的阻力小，也是矛盾频发、冲突不断。国家加强行政强制制度的执法规范，行政强制法把强制权力交由法院实施。法院在具体办理过程中，其自身的司法强制权落实阻力巨大，就通过司法解释，审查行政强制权力，使行政权力行使都合法，行政强制事项形成都合法，具体交由行政部门实施。行政强制力最终还是落在城管部门，成为政府可以直接使用、指挥的强制机构、强制力量。

（三）根据城市化行政现实形成城市管理执法行政特色

目前的城市管理有较大的体制方面的变化：一是依法行政，城市管理在设区市进行，部门地方政府通过地方条例，对区县直接赋权，使其成为执法直接主体，自行实施；二是对城市管理需要的公共服务进行分类，如许可、征收、确认、强制等分别授权确定，与行政处罚并行；三是职能内容丰富，把特殊车辆在城市道路上行驶，城市道路上管线杆线设施建设，临时占道经营，道路挖掘，大型户外广告设置，市政燃气设施改动，市政范围树木砍伐、修剪，城市古树名木移栽，还有涉及市容的广告，环境卫生设施拆除，市内家畜家禽饲养，城市垃圾处置，地下水取用，市政绿化工程实施等设定为城管行使行政审批职能的范畴；四是对垃圾服务费、城市排水设施有偿使用费收取设定为城管行政征收职能；五是增加城市内与垃圾有关主体（如公司）的环境卫生责任落实，签订责任书，加强对可能影响城市环境、安全的市政建设的检查，加强严重影响市政建设的违建拆除等行政强制方面的行政职能。通过职能丰富，行政权力内容规范，依法赋权，构建职能，以政府为主体推动行政强制实施、加强事前审批控制、事中行政检查督促等，立体地、全面地、系统地形成针对市政公共道路、公共设施、公共需求的公共服务制度。随着城市扩大，新型城市形成，原有城市面貌亦发生较大变化，执法方式调整，城市新进市民素质提高，在城管执法长期督促之下，新的市政风貌逐渐出现。还有城市中居民生活的各个基层单位如社区、小区、楼栋，需要加强建设和管理，需要政府或者相关主体提供更多更丰富的服务内容。城市内的平安工程、网格化管理推进、城市治安、城市特殊人群的管理系统化。城市基层组织加强，市民文化素质提高，人口类型变化……各个主体发挥功能，逐渐形成有特色的城市管理制度。

城市管理是城市公共服务的需要，是城市政府提供的公共服务。这项公共服务的发展历程、系统化过程、特色化状况都是市政公共服务不断调整、改进的结果。目前的城市管理制度也许不是最好的，但管中窥豹，可以看出行政提供公共服务不断优化、质量不断提高。

二、行政立法满足公共需要优先

公共需要的内容是变化的，乡村人口聚居多时，各家承包土地经营，乡村的土地竞争、治安冲突、土地调整等是主要的公共服务内容。到城市人口已经过半，乡村逐渐"空心"时，生产力发展，新的生产形式出现，新的公共需求需要行政进行规治、调整。行政立法根据新的公共需要设置、优化制度，改进服务方式，且持续提高质量。

（一）新产业、新行业需要新的行政立法提供公共服务

新的医疗领域，市政聚合的水、电、气、路、光纤、互联网等领域，还有广告、互联网领域的治安类管理，知识产权规范等方面需要及时立法进行规范调整。教育领域也需要多层级、多方面、多形式的规范。从纵向看，有幼儿园教育，中小学义务教育，高中阶段教育，大学教育，研究生、博士后工作站教育；从资金来源看，主要有义务教育的中小学、国家（政府）负担主要部分的高中及其以上教育、社会力量办学的私立学校、民办公助的各种中小私立中学、中专大专本科、纯粹社会资金办学的私立学校、与外国机构合作办学的机构等，还有其他形式的如科研机构、党校等办学。不同层级、不同资金来源、不同目的的办学类型，需要达到的主要目标不一样，需要的规则不一样，因此有《义务教育法》《高等教育法》《学位条例》《职业教育法》《教育法》，以及各种对应的条例如《民办教育促进法实施条例》《学校体育工作条例》《高等教育自学考试暂行条例》等。多种行政法律规范提供多种教育规则，对不同形式、不同层级的教育及教育主体进行规范。单一的市政主要是水、电、气、路、光纤等，分别通过《环境影响评价法》《水法》《防洪法》《城市供水条例》等对城市用户进行规范、调整；用电方面的法律规范有《电力法》《电力供应与使用条例》《电力设施保护条例》，综合调整国家用电，包括

市政用电；燃气方面的法律规范有《燃气法》以及各个地方的燃气管理规则如《河北省燃气管理办法》；光纤宽带方面，以行政法律规范为主，如《关于加强国家通信干线光缆安全保护的通知》等。新的市政建设需要，促使相关的法律规范陆续制定、逐渐调整，如燃气光纤等，行政法律规范的公共服务能力不足（对社会主体规范不够，现实纠纷太多，无法解决）。互联网出现后，依托互联网出现大量的网店及其商品销售、广告等活动，有大型的网店，也有小型的微商，其与实体店有区别，是否如实体店一般对其进行规范，如纳税、办理各项审批等？《中华人民共和国电子商务法》出台后，对微商网店的规治逐渐完善，但过度的规治有扼杀新生事物、加重社会主体负担的隐忧，也需要警惕。应对依托网络出现的大量的 P2P、网络贷款、传递不当信息的中介、侵犯知识产权的网络活动等，有 2016 年 12 月 1 日起在全国施行的《互联网直播服务管理规定》等行政法律规范，目前看还需要适度跟进，对危害社会、影响交易安全、故意诈骗等网络活动进行处置。新的行业需要新的行政法律规范，新的行政法律规范是不断试错、逐渐调整修改完善的，正符合事物发展的基本规律和中国立法的基本特点：行政管理规则逐渐形成行政法律规范，成熟后形成行政法的基本渊源，制定出单项行政法，调整相应领域，认同度、遵奉度都较高。

（二）新领域需要新的行政立法提供公共服务

小区物业、旧房加装电梯、网络、AI、生物工程、太空战略等新兴领域是城市化、现代化发展的产物，行政法律规范需要及时供给。新兴城市建设中，围绕不同楼盘形成一个个相对独立的居住空间环境，即小区。人、地域空间环境、自我管理区域相对独立，形成小型居住区域。各个小区的居住环境、居民诉求、公共管理需求的品质、可能承担的公共成本等问题很多，小区形成独立、自主的治理区域，主要需提供物业服务的项目有：小区内部的环境打扫、路灯照明、绿化、垃圾清扫、电梯等公共空间的广告经营、物业费收取使用与调整，小区物业管理制度如业主委员会、物业公司关系调整、物业纠纷处置和解决等。各地相继制定《物业管理条例》进行规范。设区市立法权确立后，较多设区市制定小区物业管理规则，及时跟进地方公共服务方面的立法需求。老旧小区出现新问题，城市化初期的住房楼龄都有三四十年，建筑设施管理老化，部分不适应新的居民需求。重要一点是老旧小区一般没有电梯，二楼以上的住户，特别是老年住户出行非常不方便。给老旧小区加装电梯是目前居民们十分迫切的需求。老旧小区加装电梯后，二楼以上住房本身增值较大（与楼层高低几近正比关系），而一楼住户的权益会受损（阳光遮挡、公共用地占用、电梯运营噪声影响等），加装新电梯还有公共意见汇集、费用分摊等方面的难题，导致此项工作虽迫切但开展困难，行政权力强势介入很有必要但也有阻力。网络出现后，部分未成年人对网络游戏上瘾，个别人外出工作动力不足，网络犯罪，网络侵权，利用网络形成垄断壁垒等问题逐渐涌现，需要加强行政法律规范制定和实施。人工智能出现，人工智能是不是人？是否有"人权""人性""人格"？是否需要法律进行规治？是否需要身份证？是否是独立权利义务主体？权利继承人是谁？发生冲突如何调整？责任由谁来承担？如何防控风险？一系列问题都需要法律规范，特别是需要行政法律规范适时形成并发挥作用。生物技术大力提高，基因工程不断出现，需如基因婴幼儿风险控制，基因有效利用、危害控制等法律应对。新领域、新需求大量涌现，涉及众人之权利义务关系的多数是一种公共需要。为保障现实的、虚拟的公共空间的一定秩序、公平正义，要对公共利益进行调整，调整该类权利义务要符合现有人类的基本价值取向，要使其符合法治化，制定、调整、完善行政法律规范，以满足新领域、新科技、新行为的规范性需求。在新领域，行政提供公共服务将成为常态。

（三）社会发展需要新的行政立法形式

社会发展需要新的行政立法提供公共服务，以形成电子化、智能化、国际化、多元化的立法形式。传统行政立法是纸质形态上的意见表态，现代电子化、网络化普及，交流交往快速多层次，立法中要跟进运用，如意见表达、意见搜集、意见处理的电子化。深圳已经试行网络微信群听证活动。相比传统听证会，网络微信听证搜集意见更为全面、具体、准确，还会减少交通、听证纸质文本准备、卷宗填报等成本。现代网络极大地提高了政府信息公开的效度、深度、广度，传统信息公开是利用纸质文本张贴，受众有限，信息传递范围受限严重；而利用网络公开信息，接受群体大幅度增加，而且信息保存、查阅也更便捷，跟信息爆炸时代更为匹配。网络上的问卷调查、意见征集、信息传递速度大增，减少了逐人征求意见的不便。不过，实现信息化后也有不少信息被忽略了，在意见征集中，人们逐渐冷漠，忽视掉部分重要信息。互联网到物联网到全员信息化，人们的信息处理要求提高了、智能化了，却对老年人造成了信息障碍。老年人不会使用智能手机，不会下载新的智能软件，不会使用新的手机处理信息，很多信息化、智能化相关业务无法进行。智能化后业务分层严重，行政立法是否应该区分对待值得考量，完全忽略不会使用智能化设施设备的群体是不可行的。国际交流频繁，国际旅游增加，国际间人员、货物、货币流动，通过国际化处理的业务大幅增加。中国大搞自由贸易区，自由贸易区内行政管理措施减少，提高行政管控效率，精减行政管控层级，增加社会主体自觉自律空间，减少行政税费……这是不是国际化的试水？是不是国际交往规则新的发展形态？在笔者看来，这至少是新的趋势。行政对新的社会规则保持高度跟随态度，为多元化社会提供相应的行政法律规范，保障各个主体不同的公共服务需求。行政不断契合新的业务、新的技术、新的领域、新的空间，出台相应法律规范，满足社会主体的需要，是行政主动行为，主动提供对应公共行政法律服务，促进社会进步，推动社会发展。

三、行政立法满足公共服务公平公正理念优先

新生事物太多，应接不暇，行政几乎难以应对，但基本理念还是大力紧跟并满足公共需求。

（一）行政立法数量多

行政立法数量多，是法律规范的主力军，主要为实现公共利益目标。行政立法在国家规范性法律文件中占绝对多数。截至2019年1月22日，根据中国现行规范性法律数据库的统计资料，各类法律规范数量及占比见表4-1。

表4-1 各类法律规范数量及占比表

序号	种类	数量（单位：件）	占比
1	法律	276	1.14%
2	行政法规	730	3.02%
3	地方性法规	10979	45.48%
4	司法解释	536	2.22%
5	规章	11617	48.13%
合计		24138	100.00%

由表4-1可以直观看到，截至2019年1月22日，国家现有规范性法律文件共计24138件，其中，各类规范性法律文件数量及占比情况是：

法律 276 件，占比 1.14%；行政法规 730 件，占比 3.02%；地方性法规 10979 件（省级地方性法规 6033 件、设区的市地方性法规 3585 件、经济特区法规 342 件、自治条例和单行条例 1019 件），占比 45.53%；规章 11617 件（部门规章 2799 件、地方政府规章 8818 件），占比 48.13%。国家法律规范占比最低，不到 2.00%；行政法规和地方性法规合计占比达到 48.55%。行政法规、地方性法规、规章合计占比达到 96.63%，占据了规范性法律文件的绝对数量和比例。不少学者著作对此亦有论述，如"行政立法（包括行政法规、部门规章、地方政府规章）的数量大大超过人大立法的数量"[1]。对立法进行重点衡量和测算，检测其立法目标及理念是否为公共利益立法，为公共服务立法就十分重要了。

目前的中国行政法律研究还处在较为粗疏的状态。对法律保留、法律优先乃至不抵触等基础性原则的研究有一定程度的展开，而对大多数的行政法律规范的立法目标、理念及其实际效果还未进行检测、监督，这也是本课题研究的重点和真正价值所在。

（二）行政立法公开公正保障公共服务的接受度

行政立法本身的公开、行政信息公开、行政立法通过公开获得更多的支持。立法理念的公正要求逐渐发展，在各个主体的利益衡量中形成一定的平衡规则，良法规范不断涌现。行政立法中比较容易受到影响的是部门利益。曾经有人讲过"行政立法部门化、部门利益法律化"是通过行政立法把部门利益进行固定、明确、法定。行政立法规范一般都对应不同的行政管理部门，如教育、医疗卫生、治安、林业、土地、水务等，行政管理规范有基础，在立法时需要把现成的行政管理规则"拔高"为立法规范，还有的可以设定行政审批事项，实行事前管控，事中检查、处罚，事后强制等系列行政执法链条。行政主体通过立法，获得法定授权，形成法定职权，具有法定职能，有权执法。如果执法中裁量权太大，还可能在裁量时形成腐败市场，如罚款设定为 5~50 万，差异 45 万。故曾经的行政机关自行搞过行政执法裁量权规范化活动，把执法权幅度按照执法情节、执法危害等划分为几个档次，对应执法，以提高公正性。但有的执法条文设计的情节、后果等档次低，再细分困难。不过，这个活动可以增强行政主体执法的公正意识，贯彻行政执法比例公正的基本原则。行政立法还在不断规范执法活动，如对行政执法活动进行三段式

---

[1] 姜明安：《行政法》，北京大学出版社，2017 年版，第 143 页。

规治：立法、审核、执行。综合执法中，检查查处的行政执法行为，拟处罚行为，先通过内部法治部门进行审核确定处罚等次，再交由具体人员去执行，把执法活动细分、分段处置，执法者与被执法对象的"勾兑"腐败可能被部分杜绝（深圳等地有较为系统的执法实践）。行政执法在执法部门被确定为职责后，形成法定责任，不能放弃。对责任单项督促后，行政主体感觉压力巨大，一段时间形成执法制度"推"职责职权的情形，说明执法压力大，执法公正性需求高。对执法活动的监督增加，如公开监督、救济监督。对警察执法，公安部明确要求围观群众可以录像拍照，增加社会主体监督环节、监督力量，警察执法时可以加强公正性追求。

行政立法是行政执法的基础和前提。行政立法追求"公共服务"的基本目标，减少"非公共服务"活动，增强了行政活动的正当性、合法性。减少立法层级，提高立法效率，增加有效立法规范，提供公共性追求，提升社会主体参与度，不断增加公共性、公平公正理念的树立与供给，扩大行政法治实践，为法治建设丰富产品和理念，为社会进步作出更大贡献。

第二节　行政立法内容实现公共需要

我国法治建设的基本要求是"有法可依、有法必依、执法必严、违法必究"；党的十八大提出新时代社会主义法治的建设方针是"科学立法、严格执法、公正司法、全民守法"。改革开放四十多年来，中国法治建设的历程体现了立法为公、逐步规范、不断完善的历史发展形态。

一、行政立法内容满足公共需求

改革开放之初，为适应社会需要，制定基本法律规范，保障社会发展，及时满足了公共需求。例如，大力引进外资，但外资进入时，没有法律规范，"无规矩不成方圆"，投资方可能"漫天要价"，也可能信心不足，没有法律给予其稳定的预期。于是，国家相继制定"三资企业法"，即《中外合资企业法》《中外合作企业法》《外商独资企业法》，明确外资进入中国的基本规范、基本要求、法律保障，同时，基本的刑事法律规范、民事法律规范、诉讼法律规范也同步制定相关规定。1989年，国家准备制定行政法律规范，但在制定过程中，发现行政法律规范法典性质的规则无法制定，改成从程序上进行规范，《中华人民共和国行政诉法》出台，对具体行政行为进行全面规范，要求行政活动发生过程中，从行政主体、程序、证据、实施活动到救济进行相对全面的规范，至此确立了从行政行为方面规治行政活动的基本路径。

二、行政立法规治满足社会主体公共服务诉求

行政法治建设进入行政行为规范期。以经济建设为中心撩拨了人们致富发财的欲望，但没有对如何致富进行具体规定，20世纪90年代初，公权机关、公职人员利用公权实施各种行政，如收费、罚款、强制、许可等，有的为公，有的为私，有的兼而有之，导致乱收费、乱罚款、乱行政横行。法治改革进入深水区，逼迫国家（政府）对公权进行规治，从行政诉讼救济开启的治理行政行为的路子出发，进一步对行政活动进行规范，制定行政许可法、行政处罚法、行政强制法等，从行政主体资格获得、行政行为方式模式、行政人员具体活动内容等方面进行全面规治。这些行政立法是对社会主体如果违反行政法律规范可能招致行政权力干预的具体做法进行了规治，祛除了任意、随意和颟顸，对行政主体、行政人员、行政程序、行政救济等有了全面、具体、较为详细的规治。行政法是对行政活动提供者的具体做法的规定，是给行政方套上"笼子"，逐步消除行政"三乱"，全面规范行政法治。

三、约束行政权保障权为公共服务所用

行政法治大力深化，行政活动链条中的行政行为全面约束。社会事务是全面、具体、多种多样的，行政应对是逐渐展开的。行政活动链条拉长，未规范内容更多，行政法继续规范，加强行政信息公开、行政决策主体、行政救济完善等方面。信息公开起到较为强大的规治行政权的功能。采取"公开为原则、不公开为例外"，公之于众，各个社会主体共同围观，提出的行政议题本身就要三思，避免引起公众围观"起哄"，行政信息依职权公开和依申请公开，相关行政相对人还可以采取申请方式专项索取相关信息，共同监督行政行为。行政主体的决策行为失误导致的损失超过官员腐败，一项重大行政决策，牵涉资金量大，有的甚至牵涉数亿、数百亿、数千亿，一旦决策失败，社会共同承担责任，损失太大了，所以必须进行控制。还有相应的国家赔偿（行政赔偿）等多种方式给予行政主体责任、压力，督促行政主体谨慎活动，勉力行事。这一切都是社会所需、法治所到、民众所感、社会进步之处。

四、行政立法具体内容跟随公共服务发展

对社会新兴领域，大力完善法治规则。互联网、共享经济、社区治理、人工智能等各项新的社会发展领地，法治规则及时送达，为公众排忧解难，明确预期，定纷止争。随着经济发展，诈骗等违法行为伴随新的社会现象出现，国家（政府）及时跟进规治，规则先行，打击违法犯罪。电信诈骗是伴随信息化出现的。社会复杂，在海量信息中，人们区分、筛选信息存有难度，电信诈骗猖獗；网络上出现的 P2P 等形形色色的集资形式，从单纯的汇集资金到故意吸纳、转移资金，形成诈骗活动；各种依傍互联网的新的金融活动出现，形成各类担保、小额贷款、贷款中介，形成"套路贷""校园贷"，专门针对容易上当人群。国家（政府）于是制定规则，专项打击各类诈骗犯罪，提供公共所需，遏制新型犯罪，恢复社会之需。

根据社会需要，提供行政法律规范，保障社会主体合法权益，打击不当获利，及时提供公共服务，有效促进社会进步。

第三节　程序规范行政立法公共服务

程序是步骤，正义程序是步骤的法定化、规范化、制度化。"其身正，不令而行；其身不正，虽令不从。"正义指一定社会条件下人们根据一定的道德标准做"应当"做的事[1]，也是指社会对人们的道德行为所做的一种评价[2]。博登海默说过："正义有着一张普洛透斯似的脸（a protean face），变幻无常，随时可呈不同形状，并具有极不相同的面貌。当我们仔细查看这张脸并试图解开隐藏其表面背后的秘密时，我们往往会深感迷惑。"[3] 程序是从看得见的视角思考正义的观念。行政立法具有相应的程序，这些程序对立法工作有强力的保障和推进功能，对行政立法规范的目的达成、实现、监督、校对具有实质意义。

---

[1] 黄泽勇：《行政公正的概念和实质》，《行政论坛》2006 年第 1 期。
[2] 康树华、王岱、冯树梁：《犯罪学大辞书》，甘肃人民出版社，1995 年版，第 1145—1146 页。
[3] 〔美〕博登海默：《法理学：法律哲学与法律方法》，邓正来译，中国政法大学出版社，1999 年版，第 252 页。

一、程序是被逐渐发现和塑造的正义工具

程序是一个相对复杂且内涵解读较为丰富的概念，西方较为古老的正当程序是其代表和典型。程序正义的观念源于英国古老的"自然正义"原则。英美普通法中程序正义最早渊源分别是 1215 年英格兰国王颁行《大宪章》和 1355 年英王爱德华三世颁布《自由律》，其基本原则"任何人都不应当成为自己案件的法官"，由此生发出程序正义的子概念：当事人有陈述和被倾听权、回避原则。这主要指公权力行使时保障相对人的参与权和裁判者的中立性、独立性。通过程序，保障纠纷化解的结果得到认可。从人性的基本特征出发，人都是可能偏私和袒护血缘近的人的，有利害关系、血缘关系的裁判者无法公正审理案件，由此设计制度更能获得人们的认可。程序工具论的鼻祖是边沁，他认为："对于法的实体部分，唯一值得捍卫的对象或目的是社会最大多数成员的幸福的最大化。而对于法的附属部分，唯一值得捍卫的对象或者说目的乃是最大限度地把实体法付诸实施。"[①] 边沁的观点在中国有近似的认知，即程序是保障实体法的，实体的利益衡量是主要追逐目标，办事的步骤、手续等是程序，程序是为实体服务的。实体法是目的，程序法是手段，导致中国法律制度在很大程度上以追逐实体为目的，对程序概念甚至是忽略的。在生产力落后的社会中，人们主要追求实体正义是可以理解的；在生产力逐步发展的现当代，程序保障被提上议事日程。前述程序正义是指法律实施中的正当程序，基础的关键的环节是必不可少的正当程序。

正当程序具有独立的价值，但正当程序和正当外程序都与经济有关，只是前者主要考虑程序制度，后者要考虑经济价值。提出考虑程序的经济价值的代表人物是波斯纳，他认为法律制度的实施过程总会耗费经济，从"成本—支出"角度考量，追求程序的同时也要考虑成本的减少，使社会整体得到最大效益的满足。而早期的正当程序及某些引进程序的专家更注重程序的独立价值，认为程序本身具有可以独立追逐的德性，指"使法律程序成为可能与德性相一致从而为人所尊重所接受的品质"[②]。英美法系的约翰·罗尔斯、罗伯特·萨默斯、戈尔丁等持此项观点。罗尔斯认为程序具有内在独立含义，关注结果正当性，形成结果的程序本

---

① 陈端洪：《法律程序价值观》，《中外法学》1997 年第 6 期。
② 陈端洪：《法律程序价值观》，《中外法学》1997 年第 6 期。

身是否符合客观的正当性、合理性标准①。萨默斯认为法律程序本身具有至少 10 项基本内容价值，即参与性统治、程序正统性、程序和平性、人道性及尊重个人的尊严、个人隐私、协议性、程序公平性、程序法治、程序理性、及时性和终结性。萨默斯将程序内涵的"平等""可预测性""透明性""理性""参与""隐私"等一系列价值统称为"尊严价值"②。戈尔丁认为程序设置对纠纷解决有决定性影响，对相关利益人的接受和劝导有决定性影响③。程序本位主义者强调程序的独立地位与功能，从正当程序不可或缺的角度思考是可以的，如果不顾环境、条件，过分强调程序价值，没有经济性的普通程序是没有意义的。

在中国传统中，有官员任免回避的规定和制度，如回避乡籍，司法审理案件更注重实体权利，对程序不太重视。如不少戏剧中，过度渲染官员（司法裁判者）的公而忘私、大义灭亲等。如清官包拯亲铡犯死罪的侄子等行为一直作为被百姓颂扬的伟大事迹，对其可能"反人性"缺乏基本的反思。追求正当程序，不放弃正当程序，也不全盘追逐程序，追求程序的同时不放弃实体价值，是可行的。我国目前还没有形成程序本位主义价值观，公众也还没有完全认识程序本位主义价值观。程序正当制度正在建构和发展中，社会普遍性的认可也不多，如不少上诉、滥诉、上访现象的发生，既是公众对司法程序不信任的表现，也是程序工具主义价值观的一种反映。

《辞海》对"程序"的解释是"按时间先后或依次安排的工作步骤"。所有社会活动几乎都有一定的时空安排和次序安排，不同类型的事件都有发生、发展过程，有计算机的运算程式、法律诉讼过程等。陈瑞华、孙笑侠等对程序正义论述较多。陈瑞华提出"最低限度程序正义的六项要求"，即程序的参与性、裁判者的中立性、程序的对等性、程序的合理性、程序的自治性、程序的及时终结性④。孙笑侠提出"程序公正的六大要义"，归纳了程序内在价值的十大基本要素：参与、正统、和平、人道、合意、中立、自治、理性、及时、止争⑤。还有张千帆、季卫东、

---

① 〔美〕罗尔斯：《正义论》，何怀宏等译，中国社会科学出版社，1988 年版。

② Robert S. Summers, 1974: "Evaluating and Improving Legal Processes: A Plea for 'Process Values'", *Cornell Law Review*, Volume 60。

③ 〔美〕戈尔丁：《法律哲学》，齐海滨译，三联书店，1987 年版。

④ 陈瑞华：《程序正义论》，《中外法学》1997 年第 2 期。陈瑞华：《程序正义论纲》，《诉讼法论丛》，1998 年版，第 17—60 页。

⑤ 孙笑侠：《程序的法理》，商务印书馆，2005 年版。

张令杰、谢维雁等学者都从各自的专业视角进行了不懈的探索，都捍卫了程序价值，向公众揭示了程序的内在价值和社会意义[①]。司法中，程序制度是设置较为完善的制度。还有司法类似的制度，如仲裁、复议，乃至行政裁决制度中，有基本的程序制度设置。行政法中，行政处罚有较为完整的程序制度，如要求执法人员要有二人以上，执法的调查、取证、拟处罚、处罚及实施，一般行政处罚中的听证制度设计，都遵循程序正义原则。还有重大行政决策中，设计了公众参与、专家论证、风险评估、合法性审查、集体讨论决定，一定程度上保障了实体正义。促进行政权力公正行使，减少腐败机会和空间，对廉洁行政行为具有较大的作用。但在基础性的制度中，决策权的行使，程序性、正当性可能还是不足。强调法治基本形式原则，其目的是有效地实现法治，它对广大公民、企事业组织、社会团体、国家机关、政党、武装力量是普遍适用的，一方面保护公民合法权利和利益，防止对权利的滥用；另一方面，也促使国家机关及其公职人员依法行使职权，进行自我约束，不滥用权力[②]。

二、行政立法法定程序

公权主体及社会公众对程序的认知及其运用有较大进步，但在立法中，程序及正当程序的价值认定及运用还有待提高。程序是一种保证公正目的和结果的工具和形式，但是绝不仅仅是简单的工具或形式，还具有自身相对独立的意义与价值。

（一）程序理论上保障行政立法实现公共目标

程序具有独立价值。"一种法律制度本身是不正义的，但如果它按照一定的程序一贯被适用的话，一般地说，至少能使服从这种法律制度的人知道对他有什么要求，从而使他可以事先有所防备，保护自己。相反，如果一个处于不利地位的人还受到专横待遇，那就成了更大的不正义。"[③] 程序的独立价值如下所述。

1. 程序具有相对独立性

程序是事物发展、事务解决的必不可少的步骤、环节。不论实施者是否重视，事务进展都有阶段性，关键程序的设置和实施，可以减少其

[①] 张千帆：《美国联邦宪法》，法律出版社，2011年版，第171—260页。
[②] 沈宗灵：《依法治国，建设社会主义法治国家》，《中国法学》1999年第1期。
[③] 沈宗灵：《现代西方法理学》，北京大学出版社，1992年版，第120页。

中可能存在的随意、任性、偏私。若程序得到大家的普遍认可，则对化解矛盾纠纷非常重要。程序形式的相对独立性体现在五个方面：程序的合理性有其自身的评判标准，程序具有独立的可信度，程序法发展的稳定性和延续性，程序传统可自成一派，程序可以是相对落后或超前的[①]。事务发展中嵌入独立的程序，可以获得多方的认可，有其自身的合理与合法性标准。英美法的独特传统几乎离不开程序特色，一旦离开程序这一具有遗传"基因"意义的因素，英美法系则绝不会存在。程序是为了保障一些独立于结果的内在价值而设计的，而不只是为实现某种实体目的的手段或者工具。一项法律程序或者法律实施过程是否具有正当性和合理性，不是看它能否有助于产生正确的结果，而是看它能否保护一些独立的内在价值。"正义不仅要得到实现，而且要以人们看得见的方式得到实现。"立法中，必须听取利害相关人的意见、建议，保障立法所涉各方主体参与立法，权益得到考虑，可以通过程序保障实体具有更大的正义性。

2. 程序具有功能性

相对于实体结果而言，程序有着自己独特的功能效应，不总是实体结果的附属。第一，程序的控权功能。法治作为一个"最为重要的概念，至今尚未有确定的内容，也不易作出界定，它是指所有的机构，包括立法、行政、司法及其他机构都要遵循某些原则"[②]，这种界定实质上反映的是法治的一种权力制约功能。程序成为对国家公权力行使的合理边界。经常提及的立法程序、执行程序、司法程序，还有诸如政党程序、选举程序等，目的都在于通过程序来保证权力依法行使的正当性，它们构成了政治过程的要害与核心。第二，程序的避害功能。社会的确定性由于法律的存在而得到保障，程序约束主权者的行为，让主权者不得肆意冲动，充分讨论，避免激情行政行为；通过程序来维持主权者行为的确定性，使得整个社会避免不确定性[③]。第三，程序的阐释社会规范功能。普及价值观念的程序可以促使人们内心承认和接受某种具有强制力的决定，可以相对减弱个人在自作主张时所显露的那些咄咄逼人的锋芒。第四，程序具有修正与引导的功能。如果一项司法判决有着严格的程序牵

[①] 孙笑侠：《程序的法理》，商务印书馆，2005年版，第49—54页。
[②] 〔英〕戴维·M·沃克：《牛津法律大辞典》，李双元译，法律出版社，2003年版，第990页。
[③] 徐亚文：《程序正义论》，山东人民出版社，2004年版，第151—154页。

控与导引，虽然我们不能肯定地说它能保证所有的实体结果都是正义的，每一项判决都毫无瑕疵，但它可以最大限度地保证错误一旦发生，还有被迅速修正的可能。程序的存在，使得当事人双方都能自由、平等地表达自己的观点，进行合理的辩论，这样在最大程度上保证双方的合理诉求与合法权益。笔者曾在《读者文摘》上看到这样一个案例。一个中国人要到美国去看望妻子，便去美国领事馆申请赴美签证。第一次去的时候，他排到后面，轮到他接受签证官的询问时时间已经接近中午。签证官员可能疲倦了，随意看了一下资料，问了个简单的问题就拒绝给予签证。这个中国人感觉很委屈，认为自己不可能移民，因为手头还有很多工作要做，于是回家后给妻子所在地的美国一位国会议员写信申诉。这位议员回信了，说"我不能保证你能否获得签证，但我可以保证你能再得到另一个签证官员的一次签证机会"。不久，该中国人再次去申请签证。另一位签证官接待了他，比较详细地询问了他申请赴美国的事由等相关问题，给他签发了签证。如果是同一个签证官员接待，签证官员完全可能已经形成了偏见，对申请签证的人是不公平的。而换一个签证官，新的签证官独立判断后决定是否签发签证，是一个程序安排。人是有可能形成偏见的，这个偏见需要纠正，就可以以更换裁决人的方式来解决。有申诉，并不表明申诉者的诉求一定合理，申诉者的诉求得不到完全满足，但设置程序制度，可以让申诉者再次得到一定的被独立判断、决断的机会。新的申诉过程是对原有拒签的一次修正。即使申诉者的再次申诉失败了，诉求没有得到满足，但他得到一个新的签证机会。新的独立签证机会需要更换签证官，不管结果如何，申诉者感觉得到相对公平的对待，对事件处理结果更满意了。

3. 程序具有制约权力性

早在古希腊时期，亚里士多德就曾指出法治的两重含义：第一，已成立的法律获得普遍的服从；第二，大家所服从的法律应该本身就是制定得良好的法律。也就是说，良好的法律是前提，服从恶法不是法治。有了良好的法律，全体人民，包括统治者应一律服从，否则不会实现法治。行政程序的制约权力性主要体现其独立性理念对实体权力运作可以发挥监督、限制的功能，正如美国杰克逊大法官所说："程序的公平性和稳定性是自由的不可或缺的要素，只要程序适用公平，不偏不倚。严厉的实体法也可以忍受。"行政程序有助于法的价值的实现，"行政程序作为一种科学而严格的表示规则，至少能使行政主体作出错误意思表示的危险减少到最小限度，为行政主体作准确的意思表示提供一种最大的可能性"①。于是，英、美、法、德、日等国，要么直接构建行政程序正义制度，要么对司法中的正义程序进行加强或更新。程序正义以自然公正原则（或"正当程序原则"）作为基本理念，并渗透到各种制度之中，如行政立法及其他行政活动中的听证制度。程序还具有独立检验实体权力的功能，就是对权力的限制。如根据《中华人民共和国价格法》的规定，涉及民生项目的公共物品的价格调整要经过听证，如果不听证就不能调整价格。这对某些垄断企业随意调整价格的权力是一个限制；不经过法定程序的行政权力不能产生效力，这个程序规定还可以继续严格化、法治化，比如，应该听证而不听证，应该公开而不公开的应该承担独有的责任，主要是行政主体及其负责人要承担相应的责任。从违背独立程序的角度来给予相关行政主体设定责任机制，进一步明确和强化程序责任的法定化、制约权力的功能性。"正是程序决定了法治和恣意的人治之间的基本区别。"②

4. 程序具有限权性

程序限权性来自对权力的配置和权益的分配。程序正义和其他基础概念一样充满争议。"程序公正原则是指行政机关在进行行政行为时需要在程序上平等地对待各方，排除各种可能造成不平等或偏见的因素。"③在缺乏程序法治的国家，强调程序正义是十分必要的，但把行政公正等同于程序公正有些片面，行政公正主要还应该包括实体正义。类似的论述如："程序公正原则，法律的正义只有通过公正的程序才能得到真正实现。"④"程序公平，是指行政主体必须在程序公平的约束下，正当地行使行政权，尤其是行使自由裁量权。"⑤ 程序正义应该内涵精深、全面，对一国行政权力本身、对所有行政活动都有规范指导的意义。程序正义在现代行政法中居于基础性的地位。"真正的行政法建立在有了权力分立与制衡"的政治基础之上⑥。美国法官弗兰克特说："自由裁量权，如果

---

① 叶必丰：《公共利益本位论与行政程序》，《政治与法律》1997年第4期。
② 季卫东：《法治秩序的建构》，中国政法大学出版社，1999年版，第3页。
③ 王连昌，马怀德：《行政法学》，中国政法大学出版社，2002年版，第279页。
④ 罗豪才，湛中乐：《行政法学》，北京大学出版社，2000年版，第305页。
⑤ 胡建淼：《行政法学》，法律出版社，1998年版，第475页。
⑥ 孙笑侠：《法律对行政的控制》，山东人民出版社，1999年版，第70页。

没有行使这种权力的标准就是对专制的认可。"① 统治者为寻求统治的合法性、权力行使的正当性,采取多种措施。一方面正当性是有效统治必须具有的一种功能和属性,即这种权力执行(统治)要让被统治者感到是正当的、应当的、自然应该服从的,这样就得到了被统治者(被管理者)哪怕是最低限度的认可或自愿服从。另一方面,被统治者(被管理者)基于某种价值、信念而认可、支持某种统治,从内心认为某种行为是合乎道义的,是应该遵循的。

5. 程序具有引导并参与资源分配性

程序要对社会资源(物质文明资源和精神文明资源)进行分配,实现一定的总体目标和最高价值追求。基本权利相等是近代宪政之基础。"我们坚信这些真理是不言而喻的……其中包括生命权,自由权和追求幸福的权利。"② 这些规定就是:我的整个人格,我的普遍的意志自由、伦理和宗教③。这就是人们常说的"法律上人人平等"和"法律面前人人平等",要求每一个被管理的对象,无论性别、年龄、出身阶级、文化程度等的各种差异有多大,在立法面前,被假定为一律平等。"同等情况同样处理,不同情况不同处理"即平等,平等对待是公平,是正义,其另一种说法是不同情况、不同对待。虽然笔者在前面说过,所有的人生来都是平等的,但是不能认为笔者所说的包括所有的各种各样的平等。年龄和德行可以给一些人以正当的优先地位。"高超的才能和特长可以使另一些人位于一般水平之上"④,"人人生而平等,但无往不在枷锁之中"(卢梭语)。人的资质、品德、才华、机遇、美貌可能是天生的,正因为有这种不平等存在,才激起人们争取财富、权力的欲望。行政权力不是要去故意消灭、摧毁这种不平等,而是要控制这种不平等的差距幅度和规范人们追逐财富、权力的行为,即提供平等的机遇,控制追逐财富、权力的进程,保持社会的和谐等。关于财产的分配,"人们可以实施一种

---

① 〔英〕彼得·斯坦,约翰·香德:《西方社会的法律价值》,王献平译,中国人民公安大学出版社,1990年版,第176页。
② 〔美〕莫蒂默·艾德勒,查尔斯·范多伦:《西方思想宝库》,吉林人民出版社,1988年版,第955页。
③ 〔美〕莫蒂默·艾德勒,查尔斯·范多伦:《西方思想宝库》,吉林人民出版社,1988年版,第956页。
④ 〔美〕莫蒂默·艾德勒,查尔斯·范多伦:《西方思想宝库》,吉林人民出版社,1988年版,第1040页。

平均制度，但这种制度实施在短期内就会垮台"①。因为劳动创造财富，因此，行政公正包含的分配原则还有才德原则和贡献原则。

按贡献分配权利（义务）也是平等原则的应有之义，是平等原则的推论。权利应与贡献成正比，贡献越少，权利便应该越少；贡献越多，权利便应该越大。贡献原则是特殊的比例原则。阿奎那总结道："正义全在于某一内在活动与另一内在活动之间按照某种平等关系能有适当的比例。"② 这些论述表明，社会主义的"按劳分配"原则和资本家的"计件工资制"是符合行政公正的分配原则的。程序正义包含正当、平均、分配三个内容。具体而言，程序正义是指行政权力应该正当分配权利（义务）的观念、制度和行为。它首先指行政权力的本身应该是正当的，具有合法性，至少取得行政相对方最低限度的认可，使行政相对方自愿服从；其次，程序正义的作用，即对社会资源（物质文明资源和精神文明资源）进行分配，实现一定社会总体目标和最高价值追求，促进社会的和谐与发展，保障人民权利；再次，在具体的资源配置过程中，在市场经济体制之下，程序正义分配权利（义务）应遵循一定的原则，如罗尔斯正义原则、贡献原则等。

（二）行政立法程序实践保障公共利益实现

行政立法程序主要有以下几项：立法项目征集和论证、公开征求意见、委托第三方起草、确立重大利益调整论证咨询、立法后评估等数个程序制度（具体参见《行政法规制定程序规定》第八条、第十三条、第三十七条）。还规定了行政法规解释、废止等程序，确保行政立法规范质量和行政立法的公共服务目标的实现，重申《中华人民共和国立法法》的规定，强调不违反上位法。

1. 行政立法程序设计保障服务于公共利益

在行政立法的基本确定方面，国务院的《行政法规制定程序规定》对行政法规的基本内容也作了规定，比如对重大利益调整的论证咨询方

---

① 〔美〕莫蒂默·艾德勒，查尔斯·范多伦：《西方思想宝库》，吉林人民出版社，1988年版，第1046页。

② 〔美〕莫蒂默·艾德勒，查尔斯·范多伦：《西方思想宝库》，吉林人民出版社，1988年版，第951页。

式,对重大意见分歧的处理等①。程序本身具有多重目的。程序自身具有正义价值和程序为实体服务的保障价值,二者相辅相成,共同促进。程序是指办事的基本步骤、手续等环节。

2. 国务院行政法规制定程序要求行政法规取向于公共利益

《行政法规制定程序条例》(国务院 2001 年 11 月 16 日制定公布,2017 年 12 月 22 日修订,2018 年 5 月 1 日起施行)② 显示:行政立法内部程序筛选排除非公共服务项目,行政立法中设计相应程序保障行政目标公共性,如听证、信息公开、意见征集、审议表决、修订完善等程序。

3. 行政内部制约程序保障行政立法公共服务性

《行政法规制定程序条例》第 17 条对立法时需要审查的事项作了规定,具体规定了审查需要注意的重点内容③。行政立法程序具有承载确认立法规范符合公共目标的功能。保障立法程序的合法性、合宪性,从而确保行政立法公共服务性。有专家从立法的宪法性出发,论证行政立法的宪法正当性。"行政立法程序中如何体现民主性及其所涉及的公益性,则由作为行政立法前提的宪法或者法律的立法程序制度承担,作为执行或适用法律的行政立法,则自然承继了作为其前提中已经确定了的民主性和公益性。"④ 每一步都非常警醒,担心行政权力等无故滥用、不

---

① 《行政法规制定程序条例》第二十二条:"行政法规送审稿涉及重大利益调整的,国务院法制机构应当进行论证咨询,广泛听取有关方面的意见。论证咨询可以采取座谈会、论证会、听证会、委托研究等多种形式。行政法规送审稿涉及重大利益调整或者存在重大意见分歧,对公民、法人或者其他组织的权利义务有较大影响,人民群众普遍关注的,国务院法制机构可以举行听证会,听取有关机关、组织和公民的意见。"设置专项程序,进行充分、全面的论证研究,确保行政法规内容服务于社会主体。

② 法律的第一条一般明确规定制定行政法律规范的目标——"规范行政法规制定程序,保证行政法规质量"。在下面相关章节中,具体规定了行政立法的相关目标,第十二条规定,"起草行政法规,应当符合本条例第三条、第四条的规定,并符合下列要求:(四)切实保障公民、法人和其他组织的合法权益,在规定其应当履行的义务的同时,应当规定其相应的权利和保障权利实现的途径;(五)体现行政机关的职权与责任相统一的原则,在赋予有关行政机关必要的职权的同时,应当规定其使职权的条件、程序和应承担的责任。"第十三条规定,起草行政法规,起草部门应当深入调查研究,总结实践经验,广泛听取有关机关、组织和公民的意见。涉及社会公众普遍关注的热点难点问题和经济社会发展遇到的突出矛盾,减损公民、法人和其他组织权利或者增加其义务,对社会公众有重要影响等重大利益调整事项的,应当进行论证咨询。听取意见可以采取召开座谈会、论证会、听证会等多种形式。

③ 国务院法制机构主要从以下方面对行政法规送审稿进行审查:是否符合宪法、法律的规定和国家的方针政策;是否符合本条例第十一条的规定;是否与有关行政法规协调、衔接;是否正确处理有关机关、组织和公民对送审稿主要问题的意见;其他主要审查的内容。

④ 朱芒:《行政立法程序调整对象重考——关于外部效果规范与程序性装置关系的考察》,《中国法学》2008 年第 6 期。

当剥夺社会主体权利,可能导致的后果是行政行为寸步难行、效率低下,最终损害公共利益。因此,在行政立法程序上,从宪法"审视"和立法法制定主体的自觉遵奉宪法的角度出发,理解和信任立法程序的合宪性,具有一定的必要。特殊情形下,对立法程序给予关注、讨论,公开质疑,亦可保障立法程序最大限度的合宪性、合法性、正当性。

第四节 行政立法与公共服务论相互支持

行政立法是制定行政法律规范的活动,活动主体有全国人民代表大会及其常务委员会(制定法律),国务院(制定行政法规),省级人民代表大会及其常务委员会、社区市人民代表大会及其常务委员会(制定地方法规),省级政府(制定规章),县级以上地方政府(抽象行政行为)。为解决公共问题,公权机构必须制定相关规范,提供公共服务;同时,公权机构制定的行政规则只是提供公共服务,没有自我(私利)之需之用。

一、公共服务论支持行政是公共服务

(一)公共服务理念指引行政立法

1. 公共服务基本理念内涵及在行政法律规范中的具体落实

公共服务的概念界定是基础,是认知、制定相关法律规范调整公共关系的基础。一部分私有主体之间的关系进入法律调整中,还可能存在法律竞合。如,一乘客与公交司机发生冲突,就存在至少两种法律关系。一种是私有主体之间的纠纷,可能是斗殴,乃至伤害。一般的私有主体之间的纠纷,法律不会介入,但冲突变大后,公权应进行调整、制止。还有一种是公交司机在驾驶公共交通工具的过程中,与其他人发生冲突,可能是公共交通工具行驶与其他交通工具之间的纠纷,涉嫌公共安全、公共秩序。例如,一县副检察长的妻子、岳母与公交司机发生纠纷,用车堵住公交车,上车把司机拉下来殴打,双方互殴既是私有主体之间的冲突,也存在私有主体与作为公共交通的驾驶人员之间的冲突。公交司机的身份认定是否考虑其在行使相应的职务活动。两者发生冲突,法律规范调整是否考虑一方主体的职务行为。一般而言,私有主体与相关可能的公有主体之间的冲突，是否考虑其身份、职务等情形，要考虑法律规定，没有规定的，或者没有特别规定的，就不予特别保护。公共的范围一般不适宜扩大，应该适度丰富其内容。这个事件考虑的契机是重庆万州一乘客与公交司机发生冲突，最后导致公交车坠河，十多人死亡，造成严重特大安全事故。对在前述特定情形公共活动中是否考虑公共安全问题，法律是否调整，怎么调整，适度扩大范围，就是对公共利益的认知的考量。不适合随意扩大，随意扩大可能造成新的不公平，法律对某些主体某些情形进行特殊保护，需要严格规治，前提还得是深入论证，平衡考量，测算成本效益，或者对听证、公开等程序活动进行冷却、冷静、理性处理。行政与公共服务二者要根据社会需要进行适度调整，保持稳定及适度修改的活力，维护社会最根本的秩序、安全、效益和公平正义。

2. 公共目标公共利益的衡量与调整

公共目标本身没有好恶，在具体的公共目标的认定中，还得遵循相关的规律。对相关主体的负担、义务的增减，要进行成本收益论证，要做经济效益、基本权益的数字化研究。"民予则喜，夺则怒，民情皆然。先王知其然，故见予之形，不见夺之理……故天下乐从也。"（《管子·国蓄》）行政立法规则实现公共目标还需有新的细化的措施、做法。

社会主体之间的事务、纠纷、权利义务衡量，一般而言，属于非公共事务，可以通过私有主体之间自行协商确定，如果私有主体之间无法协商，有涉及众人的、多人的利益时，就可以认为属于公共事务了。公共事务如何确定、划界，可能对部分人的权益造成影响。就老城区房屋加装电梯而言，老城区房屋一般有六、七层高，没有电梯，三楼以上的住户爬楼比较辛苦，特别是老年人；一楼二楼的住户往往不愿意加装电梯。如何平衡低层住户权益和高层住户权益，是一个如何保障公共利益的问题。目前，主要通过各个楼栋的住户之间自行协商，达成一致意见再决策，但若住户之间自行协商的效果不好，则需政府探索并制定相关规范推进此项工作。

公共利益的具体确定与衡量，是对政府治理能力的考验。社会规范的确定，行政立法规范的制定、颁布、实施，是对各个社会主体权利义务的再次配置，要考量政府政策制定的管控智慧。民间借贷、民间投资融资亦是典型案例。自然人、法人之间可以自愿、少量地短期拆借资金，民间也有此习惯。但民间借贷导致的问题亦很多，如利息高、催收严、中间费用多（各种手续费，包括催收劳务费）、纠纷多，甚至导致严重的社会问题。有研究者专门统计过，清朝某一段时期的民间借贷中，债务人致死债权人的数字大于债权人致死债务人的数字。有数个案例佐证：案例一，嘉庆八年（1803年），湖北王泡三因借欠李光柏银两，被其逼索吵骂，起意将李光柏谋杀；案例二，嘉庆十一年（1806年），四川薛邦礼因借欠聂刚钱文不还，被其搬取铺盖作抵争闹，临时起意将聂刚致死；案例三，曾光耀因被刘显茂逼索欠钱斗殴，临时起意将刘显茂致死；案例四，番民昔达尔因借欠谢奉仓银两不能偿还，起意将谢奉仓谋杀[1]。借款人无力偿还欠款时，贷款人的欠款就无法催收到，本金收不到，利息等相关费用更别提，纠纷不断。因此，作为公权的政府大力限制民间借贷，甚至禁止民间有偿、高息借贷。这在一定程度上可以减少借贷纠纷数量，但完全禁止终究理由不充分，不利于经济发展。于是，政府引导、组织正规的银行从事借贷等金融业务，还对银行行使的借贷权力进行管控，提出要求，要求其支援某些社会群体，保障社会整体利益（如支持"三农"建设，支持科技创新等）；同时，时刻关注、警惕民间新型的网络贷款等，对其进行规治，提供合格的公共服务。

3. 公共理念的深化与调整，与行政提供的公共服务互动互进

公共是与私有相对的，随着社会变迁而内涵扩大，理念深化，外延拓展。曾经的农耕社会，人际流动小，人们以散居为主，私有主体之间的交集很少，公共的概念主要集中在公权行使的区域。皇帝奉天承运，管理子民，把其家族连同公权一并作为公共问题对待；百姓纳粮输捐，全部担负，不敢稍有怨言。而今时代，公私不分的主体，如世界上的专制小国，君主公私不分，当权之时，八面威风，享尽荣华富贵，一旦失去权柄，下场可能很惨。因此，明确界定公权范围，公权对应真正的公共服务，缩小公共权力的不当行使范围，也降低公权行使的风险。在城市化社会中，社会主体主要集中居住、交易、活动。各个私有主体从出生到死亡的所有活动，如衣食住行，完全离不开他人提供的服务，公共成为最大的空间和常态，与农耕社会的公共观念颠倒了：除却公权，私有主体几乎无法存活下去，公权调整公共利益，提供恰当的公共服务，公权行政提供不同的服务内容和方式，满足各类社会主体的需要，成为常态。公权行政对所有的社会主体的公共空间进行动态划分，及时进行

---

[1] 罗洪启：《清代成案的功能、效力及其运用方式》，《政法论丛》2018年第4期。

规范,可以先行制定规则,立法规定;可以在过程中加强约束,避免公权滥用;可以事后加强救济,减少公权乱服务。公权行使的线性链条全面规范,立体、全面、动态、完整、有效提供公共服务,满足现代社会之需,即政府治理能力现代化、智能化、网络化、全面化、动态化。避免一言堂,牵涉众人利益,不马上决策,"让子弹飞一会儿",更能看清公共利益的界限。对公共利益进行合理规治,是社会之福、人民之福。

(二)公共服务需求引领行政立法

下面考察几部主要的行政立法的第一条(一般确定该立法的基本宗旨),分析立法主要目的,简要阐述其内容,对照确定其立法目的是否达致。见表4-2。

表4-2 部分法律规范立法宗旨与公共服务关系探析

序号	法律规范名称	颁布机关	生效日期	第一条内容（立法目的）	主要内容	简要说明
1	城市市容和环境卫生管理条例	国务院	1992年8月1日实施,2017年3月1日修正	为了加强城市市容和环境卫生管理,创造清洁、优美的城市工作、生活环境,促进城市社会主义物质文明和精神文明建设,制定本条例	包括城市市容和环境卫生管理总则、城市市容管理、城市环境卫生管理、罚则四部分内容,注重城市环保的条例	城市人口聚居,交集重叠权利多,个体无法处置,城市管理者制定规则,保障重叠权利所处的环境卫生良好,促进人居环境健康、良好
2	重庆市行政立法基本规范（试行）	重庆市政府	2009年1月1日施行	为规范行政立法的技术和程序,提高行政立法的质量和效率,根据《中华人民共和国立法法》和国务院《规章制定程序条例》,结合本市实际,制定本规范	总则（立法技术和程序范围）；技术规范（法案结构、法案名称、总则内容范围、立法依据、范围、句式、立法目的、表述句式、事项、责任、救济、附则,但书等其他表述）；程序规范（程序内容、立法计划申报、征集、起草、起草材料要求、负责人签署、公开、论证、审议、发布、期限、报送备案,规范性文件内容稍微简略）；附则（概念、另有规定、施行日期）	对地方法规起草、地方政府规章、规范性文件制定进行语言、表述、句式等技术规范和制定过程的程序规范,"认真对待"吸收相关意见,约束较软但内部机关博弈有空间

续表4-2

序号	法律规范名称	颁布机关	生效日期	第一条内容（立法目的）	主要内容	简要说明
3	中华人民共和国治安管理处罚法	全国人民代表大会常务委员会	2013年1月1日起施行	为维护社会治安秩序，保障公共安全，保护公民、法人和其他组织的合法权益，规范和保障公安机关及其人民警察依法履行治安管理职责，制定本法	总则；处罚的种类和适用；违反治安管理的行为和处罚（扰乱公共秩序的行为和处罚，妨害公共安全的行为和处罚，侵犯人身权利、财产权利的行为和处罚，妨害社会管理的行为和处罚）；处罚程序（调查、决定、执行）；执法监督；附则	强调对公共秩序的维护和对私力救济的禁止（正当防卫、紧急避险范围窄），以行政为主的公权控制秩序。公共安全＝治安＝公法控制的秩序
4	中华人民共和国食品安全法	全国人民代表大会常务委员会	2009年6月1日起施行，2021年4月29日修正	为保证食品安全，保障公众身体健康和生命安全，制定本法	总则（原则、负责机关）；食品安全风险监测和评估；食品安全标准（内容、编号、公布、评审）；食品生产经营（要求、许可制度、监管、生产、包装、召回、商标）；食品检验；食品进出口（说明、记录保存）；食品安全事故处置（应急预案、报告、处理、责任）；监督管理（措施、制度、报告）；法律责任；附则	食品安全是典型的公众安全，对以市场交易为主的社会意义重大。新的科技不断出现，食品安全问题复杂化，实际状况与法律文本规定差距较大
5	中华人民共和国森林法	全国人民代表大会常务委员会	2009年8月27日起施行，2020年7月1日修正	为了保证食品安全，保障公众身体健康和生命安全，制定本法	总则（所有权、分类、林业建设方针、措施、责任主体）；森林经营管理（措施、防火、病虫害、毁林、自然保护区管理）；森林保护；植树造林；森林采伐（原则、采伐规定、行政许可、运输、进出口）；法律责任（行政、刑事）；附则	林业整体上为全体国民有利。行政公权介入很细致深入；政府代表公众保护、建设、有条件采伐、运输、进出口林木，代表民众维护公共利益
6	中华人民共和国环境保护法	全国人民代表大会常务委员会	2015年1月1日起施行	为保护和改善环境，防治污染和其他公害，保障公众健康，推进生态文明建设，促进经济社会可持续发展，制定本法	总则（范围、责任主体）；监督管理（标准、监测、监管主体）；保护和改善环境（生态保护补偿制度）；防治污染和其他公害（对象、治理主体、排污、排污费、环境影响评价）；法律责任（交费、处罚、赔偿）；附则	环境污染是有代表性的公共问题，政府代表公众维护公共利益，发展与污染治理平衡保障，不断提高环保标准，保障公众权益

85

从上述几部法律规范中可以看出，公共利益是根据社会发展需要进行保障的。法律规范的第一条一般是说明起草该文本的目的。从几部法律规范的第一条可以看出，公共需求还是被放在第一位的，主要体现如下：一是政府是公共利益的代表，政府获得法律规范的授权，行使职权，保障公共利益。二是根据城市化进程和社会公众对公共利益的需求，调整（主要是逐步升级）保障措施。如，生态环保，是典型的负外部性溢出效应的项目，经济发展到一定程度，生态需求提高，则需加强环境保护，提高标准，实施严格措施，使环境质量变好。三是公共安全以公共秩序的保障为重点，政府代表的公权有"过度"行使之嫌，如私有主体斗殴、打架，公权可以罚款，收取一笔费用，反正公共秩序主要是不允许发生打架类行为。四是法治进程加快，行政立法（法律、法规、规范性文件制定）等方面逐步规范，内容、技术、规则等方面都更加严格。五是公共有需求，政府有通过行政的方式提供、满足这种需求的义务。政府制定规则、实施规则、根据社会需要保障一定的进度都是根据外部环境的需求进行的。公共利益显然是公共需求，政府应不断提高提供的公共服务的质量、内容、规范性。

（三）公共服务目标导向行政立法

1. 新的空缺性行政法律关系的弥补，填补公共需要，达致公共管理的共同目标

随着新的社会现象的出现，新的事物涌现，新的公共目标形成，不断对新的社会关系形成新的调整规则，逐步上升为法律规范。列举能源方面的法律规范为例。20世纪八九十年代，电力大力普及，电力的生产、输送、使用、维护，设备设施的维修等现实需求迫切，开始只有简单电力维护的规范，对电力设施破坏的治安处罚、刑事惩罚；后来，电力设施建设移动的土地拆迁、土地产权，电力设施本身产权及管理维护逐步形成规则，电力企业改革，形成一定程度的分开区域经营，电力系列法律规范逐步出台，如属于法律的《中华人民共和国电力法》，属于法规的《电力供应与使用条例》《电网调度管理条例》《电力设施保护条例》，属于行政规章的《供电营业规则》《用电检查管理办法》《居民用户家用电器损坏处理办法》《严禁以电谋私的规定》，还有散见于如《中华人民共和国治安管理处罚法》《中华人民共和国刑法》等法律法规中的电力规范。逐步根据公共利益保护的需要，制定相应的法律规范，满足公

共目标需要。养老法律规范最初在婚姻相关法律中得到简单调整，后来，出现专门奉养老人的《中华人民共和国老年人权益保障法》。到 2010 年以后，我国人口老龄化加剧，65 岁及以上老年人口，2001 年占比 7.1%，2009 年占比 8.5%，2018 年占比 11.9%，达到 1.67 亿左右。加上少子化、人均寿命增加等因素，养老逐步成为社会问题，政府大力探索社会养老制度，仅 2014 年、2015 年就出台了多项促进社会养老的规章，以国务院为主，与养老有关的部委部门相继出台政策、规定，指导、引导社会资金参与养老，对事业单位养老制度进行改革，国家发展和改革委员会、民政部、商务部、人力资源和社会保障部及人民银行相继推出推进政策，基本思路是鼓励社会资金建设养老机构，政府减免税费支持，后来还直接发放津补贴。政府及时补位制定规范，支持发展养老制度，适时探索，以成功经验制定法律规范。《关于减免养老和医疗机构行政事业性收费有关问题的通知》（2014，财政部、国家发展改革委），《关于推动养老服务产业发展的指导意见》（2014，商务部），《关于开展养老服务和社区服务信息惠民工程试点工作的通知》（2014，民政部、国家发展改革委、工业和信息化部），《城乡居民基本养老保险服务规范》（2015，人力资源社会保障部），《关于推进医疗卫生与养老服务相结合的指导意见》（2015，国务院办公厅），《关于开发性金融支持社会化养老服务体系建设的实施意见》（2015，民政部、国家开发银行），《关于进一步做好养老服务业发展的通知》（2015，国家发展改革委办公厅、民政部办公厅、全国老龄办综合部），《关于鼓励民间资本参与养老服务业发展的实施意见》（2015，民政部、发展改革委、教育部等），《关于规范养老机构服务收费管理促进养老服务业健康发展的指导意见》（2015，国家发展改革委、民政部），《关于机关事业单位工作人员养老保险制度改革的决定》（2015，国务院）等行政法律、法规、规章、规范性文件的制定、颁布体现为公共利益服务，为实现公共目标努力的基本导向。城市化进程加快后，城市公共区域的管理更是通过城管制度进行完善的。曾经的城管执法暴力、暴力执法、社会围观的现象，都是城市化进程中探索城市公共利益如何保障、如何立法执法阶段所遭遇的问题。从自由散漫到行政处罚权相对集中，到城管成为政府固定组成部门形成执法常态等，深刻体现了行政立法以公共服务为导向的基本原则。能源范围扩大，能源保障非常必要，要形成相对成形集中的能源法律规范，针对如电力、煤炭、石油、天然气、能源节约、核能、市场监管、电力安全监管等领域。综合性能源法律就有《中华人民共和国环境影响评价法》《中华人民共和国特种设备安全法》《中华人民共和国可再生能源法》《中华人民共和国矿产资源法》《中华人民共和国环境保护法》《中华人民共和国安全生产法》，各个单一类型的法律中还有相关细化法规、补充性规章、试验性行政规定等。能源法律规范对能源开发、使用、环保安全等问题进行规范，调整能源开发与其他利益（如环保）之间的关系，注重公共目的。新的事务、新的公共目标需要新的法律规范调整，完整体现行政立法的公共目标导向。

2. 基本行政法律规范的补充完善、调整适应，达致公共服务目标的需要

改革开放之初，沿海城市大力兴办企业，直接招收农民工，不通过政府原来的农民进行工人身份转换，厂方与农民工之间自愿谈判，根据行规给付劳动报酬，对劳动合同签订、履行、变更、续签、终止等，最低工资待遇、劳动用工中的特殊规定如集体合同、劳务派遣、非全日制用工、劳动关系的确定、劳动安全保障等做自觉自愿个体谈判，其实就是由市场做主，市场确定。随着经济发展、社会进步，第二、第三产业占比增加，农民工或者非体制内用工占比大，争议多，农民工弱势，社会纠纷多[①]。到 2007 年，国家更加重视用工制度的规范，保障弱势民工一方（后来可能民工不再弱势了，但不排除改革开放之初的弱势状态）。规范用工，解决工人养老医疗等基本保障，是解决政府统管后顾之忧，养老医疗等社会化发展的必经步骤。政府从合同、工人待遇、工资发放、用工形态法定，调整劳资关系，制定法律，2008 年实施《中华人民共和国劳动合同法》，2012 年又进行了修订，保障了用工规范、配套养老医疗保障制度进步的需要。经济方面的法规，如《中华人民共和国证券投资基金法》等相关法律规范不断出台，然后根据需要不断修订、调整，完善金融市场，跟进国际改革。为中国金融市场适应国际大环境，支持企业融资需要，规范金融交易，保障国家金融安全，防范金融风险等，公共目标一直是国家金融立法的指引。不动产登记条例更是典型代表，国家制定《中华人民共和国物权法》（2021 年 1 月 1 日，《中华人民共和国民法典》生效后，《中华人民共和国物权法》失效）实行不动产的登记公示制度，不动产的范围确定、如何公示、如何交割、抵押、公示机构、效力等，是不动产交易的基础。不动产公示办法一直是地方政府各自制

---

① 张五常不认可这种说法，他一直坚持市场定价，政府不能人为地拔高用工人待遇，提供资方用工成本。

定,为促进全国不动产交易市场形成和满足税收制度、不动产调控的需要,形成全国的市场,统一登记数据,全国联网,确有必要。公共利益就是"老牛头顶上的稻草",是老牛拉磨、卖力的动力和基本方向。

3. 新的行政法律关系的厘定要与时俱进

针对如人工智能、基因及其生物工程、互联网区块链数字货币等领域的法律规范主要服务于公共利益。互联网经济发达,实体店减少,微商占比逐渐增加,将对微商的管控提上议事日程,如微商是否需要在政府部门领取营业执照,是否把微商(网店,有的微商交易额也很大了)与实体店进行同等管理。曾经的网店是假冒伪劣产品的集中地,集中大量的侵权产品。这一问题得逐步纠正,公共利益是要保证网店能够顺利发展下去,不是堵死其发展之路。在制定《中华人民共和国电子商务法》时,有政府部门工作人员强烈要求把网店等同实体店来进行管控,如登记注册、纳税、接受市场监管部门的执法监督①。后来,《中华人民共和国电子商务法》出台,社会一片哗然,出台至今已半年多,未普遍实施,这表明背离社会公共利益、公共目标的立法,不得人心的立法,是没有办法实施的。"一个良好的社会,应当是各类主体负担适度的社会。"②立法中对有的主体不当给予负担,权利义务严重失衡,社会可能畸形发展,最终的恶果要社会主体共同承担。比较严重的如军阀混战时期,地方掌权者(军阀等)权力无限,甚至可以肆意杀人,但最后,社会可能无法存续;明末清初的四川,各路人马混战,最终导致人口凋敝,文明中断。稳定的社会中,行政法律规范不断修订,衡量各类社会主体的权利义务(责任),是提供公共服务的应有之义。如《中华人民共和国道路交通安全法》适用中,公安管理部门曾经出台政策,对闯黄灯给予处罚。该规定出台之初,就有小轿车为避免闯黄灯而紧急踩刹车导致追尾事故频发,最后该项规定很快被废止。不当的不合适的规范,特别是行政法律规范中的禁止性、强行性规范,一定要谨慎行使,避免制定规则的自行陷入过犹不及、进退失据、左右为难的窘境。

---

① 在讨论草案的具体条文时,草案规定如果有微商不在线下登记注册,罚款5—50万。对此规定,有专家提出意见,如果按照这种标准,微商可能一年利润只有数万、数十万,一次不登记罚款就高达50万,虽不排除有的网店年利润高达几十万甚至上百万,但大多数网店在此条法律规范下可能都无法继续经营。这种规定不对网店和政府执法部门进行利益平衡考量,可能堵死微商的发展之路,也有失公平。

② 张守文:《减负与转型的经济法推进》,《中国法学》2017年第6期。

二、行政立法支持公共服务论落地实践

"公共服务"作为一项政府职能，其含义是由法律授权的政府和非政府公共组织以及有关工商企业在纯粹公共物品、混合性公共物品以及特殊私人物品的生产和供给中所承担的职责[①]。

（一）公共服务概念界定证明其行政内涵的主要特性

公共服务论一方面是直接界定，另外需要对相关概念进行说明，反证本书界定概念的必要性、可行性、科学性。公共服务概念界定在社会交往中的基本关系，或者是市场经济，即单个个体人（自然人和法人）为主体的社会中，基本的社会交往关系为服务和产品的交易。社会主体服务提供的方式，以自愿原则为基础，划分为两大部分——自愿的、强制的。服务可以划分为公共服务和私人服务两个部分。强制性的、社会结构性的、必然存在的基本交往交易方式之一为公共服务，是非自愿的，公共部门直接提供的相关产品和服务；区分于以社会主体自愿为基础的交易，私有服务。法律规范系统对应形成以自愿交易为主的私法体系，以强制为主的公法体系。

公法体系，以宪法、行政法、诉讼法为主，各个主体提供的服务以法定为主，自愿为辅。

私法体系，以民法、商法、经济法等为主，各个主体提供的服务以自愿为前提，法定为辅。

还有部分其他法律关系，以经济法、社会法等为代表，各个主体提供的服务是混合类型的，以自愿选用或者法定共用等方式存在。

中间阶段、中间特性的法律规范大量涌现，更表明行政法的公共服务思想的重要和紧迫。中间性质的行政活动、行政行为的出现是社会发展的新阶段、新现象，表明对行政行为性质进行界定和规范更为必要，预防其滥用，满足权利保障的基本需要。对有公共服务性质的行政活动进行仔细、认真地考量，鉴别是否属于公共服务，是否具有公共服务的特性，是否具备公共服务的性质，是否应该适用公共服务理论，是否应该享有公共服务的相应的便利规范。对新兴的、复杂社会中的相应规范进行规治、规范，保障公共行为、公共活动的公共性质，是保障社会主体权利的基本要求，避免打着公共服务旗号的私有行为损害社会主体的

[①] 马庆钰：《公共服务的几个基本理论问题》，《中共中央党校学报》2005年第1期。

基本权利。对私有行为的公共性质的行为规范，需要其具备公共利益导向、公共价值目标、公共社会需要。市场主体行为应该采取以自愿谈判为主的原则，但为提高效率，采取类同于公共服务的共有规则方式，实则是私有行为公法规则，其后续活动需要有公共服务规范规治，如其取得的价值、利益需要对各个利益进行弥补（公益、慈善活动等直接为社会提供服务），或者行为直接接受公共服务价值检验（如格式合同、格式条款等方面的制约）。

（二）公私二分法视野下的行政法公共服务内涵

公共服务论是行政法的基础理论。公共服务是行政主体对外提供的一种非竞争性或者弱竞争性的公共产品，具有权力性、法定性、垄断性、公共利益指向性、公共目的性，与行政活动的互证性。行政权力及其行使的历史特征、历史渊源、现实控制的难度等方面的原因，导致行政权力行使中的理论、内容、目标之间的错位、混乱和复杂化，行政权力行使效果多重，行政行为的实际效果可能偏离公共服务目标。历史上的公权力行使，以公权力行使为基本指向的权力控制可能出现无数的相反的功能和效果。行政法基础理论的探索和具体行政活动的验证中，主要关心的是人的生存、发展、进步的社会形态；对人的生存空间中，具体制度安排的实际考证，关心具体公民等社会主体的真实的、具体的、更有价值的样态。人权的应然和实然状态的思考和探索，人权行使的可能最佳和避免最坏结果的设计和思索，所有社会科学，包括法学（行政法学）的理论、制度、实践，都以人本身为归宿，以使人拥有更好的生存状态为目的，对可能的人的权利的损害的情形或者历史上的经典案例进行剖析、反省。公权行使、公法规范以保障人的权利为目的，但以限制人的自然状态的权利为开端和基本形态，人的权利的全面保障和有限有节制地限制是相辅相成的。人权的保障和限制相辅相成，有限的限制是真实的保障，无限的放宽是没有保障。原初状态，制度之幕，到桃花源、乌托邦、理想国等，都对人的最佳生活状态进行了设想。而实际上，根据达尔文的进化论，人是由原始灵长类动物进化而来的，人权的状态也是历史形成的，非完全从无知黑幕中设计出来的；同时，人能够突破原始的生存样态，在制度上进行改进、提升，对制度进行设计，对基本理念进行思考，对权利实然状态进行救济、救治、改进。人是理想与生物进化的综合体。

行政法是重要的公法，其法律规范主要是公法类型，其基本特征以法定为主。行政法的法律规范的法定性来源于宪法安排。行政主体活动存在的正当性来源于公共利益，行政主体的行政目标是公共服务；行政法律规范具体内容，法定规范，虽为法定，但内容要接受公共服务目标的检验、检测；符合公共服务论的理念、价值，公共目的贯穿于行政行为的各个阶段；非公共服务性的行政活动受到限制、排除，非指向公共服务的行政活动要接受严格的检验和抵制，公共服务和行政行为二者互为目的。

行政行为（活动）存在的正当性体现为提供公共服务，这是私有服务无法代替、不可代替的，否则可能导致社会失序、动荡，社会主体权利遭受重大损失。应该由公共机构提供公共服务，如果任由社会主体自愿讨价还价，将引致效率低下，最终导致社会不堪忍受。如出租车定价，如果单个个体出行者与出租车司机自行约定价格，成本高（出行者一般对出发地与所去之处的距离判断不准确，相对弱势）；二者自由讲价，纠纷多；由地方政府统一确定每一公里单价，在价格没有及时浮动变化时，出租车司机群体不满意，反对声音大；出租车价格调整频繁，调整价格按照规定需要进行听证。听证制度曾经被误解被伤害，公众认为听证就是涨价、走过场，组织听证的成本还比较高。出租车是专营，出租车运营执照价格曾一度高达几十万，背离了行政审批管控的目的。在滴滴等共享汽车出现后，出租车生意受到冲击，有一段时间出租车司机群体经常与滴滴车司机群体发生冲突，还造成少有的出租车司机群访事件。如果把出租车运营认定为有代表性的公共服务，进行公权管控就是必要的。即使在公权介入管控中出现一些纠纷、矛盾，就整体而言，公权管控比个体直接议价效率要高，社会效果要好；问题关键主要在于如何对管控的公权力进行"管控"，达到所管控的公共服务质量优、效率高，管控权力本身不失控、不寻租的双重目标。

行政行为（活动）的主要内容是提供公共服务。如行政立法、行政执法、行政救济等各个行政行为都是以提供公共服务为目的。为行政主体提供公共服务，形成一系列制度，目标都是保障行政主体主要提供公共服务，不偏离、不背离公共服务目标。原因的原因的原因，不是原因。（笛卡尔语）具体、现实的行政行为是不是公共服务，还值得具体、实际地分析和判断，对偏离公共服务目标的行政行为要重新规范。具体行政行为的规治要采取立法、司法方式进行，确保行政行为的目标——公共服务的实现。"在制度上加强权力机关在行政立法事前与立法过程中的监督作用，发挥司法机关司法审查的事后监督作用，以确保行政立法的正当性。"① 理念上要树立公权公共服务的基本思想，具体原则表现出包括行政权在内的公共权力的公共服务特性，制度设计上要能够保障公权力的公共服务性质。

公共服务论反证行政行为正当性。公共服务论是行政行为的主要的、经典的基础理论，也是检验、矫正、规范行政行为的基本思想、主要原则。用公共服务论对行政行为进行直接、具体、全面的检测，指引行政行为的公共性，是行政主体行使行政权力达成行政目的的基本需要，是行政主体采取行政活动的重要理论基础和正当理由，保障符合公共服务目标的行政行为。例如，就程序制度而言，行政程序本身就保障行政活动的正当性，但有一定的边界。对行政活动的价值追求应该是行政权力行使中不可丝毫疏忽的考察环节，即使是以限权为主的程序制度，也可能在不当行使中失去基本目的。"各政府部门、各行政机构及其他法定机构之间甚至在各自内部，都有不同的方式。这使得好的征求意见的方式与不好的征求意见的方式交织混杂，更重要的是，这使得整个征求意见的方式被扭曲。"② 对程序的盲目追求可能导致本身偏离行政活动的公共目标。过度的、不当的程序追求甚至会严重影响社会主体对程序制度价值本身的质疑。一定程度的程序追求、与经济实力匹配的程序追求、符合公共目标的程序追求，才是正当的程序制度。

公共服务论对行政行为进行规治。无救济则无权利，无检验、检测、监督则无法保障行政行为真实达成公共服务目标。要根据公共服务目标、价值取向，通过救济，具体考察各项行政行为，祛除不当的行政行为，对背离公共服务目标的行政行为进行矫正和规范。

（三）互相支持成为行政行为与公共服务论的共同命题

互证不是循环论证，互为前提与结论，是逻辑的伪命题和死结，可能导致本书中呈现的研究的基本无效。本命题的基本内涵是行政行为与行政法学基础理论在公共服务论方面的共同实现。行政行为以公共服务论为基础理论有基本的宪法价值和宪法取向，行政行为为实现公共服务目标而具体构建制度，行政行为在实践中实现公共服务目标，行政行为

---

① 陶广峰：《效率与正当：我国行政立法制度的核心——美国行政立法制度的借鉴意义》，《比较法研究》2013 年第 6 期。

② 〔英〕卡罗尔·哈洛，理查德·罗林斯：《法律与行政》，杨伟东等译，商务印书馆，2004 年版，第 394 页。

实践也验证了行政法采用公共服务论作为基础理论是正当的和符合法理思维的。

宪法思路、宪法推理决定了行政行为的公共服务思想。公共服务论具有宪法渊源。"从何处来，到哪儿去，要干什么"是任何基础理论的基本哲学问题。行政法中的基础理论从何处来，行政法基础理论内容是什么，具体干什么，是行政法基础理论要思考的问题。行政法基础理论来自宪法，行政法的基础理论是公共服务论，公共服务论是行政活动（以行政行为为主要内容，下同）的基本行为原则、规范指引、救济原理。

正义观主要指对社会资源分配的基本认知，主要包括由谁分配、分配什么和如何分配的问题。传统中国社会是群体正义观，现代社会是社会正义观。社会正义观主要体现在：分配主体是市场和国家制度，分配原则是应得原则，重视机会公平，基本权利和物质资源分配并重，依靠正式法律制度进行分配。"现代国家建设有效整合了基层社会的治理结构，统一的法律制度逐渐建立起来，提供公共服务成为国家的重要职能。"① 国家建构正式合法有效、正义的法律制度分配资源、保障权利，达致机会平等和分配过程分配结果并重，保障社会主体的基本权利，即通过立法、执法、司法等正式推进制度。就行政角度而言，行政法律规范提供公共服务，保障现代分配正义的实现，主要包括行政立法行为、行政执法行为、行政救济行为等方面，这一系列活动就是国家提供的公共服务内容。

行政法的基础理论来源于宪法。追根溯源，行政法的基础理论是宪法原则的直接推导和落实。人们对行政法基础理论的追问孜孜不倦。千百年来，仁人志士、达官贵人、草根百姓，无不面对公共权力，无不对各个权力的正当性、合法性进行拷问，寻找获得社会主体最大限度认同和遵奉的基本原理。很多结论殊途同归，但也有较大偏差。走向大同，进入共产主义，能者多劳，按劳分配，各取所需，是目前人类的共同理想；立宪法，尊宪法，弘扬宪法精神，在宪法指引下保障权利，大力进步，是人类的基本共识。

政府（通过行政行为）提供公共服务的权源，是政府权力运行、实施并获得社会主体认可、遵奉的基本理由，是合法性、正当性的基本根源。社会主体为何需要认同政府提供的公共服务，而不是其他社会主体提供相应的服务。政府提供的一定是必要的公共服务，对社会主体而言，

---

① 麻宝斌，杜平：《中国人的正义观念及其现代转型》，《新视野》2016年第6期。

是必要而合适的。权力来源可以考证的基本思路是：宪法制度是现代国家的基本的制度，根据宪法规定形成现代政府，开展各项工作，符合现代人的基本认知，满足人们对政府等各个权力组织认同的基本条件。宪法下的政府组织符合现代发展需要，能够满足人们对政治制度的基本需求。

古代政府，在一定程度上具有现代宪法政府架构下的宪法精神。符合宪法精神的政府，能够获得人民发自内心的真诚认同与服从，不符合宪法精神的政府及其行使的权力，主要是出于暴力，最终都失败了，没得到人们的忠诚认同。家及家族发展壮大，逐步形成部落，部落聚居形成部落联盟，逐渐扩大范围形成地域性的统治集体，由此出现国家。国家带有家及家族的基本特征，最初的国家可能主要是家族的延伸和扩大，在公共利益方面主要是简单的事务处理。古代中国是典型的家族扩大化的国家政体，其基本特点是等级制、分封制，家族观念渗透于国家各个方面。从封爵来看，典型代表有王、公、侯、伯、子、男各个爵位。在"百代皆行秦政制"的古代中国，封建皇帝把最高一级爵位垄断了，分封给有血缘关系的家人或者族人。刘邦称帝后，逐渐消灭异姓王，保留同姓王，且与大臣谋誓："非刘姓而王者，天下共击之。"西汉以后，最高一级的"王爵"只封予皇族，或者主要分封给皇帝的各位同姓兄弟。直至清代，更甚一层，朝廷供职的异族人士主要是"奴才"，即使是军机处这样的重要机构的官员也冠名为"行走"，从思想上都是把这些掌握权力的官员作为奴才对待。清朝的封爵贝勒、贝子由皇家专享，体现出国是家的扩大，家扩大后成为国的传统封建思想。

现代政府提供的主要是公共服务，公共服务提供者主要是政府，其他组织或者社会主体提供的服务，即使是社会必要的，也要在政府的监督、引导下实施。例如，其他社会组织提供的认证、环境保护等分门的服务。现代政府不垄断公共权力及其实施，在一定程度上，允许和开放提供服务的渠道和范围，鼓励部分社会组织参与或提供一定内容、类型的公共服务，这主要是效率的考量。允许竞争，在市场经济基础上形成的社会组织主动提供一定的公共服务，可以减轻政府独家提供服务的压力。竞争后提供的服务是最有效率的，只是这种竞争需要限制、控制、监督，市场竞争在充分发展的社会产品和服务领域开展，可以丰富产品种类，提高服务质量与效率。社会主体自由竞争的弊端是逐利性，逐利性是竞争的动力，也是竞争可能引致的恶果。在私有产品提供领域，加强竞争，可以提高产品质量；公有产品领域，竞争可能导致垄断，反倒降低服务质量。在竞争基础上形成部分公共产品私有主体提供,这种方式可达到效率和公正兼得的目的。

行政立法与公共服务论,二者在实现内容、实施效果、规则调整等多方面契合和相互支持。对典型的行政法规、行政规章进行公共服务目标审查和支持,是由行政权力行使的内涵(为人民服务、公共利益优先)等决定的。同时应该考虑到"实际起作用的是市、县级地方政府制定的规范性文件"①。市县级政府制定规范性文件的活动是立法活动,立法是抽象行政行为,是应该严格利用行政法基础理论和原则进行评查、监督的部分。在规范性文件的审查活动中应该重点关注其公共目标性。在规范性文件的备案、司法审查具体行政行为时,各主体加强对抽象行政行为的公共考察、检测、评价其公共利益导向,以保障行政权力行使的公共性。

附:

立法后评估及其公共服务性探析

立法质量及实施效果评价是立法后评估来完成的。法律规范实施形成的法律制度是否实现公共服务目标、保障公共利益、体现公共服务理论,后评估里面应该有反映。在没有对立法专门的公共服务论体现情况的考察评价之时,对立法后评估进行分析,采取替代性评估文本,一定程度上反映了立法与公共服务论之间的关系。

一、案例简介

(一)《江西省医疗纠纷预防与处理条例》(以下简称《医疗条例》)立法后评估报告②

本条例于2014年3月27日通过,5月1日生效。2018年年中,接受国家卫生计生委法制司委托开展立法后评估。主要采取资料比较分析、规范分析、价值分析方法,多次召集专家座谈会,对《医疗条例》的合法性、合理性、规范性、可行性及完整性进行评价。对这个全国首部省级医疗纠纷处理地方性法规,总体评价:制度设计较为合理,内容较为全面,结构较为完整,逻辑清晰,表述规范,地方特色鲜明,具有针对性、可操作性和实效性。该条例设置的主

---

① 屈茂辉:《我国上位法与下位法内容相关性实证分析》,《中国法学》2014年第2期。
② 易有禄:《〈江西省医疗纠纷预防与处理条例〉立法后评估报告》,载付子堂主编《中国地方立法报告》(2019),社会科学文献出版社,2020年版,第124—160页。

要制度：地方政府及其主管部门和相关单位职责，医疗纠纷预防、处理、应急处置，医疗责任保险，法律责任较为有效。实施后的主要成效：实施情况较为良好，一项总体平稳（医疗安全形势总体平稳）、三个明显减少（纠纷总量、扰医秩序事件、信访总量明显减少）、五个明显提高（治安保卫能力、"医闹"处置能力、纠纷调解水平、医疗质量、从业人员信心显著提高）。问题仍有，如医疗纠纷及预防部门"各管一块"，对医疗风险客观认识缺乏，调解资源配置不足，风险分担机制、医疗损害鉴定机制有一定问题等。整体而言，定性评估较为全面、完整、详细；无定量研究是为不足。

（二）《重庆市轨道交通条例》立法后评估报告

本条例于 2011 年颁布，2018 年评估。考察国内现行地方立法后评估标准，有三标准说、四标准说、五标准说及八标准说。考察省域有云南省、上海市、重庆市、四川省、浙江省。本条例设置立法后评估标准并进行评价：合法性（有）、合理性（有）、可操作性（有）、地方特色（有，但部分存在规定笼统、模糊问题）、实效性（有，但对建设施工占用补偿、安全监管、票价听证等无规定）、技术性（无明显技术缺陷，部分法律用语不准确）。并对轨道交通建设、运营管理进行专门评价，比较了国内轨道交通制度。提出修订本条例的评估建议，列举了重点修订条文，并对该条例 61 条，逐条拟定了修订草案，写出简要修改说明及依据。[①]

（三）《四川省高速公路条例》立法后评估报告

本条例于 2015 年通过、生效，2020 年评估。本报告采取执法机构评估为主，广泛吸纳行政相对人和社会公众参与，原条例起草单位和现评估单位一致，了解立法原意和法规实施基本情况。整体评价：该条例理顺管理体制，创新监管方式，规范高速公路建设、养护、经营、服务、使用、管理活动，提高管理水平，服务四川经济发展，贡献交通立法的四川智慧；在整理实现立法预期基础上存在部分规定落实不到位、权责不匹配，部分条文模糊、与新的行政体制不契合等问题。确立了六项评估指标并逐一进行了评价：合法性（有）、合理性（有修改必要性）、可操作性（少量条文待明确）、实效性（达到预期效果存在少量问题）、适应性（部分适应部分不适

[①] 郭江兰，闫静，朱建海：《〈重庆市轨道交通条例〉立法后评估报告》，载付子堂主编《中国地方立法报告》(2019)，社会科学文献出版社，2020 年版，第 271—326 页。

应)、技术性(用语简洁规范清晰通俗,但部分条文表述外延不清晰)。最后,提出修订建议,如结合事业单位分类改革、综合执法改革、高速公路投融资体制改革、高速公路运行管理实际(增加纠纷调解、偷逃税费行为法律责任等内容)修改或增设部分条文,增强条例有效性、实效性,提高立法技术水平,提高公共服务质量。[①]

二、立法后评估体现的公共服务性简析

(一)《医疗条例》出台和运行主要是服务于公共需要

近年医患纠纷数量较多,且呈持续上升趋势,医患矛盾较大,这是新型社会矛盾。医疗是有较重公共利益的行业,是较为特殊的行业。医患之间矛盾积累较多,互不信任,但又离不开。《医疗条例》从医患矛盾化解角度设置制度,例如,加强医院保安力量;打击医闹,对故意以闹访行使获取不当利益的行为进行惩罚;提高医疗质量,减少医疗机构不当行为,减弱患者"敌意";宣传科学治疗,正视医疗问题的客观性;科学认识医疗事故;正规化化解医疗矛盾;重塑医患信任,重建和谐医疗关系,提高社会问题治理水平。该后评估客观、全面地审视了《医疗条例》出台后发挥的作用,对设置的制度功能进行专门研讨,对后续或者国家(其他省市)制定医疗纠纷化解法规有良好的建议作用,服务社会,满足公共需求,较好地体现了公共服务价值。

(二)《重庆市轨道交通条例》后评估一案也较好地体现了立法服务社会、保障法治、促进公共目标实现的功能

条例出台后,重庆市轨道交通建设、运用、维护、纠纷化解等照此执行,规范了轨道交通的相关活动。各方主体依照条例开展工作,避免推诿或者随意性,推动了轨道交通的建设和发展。后评估对条例的基本属性如合法性、合理性、实效性、可操作性进行逐一全面评审,并根据社会发展实践的需要对原条例逐条进行修改,提出修改理由,建议立法条文,供立法者参阅、使用。后评估对轨道交通本身服务的公共需求、立法是否达到公共权益保护目的、是否更进一步保障公共需求的立法新需求(建议修订)等方面的研究,继续服务公共目的,价值明显。

(三)《四川省高速公路条例》立法后评估亦是从满足、提升立

---

① 本报告是四川省交通运输厅、四川道融名舟(成都)律师事务所联合撰写,笔者参与本课题专家论证,获得此案例。

法保障公共利益的需要出发的

本条例制定后适用时间不长,主要是外部环境有较大变化,如事业单位执法或者参与公共交通建设、综合执法制度改革对交通运输部门执法的影响等。后评估本身是一种反思、一种积极检视前行政行为的活动。对条例制定之初考虑到但没有解决的问题进行再思考,告诉现在的立法者,立法时需要更全面、具体地思考问题,真实解决问题,少留遗憾和瑕疵。立法是满足公共需求,如果留白太多,立法规范能够发挥作用的空间会更有限,促使立法时更高要求地满足公共服务目的。

三、立法后评估是在公共服务论指引下继续开展活动

(一)法治是法律规范的统治,评估是考察法律规范对包含公共服务论在内的法律理论的践行程度

立法、执法、司法、守法、监督是法治运行的链条。部分社会主体逾越法制规范,受到法律规范的约束甚至制裁。不良的法律规范对社会是有危害的。西方早就有"恶法非法"的法谚,中国古代也有"离地三尺有神明"的说法,都表明人定法是要接受更高级规范的约束、检验的,避免立法不良。对法律规范进行评估,就是对已经运行的法律规范的运行效果和体现的、保护的价值的适当性进行评价,主要依据有基本法理、法治理论,包含公共服务论。

从公权力基本性质、运行逻辑、运行效果来看,权力主体、运行目标、程序、评估评价都要保持公权力姓"公"的初心。违背、偏离"公"心,就应该纠偏。评估就是认识、检视、评价立法规范是否符合包含公共服务论在内的基本理论的活动,是对公共服务论运用的一次检验和实地调研、考察,也是再次促使公共服务论为社会发挥作用。

(二)立法后评估是法律规范修改、新制定、落实立法责任的重要基础性制度

法律规范是否有效,是否最佳调整社会关系,是否成本收益较高,是否恰当平衡各方权益,是否有效进行了社会治理等,都需要进行专门评价。修订和再制定相关法律规范时,要考虑评估标准、评估要求,不负责任地制定法律规范,要承担法律责任、政治责任,相关机构和责任人应该有责任压力,就是要对社会主体、公共利益负责。不负责的、放水的、随意的立法,没有履行立法职责,怠于

承担责任，就应该调整、更换主体。提供立法后评估，形成立法压力，是落实立法责任制的主要内容，后评估发现问题，督促立法主体负责任立法、及时修改法律规范、维护纳税人权利的公共目标，实现公共服务论在法治全链条中的落实。

第五章　行政执法与公共服务论互证

行政执法是行政权的主要使用类型，是行政权力对外发生作用的主要方式。这里运用狭义行政执法的概念，行政执法即行政主体根据法定职权、法定程序，依照法律规定运用法律规范并达致法律预期效果的活动。行政执法是分类别分主体实施的。中国的行政执法是按照部门行政实施的，不同的政府部门实施不同的法律规范，但可能都遵守相同的行政规则，即行政行为法。从行政行为的角度进行分类、规范、保障、救济，最后获得行政法治的效果。主要的对社会发生作用的行政行为有行政强制、行政处罚、行政审批、行政奖励、行政检查等。这些行政行为的目标是什么？行政行为实施过程和结果是否达到满意的预定的社会和法律效果？行政行为最后获得的社会效应是否是行政法治的理想目的？是否或者在哪些方面可以改进和进步？行政行为的主要目的是不是公共服务？是否还有其他的目的？其他的不当目的是否有方法进行排除？这些行政行为与公共服务论是否、应该抑或是已经达致一致，形成相互支持的局面。这些问题本章需要分别讨论。

第一节　行政许可实践公共服务性

行政许可是公权力依照法律法规的规定对社会事务进行管理的一种重要方式，也是一种对资源进行有效配置的手段，在世界各国得到了广泛运用[1]。通过制定社会行政许可法律法规，建立制度，调整机构设置，

---

[1] 在我国，行政许可和行政审批有较大程度的交集，甚至在混用。《中华人民共和国行政许可法》颁布实施后，行政许可和行政审批概念上在混用，有少量（50项左右）非许可行政审批事项，通过多年的努力，在法治制度上，把行政许可与行政审批同一化了，原有的行政审批事项改革完善，部分适用行政许可制度，部分适用其他制度。

优化办事流程，我国的行政许可制度得到一定程度的完善、系统化，为建构社会主义市场经济体制，促进法治国家、法治政府、法治社会建设等方面起到巨大作用，成效显著，前景可期。理论上，有学者认为，行政审批是行政许可的一部分，广义的行政许可包括行政机关的各项"批准""核准"等行为①。有的法律、法规中使用的批准、审批概念，其实质是《中华人民共和国行政许可法》（以下简称《行政许可法》）中的行政许可②。《行政许可法》所称的行政许可，指行政机关根据公民、法人或者其他组织的申请，经依法审查，准予其从事特定活动的行为。但在社会实践中，广义的行政审批包括审批、审核、核准、许可、特许、认可、登记、批准、证明、检验、备案等众多形式，行政许可被视为行政审批的一部分③。四川省的行政审批实践往往将行政审批与行政许可视为同一个概念，这在四川省的政务中心网站上可以体现。

一、行政许可是基础性公共服务制度

政府（代表国家）为何设定行政许可制度，设定的目的是什么，如何设定，设定之后如何运行，运行中是否保持初心（设定目的）；如何修订、变更、发展、完善行政许可制度；如何救济，促进行政许可制度运行结果更好地保障初设目标，是一系列制度，值得认真思考、统筹规划、全面推进、不断变革。行政许可设定、运行、理念服务于公共目的性。行政许可是特定的行政机关根据行政相对人的申请，经审查依法决定是否同意申请人的申请并授予申请人从事申请某种活动的资格或权利的一种典型的行政行为④。

---

① 马怀德：《行政许可》，中国政法大学出版社，1994年版，第8—9页。
② 有学者建议在制定法律法规时对许可与审批的概念进行区分使用："凡行政机关对外实施许可的行政行为一律使用许可一词，凡行政机关内部程序的许可行为可以称为批准或审批。"（熊文创：《现代行政法原理》，法律出版社，2000年版，第301—302页。）实践上，如四川省政务网站上的行政审批逐步被行政许可代替。在国家的正式立法文本中，一般使用"行政许可"一词，如《海域使用管理法》规定的海域使用许可、《危险化学品安全管理条例》规定的危险化学品生产许可；而在非法律法规文本中常常使用"审批"一词，如四川省发展改革委的光伏发电站项目审批、四川省文化厅的博物馆设立审批；国务院印发的《法治政府建设实施纲要》中亦数次使用"行政审批"概念。本文将行政审批与行政许可视为同一个概念，使用"行政许可"概念。
③ 苏州市行政审批制度改革领导小组办公室：《江苏省及有关城市公布的行政审批事项》。
④ 中华人民共和国国务院：《关于行政审批制度改革工作的实施意见》，2001年10月18日。

(一) 封建社会中，公权力许可一般认为是当然的

封建社会，基本的思想是社会是私有的，一切都是私有的。典型的观念即"普天之下莫非王土，率土之滨莫非王臣"。封建皇帝集合一部分力量，通过暴力，把目之所及权之所到之处据为己有，囊括天下一切。当然，一定程度的私有与公有也存在，为保障社会能够持续运行，暴力集团的占有本身是分层次的，对暴力集团之外的人财物也分层控制。基本的做法是，一切都是帝王及其集团的，在其许可之下，就可以开展各种活动。封建集团对重要生产资料、资源进行全面控制，集团之外的主体得到允许才可以使用，即是许可制度的源头，如"盐铁专营"。百姓生产生活重要的资料、食盐、铁器等既是生产物资，也是战略物资，国家对其进行全面管控，具有多种目的。对其他事项，国家可以根据需要进行管控。如，秦代，国家销毁民间铁器；元朝，政府要求十户人家使用一把菜刀。在这种"无厘头"管控下，社会失去了发展的活力，所有动能就从其他娱乐中迸发出来，在不妨碍统治者专权的基础上，发展了皇权需要的文学艺术等。管控的传统通过以许可为主的制度不断强化、实施、固化。

(二) 计划经济体制对民间资源全面管控，禁止是前提，许可是例外

民间的一切活动都可能造成对计划制度的冲击，一切不当的民间活动都是不被允许的。为保持计划的全面性、稳定性、持续性，许可制度全面覆盖社会生活的方方面面。在建设社会主体市场经济体制和法治国家的背景之下，许可制度受到挑战和变革。全面的管控，无法形成有效的资源配置，更别说高效率，民间的自发资源配置成为必然，创造性的活动，必然需要国家减少或者变革管控体制，形成新的许可制度。制定法律规范，对许可本身及其制度运行进行深入、系统的设计。在许可运行中，不断调整。或者，市场自发配置资源和政府配置资源并存。政府行政许可与非许可自发活动一道配置资源；但二者的平衡无法完全把握，到底是否需要设定许可及许可的条件是什么，一直在争论、发展中。过度的许可管控，政府本身不堪重负，制度僵化，权力寻租，腐败横行。为发展良好秩序设置的许可制度反倒成了自己正常活动的绊脚石。对行政许可制度不断改革，势在必行。自2001年开始，政府正式拉开了行政许可制度改革的序幕。社会事务不断发展，新行业、新领域、新业态不

断出现，新的社会组织、新的运行方式，让机遇与风险并存，如虚拟货币、基因工程、P2P项目等，风险高，可能引致市场失灵，政府进行管控，采取许可等制度；政府不断加强权力运行的改革，建构"三单制度"（权力清单、负面清单和责任清单），简政放权，释放改革红利；行政许可事项存废不断消长。2019年、2020年，世界银行对全球经济体营商环境的评估排名中，中国的排名分别是第46位、第31位，其中企业登记（审批制度之一）获得较高分值，表现不俗；行政许可制度对此加分多，贡献大。

（三）社会主义市场经济建设中，行政许可追求法定性

行政许可是管控类型的公共权力，是对社会主体行为进行审查并作出是否允许的公权行为。行政许可是在法律禁止或者不许可的情况下，特定当事人依据法定条件申请并取得某些权利或利益，是对法律禁止行为的一种解禁。行政许可具有解除法律禁止的法律效力，如果法律没有禁止性规定，对相对人从事的活动则无需许可；倘若法律有禁止性的规定，行政主体批准了相对人的申请，相对人才获得从事批准领域活动的资格和权利。行政许可具有权力管控特性。资源永远是稀缺的，需要有序配置，这种配置就是管控。政府进行全面干预的此种管理模式可以叫作政府管制[1]。政府管制在一定的国家形态和一个国家一定的历史阶段可能是一种必要的选择。行政许可具有社会底线控制和秩序维护性。由一国立法机关设计的行政审批事项或者由一国行政机关设立的行政审批事项[2]，目的是对社会秩序进行维护和对社会行为的底线进行控制[3]。行政许可是解除法律禁止。如果法律对相对人从事的活动没有禁止性的规定，行政许可则不会存在。禁止是前提，许可是跟进。行政许可事项都是若干主体相互作用的关系形式，行政许可的基础在于使这些关系形成

---

[1] 李郁芳：《关于政府审批制度的思考》，《管理世界》2001年第2期。

[2] 《中华人民共和国高等教育法》第29条规定："设立高等学校由国务院教育行政部门审批，其中设立实施专科教育的高等学校，经国务院授权，也可以由省、自治区、直辖市人民政府审批……"《旅行社条例》第7条规定："申请设立旅行社，经营国内旅游业务和入境旅游业务的，应当向所在地省、自治区、直辖市旅游行政管理部门或者其委托的设区的市级旅游行政管理部门提出申请，并提交符合本条例第六条规定的相关证明文件……"

[3] "每一社会秩序、每一社会——因为社会不过是一个社会秩序——的功能，就是促成人们的一定的互惠行为；使他们不作出根据某种理由被认为有害于社会的某些行为，并使他们作出根据某种理由被认为有利于社会的其他行为。"参见〔奥〕凯尔森：《法与国家的一般理论》，沈宗灵译，中国大百科全书出版社，1996年版，第15页。

一种理性的关系模式,而此种模式的建立就是对社会秩序的一种维护[1]。行政许可是行政主体实施行政权力的一个片段,是行政法律实施中的一个重要的和关键的环节,是行政主体国家管理、调控经济及社会生活的一种重要手段。

(四)法治国家建设中,行政许可具有公共目标性

为什么设置行政许可?只有符合公共目标时,行政许可的设定、运行、救济、调整等才是恰当的。行政许可有禁止前提。采取行政审批的基本前提是国家对某个行业或某种事项拥有禁止或限制权力[2]。许可的前提是对社会主体的全面规范和管理,管理的权力渊源来自法律法规。国家允许符合条件者从事某种活动,具备某种资格,开展某项工作,法定形式是获得批文、执照、许可证或资格证,而实体的结果是不再遭受权力禁止。没有获得前述法定证照的社会主体如果从事了某种活动,就会遭受惩罚、取缔、禁止等。有多少种行政许可,就有相应种类的对社会的禁止(限制)规则或禁止(限制)事项。禁止和限制前提许可的关键,继而是许可,惩罚未获得许可而擅自从事者。国家有滥用禁止或限制权力的可能。国家权力来自人民的让渡,人民及其代表机构的权力转授。接受权力者可能形成接受者"自己"的权力,可能不当行使包括许可在内的权力。禁止与解禁之间有博弈,人定禁止或解禁,公权力主体对社会事务负责,进行规范,有一般限制前提,但如果一般限制设定过多,形成不当限制,可能成为历史发展的羁绊,如"海禁"和"禁止投机倒把"行为。行政许可中对禁止规范允许质疑,质疑许可设定及运行是否正当。正当性指对某事的认识、理解符合特定的规范、规则,正当性不但要求社会规则得到社会主体的遵从,还需要得到社会主体的内心信奉,成为其自觉的行为规则,律己律人,自觉维护。行政许可的禁止或解禁行为可能走向扭曲,对社会经济发展造成障碍,阻碍经济的健康发展;如果"盲目"认同各种许可,社会发展就会停滞,社会主体创新活力被消解。行政许可事项和规范需要不断调整,如食品生产许可、机

---

[1] 王克稳:《行政审批制度的改革与立法》,《政治与法律》2002年第2期。
[2] 胡建淼:《行政法与行政诉讼法》,中国法制出版社,2010年版,第135页。"行政许可是行政许可主体针对行政相对人的申请,依法审查、判定并确认行政相对人是否已具备从事某种活动或实施某种特定行为的条件或资格,并对经审查、确认并准许的活动或行为进行全过程依法监督、管理的过程性行政行为;行政许可是以法律控制和限制行政相对人任意行使权利为前提的一种行政行为,是一种有限设禁和解禁的行政行为。"

动车驾驶许可，不断接受外在因素的影响。典型代表事例是公司注册制变认缴制，一定程度放松管控，增加当事人意思自治成分。

（五）行政许可是法定管控行为

行政许可是对社会的管控活动。行政许可是对社会主体行为的一种调控、规范和限制。如计划生育政策实行之初，中国人口基数大，资源紧张，生存环境恶化，发展压力大，控制人口成为必须。近些年来，整个社会的生育意愿降低，年轻人养老负担加重，一对夫妇可能面对四个老人乃至八个老人。于是国家就及时调整生育政策，放宽第二胎小孩生育限制。通过行政许可——计划生育准生证发放的行政行为对生育孩子进行调控。许可、检查、处罚、强制等行政行为成为一系列制度，来共同调控、规制、管控生育现象，落实国家的计划生育政策。行政许可行为与其他公权行为（行政行为、刑事行为等）共同实施管控社会的权力，如行政许可的设定、非行政审批行为的限制（或禁止）、行政主体常规的检查落实、行政许可事项设定行为等。没有对黑车的制止乃至打击，就没有出租车特许行政许可制度的正常运行；没有对无照驾驶机动车的严厉检查、处罚，就没有对机动车驾驶行使许可证制度的落实。

二、行政许可服务公共目的实践探析

（一）具体考察数个行政许可行为的公共服务目的性

行政许可实践实现公共服务的目的见表5-1。

表 5-1 行政许可实践实现公共服务目的探析

序号	行政许可事项或前提	权源（法律规范名称）	行政许可事项或前提的内容	该许可的公共服务性探析	与公共服务论的关系
1	行政许可的设定、实施期限、费用、监督等	中华人民共和国行政许可法（2019修正）	第一条　为了规范行政许可的设定和实施，保护公民、法人和其他组织的合法权益，维护公共利益和社会秩序，保障和监督行政机关有效实施行政管理，根据宪法，制定本法。 第四条　设定和实施行政许可，应当依照法定的权限、范围、条件和程序。第五条　设定和实施行政许可，应当遵循公开、公平、公正、非歧视的原则。 第十一条　设定行政许可，应当遵循经济和社会发展规律，有利于发挥公民、法人或者其他组织的积极性、主动性，维护公共利益和社会秩序，促进经济、社会和生态环境协调发展。 第十二条　下列事项可以设定行政许可：（一）直接涉及国家安全、公共安全、经济宏观调控、生态环境保护以及直接关系人身健康、生命财产安全等特定活动，需要按照法定条件予以批准的事项…… 第十八条　设定行政许可，应当规定行政许可的实施机关、条件、程序、期限。 第六十条　上级行政机关应当加强对下级行政机关实施行政许可的监督检查，及时纠正行政许可实施中的违法行为	人（社会主体）生而平等、生而自由，但无不在枷锁中。许可是枷锁，也是保障自由（公共利益）的必要存在；非许可不得自由。许可是自由的例外，许可设定、实施、修订、监督要遵守最小限制、法定化、必要性原则，最大限度保障社会主体的自由，即公共利益。公共目标是主要乃至唯一的目标	许可以公共利益为考虑的基本导向，本身是主要的公共服务；不得有非公共服务目的和活动；接受公共服务论的检验、检测、监督
2	排污许可	中华人民共和国环境保护法（2014修正）	第一条　为保护和改善环境，防治污染和其他公害，保障公众健康，推进生态文明建设，促进经济社会可持续发展，制定本法。 第四条　保护环境是国家的基本国策。 第四十五条　国家依法律规定实行排污许可管理制度。实行排污许可管理的企业事业单位和其他生产经营者应当按照排污许可证的要求排放污染物；未取得排污许可证的，不得排放污染物。 第五十九条　企业事业单位和其他生产经营者违法排放污染物，受到罚款处罚，被责令改正，拒不改正的，依法作出处罚决定的行政机关可以自责令改正之日的次日起，按照原处罚数额按日连续处罚	环境是人居住、生活、发展的前提和基础；生态文明是人类社会追求的主要目标之一；环境美好与排污采用法律（许可）进行调和，坚持排污许可的必要性、法定性、公共利益导向性。舍小我、为大我，公共利益目标、公共需求最大化	排污是对公共利益的破坏，是法定的必要的环境损害，考虑的主要价值观还是公共利益，即公共服务论导向

107

续表5-1

序号	行政许可事项或前提	权源（法律规范名称）	行政许可事项或前提的内容	该许可的公共服务性探析	与公共服务论的关系
3	土地使用许可	中华人民共和国土地管理法（2004修正）	第一条　为了加强土地管理，维护土地的社会主义公有制，保护、开发土地资源，合理利用土地，切实保护耕地，促进社会经济的可持续发展，根据宪法，制定本法。 第四条　国家实行土地用途管理制度。 第四十三条　任何单位和个人进行建设，需要使用土地的，必须依法申请使用国有土地；但是，兴办乡镇企业和村民建设住宅经依法批准使用本集体经济组织农民集体所有的土地的，或者乡（镇）村公共设施和公益事业建设经依法批准使用农民集体所有的土地的除外。 第四十四条　建设占用土地，涉及农用地转为建设用地的，应当办理农用地转用审批手续。分别由国务院批准；省、自治区、直辖市人民政府批准；市、县人民政府批准。 第四十六条　国家征用土地的，依照法定程序批准后，由县级以上地方人民政府予以公告并组织实施。 第六十六条　县级以上人民政府土地行政主管部门对违反土地管理法律、法规的行为进行监督检查	土地是国家、人民、个人生存、生活、发展的基础。为避免公地悲剧，对土地使用实行许可制度。保障耕地数量、落实土地使用最优化原则；许可法定，法律规定土地使用法定程序，规治土地使用，使其符合国家、社会整体利益，众人利益（公共利益）导向	土地许可设定、实施、运行、修订、监督都采用公共服务论基本内容，是公共服务论的实际运行、实践。公共服务论是土地许可的基本理论（之一）

续表5-1

序号	行政许可事项或前提	权源（法律规范名称）	行政许可事项或前提的内容	该许可的公共服务性探析	与公共服务论的关系
4	规划审批、建设用地规划许可、建设工程规划许可、建设规划许可	中华人民共和国城乡规划法（2019修正）	第三十三条 城市地下空间的开发和利用……履行规划审批手续。 第三十四条 城市、县、镇人民政府应当根据城市总体规划、镇总体规划、土地利用总体规划和年度计划以及国民经济和社会发展规划，制定近期建设规划，报总体规划审批机关备案。 第三十六条 按照国家规定需要有关部门批准或者核准的建设项目，以划拨方式提供国有土地使用权的，建设单位在报送有关部门批准或者核准前，应当向城乡规划主管部门申请核发选址意见书。前款规定以外的建设项目不需要申请选址意见书。 第三十七条 在城市、镇规划区内以划拨方式提供国有土地使用权的建设项目，……核发建设用地规划许可证。建设单位在取得建设用地规划许可证后，……由土地主管部门划拨土地。 第三十八条 ……以出让方式取得国有土地使用权的建设项目，在签订国有土地使用权出让合同后，建设单位……领取建设用地规划许可证。城市、县人民政府城乡规划主管部门不得在建设用地规划许可证中，擅自改变作为国有土地使用权出让合同组成部分的规划条件。 第四十条 在城市、镇规划区内进行建筑物、构筑物、道路、管线和其他工程建设的……申请办理建设工程规划许可证。申请办理建设工程规划许可证，应当提交使用土地的有关证明文件、建设工程设计方案等材料……核发建设工程规划许可证。 第四十一条 在乡、村庄规划区内进行乡镇企业、乡村公共设施和公益事业建设的……核发乡村建设规划许可证……核发乡村建设规划许可证。建设单位或者个人在取得乡村建设规划许可证后，方可办理用地审批手续。 第四十二条 城乡规划主管部门不得在城乡规划确定的建设用地范围以外作出规划许可	第一条 为了加强城乡规划管理，协调城乡空间布局，改善人居环境，促进城乡经济社会全面协调可持续发展，制定本法	各个主体自行设计、规划、建设建筑物构筑物，最终导致地面建筑五花八门、乱七八糟。对建筑修建之初进行规划控制，避免随意、重复、冲突等，形成相对一致的风格、风貌。进行统一规划，进行规划许可是公共目标实现的需要

续表5-1

序号	行政许可事项或前提	权源（法律规范名称）	行政许可事项或前提的内容	该许可的公共服务性探析	与公共服务论的关系
5	机动车驾驶许可	中华人民共和国道路交通管理法	第十九条　驾驶机动车，应当依法取得机动车驾驶证。 第二十五条　机动车驾驶员，必须经过车辆管理机关考试合格，领取驾驶证，方准驾驶车辆。 第六十四条　有下列行为之一的，处500元以上1000元以下罚款；情节严重的，处10日以上15日以下拘留，并处500元以上1000元以下罚款：（一）偷开他人机动车的；（二）未取得驾驶证驾驶或者偷开他人航空器、机动船舶的	第一条　为了维护道路交通秩序，预防和减少交通事故，保护人身安全，保护公民、法人和其他组织的财产安全及其合法权益，提高运行效率，制定本法	对机动车驾驶人、公共交通道路参与人都是必要的保护，是公共利益保障需要
		中华人民共和国治安管理处罚法		第一条　为维护社会治安秩序，保障公共安全，保护公民法人和其他组织的合法权权益，规范和保障公安机关及其人民警察依法履行治安管理职责，制定本法	
6	特种作业安全生产许可……	中华人民共和国安全生产法（2021修正）	第二十七条　生产经营单位的特种作业人员必须按照国家有关规定经专门的安全作业培训，取得相应资格，方可上岗作业。特种作业人员的范围由国务院安全生产监督管理部门会同国务院有关部门确定。 第六十条　负有安全生产监督管理职责的部门依照有关法律、法规的规定，对涉及安全生产的事项需审查批准（包括批准、核准、许可、注册、认证、颁发证照等，下同）或者验收的，必须严格依照有关法律、法规和国家标准或者行业标准规定的安全生产条件和程序进行审查；不符合有关法律、法规和国家标准或者行业标准规定的安全生产条件的，不得批准或者验收通过。对未依法取得批准或者验收合格的单位擅自从事有关活动的，负责行政审批的部门发现或者接到举报后应当立即予以取缔，并依法予以处理。对已经依法取得批准的单位，负责行政审批的部门发现其不再具备安全生产条件的，应当撤销原批准。 第六十二条　安全生产监督管理部门和其他负有安全生产监督管理职责的部门依法开展安全生产行政执法工作……	第一条　为了加强安全生产工作，防止和减少生产安全事故，保障人民群众生命和财产安全，促进经济社会持续健康发展，制定本法	安全是社会主体自有的，也是社会的。对安全生产进行全面的控制，避免某些社会主体冒险作业害人害己，也避免社会陷入太多的不安全境地，是公共保护的需要

续表5-1

序号	行政许可事项或前提	权源（法律规范名称）	行政许可事项或前提的内容	该许可的公共服务性探析	与公共服务论的关系
7	银行许可	中华人民共和国商业银行法（2015修正）	第十一条 设立商业银行，应当经国务院银行业监督管理机构审查批准。未经国务院银行业监督管理机构批准，任何单位和个人不得从事吸收公众存款等商业银行业务，任何单位不得在名称中使用"银行"字样。第十二条 设立商业银行，应当具备下列条件：（一）有符合本法和《中华人民共和国公司法》规定的章程；（二）有符合本法规定的注册资本最低限额；（三）有具备任职专业知识和业务工作经验的董事、高级管理人员；（四）有健全的组织机构和管理制度；（五）有符合要求的营业场所、安全防范措施和与业务有关的其他设施。设立商业银行，还应当符合其他审慎性条件	第一条 为了保护商业银行、存款人和其他客户的合法权益，规范商业银行的行为，提高信贷资产质量，加强监督管理，保障商业银行的稳健运行，维护金融秩序，促进社会主义市场经济的发展，制定本法	逐利和安全难以两全，让社会主体存钱有保障，金融安全有法规，避免过度逐利，而进行许可管控是非常有必要的

（二）数个行政许可行为的公共目的性简析

第一，《行政许可法》完全、细致、明晰地规定了行政许可的主要内容。行政许可以提升政府行政许可服务和社会治理水平为目标。对行政许可的设定原则、内容、程序、实施、法律责任等作了全面规定，是行政许可的基础。如行政许可法定，公平、公正、公开，维护公共利益目标，减少许可事项设置等原则，都是较为先进、符合促进社会进步、减少管控的现代化治理要求。

第二，行政许可事项设定理念先进，符合公共目的需要。许可是解决社会主体在市场中的扭曲问题。在政府与市场、企业、公民（法人、非法人组织）之间的互动中，合理界定政府职能，授予政府必要的许可权力，过时的、不必要的许可权力不得给予；政府机关有效地执行法律规定的权力规则，维护有效率的、公正的市场的能力[1]。政府服务目标加强。行政许可突破简单地管控困境，摆脱低层次管控徘徊局面，全面提升政府许可服务能力，创新政府管理模式。行政许可是政府职能转变的载体，从简单管制到服务，最终构建服务型政府是行政审批改革的内在趋势和长远目标。服务型政府是"在公民本位、社会本位理念指导下，在整个社会民主秩序的框架下，通过法定程序，按照公民意志组建起来

---

[1] 赵玉蓉：《行政许可立法与政府改革新趋势》，《行政与法》2004年第1期。

的以为公民服务为宗旨并承担服务责任的政府"①。

第三，土地使用许可、建设规划许可、机动车驾驶许可、排污许可、银行设立许可、特种行业安全生产许可等无一不显示许可设定、实施、运行的必要性。公地悲剧情形显示，在自由竞争市场中，各个主体都追求利益最大化，最大限度地发挥潜力、运用能力，获得利益；尽相竞争中，最有可能出现的局面是，公共利益被蚕食殆尽。没有一定的公共利益存量，社会主体自身利益则没有保障。故，运用公权力进行一定的控制成为必须。在安全、环保、土地领域，设置必要的许可制度，进行管控，保障公共利益，也是保障私有利益的必要的制度，行之有效，各国皆然。

第四，对行政许可权力本身保持必要的警惕亦是必须的。任何权力都可能为非，权力结果偏离权力初衷。私有主体自私，人人自私，市场中竞争性发展，可以促进社会全面进步；如果过度自私，可能是人类的灾难。私有权力主体组成的公有权力机构，可能形成的状态是，要么怠政，要么公权私用。封建帝王掌握公权后，打着为公或为私的旗号，干着全为私有目的的事情，社会整体承担私有利益泛滥后的严重后果，包括社会重组，付出巨大的代价。行政许可公权力行使中，也可能为私有，如行政机关及其人员寻租、空壳上市公司转让。故要对行政许可本身进行法律规制，设定、运行、实施、监督、修订（存废）等，都由法律进行控制。保障公权继续为公，公权行政许可是为公共利益、公共目标，非公共利益、非公共目标的行政许可活动如果对社会造成了危害，就要及时控制、祛除。

三、行政许可的公共服务性及其实现路径

行政许可是对社会生产、生活管控的必须。中外正反两方面的经验教训表明，行政许可制度设计、运行、优化，都需要一系列正确原则的指向和引导。

（一）行政许可原则

1. 法治原则

行政许可事项应当有明确的法律规范依据，没有直接依据的，不能

---

① 刘熙瑞：《服务型政府：经济全球化背景下中国政府改革的目标选择》，《中国行政管理》2002 年第 7 期。

设置行政许可。法律规范主要指法律、法规，包括全面性的法律法规与个别性、特定性的法律法规。如《中华人民共和国安全生产法》就是对安全生产的全面规定，特殊的具体的如化工企业，还需要直接的法律进行规定。这是行政主体行使权力的基础性权源。需要直接、明晰的权力来源，给相对人、社会主体全面、清楚告知。在具体行政权力事项中，有权力清单制度，权力清单中没有出现的事项，行政部门不得"擅自"设置为行政许可事项，权力清单变动了，行政许可事项也要跟着变动。权力清单定期清理、精简、评估、公开，接受社会主体及当事人的监督。权力清单实施中，尽量减少管制色彩，发挥社会主体的能动功能。

2. 公正原则

行政主体行使许可权力要公正，贯彻、落实社会基本的正义观念：同等情况同样处理，不同情况不同处理。在行政许可权力运行中，必须考虑相关因素，最大程度保证行政许可权力运用的公正性。规则制定并公示后，对所有行政相对人一视同仁，对行政主体具有约束力。依照法定条件应该给予行政许可的，行政主体不得不许可，否则是违法行政；行政主体颁发给行政相对人行政许可证件后，不得随意撤销，保持许可实施的稳定性与明确性。

3. 程序原则

行政许可实施适用行政法的基本的程序制度。《行政许可法》是基本规定，部门法是直接的规定。如回避、接件、调查取证、告知、听证、期限、说明理由、集体讨论、卷宗、公开等程序内容及运用范围、例外情形，系列程序全面公开。行政许可部门具体实施中，集中在办证中心办理各种证件，是特别的公开实施，阳光是最好的防腐剂，路灯是最好的警察，能够公开的一律公开。期限法定，特殊情形延长时限，实在不能完全公开的应当采取案例指导制度，定期公开并更新指导案例，避免肆意行使权力。

4. 适当性（效率性）原则

各地都在竞争性提升营商环境（办证），缩短许可时限，吸引更多的社会主体到本地经营。行政许可中秉持平衡理念，遵循比例原则，简政放权，减少行政许可事项，只保留最必要的行政审批事项；能够交给市场处理的，市场来进行调节。对行政许可要保持经常的警醒，许可中对社会主体过度的负担行为不能设置，单一的负担行为也不能设定。一定期限内，每一项行政许可活动都要有经济考量（不计成本的行政规治活动不可取），行政活动的经济考量要得到立法和执法的支持。如美国信息与规制事务办公室（Office of Information and Regulatory Affairs，简称OIRA）专项对行政许可事项进行监察、评估，社会事务复杂，不断地增加行政许可事项，但还是要尽力减少许可事项，简化许可内容，持续推进经济性原则。"规制措施制定应该遵循的原则：……5. 行政机构为了实现规制目标，应该通过最大成本有效性方式（the most cost-effective manner）来确立最佳的规制方法；6. 对拟立规章及其替代方案进行成本收益分析，同时也应当认识到成本收益分析适用的局限；……11. 行政机关制定的规章应该做到对社会施加的负担最小。"[①] 行政许可不能增加社会主体的负担；对部分主体科处了义务，科处的义务必须从行政收益中获得回报，否则，科处的义务不适当的，就必须取消；社会主体承担的负担必须小于获得的收益，整体福祉要增加。

（二）行政许可理念是提高公共服务质量

行政许可的公共服务目标追求。在社会主义市场经济发展中，行政许可不断地优化改革，保障许可有据、有度、执行有力和裁决有方，即完善许可立法，健全行政许可法律规范；恰当界定政府作用边界，放松许可与强化许可并重；实行政企分离，以许可法律为前导建立法定的许可机构，确保行政执法的权威与效率；以行政程序法典化来消除行政执行中的寻租行为，对许可者进行监督，从总体上保证行政许可目标的实现[②]。行政许可法定。以法律、法规为依据，建立一个健全完善的许可法律体系；行政许可目的在于弥补市场失灵，对保证市场经济的健康发挥重要作用。各国许可制度经验表明，行政许可法律体系的建立和健全，是行政许可制度改革目标模式的首要内容[③]。根据本国国情，在遵循市场经济法律制度的一般原则与规律的基础上，制定和实施符合本国要求的法律规范。行政许可管控有度。在社会主义市场经济制度建立、发展、进步中，政府是有形的手，市场是无形的手，两手都要抓，都要发挥作用，不能互相替代。市场能够解决问题的，行政许可应当顺应市场经济的发展规律予以放开；市场不能解决或者解决不好的，政府许可管理应

---

① 金成波：《信息与规制事务办公室：美国行政立法的看门人》，《国家行政学院学报》2016年第5期。

② 戴黍：《创新行政审批管理体制、机制和管理方式》，《南方日报》2012年3月12日。

③ 孙翱翔，秦颖慧：《深化行政审批制度改革：意义、路径和保障》，《厦门特区党校学报》2016年第1期。

当强化,即放松管制与强化管制并重。在现实中,本应当选择市场交易方式时,实际上都选择了政府交易,政府作用过度发挥,市场主体作用难以发挥,可能导致最后政府作用发挥有限[①]。行政许可高效率、有权威运转。行政许可机构一体化之后,相关机构职能职责要全面配合,许可前、许可后、许可的监督等,相关机构的职责要明晰;一个事项,在社会活动中,还需要链条式发展,许可部门、行业职能管理部门、综合管理部门、监察部门要全面、充分配合,提高许可机构的有效性[②]。对行政许可本身监控有力。行政许可对企业从事有关活动进行直接的规范和约束,集执行权、自由裁量权、准立法权、准司法权于一身,就可能存在一定的寻租行为,许可者也往往被俘获,使行政许可偏离了社会福利目标[③]。故须确立和强化对许可者的监督,实现行政程序法典化,从程序上、动态上对行政权加以规范,以保证行政许可行为的合理性与规范性。

(三)根据公共服务目标优化行政许可体制

行政许可管理机制包括行政许可的范围、许可权的设定、许可权的执行、许可权的监督等几个部分。

1. 行政许可权设定、运行、监督的公共服务目的性

设立行政许可时,需对许可事项进行严格的设定限制,严格落实《行政许可法》的精神[④]。相较之下,对行政许可权的设定应更为谨慎。行政许可权设定遵循前述四项原则。先是科学的论证,以求许可权限设

---

① 熊学兵,李桂东:《构建新的行政审批体制》,《中州学刊》2002年第4期。
② 寇炳灿,孔祥敬:《关于行政审批制度改革的动因和目标》,《中国行政管理》2002年第8期。
③ 王克稳:《行政审批制度的改革与立法》,《政治与法律》2002年第2期。
④ 《行政许可法》第二章第十二条中对行政许可的设定范围作出如下规定:"第一,直接涉及国家安全、公共安全、经济宏观调控、生态环境保护以及直接关系人身健康、生命财产安全等特定活动,需要按照法定条件予以批准的事项;第二,有限自然资源开发利用、公共资源配置以及直接关系公共利益的特定行业的市场准入等,需要赋予特定权利的事项;第三,提供公众服务并且直接关系公共利益的职业、行业,需要确定具备特殊信誉、特殊条件或者特殊技能等资格、资质的事项;第四,直接关系公共安全、人身健康、生命财产安全的重要设备、设施、产品、物品,需要按照技术标准、技术规范,通过检验、检测、检疫等方式进行审定的事项;第五,企业或者其他组织的设立等,需要确定主体资格的事项;第六,法律、行政法规规定可以设定行政许可的其他事项。"根据《行政许可法》第二章第十三条的规定,所列事项通过下列方式能够予以规范的,可以不设行政许可:公民、法人或者其他组织能够自主决定的;市场竞争机制能够有效调节的;行业组织或者中介机构能够自律管理的;行政机关采用事后监督等其他行政管理方式能够解决的。

置合理。把握许可标准，划清政府事权范围，明确许可权行使领域，确定许可保留标准，除了《行政许可法》中规定的"设定和实施行政许可，应当遵循公开、公平和公正的原则"外，行政许可权的设定主要是法律、行政法规，地方法规只赋予少量的行政许可权。政府的权力来源于法律的赋予，政府职能转变、行为约束、权力限制都应由立法来规范[①]。根据《行政许可法》第二章第十四、十五条的规定，只有全国人大及其常委会、国务院可以设定行政许可，省、自治区、直辖市和较大的市的人大及其常委会、人民政府可以依据法定条件设定行政许可，其他部门，包括国务院的各部门都无权设定行政许可。

2. 行政许可权的执行保障公共服务目标

政府行为以公共利益为目标，以社会福利最大化为其最高目标。在现实经济生活中，政府管制受到许多具体因素影响，使实际目标与政府的初始愿望相背离[②]。从管制经济学的分析得知，影响政府管制目标的实现主要有两个方面。一是设定管制机构。社会转型、改革进步，政府管控机构较多，改革力度较大、改革效果较为明显、竞争程度也较为激烈的行业中，竞争较为充分，社会主体运作比较成熟，政府与企业的界限较为明显。二是加大改革力度。破除现有利益群体利益链条，形成新的以竞争为主的格局，减少许可，只设定必要的许可。许可管制机构人员行使权力，基层许可人员照章办事，难以考虑和关心行政许可事项的长远目标，这个问题需要政治家考量[③]。行政许可就在政治家和基层职员合作中达成行政公共服务目标——以社会福利最大化为公众服务。

3. 行政许可权设定、实施考量公共服务目标

行政体制改革后，形成了相对集中的行政许可制度，设立行政审批局集中实施行政许可制度。行政许可中，政府与社会主体共同参与、双向互动，政府决策与服务活动更加符合为市场主体服务的新理念[④]。科学定位政府职能，公共政策增强公共性，扩大公共目标实现性，行政许可事项实施遵从政府重大行政决策的规定，完善程序，如公示制度、听证制度、专家咨询制度、合法性证制和责任制。行政许可接纳民意。民

[①] 王克稳：《行政审批制度的改革与立法》，《政治与法律》2002年第2期。

[②] 张昕竹：《中国规制与竞争：理论和政策》，社会科学文献出版社，2000年版，第88—90页。

[③] 熊学兵、李桂东：《构建新的行政审批体制》，《中州学刊》2002年第4期。

[④] 王克稳：《行政审批制度的改革与立法》，《政治与法律》2002年第2期。

意调查可为政府政策制定奠定良好基础。通过民意调查获取更广泛、更科学的信息，了解公众对某些许可事项的关注程序和主要倾向。确定许可的存废、许可"管控"程度。加强公示和听证制度建设，检验许可事项是否正确、有效、科学，是否吸纳民情、民意、民智。制定社会公示的具体程序，选择社会公示的有效形式，对公示期间群众和利益相关者反映的问题、情况、信息要高度重视，认真研究，切实解决，纳入许可决策中。加强专家咨询制度建设。专家咨询有助于提高许可质量，保证许可科学性。专家们有专业信息、专门知识、科学方法，能从多方面充分阐述许可事项的利弊得失，使许可权的行使有更多方面的考量，如可行性、成本收益比、社会承受力等。通过反复、多角度的调查研究和对方案进行实验性的实践来确定。政治学原理告诉我们，由上及下的政策指令信息与由下及上的政策效果信息不能走完全相同的渠道，否则政策效果信息难免被扭曲。第三者论证保障许可实施的公共目的性。行政许可责任制，确保许可科学化、民主化、公共利益优先。

（四）保障行政许可运行实现公共服务目标

英国启蒙思想家洛克认为：如果同一批人同时拥有制定和执行法律的权力，这就会给人们的弱点以极大的诱惑，使他们动辄要攫取权力，借以使他们自己免于服务他们所制定的法律，并且在制定和执行法律时，使法律适合于他们自己的私人利益，因而他们就与社会的其余成员有不同的利益，违反社会和政府的目的[①]。在制约行政许可权实施中，必须持续监督，保障其公共服务目的性。程序是制约实体权力的重要制度，是保障行政相对人权益的关键环节。现代行政法重视程序机制的架构，从宏观和微观层面保障了行政许可行为程序的完备，重视公开和参与原理在该领域的运用，在某种程度上实现了"以平等为特征的行政管理关系转化为基于受治者同意的，理性化与稳定的，当事人双方权利与义务相互均衡，在法律面前一律平等的行政法律关系"[②]。在行政许可程序的设定、执行中充分尊重行政许可相对人的合法权益，通过完善行政许可的事前、事中程序机制，保障行政许可相对人的合法权益，监督行政机关依法行使职权，提高行政效率。为了保障行政许可相对人的权益，行政许可程序基本制度主要应该包括以下几点。

[①] 〔英〕洛克：《政府论》（下），叶启芳、翟菊农译，商务印书馆，1997年版，第89页。
[②] 崔卓兰：《行政程序法要论》，吉林人民出版社，1996年版，第5页。

1. 行政公开制度

行政公开是行政权力运行中依照法定程序向公众或者特定的公民提供行政资讯，包括权力行使范围、主体、程序、法律后果等要素。在行政许可领域的行政公开包括：行政机关必须依职权或者依申请将有关行政许可的资料和信息向社会公开；行政许可决定应向社会公开；必须由许可机关集体作出重大许可决定，必须自觉地向社会公开其决议过程[①]。

2. 听证制度

听证制度应是许可程序机制中的核心内容。听证程序参与人应享有得到通知、委托代理人、陈述意见、提出证据和进行质证等基本权利。听证适用范围以实行听证为原则，以不适用听证为例外；在正式听证程序的设计上，以听证公开为原则，以不公开为例外；实行职权主义听证模式，即听证主持人在听证中有权调查证据，并指挥听证的进行；实行内部职能分离的原则，即主持听证和作出许可决定的人员与调查取证的人员分离，使其能够公平地执行职务。

3. 期限制度

行政许可行为的全过程或其各个阶段都应受到法定时间限制，以保障行政效率，增强可预期性，防止行政许可机关以拖延时日的方式侵害行政许可相对人权益。有期限控制，行政许可主体在法定期限内要完成特定的程序行为，否则就要承担法律后果。不同类型的行政许可有不同的时限规定。行政许可决定应尽量做到当场受理、当场决定；不能当场决定的，要出具受理凭证，并最迟在30日内作出决定，法律另有规定的除外。

4. 回避制度

与行政许可事项的申请有利害关系的工作人员不得参与本申请的处理过程。回避从根本上说是正当程序的延伸，正当程序即自己不能做自己的法官，延伸后即与自己案件有关的行政许可事项，利害关系人都不能参与，程序公正，确保行政行为合法，以增加相对人对行政机关的信赖。回避实施中要有回避理由、回避程序和法律后果。回避的理由主要有：工作人员是本申请的当事人、当事人的近亲属，或与本案当事人具有法律事务关系或义务关系，或与当事人有个人恩怨关系可能影响到案

---

① 杨解君：《行政许可研究》，人民出版社，2001年版，第232页。

件的公正办理的。

5. 证据制度

行政许可中，行政主体是否许可，都要有直接的证据支持。申请人符合法定条件，有事实和法律依据，就给予许可；反之，则不能给予许可。行政许可中，行政主体包括形式证据搜集，如机关查明申请事实，收集、审查、判断证据；形式证据要求申请人提供的证据真实、准确，提供者承担提供虚假证据的责任。证据制度要求任何行政行为在作出之前都必须保证事实清楚、证据确实充分，否则不得作出拒绝发放、撤销、变更、废止许可证等对行政许可相对人产生不利影响的决定。程序上行政许可机关必须严格遵循"先取证、后裁决"的程序规则，不得违反。

附：

洪岩洞水电站取水许可证核发争议案 公共服务性探析

一、案件简介

洪岩洞水电站在铁山溪村和甘田冲村上游截水发电，2014年，再次取得取水许可证。铁山溪村和甘田冲村认为发电站影响两村正常农业生产，2020年以洞口县水利局向洪岩洞水电站核发取水许可证事实认定错误为由，向湖南省武冈市人民法院提起行政诉讼，请求撤销水利局对水电站的行政许可。水利局认为，水电站是2003年修建，经过合法程序批准，且正常运行多年；颁发给水电站的行政许可属于续延许可证，程序合法。法院审理确认后，洞口县水利局在洪岩洞水电站先前取水许可证的基础上再次给其颁发了新的取水许可证；在延续取水许可过程中，洪岩洞水电站的取水口、取水量、取水方式均未发生改变；根据水电站运行时间和其他情况综合判断，认为洪岩洞水电站取水没有损害两村利益；裁定驳回两村起诉。

二、行政许可争议处置案呈现的公共服务性

（一）对行政许可进行审批的行为具有公共服务性

行政行为的实施主要遵循合法性、合理性原则。如行政许可审批要求行政行为有法律依据，主体、内容、程序、结果合法。有法律规范规定，根据基本的推理能够得出许可申请者具备法定条件，依照法定程序审核后，在法定期限内对其颁发取水许可证，符合法律规定的合法行政行为应得到国家的保障。合法性与公共服务论基本思想是一致的。法律规范的制定、基本内容、实施效果，都要考虑公共利益。水电站建设、运营等，既要考量电力需求，也要考虑取水对当地环境、群众利益的损害；衡量二者利益，在兼顾且不过度损害一方利益的情况下，鼓励经济发展。对水电站的建设、使用采取许可证方式管理，是一种法定的，行之有效，保障公共利益，平衡相关者利益，要求项目建设依照法律规定进行，促进经济发展，最终保障公共目标实现的重要方式。

（二）对洪岩洞水电站取水许可证取得一事进行司法审理裁判体现了公共服务的基本思想

铁山溪村和甘田冲村认为洪岩洞水电站获得"取水许可证"违法，损害其利益，但后者并不认同。湖南省武冈市人民法院进行公开审理，认定了该项许可属于续延许可，程序合法，符合法律规定。武冈市人民法院通过比对水电站早先事实发电用水和2020年的用水发电情况，得出其取水方式、用水量均符合设计要求，从2003年修建运行后，2014年（再次取得用水许可证）后没有新的侵犯铁山溪村和甘田冲村的水资源使用权的情况发生。两村的农业灌溉用水权利与水电站发电用水权利之间有冲突，但两者都有用水权；历史上长时间存在的权利，应予保护；2003年，洪岩洞水电站依法建设、取水、运营；2003年批准施工修建该水电站时已做可行性报告，并报告洞口县水利局、发改委批准，符合水资源的开发与利用计划。此项行政许可体现出行政许可服务性本质，意义在于符合历史发展需求，满足地区用电等，合法取得的经营许可国家应予以保护。法院通过审理，确认水电站依法建设、合法运营，再次取得取水许可证合法，体现行政许可纠纷的处理依法进行，符合法律规定，服务公共服务保障目标。

三、行政许可及争议处置是在公共服务论指引下进行

（一）行政许可的基本思想是公共服务论

设定行政许可事项是以公共利益、公共目标优先；行政许可依照法律规范，合法进行，是尊重、体现公共服务的目的。行政许可行为是有条件限制的。一是行政许可作为一种公权力管控活动，必须遵从一定的法定程序和实质审查。在本案例中，前期勘探规划和后期有关部门的审批是行政许可行为条件限制的主要体现。二是行

政许可要体现出预先管理的公共服务理念。对水资源分配规划,既要按照当时具体要求进行,也要有一定的预见性,包括下游村庄的发展情况、气候变化情况等。两村在水电站正常运行17年后提起诉讼,虽然有一定投机嫌疑,但也存在着长期发展后两村对水资源有了更高的需求和气候变化等因素带来的影响。缺乏预见性,是这类矛盾的主要诱因,也是最难把握的问题,是行政许可,特别是长期行政许可与公共服务之间最大的潜在矛盾点。行政许可异议按照法律规定应当自行政许可作出6个月内或者知道自己权利受到侵害6个月内提出,有其他规定的从其他规定。本案中,2003年行政许可已经作出,后续属于续延许可,是对第一次行政许可结果的保护与维持。两村于水电站正常运行17年后起诉,是否还有诉讼时效?这一点是有一定争论的,其争论点在于2020年起诉是否能被认定为"知道自己权利受到侵害时"。从裁定结果来看,显然是不能的。但对于可能发生的续延许可侵权问题该如何救济呢?目前来看尚未形成规范化的解决方式,但值得注意的是,行政许可的公共服务作用是随着时间推移而改变的,如何做到行政许可始终服务公共,始终保护社会最大利益,始终自我更新,还需要进一步的法律规范加以明细。

(二)对行政许可案件的审理实质是公共服务目标优先

行政案件诉讼是对行政行为的合法性进行再次审理。对照法律规范,如果行政主体的行政行为符合法律规范,司法诉讼就予以保护。法律规范是按照公共利益优先保护原则设定的。洪岩洞水电站再次取得取水许可一事,法院审理了该行政行为的合法性,考虑行政行为的既定力,没有新产生对相关方利益损害的事实,依法驳回起诉。通过公开审理,裁定详细剖析法理,对行政许可行为进行检视、审查一次。考虑行政许可行为的法定性和水电站形成的历史渊源和现有事实,充分说理,各方在法律规范面前平等争论,在事实和法律面前,各方服判息诉,是法治教育课,更是公共服务论思想宣讲课,具有较强的法治宣示意义。

第二节　行政强制规治公共服务

行政强制是行政权力主动实施的活动。根据行政权力实施时是否需要相对人申请，可以把行政权力行使划分为依申请行政行为和主动实施行政行为：前者以行政许可为代表，后者以行政强制和行政处罚为代表。行政强制是行政主体根据前期行政行为的情况判断，以保障行政目的全面完整实现的重要行政行为。

一、行政强制实现公共服务的基础

（一）行政强制概述

行政强制是指有权主体（行政主体，法律法规规定的执行法定职权的主体）依照法律规范（法律、法规、规章、行政决定等法律性文本）的规定根据法定程序完成促使行政相对人履行义务或达到履行义务相同状态的活动[1]。姜明安给定的概念是"行政强制，是指在行政过程中出现了违反义务或不履行义务的情况下，为了确保行政的实效性，维护和实现公共利益，由行政主体或行政主体申请人民法院，对公民、法人或者其他组织的财产以及人身、自由等予以强制而采取的措施"[2]。简要的表述：行政主体为维护公共秩序和公共利益以实现行政目的而直接或申请人民法院对行政相对人采取强制性措施的行为[3]。我国的行政强制制度建立于1913年后，仿照日本的行政执行法，中华民国建立基本的行政

---

[1] 法律规定的行政强制："行政强制，包括行政强制措施和行政强制执行。行政强制措施，是指行政机关在行政管理过程中，为制止违法行为、防止证据损毁、避免危害发生、控制危险扩大等情形，依法对公民的人身自由实施暂时性限制，或者对公民、法人或者其他组织的财物实施暂时性控制的行为。行政强制执行，是指行政机关或者行政机关申请人民法院，对不履行行政决定的公民、法人或者其他组织，依法强制履行义务的行为。"（《行政强制法》，全国人大常委会制定，2012年1月1日起实施。）

[2] 姜明安：《行政法与行政诉讼法》，北京大学出版社、高等教育出版社，2011年版，第287页。姜明安的书是法学教材，特别是行政法学教材发行量最大、使用人数最多的教科书，普及广，影响大，具有代表性。

[3] 朱新力，金伟峰，唐明良：《行政法学》，清华大学出版社，2005年版，第252页。

强制制度，在少量地方执行①。新中国成立后，我国的行政强制制度经过了较长时期的摸索、发展，行政强制活动相对而言规范性较差，到2012年才制定《中华人民共和国行政强制法》（简称《行政强制法》）对其进行统一规定，还有相关的行政强制措施规定散见于相关法律规范中。

（二）行政强制的特征

行政强制措施具有鲜明的特征，是非常重要的行政法律规范、行政权力的典型代表。第一，行政强制具有强迫性。当事人如果不配合实现法律规定，履行法定义务，就会遭致不利的法律后果，更多表现为物理意义的活动，直接控制当事人，拘束、约束当事人和处置相关物品，禁止或者直接实施相关活动。第二，行政强制具有必要的法定性，权力主体、实施程序、实施过程、救济渠道等法律规定较为详尽。行政主体和行政相对人只需按照规定活动，自由处分法定活动属于违法，除非法定情形的合意处置。第三，行政强制内容丰富，强制主体较多。行政强制是保障行政法律规范规定状态出现的"暴力"后盾，在社会主体都难以完全自觉活动的情形之下，暴力措施或者暴力后盾实为必然；行政强制的内容亦多，名称丰富，行政权力实施的强制活动较为频繁、具体。第四，有较为明确的救济规定。当然，规定救济渠道、方式，主要是规范强制权力规范行使，避免随意处置，权力裁量处置时，更多时候是侵害相对人权益。第五，行政强制实施的主要、直接目的是公共利益。公共需要是行政强制的应然指标，也内含在行政强制的一切活动中。行政强制本身是复合性概念，包含多个概念，主要有行政强制措施和行政强制执行，二者可以区分但并不截然分开。

二、行政强制实现公共服务的原则与实践

（一）行政强制基本原则决定其公共目的

"行政强制目的在于确保行政的实效性，维护和实现公共利益。"②《行政强制法》对行政强制行为的目的有明确具体的规定，该法第五条、

---

① 我国目前的法律制度主要从清末修律开始建立的，以前的封建传统社会有相应的制度措施，但与现行法治制度有根本性差异，也没有进行系统总结、归纳，没有深入研究历史发展中制度性的相关规则及活动。

② 姜明安：《行政法与行政诉讼法》，北京大学出版社、高等教育出版社，2011年版，第288页。

六条、七条、八条逐一规定了四项原则。一是适当性原则。这可算是刑罚中的"罪刑相适应原则"在行政强制活动中的应用。行政中一般讲比例原则,即行政行为的权力实施强度与可能的抵抗相适应,不可随意发挥、肆意行为,过度侵害相对人权益。行政强制权是保障实现公共利益的,这是行政强制正当性的基础、判断的标准。强调行政暴力实施的必要性、最小侵害原则,禁止过度侵害。二是行政强制不是目的,辅之以教育,督促当事人自行履行义务,降低行政强制实施的概率。在紧急状态下,才不实施教育、说服工作。在自由裁量中,能够不使用强制权的就不使用;能够以低烈度的暴力达致目的的就不使用高烈度强制暴力。三是行政强制是实现法定目的,实施主体不能为达到非法律规范效果而使用强制权。行政强制单位和个人利益更是强制权明文禁止的目的,除非与公共目的、法定目的竞合(同一)。四是行政强制权实施,行政相对人有陈述权、申辩权,非暴力抵抗,语言的申辩不应当视为"抗法",不能简单加重强制力或者认定为不配合执法[①]。

行政强制的限度是以保障公共秩序、公共安全、公共需要为限,超出法定目标,行政强制即行终止[②]。行政强制是行政权力实施的最后保障,是不得已而为之之法。行政强制权的多重限制,主要是考虑到强制权行使对双方的影响都非常大,对行政主体而言,履行法定职责是其义

[①] 《行政强制法》第五条:"行政强制的设定和实施,应当适当。采用非强制手段可以达到行政管理目的的,不得设定和实施行政强制。"第六条:"实施行政强制,应当坚持教育与强制相结合。"第七条:"行政机关及其工作人员不得利用行政强制权为单位或者个人谋取利益。"第八条:"公民、法人或者其他组织对行政机关实施行政强制,享有陈述权、申辩权;有权依法申请行政复议或者提起行政诉讼;因行政机关违法实施行政强制受到损害的,有权依法要求赔偿。公民、法人或者其他组织因人民法院在强制执行中有违法行为或者扩大强制执行范围受到损害的,有权依法要求赔偿。"

[②] 《行政强制法》第二十七条:"行政机关采取查封、扣押措施后,应当及时查清事实,在本法第二十五条规定的期限内作出处理决定。对违法事实清楚,依法应当没收的非法财物予以没收;法律、行政法规规定应当销毁的,依法销毁;应当解除查封、扣押的,作出解除查封、扣押的决定。"第二十八条:"有下列情形之一的,行政机关应当及时作出解除查封、扣押决定:(一)当事人没有违法行为;(二)查封、扣押的场所、设施或者财物与违法行为无关;(三)行政机关对违法行为已经作出处理决定,不再需要查封、扣押;(四)查封、扣押期限已经届满;(五)其他不再需要采取查封、扣押措施的情形。解除查封、扣押应当立即退还财物;已将鲜活物品或者其他不易保管的财物拍卖或者变卖的,退还拍卖或者变卖所得款项。变卖价格明显低于市场价格,给当事人造成损失的,应当给予补偿。"第三十三条:"有下列情形之一的,行政机关应当及时作出解除冻结决定:(一)当事人没有违法行为;(二)冻结的存款、汇款与违法行为无关;(三)行政机关对违法行为已经作出处理决定,不再需要冻结;(四)冻结期限已经届满;(五)其他不再需要采取冻结措施的情形。行政机关作出解除冻结决定的,应当及时通知金融机构和当事人。金融机构接到通知后,应当立即解除冻结。行政机关逾期未作出处理决定或者解除冻结决定的,金融机构应自冻结期满之日起解除冻结。"

务，应当、必须从之，如果擅自改变履行方式或者故意不实施该项权力，涉嫌渎职。实施强制权后，对实施主体、工作人员的身心都有较大冲击，也体现现代的文明社会，以暴力冲突小为原则。人类社会的文明进化是以暴力使用程度为量度的，暴力程度越高越野蛮，反之越文明。就行政相对人而言，遭遇行政方的暴力执法后，总可能对行政方抱持不同意见、抵触情绪，虽然是法定实施，就行政权使用而言，行政主体与行政相对人总希望二者形成互相支持、互相尊重的关系，形成对抗的只有少量或者个别，过多的对抗严重影响社会文明程度，甚至会在一定程度上在某些方面造成社会的不和谐，形成社会"伤疤"。

在具体制度设置中，行政强制保障行政强制权的公共服务目标。如行政主体作出行政强制前，要催告行政相对人，督促其自觉履行义务（《行政强制法》第三十五条）。行政主体对居民不得采取断水、断电、断气、断路、断掉供热等方式迫使当事人履行相关行政决定[①]。加处罚款或者滞纳金数额不得超过罚款本金[②]。对于行政主体的活动是否属于公共服务目标，进行保障、督促的方式之一是行政救济。行政救济是对包括行政强制权力在内的行政行为（包括行政不作为）的合法性、合理性，乃至正当性的专项专门检测、评议、司法监督，是为保障行政行为（包括行政强制行为）服务目标及其实现的制度。

行政相对人对行政强制有完善的救济权和完备的救济渠道，如行政复议、行政诉讼、行政申诉等。法律规定行政强制事前完备的审核措施和事后的完整的救济渠道，就是降低行政强制实施中的不当风险，减少矛盾、冲突；如果司法救济中，对行政强制权给予撤销，行政强制权就不得实施，已经实施的行政强制活动，要给予行政赔偿。对相对人造成损害的，要赔偿损失（参见《行政诉讼法》第八条）。在行政救济制度设计中，我国采取的是举证责任倒置制度，即行政主体对自身行政行为承担举证义务，包括行政行为的启动、实施、法律规定、实施结果等活动的证据，由行政主体自行举证证明。对于行政行为的合法性，行政主体承担举证责任，如果不能证明其行政行为的合法性，就要承担举证不力、

---

① 参见《行政强制法》第四十三条。
② 参见百度百科《杜宝良事件》，105次《道法》违章处罚被撤销就是此目的的典型案例。北京一司机在同一个地方违反《道法》规定105次，一次罚款100元，交警给予其10500元罚款，后司机不服，起诉到法院。法院经过审理认为，警方在对方违法一定次数后就应当积极行政，催促对方履行罚款给付义务，否则，继续拍违章，继续罚款就失去正当性。该罚款后来被法院判决撤销。https://baike.so.com/doc/4739313-4954388.html。

败诉的法律责任。其中,行政相对人要承担行政行为(作为的行政行为)实施主体、实施活动存在的责任。这种行政救济的制度安排主要是为了保障行政行为(包括行政强制行为)的公共服务目标的实现。

行政强制权实施,实现法律效果、社会效果的统一。对行政强制权实施中可能的反抗,立法、执法都要加强反省、改进,如曾经的城管执法。城管执法暴力伴随比较多而激烈,无数次的城管与行政相对人互害事件表明,需要对城管制度进行改革。包括减少暴力执法在内的多种措施实施后,城管执法冲突明显大幅度减少了,城管执法逐渐回归正常,保障了公共秩序。

(二)行政强制类型及其公共目标

行政强制种类及其公共服务性分析,见表5—2。

表5—2 行政强制种类及其公共服务性分析表

序号	行政强制行为类型	权源(行政强制行为所在法律规范名称)	行政强制内容	该规范的目标(第一条)	与公共服务的关系
1	限制公民人身自由的强制措施和处罚	中华人民共和国立法法	第八条 下列事项只能制定法律:……(五)对公民政治权利的剥夺、限制人身自由的强制措施和处罚;……(七)对非国有财产的征收、征用	第一条 为了规范立法活动,健全国家立法制度,提高立法质量,完善中国特色社会主义法律体系,发挥立法的引领和推动作用,保障和发展社会主义民主,全面推进依法治国,建设社会主义法治国家,根据宪法,制定本法。	维护国家利益
2	行政强制的设定和实施	行政强制法	总则、行政强制的种类和设定、行政强制措施实施程序(一般规定、查封、扣押、冻结)、行政机关强制执行程序(一般规定、金钱给付义务的执行、代履行)、申请人民法院强制执行、法律责任	第一条 为了规范行政强制的设定和实施,保障和监督行政机关依法履行职责,维护公共利益和社会秩序,保护公民、法人和其他组织的合法权益,根据宪法,制定本法。	维护公共利益和社会秩序
3	强制检疫	卫生检疫法	第七条 入境的交通工具和人员,必须最先到达的国境口岸的指定地点接受检疫。除引航员外,未经国境卫生检疫机关许可,任何人不准上下交通工具,不准装卸行李、货物、邮包等物品。具体办法由本法实施细则规定。第八条 出境的交通工具和人员,必须在最后离开的国境口岸接受检疫	第一条 为了防止传染病由国外传入或者由国内传出,实施国境卫生检疫,保护人体健康,制定本法	防止传染病,维护公共利益

续表5-2

序号	行政强制行为类型	权源（行政强制行为所在法律规范名称）	行政强制内容	该规范的目标（第一条）	与公共服务的关系
4	强制隔离、强制治疗	急性传染病看管条例	第十九条 发现甲类传染病人或疑似病人的卫生医疗单位必须立即严格做好以下紧急处理：对病人或疑似病人要严密隔离和抢救治疗，并采样检验	第一条 为认真贯彻预防为主的方针，积极预防、控制和消灭急性传染病的发生与流行，保障人民的生命安全和身体健康，特制定本条例	保障人民的生命健康和身体安全
5	强制免疫	中华人民共和国动物防疫法	第十三条 国家对严重危害养殖业生产和人体健康的动物疫病实施强制免疫。国务院兽医主管部门确定强制免疫的动物疫病病种和区域，并会同国务院有关部门制定国家动物疫病强制免疫计划	第一条 为了加强对动物防疫活动的管理，预防、控制和扑灭动物疫病，促进养殖业发展，保护人体健康，维护公共卫生安全，制定本法	维护人体健康和公共卫生安全
6	强制带离、强制盘问	中华人民共和国人民警察法	第八条 公安机关的人民警察对严重危害社会治安秩序或者威胁公共安全的人员，可以强行带离现场、依法予以拘留或者采取法律规定的其他措施。第九条为维护社会治安秩序，公安机关的人民警察对有违法犯罪嫌疑的人员，经出示相应证件，可以当场盘问、检查；经盘问、检查，有下列情形之一的，可以将其带至公安机关，经该公安机关批准，对其继续盘问：（一）被指控有犯罪行为的；等等	第一条 为了维护国家安全和社会治安秩序，保护公民的合法权益，加强人民警察的队伍建设，从严治警，提高人民警察的素质，保障人民警察依法行使职权，保障改革开放和社会主义现代化建设的顺利进行，根据宪法，制定本法	维护国家安全和社会秩序
7	强制划拨	中华人民共和国税收征收管理法	第三十八条 税务机关有根据认为从事生产、经营的纳税人有逃避纳税义务行为的，可以在规定的纳税期之前，责令限期缴纳应纳税款；在限期内发现纳税人有明显的转移、隐匿其应纳税的商品、货物以及其他财产或者应纳税的收入的迹象的，税务机关可以责成纳税人提供纳税担保。如果纳税人不能提供纳税担保，经县以上税务局（分局）局长批准，税务机关可以采取下列税收保全措施：（一）书面通知纳税人开户银行或者其他金融机构冻结纳税人的金额相当于应纳税款的存款；……	第一条 为了加强税收征收管理，规范税收征收和缴纳行为，保障国家税收收入，保护纳税人合法权益，促进经济和社会发展，制定本法	保障国家税收收入和纳税人合法权益
8	强制抵缴	中华人民共和国海关法	第六十条 进出口货物的纳税义务人，应当自海关填发税款缴款书之日起十五日内缴纳税款；逾期缴纳的，由海关征收滞纳金。纳税义务人、担保人超过三个月仍未缴纳的，经直属海关关长或其授权的隶属海关关长批准，海关可以采取下列强制措施：……（二）将应纳税货物依法变卖，以变卖所得抵缴税款；……	第一条 为了维护国家的主权和利益，加强海关监督管理，促进对外经济贸易和科技文化交往，保障社会主义现代化建设，特制定本法	维护国家主权和利益

127

续表5-2

序号	行政强制行为类型	权源（行政强制行为所在法律规范名称）	行政强制内容	该规范的目标（第一条）	与公共服务的关系
9	强制检查	中华人民共和国外汇管理条例	第三十三条 外汇管理机关依法履行职责，有权采取下列措施：（一）对经营外汇业务的金融机构进行现场检查；（二）进入涉嫌外汇违法行为发生场所调查取证；（三）询问有外汇收支或者外汇经营活动的机构和个人，要求其对与被调查外汇违法事件直接有关的事项作出说明；……	第一条 为了加强外汇管理，促进国际收支平衡，促进国民经济健康发展，制定本条例	维护国际收支平衡，保障国民经济健康发展
10	强制拆除	中华人民共和国城乡规划法	第六十五条 在乡、村庄规划区内未依法取得乡村建设规划许可证或者未按照乡村建设规划许可证的规定进行建设的，由乡、镇人民政府责令停止建设、限期改正；逾期不改正的，可以拆除	第一条 为了加强城乡规划管理，协调城乡空间布局，改善人居环境，促进城乡经济社会全面协调可持续发展，制定本法	协调城乡空间布局，改善人居环境
11	强制搬迁	国有土地上房屋征收与补偿条例	第二十八条 被征收人在法定期限内不申请行政复议或者不提起行政诉讼，在补偿决定规定的期限内又不搬迁的，由作出房屋征收决定的市、县级人民政府依法申请人民法院强制执行	第一条 为了规范国有土地上房屋征收与补偿活动，维护公共利益，保障被征收房屋所有权人的合法权益，制定本条例	个体利益和公共利益并重
12	责令退还	中华人民共和国土地管理法	第七十七条 农村村民未经批准或者采取欺骗手段骗取批准，非法占用土地建住宅的，由县级以上人民政府土地行政主管部门责令退还非法占用的土地，限期拆除在非法占用的土地上新建的房屋	第一条 为了加强土地管理，维护土地的社会主义公有制，保护、开发土地资源，合理利用土地，切实保护耕地，促进社会经济的可持续发展，根据宪法，制定本法	保护、开发土地资源，合理利用土地
13	强制许可	中华人民共和国专利法	第四十九条 在国家出现紧急状态或者非常情况时，或者为了公共利益的目的，国务院专利行政部门可以给予实施发明专利或者实用新型专利的强制许可	第一条 为了保护专利权人的合法权益，鼓励发明创造，推动发明创造的应用，提高创新能力，促进科学技术进步和经济社会发展，制定本法	促进科技进步和经济社会发展
14	强制登记、强制服兵役	中华人民共和国兵役法	第十三条 国家实行兵役登记制度。每年十二月三十一日以前年满十八周岁的男性公民，都应当在当年六月三十日以前，按照县、自治县、市、市辖区的兵役机关的安排，进行兵役登记。经兵役登记并初步审查合格的，称应征公民。第六十六条 有服兵役义务的公民有下列行为之一的，由县级人民政府责令限期改正；逾期不改的，由县级人民政府强制其履行兵役义务，并可以处以罚款：（一）拒绝、逃避兵役登记和体格检查的；（二）应征公民拒绝、逃避征集的；等等	第一条 根据中华人民共和国宪法第五十五条"保卫祖国、抵抗侵略是中华人民共和国每一个公民的神圣职责。依照法律服兵役和参加民兵组织是中华人民共和国公民的光荣义务"和其他有关条款的规定，制定本法	保家卫国、抵抗侵略

续表5-2

序号	行政强制行为类型	权源（行政强制行为所在法律规范名称）	行政强制内容	该规范的目标（第一条）	与公共服务的关系
15	强制检定	中华人民共和国计量法	第九条 县级以上人民政府计量行政部门对社会公用计量标准器具，部门和企业、事业单位使用的最高计量标准器具，以及用于贸易结算、安全防护、医疗卫生、环境监测方面的列入强制检定目录的工作计量器具，实行强制检定	第一条 为了加强计量监督管理，保障国家计量单位制的统一和量值的准确可靠，有利于生产、贸易和科学技术的发展，适应社会主义现代化建设的需要，维护国家、人民的利益，制定本法	保障国家计量统一和量值准确
16	滞纳金强制划拨、恢复原状、查封、扣押、排除妨碍、代履行	行政强制法	第十二条 行政强制执行的方式：（一）加处罚款或者滞纳金；（二）划拨存款、汇款；（三）拍卖或者依法处理查封、扣押的场所、设施或者财物；（四）排除妨碍、恢复原状；（五）代履行；（六）其他强制执行方式	第一条 为了规范行政强制的设定和实施，保障和监督行政机关依法履行职责，维护公共利益和社会秩序，保护公民、法人和其他组织的合法权益，根据宪法，制定本法	保障履职、维护公共利益和社会秩序
17	遣送出境限期出境驱逐出境	中华人民共和国外国人入境出境管理法	第二十七条 对非法入境、非法居留的外国人，县级以上公安机关可以拘留审查、监视居住或者遣送出境。第三十条 有本法第二十九条所列行为情节严重的，公安部可以处以限期出境或者驱逐出境的处罚	第一条 为维护中华人民共和国的主权、安全和社会秩序，有利于发展国际交往，特制定本法	维护国家主权、安全和秩序
18	强制检测强制登记强制戒毒	中华人民共和国禁毒法	第三十二条 公安机关可以对涉嫌吸毒的人员进行必要的检测，被检测人员应当予以配合；对拒绝接受检测的，经县级以上人民政府公安机关或者其派出机构负责人批准，可以强制检测。公安机关应当对吸毒人员进行登记。第三十三条 对吸毒成瘾人员，公安机关可以责令其接受社区戒毒，同时通知吸毒人员户籍所在地或者现居住地的城市街道办事处、乡镇人民政府。社区戒毒的期限为三年。戒毒人员应当在户籍所在地接受社区戒毒；在户籍所在地以外的现居住地有固定住所的，可以在现居住地接受社区戒毒	第一条 为了预防和惩治毒品违法犯罪行为，保护公民身心健康，维护社会秩序，制定本法	保护公民身心健康，维护社会秩序

关于行政强制活动，我国法律采取纵横交错的方式进行处理。纵向的部门法规定，授权各个职能部门根据维护公共利益、工作开展需要，规定相应的强制措施；横向的是在《立法法》《行政强制法》等法律规范中进行总体规定，规定行政强制的主要原则、种类、设定、实施等具体规则。总体规定是指对人的强制、对物的强制，但具体活动或者名称较多，需要专项清理；或者需要在今后的行政立法活动中，进行归纳、总结，提炼归并出几种行政强制方式，进行规定。简略而合法

表5-2对行政强制行为与公共服务关系进行了简要总结。第一，制定行政强制的目的是保障社会、国家或一部分地区的整体利益。如防疫、治疗之类，传染病是人类历史上危害最为严重的疾病之一。近代加强研

究、预防、治疗传染病，维护众人的生命安全等利益。第二，行政强制有的是为维护既定的社会秩序。应该履行社会义务而不履行，就是对国家、社会基本法律规范的违背，侵害基本的公共利益。如果对违反法定规则都不予处置，社会法定秩序就无法保障，假设法定秩序都没有，就只剩下丛林法则，弱肉强食。这是人类最大的悲剧。而国家是必须必然存在的（具体理由在公共服务提供一章有阐述）。第三，行政强制是侵益性行政行为，是通过侵害部分社会主体的权益，要么是恢复原有的正常、健康的社会形态，要么是特别地依法调整社会主体的权益。如强制缴纳税费，是要求负有法定义务的主体履行义务。这个认定的规则就是法律规范①。

综上可知，行政强制的实施表明，各类行政强制行为的设定目的，是该法第一条鲜明直接表明的，即公共利益、公共目标、公共秩序服务。行政强制的设定、实施、程序保障、救济等行政权的链条约束保障行政强制的公共服务目标。事实上，行政强制主要是为公共目的，本身就是一种特定的提供公共服务的方式。

三、行政强制是特定的保障公共服务实现的活动

分类看，行政强制如何保障公共服务目标的实现。

（一）《立法法》《行政强制法》《警察法》《行政处罚法》等进行综合性规范

主要从行政强制权的设定，人身强制权实施的特定化（法律规定）、程序化、专门化，具体保障行政强制活动的规范、可控、可接受。新中国成立后初期，行政权力行使一度以政策进行指导，各地自行实施，行政强制措施散、杂、乱、滥、重。伴随政治活动实施，负面影响严重。在《行政强制法》出台之前，行政强制的名称混乱，规范性文件杂乱，内涵难以确定。如"取缔"二字，对市场经济中出现的"地下"市场，工商部门给予取缔，就是让它不存在，不允许人集聚在一起交易。城市聚居区形成的夜市类市场，怎么取缔？是强迫商家关门，不允许其营业，还是对从事交易的人进行强制驱离、处罚？各个主体自行实施行政强制

---

① 一般而言，行政立法中，对是否科以义务，科以多大程度的义务，是经过专门考量的；执法者，行政法有优益权，认定其所有执行的上位规则都是合法合理正当的，如果有误判，就通过事后的法定方式进行救济。

手段、方式，五花八门，政出多门，几乎随心所欲，造成行政强制活动没有规矩，社会上怨声很大。于是，进行法律规治被提上议事日程。

一是设定规治。全国人民代表大会制定国家基本制度的法律（《中华人民共和国宪法》第六十二条："全国人民代表大会行使下列职权：……（三）制定和修改刑事、民事、国家机构的和其他的基本法律。"）。全国人民代表大会常务委员会修订、解释基本法律。强制权对象主要是人身权或财产权，是行政相对人的基本权利范畴，要立法授权，行政主体才可以实施。《中华人民共和国立法法》对行政强制权实施进行更进一步的规定，明确法律、法规、规章各自的行政强制设定权权限。杜绝曾经的乱象，明确行政强制权的实施机关、主体，减少随意行政、滥政，从根本上维护立法、执法的权威，是保障强制权公共服务质量提高的基础。

二是专门设置强制法、处罚法，对行政强制权具体实施进行严格限制。把强制权先关进制度的笼子。《行政强制法》规定，没有强制权的行政主体可以申请人民法院强制执行。[①] 该法律法规的立法本意是人民法院实施强制，但人民法院在权衡后，通过司法解释，确定为人民法院审核后，"裁定"行政机关组织实施（这是行政强制权的难处，很多机关没有对人的强制权，自行实施困难）。还有处罚法，对行政处罚进行约束，设计了较完整的程序限定处罚权，特别是对财物处罚的实施。多重制度保障行政强制权实现法定的公共目的。

三是对人身强制特别规定。对人身的强制权实施要通过法律进行规定。制定法律主体层级高、授权规定严格，只能是全国人民代表大会、全国人民代表大会常务委员会。《中华人民共和国警察法》给予了公安机关及警察对人身的强制权，如传唤、带离现场、驱离现场等。其他法律规定单项赋权时，没有对人身强制权的规定，很多部门也不具备实施人身强制权的条件。

多重制度多重授权都是为了保障行政强制权安全、稳定、适当实施，保障社会秩序，对扰乱、干扰、破坏公共秩序的行为进行制止、处罚，对破坏秩序的主体进行规治，以减少社会冲突，保障健康、正常的社会秩序。

[①] 《行政强制案》第五十三条："当事人在法定期限内不申请行政复议或者提起行政诉讼，又不履行行政决定的，没有行政强制执行权的行政机关可以自期限届满之日起三个月内，依照本章规定申请人民法院强制执行。"

(二）部门行政强制权行使整体上保障社会公共利益实现

单项的行政权力设定与实施。根据行政管理的需要划分片段，行政地方政府的工作部门，各个职能部门获得行政授权依法管理辖区内相关事务，对社会主体进行管理，要求其达到某种法定状态，在行政相对人不履行法定义务时，为达致法定社会状态，对行政相对人实施行政强制，保障行政管理措施、规定的落实，维护公共利益目标。

市场监管部门行政执法中强制扣押权行使。市场监管局行政执法权内容包括负责市场综合监督管理、市场主体统一登记注册、组织和指导市场监管综合执法工作、反垄断执法、监督管理市场秩序、宏观质量管理、产品质量安全监督管理、特种设备管理、食品安全监督管理等。在产品质量监管中，可能会行使扣押强制权，根据《中华人民共和国产品质量法》相关条文的规定[①]，该项行政强制扣押权行使主要保障查明行政相对人的产品质量是否符合保障人体健康、财产安全，不符合质量保证标准的产品如果流入社会，会对消费者人身权、财产权造成损害，违反法律规定，损害公共利益。市场监管部门行使强制权是为了保障公共利益，是典型的公共服务需要。

在其他的政府执法管理活动中，各个职能部门都是受命执法，如海关、税收、行政监察、金融、审计、土地、国家安全、公安、证券、专利、食品卫生、环保、林业植物保护等各个方面，都是提供公共服务。主要逻辑思路是：立法确定行政主体的职权职责——立法规定社会主体的行为活动规范（主要是对社会整体安全、秩序及政府税费收取进行规定）——行政主体（行政机关及其法律法规授权组织）聚合人力物力财力形成机构衔命行动，检查、查处社会主体的活动、行为是否达到法定标准——对涉嫌不达标产品（可能影响其他社会主体的身体健康的产品，如霉变食物，消费者食用后可能腹泻，需要治疗；如质量不达标的电梯，发生快速下坠或者卡人事件伤害乘坐人员的身体、危害其生命健康）予以强制扣押。对确定违法行为要求行政相对人自觉履行法定义务，接受罚款等处罚。如果行政相对人拒绝自觉履行，则其危害或者可能危害其他社会主体人身权、财产权的行为不遭致处罚，不付出成本，得到制止，

[①] 《中华人民共和国产品质量法》第十八条第一款第（四）项及第二款：对有根据认为不符合保障人体健康和人身、财产安全的国家标准、行业标准的产品或者有其他严重质量问题的产品，以及直接用于生产、销售该项产品的原辅料、包装物、生产工具，予以查封扣押。

可能导致其还会继续生产不达标产品，最终会进一步危害其他社会主体的权益。违法者不付出代价，对生产合法产品的商家不公平。市场中假冒伪劣产品一般偷工减料，成本低；生产质量好、标准高的产品成本高，与假冒伪劣产品进行市场竞争反倒失利。劣币驱逐良币，最终导致劣币充斥市场，消费者权益更加无法保障。因此，实施强制权扣押假冒伪劣不合格产品或者强制执行行政处罚，达致处罚目的，终究是为了维护社会整体公共利益。行政处罚、强制执行，维护社会产品质量，目的是保障社会主体的人身、财产安全。故行政强制权是保障社会整体利益、公共利益的坚强后盾。

（三）行政强制为实现公共服务目的保驾护航

行政强制权保障法治，是提供特别的公共服务。在市场经济中，人人为自己，最终为别人。各个市场主体在市场平台上充分、自由竞争，销售产品或服务，获得对价。通过这种竞争，市场主体不断提高产品质量，增强竞争力，能够获取更多的市场份额及更多的利润，也可以丰富社会产品，提供多样化的服务方式。如各种工业品的迭代，汽车产品的更新，手机的持续、快速更新，都是市场主体为提高竞争能力，持续、不断提高产品质量、丰富产品内容，为社会服务的成果。但是主体除了公平竞争之外，还可能不公平竞争，如生产假冒伪劣、不符合质量标准的产品，或者以次充好，骗取消费者的钱财。而消费者自身无法完全了解、掌握产品质量，也不可能都成为消费专家。因此，制定质量标准、不断提升市场经济中产品和服务的质量就是公共服务，是需要政府提供的主要的公共服务之一。产品或者服务有国家、行业标准等。在不危害消费者基本权益的情况下，消费者、生产者、销售者可以充分竞争、自愿选择；在对消费者权益有危害的情况下，违反标准，就是违法，应该付出相应的代价，保障市场主体的公平、充分竞争；对不正当竞争的，行政执法权要进行干涉，处罚违法者；对不接受检查、不履行法定义务的，就必须迫使他履行。否则，破坏市场公平竞争法治线，最终危害市场，危害消费者，危害公共整体利益。行政强制权就是通过维护市场、维护法治的方式保障公共利益实现，是特别的公共服务。

附：

行政强制案及公共服务性评析

一、案例简介

案例一：强制执行无证生产桶装水案。2008年9月，某市质量技术监督局执法人员查获一处桶装水生产设备，现场有灌装好的桶装饮用水，过滤、灌装设备及外包装塑料袋等包装材料，还有无真标识厂家授权的饮用水标识、"QS"编号、营业执照、卫生许可证、"QS"证书（即工业产品生产许可证）。现场无人负责，无人认领设施设备等物品，现场厂房工作人员趁行政执法人员不备锁门离开。执法人员报警后在警察见证下请开锁匠打开厂房门。后来，执法人员清点现场物品，留置扣押清单。有人自称受委托前来索要物品，但始终无人对此生产及设备负责。某市质量技术监督局登报公告3个月，仍无人前来接受此案调查处理，公告期满，该批产品缴交该市行政事业资产管理中心处理。后来，当事人针对本案提起诉讼，要求返还物品，经过一审二审等共五次审理，法院以原告已超过法定期限、重复起诉为由驳回，市检察院亦不支持监督申请[①]。

案例二：山东省惠民县人民政府行政强制李波、张平房屋及行政赔偿案。2011年1月，惠民县人民政府决定进行旧城改造，成立机构，颁布了实施方案并公告。李波、张平房屋在该公告范围内，但双方未就补偿问题达成协议。2011年8月，惠民县人民政府设立"惠民县西关片区旧城改造建设指挥部"。在与李波、张平没有达成拆迁补偿协议的情况下，项目开发工作人员运用大型挖掘机拆除了该房屋，损失100万元。房屋被拆除后，李波向公安机关报案，公安机关对开发商所在公司及其工作人员未进行"故意毁坏财物罪"立案侦查。李波、张平起诉惠民县公安局。该局于2015年11月30日出具惠公不立字（2015）00029号《不予立案通知书》，告知李波经审查认为没有犯罪事实发生，不符合立案条件，决定不予立案。后来，李波、张平起诉惠民县人民政府行政强制及行政赔偿。经过一审二审再审，法院判决惠民县人民政府承担行政强制拆除房屋的行政赔偿责任。

---

① 参见《中国质量技术监督》2014年第11期。

二、行政强制案显示的公共服务性探析

(一) 行政强制权力保障公共利益、公共目标的实现

对涉嫌伪造生产许可证行为有权扣押生产成品、生产设施等，是保障桶装水生产安全、清洁，符合法定生产许可。在"强制执行无证生产桶装水案"中，桶装水生产厂家违反《产品质量监督法》"第十六条：对依法进行的产品质量监督检查，生产者、销售者不得拒绝。"质量行政执法人员有权力对桶装水生产进行现场检查，查看生产厂家营业执照，经营范围，产品生产是否卫生、清洁、安全，是否有工业品生产许可证。从现场检查得出，该生产厂房实施了桶装水生产行为，涉嫌伪造生产许可证，有现场执法照片、笔录、扣押决定书和物品清单。

扣押行政强制行为符合法律规定和公共利益保障需要。当事人锁住生产厂房离开，执法人员无法进入现场扣押产品。如果不直接强制扣押涉嫌违法的产品，执法人员不可能长期守住现场；执法人员离开后，生产厂家及其当事人完全可能搬走涉嫌违法生产的半成品及伪造的生产许可证等，涉嫌违法生产的物品流入社会，危害消费者权益。在警察见证下，锁匠开门，清点现场物品，留置扣押清单，符合执法需要。执法具有合法性、正当性、保障公共安全性。

公告请物主当事人到该局接受调查，符合法律规定。《中华人民共和国行政诉讼法》明文规定，在没有行政法律规范时，扣押使用民事诉讼法律规范。根据民事诉讼法规定，公告后对无主物品进行处理，符合基本法理，执法有依据，符合法律规定，完整地保障了涉嫌违法生产的物品不流入社会，保障《中华人民共和国质量安全法》《中华人民共和国消费者权益法》等法律规范设定的公共目标。

(二) 山东省惠民县政府行政强制服务案

推定县人民政府负有行政强制责任，是监督、保障行政权力依法行使。依据法律规定，推定法定职责，承担法定责任，是保障行

政权力的公共属性、公共指向、公共利益[①]。实际情况是市、县级人民政府及其国土职能部门，或者成立新的机构实施土地征收、房屋拆迁工作。本案中县人民政府成立惠民县西关片区旧城改造建设指挥部实施土地征收、房屋拆迁工作。对已经纳入征地范围的房屋，双方也商谈了房屋征收补偿事宜。房屋被开发商等人拆除，县人民政府对此有监督责任。县人民政府在无法证明或不证明房屋毁损、灭失缘由，公安局也不立案调查的情况下，推断该涉案房屋是县人民政府实施或者委托实施了强制拆除行为，承担房屋补偿责任。

三、行政强制行为保障公共服务性

（一）行政强制权力的设定、实施、监督、救济等一系列链条设计，都是为了完整保障法律规定的公共利益保障目标的实现

产品质量保障的一系列程序，对产品质量违法行为的监督、强制扣押、拍卖、上缴国库等一系列活动，都是为保障企业生产的产品质量符合法律规定，保障产品符合质量要求。运用行政权力对涉嫌损害产品质量的行为、拒绝行政权力监督的行为进行排除，综合运用法律手段，保障生产产品质量、整体目标是实现公共利益。

（二）行政强制权力的救济目的是为公共利益服务

任何权力都可能被滥用，任何滥用的权力都可能违法，违背权力设定目标。房屋拆除是土地征收中的一项重要权力。权力部门委托相关商家行使后，没有证据证明它们之间的委托关系，但可以推断权力部门没有履行房屋强制拆除的监督权力，根据其监督权力，可以推断它们之间有事实上的委托关系，应该承担行政强制的责任。对行政强制的监督、救济，就是保障行政强制权力准确实施，完全服务于公共目标。

---

① 根据《中华人民共和国行政诉讼法》的规定，行政诉讼案件实行举证责任倒置分配。《国有土地上房屋征收与补偿条例》第四条、第五条规定，市、县级人民政府是房屋征收主体。（《国有土地上房屋征收与补偿条例》第四条："市、县级人民政府负责本行政区域的房屋征收与补偿工作。市、县级人民政府确定的房屋征收部门组织实施本行政区域的房屋征收与补偿工作。市、县级人民政府有关部门应当依照本条例的规定和本级人民政府规定的职责分工，互相配合，保障房屋征收与补偿工作的顺利进行。"第五条："房屋征收部门可以委托房屋征收实施单位，承担房屋征收与补偿的具体工作。房屋征收实施单位不得以营利为目的。房屋征收部门对房屋征收实施单位在委托范围内实施的房屋征收与补偿行为负责监督，并对其行为后果承担法律责任。"）

第三节　行政处罚保障公共服务目的实现

行政处罚是不为人所喜但不可或缺的重要行政权力。社会主体在市场中各取所需产品和服务，以最小的成本获取最大的利益，但要遵守基本的产品和服务的质量、安全、环保等规则，否则是不公平竞争，是恶性竞争，可能导致市场的崩溃和严重失衡。采取处罚的方式惩罚违反法律者、违反规则者，是维持市场交易平台，保障各个市场主体正常、公平竞争的基础，是主要的行政权力，也是政府提供的主要的公共服务方式之一。

一、行政处罚是实现公共目的的基础

（一）行政处罚概述

1. 行政处罚的定义

行政处罚是"行政机关进行行政管理的一项重要权力"[1]，或者是指"行政主体依照法定权限和程序，对违反行政管理秩序，尚未构成犯罪，依法应当给予行政处罚的行政相对人给予行政制裁的行政处理行为"[2]。笔者给出的概念：行政处罚是指具有行政处罚权的行政主体为维护公共利益和社会秩序，保护公民、法人或其他组织的合法权益，依法对行政相对人违反法律、法规、规章但尚未构成犯罪的行为给予法律制裁的具体行政行为。

2. 行政处罚的特点

第一，行政处罚是一种制裁活动，是对行政相对人的可以负担或剥夺其权利的活动，是对行政相对人的人身权、财产权或者资格权的一种法律方面的、强制的处理。在各个社会主体都自行争取权利，为自己理性服务的基本背景之下，对其权利的强制性制裁是一种处罚、一种惩罚。第二，行政处罚必须依照法律规范进行。各个社会主体自由竞争，自行交易，获得自身需要的物品或者服务。交易中可能不能按照约定履

---

[1] 胡建淼：《行政法与行政诉讼法》，中国法制出版社，2010年版，第233页。
[2] 姜明安：《行政法》，北京大学出版社，2017年版，第343页。

行,有的就要承担不履约的责任,以督促其尽力履约,即惩罚是保障各个社会主体依约履行的重要条件。自行的责任认可少有,社会主体可能都尽量科处他人义务,保护自身权利。法定的行政处罚需要有正当性,合法规范是正当性的主要来源和支持。非法定的惩罚活动不在行政处罚规范范围内。行政主体可能的不适当的惩罚活动没有法律支持依据,没有正当性、合法性。第三,行政处罚的目标是"有效实施社会管理,维护公共利益和社会秩序,保护公民、法人或者其他组织的合法权益"①。行政处罚有特定的法定的目的。不符合法律规定的行政惩罚活动必须摒弃。曾经出现过行政主体自行根据需要惩罚社会主体,惩罚的方式五花八门,理论和现实依据不足,严重损害法律的严肃性和行政权行使的权威性。更是祛除行政主体不当行政处罚行政的需要。祛除其可能的自私的不当的行政惩罚活动是重要的行政规治活动。第四,行政惩戒与教育相结合。行政主体惩罚行政相对人不是目的,主要目的在于前述第三点,为公共需要,同时,惩前毖后、治病救人,对行政相对人加强教育,从思想上转化、理论上说服,督促其不再违反法律规范,不再遭致行政惩罚,达到维护公共利益的重要目标。

3. 行政处罚的种类

行政处罚的种类包括:警告;罚款;没收违法所得,没收非法财产;责令停产停业;扣留或者吊销许可证,扣留或者吊销执照;行政拘留;法律、行政法规规定的其他行政处罚,这是《中华人民共和国行政处罚法》(简称《行政处罚法》)规定的行政处罚种类。事实上,行政实践中还有一部分行政惩罚,如约谈、暂缓办理行政许可类行政行为等都对行政相对人有惩罚功能。行政处罚主要从四个方面对行政相对人进行惩罚。一是人身罚,如行政拘留、驱逐出境、禁止进境、限期出境等。人身罚是最重要的行政处罚,是法律才能确定的处罚种类,要谨慎行使。二是财产罚,如罚款和没收。这是现代行政管理者最为主要和常见的惩罚方式。市场经济中主要采取经济方式进行调节,行政惩罚亦如此,是方便、常见、有效的惩罚方式。三是能力罚。在行政相对人活动能力方面进行剥夺,如责令停产停业,暂扣或者吊销许可证或者执照。法人是行政相对人活动主体,法人是以追求经济利益为目的,保持成立初衷的,是经济社会的典型体现。对违反公共利益、公共秩序目标的经济体进行经济

---

① 姜明安:《行政法与行政诉讼法》,北京大学出版社、高等教育出版社,2007年版,第310页。

惩罚是调整、规范其行为的主要方式。四是申诫罚，如警告、通报批评。对社会主体的不法活动、违法行为进行公开，对其名誉、声誉有一定影响。市场经济是信用经济，失去信用的社会主体获得的社会交易权利、经济获取能力将大受影响。有的申诫措施的制裁功能超过大额罚款，甚至决定企业的生死存亡，需要慎重行使。

（二）行政处罚的原则和功能

1. 行政处罚的原则

行政处罚的原则有数项。一是处罚法定原则，主要包括主体法定、依据法定、程序法定、救济途径法定[①]。根据行政处罚法的规定，行政处罚的实施职权规定上还有集中行使、转移职权、委托行使等[②]。依据主要是法律规范，一般是法律法规规章，根据其权限确定。各项行政规范的依据按照效力原则进行确定，上位法优于下位法，新法优于旧法。《行政处罚法》规定程序必须实行，程序违法可能导致行政处罚行为被撤销。二是公开公正原则。行政处罚是行政主体对行政相对人（行政主体管理、服务的对象）的一种规治活动。要保障法律规范一体实施，同等情况同样对待，不同情况不同对待，所有社会主体，如果违反同一法律规定，就应该依照规定承担责任。行政主体没有随意实施、畸轻畸重自行裁量的余地。行政惩罚的科处，不是行政主体私有权力随意行使，而是依照法律规定不得不实施。行政法律规范是所有社会主体都必须遵守的，不是个别行政主体自行遵奉；对违反规定的社会主体进行处理，也必须公开，一视同仁，不得偏倚。三是处罚与教育相结合原则，见前述行政处罚的特点。同时，行政处罚的原则还包括处罚救济原则、一事不再罚原则、过罚相当原则等。

2. 行政处罚的功能

行政处罚是通过制裁，对行政相对人科处义务、剥夺权利等方式督

[①] 《行政处罚法》第十五条："行政处罚由具有行政处罚权的行政机关在法定职权范围内实施。"

[②] 《行政处罚法》第十六条："国务院或者经国务院授权的省、自治区、直辖市人民政府可以决定一个行政机关行使有关行政机关的行政处罚权，但限制人身自由的行政处罚权只能由公安机关行使。"第十七条："法律、法规授权的具有管理公共事务职能的组织可以在法定授权范围内实施行政处罚。"第十八条："行政机关依照法律、法规或者规章的规定，可以在其法定权限内委托符合本法第十九条规定条件的组织实施行政处罚。行政机关不得委托其他组织或者个人实施行政处罚。"

促相对人完整、系统、及时履行行政法律规范确定的义务或者约定的义务（行政合同中有约定，行政主体一般可以直接给予惩罚）。社会主体是自然人或者自然人组成的实体，其活动内容非常丰富，范围广泛，种类繁多。社会主体主要可以划分为两类：一类是（经济）法人（一部分自然人活动同此目的），一类是公益（非经济）法人（一部分自然人活动同此目的）。经济法人是以盈利为目的（法人的定义）。法人完全可能不遵守法律规范，偷税漏税，侵犯知识产权，生产销售假冒伪劣产品，以不正当竞争谋取利益。这些行为严重违背市场经济法则。市场经济是信用经济，是各个市场主体在市场上交易产品或者提供服务，是服务对方，是对社会整体福利的增加。不当行为是市场经济主体都不认同的。只有市场经济主体在诚信、自愿、服务对方的基本原则下开展的活动，才是有效有益的活动。只有去除不当活动，才能保障市场交易合法、正当、健康。即使是非营利法人，其提供社会服务也需要对社会有利有益。对不利无益、损害市场交易规则的活动，可以通过法律规范确定行政执法实施的方式，对其强力推行。行政处罚就是保障市场交易健康、正常、持续运行。惩罚的主要目的是制裁违法者，让其不敢再犯，保障法律确定的符合市场发展的规范持续地进行下去。立法、执法、司法、普法的主要目的都是保障市场交易正常、持续、优先发展，各个主体竞相提供产品或服务，社会产品和服务丰富、富足，社会主体极大满足，社会正常运转。行政处罚的主要功能是对违法行为进行制裁，保障社会秩序、公共利益，实现公共目标。

行政处罚实质是为了公共需要，实现公共价值，达致公共目的，是公共服务论的载体之一，不是为了满足执法主体私有目的、私有价值实现的需要。如果是为私有目的、私有利益，反倒是值得专项审查的。典型代表是对违法建设的查处。城市中违法建设是占用公共资源、满足个体利益的突出表现。如果任由发展，可能的问题是，遍地都是违法建设，破墙开店，占道经营，加盖房屋，个体会不遗余力挤占公共空间。市场交易中的违规活动等，也都是社会主体侵害公共利益的表现。对违法行为进行处罚，一是违法者承担违法责任，二是制止可能的（潜在的）违法者。法律规范长了"牙齿"，对违规违法行为进行惩罚，就能够制止潜在的违规者。个体既有自觉的，将社会规范内化为行为规则；也有不自觉的，不遵守法律规则。处罚是制止违法行为的主要措施。

公共服务、公共服务论是解释、说明行政处罚等活动合法性、正当性的主要理由。公共服务论也是行政处罚立法、执法、司法、普法等活动的主要检验标准之一，非公共价值、实现非公共目的需要的行政处罚不具有正当性。没有必要的行政处罚等执法活动，最终会对公共权利公共目标公共秩序造成危害，也无法保障社会主体的私有利益。社会主体有的诉求是正当的，有的是不当的。如有的市场主体提出，一个企业一年纳税几百万，后来企业破产了，能否给企业家一个月5万养老金？这就是不当想法。企业接受公共服务，是纳税的对价，纳税人义务对应的是纳税人权利。纳税是社会主体享受公共服务的一部分对价，不能要求额外地返回不当索取。养老保障依法获取，不是交税后的储蓄，不是借款，也不是存款。企业纳税是企业接受国家（政府）保护的对价，不是存款，不是借款；企业破产了，经营失败了，自行承担风险。如果失败了，企业家一月获得5万养老金，几年就可以收回投入资金。这样做，把纳税款当作债权或者存款，与纳税的基本性质完全不符。目前的社会秩序和规范中，完全不可能实施此规范。

二、行政处罚实现公共目的的实践

行政处罚的法律规范很多，属于法律规范的"牙齿"，是行政法律规范的武装力量、强制力量。下面笔者找出各个法律规范的行政处罚内容，各个法律规范的第一条一般会表明立法目的。就各个法律规范的内容与第一条之间的关系进行分析，探微出内容与立法目标是否共同指向公共服务，法律规范的目标是否是公共利益、公共目的、公共需求，以此求证行政处罚内容是否贯彻公共服务论。行政处罚种类及其公共服务性见表5-3。

表5-3 行政处罚种类及其公共服务性列举分析

序号	行政处罚行为类型	权源（法律规范名称）	行政处罚内容	该规范的目标（第一条）	与公共服务的关系
1	限制公民人身自由的强制措施和处罚	中华人民共和国立法法	第八条 下列事项只能制定法律：……（五）对公民政治权利的剥夺、限制人身自由的强制措施和处罚；……（七）对非国有财产的征收、征用	第一条 为了规范立法活动，健全国家立法制度，提高立法质量，完善中国特色社会主义法律体系，发挥立法的引领和推动作用，保障和发展社会主义民主，全面推进依法治国，建设社会主义法治国家，根据宪法，制定本法	国家整体利益

续表5-3

序号	行政处罚行为类型	权源（法律规范名称）	行政处罚内容	该规范的目标（第一条）	与公共服务的关系
2	行政处罚设定种类等内容	行政处罚法	第八条 行政处罚的种类：（一）警告；（二）罚款；（三）没收违法所得、没收非法财物；（四）责令停产停业；（五）暂扣或者吊销许可证、暂扣或者吊销执照；（六）行政拘留；（七）法律、行政法规规定的其他行政处罚。第九条 法律可以设定各种行政处罚。限制人身自由的行政处罚，只能由法律设定。第十条 行政法规可以设定除限制人身自由以外的行政处罚。第十一条 地方性法规可以设定除限制人身自由、吊销企业营业执照以外的行政处罚	第一条 为了规范行政处罚的设定和实施，保障和监督行政机关有效实施行政管理，维护公共利益和社会秩序，保护公民、法人或者其他组织的合法权益，根据宪法，制定本法。	国家整体利益（秩序、安全、效益）
3	各种行政处罚措施	中华人民共和国环境保护法	第六章 法律责任：罚款、责令改正、按日连续处罚、责令其采取限制生产、停产整治等措施、责令停业、关闭、责令停止建设、责令恢复原状、责令公开、责令公开或以罚款并予以公告、拘留、依照《中华人民共和国侵权责任法》的有关规定承担侵权责任、承担连带责任、处分，（对工作人员）向其任免机关或者监察机关提出处分建议、（对直接负责的主管人员和其他直接责任人员给予）记过、记大过、降级、撤职、开除、（其主要负责人）引咎辞职、构成犯罪的，依法追究刑事责任	第一条 为保护和改善环境，防治污染和其他公害，保障公众健康，推进生态文明建设，促进经济社会可持续发展，制定本法。	生态文明、公众健康
4	五种行政处罚措施	中华人民共和国治安管理处罚法	第十条 治安管理处罚的种类分为：（一）警告；（二）罚款；（三）行政拘留；（四）吊销公安机关发放的许可证。对违反治安管理的外国人，可以附加适用限期出境或者驱逐出境。办理治安案件的公安机关"刑讯逼供、体罚、虐待、侮辱他人"行为的，对直接负责的主管人员和其他直接责任人员给予相应的行政处分	第一条 为维护社会治安秩序，保障公共安全，保护公民、法人和其他组织的合法权益，规范和保障公安机关及其人民警察依法履行治安管理职责，制定本法	公共秩序、公共安全
5	多种行政处罚措施	中华人民共和国食品安全法	法律责任：罚款、责令停止违法行为，没收违法所得，承担连带责任、没收违法所得和违法生产经营（销售）的食品、食品添加剂，并可以没收用于违法生产经营的工具、设备、原料等物品；吊销许可证、拘留、责令停止违法行为，责令改正、禁业期（五年）、承担赔偿责任、警告、记大过、降级或者撤职、开除处分、吊销执业证书、撤销该食品检验机构的检验资质，没收所收取的检验费用、认证费用，承担连带责任，治安管理处罚，消除影响、恢复名誉、赔偿损失、赔礼道歉等民事责任，主要负责人还应当引咎辞职，缴纳罚金，承担民事赔偿责任，违反本法规定，构成犯罪的，依法追究刑事责任	第一条 为了保证食品安全，保障公众身体健康和生命安全，制定本法。	食品安全、公众健康、生命安全

续表5-3

序号	行政处罚行为类型	权源（法律规范名称）	行政处罚内容	该规范的目标（第一条）	与公共服务的关系
6	中华人民共和国数种行政处罚措施	中华人民共和国公司登记管理条例	第十章 法律责任：责令改正，罚款，撤销公司登记或者吊销营业执照，责令限期登记，责令限期办理；警告，没收违法所得，责令退还公司财产，没收违法所得，行政处分，责令改正或者关闭，违反本条例规定，构成犯罪的，依法追究刑事责任	第一条 为了确认公司的企业法人资格，规范公司登记行为，依据《中华人民共和国公司法》（以下简称《公司法》），制定本条例	确认主体资格
7	处以行政民事刑事责任	中华人民共和国土地管理法	第七章 法律责任：没收违法所得、限期拆除、恢复土地原状、罚款、责令限期改正或者治理，责令缴纳复垦费，责令退还非法占用的土地，限期拆除，批准文件无效，土地应当收回，承担赔偿责任，责令交还土地，责令违法所得，责令其限期办理，停止施工自行拆除；行政处分；申请人民法院强制执行，费用由违法者承担；构成犯罪的，依法追究刑事责任	第一条 为了加强土地管理，维护土地的社会主义公有制，保护、开发土地资源，合理利用土地，切实保护耕地，促进社会经济的可持续发展，根据宪法，制定本法	土地资源是人民的基本生存发展必需品，土地使用规治是公共需要
8	行政民事刑事措施	中华人民共和国森林法	责令赔偿损失，补种树木，罚款，没收违法所得，不再发给采伐许可证；行政处分；情节严重的，依照《中华人民共和国刑法》该条规定追究刑事责任	第一条 为了保护、培育和合理利用森林资源，加快国土绿化，发挥森林蓄水保土、调节气候、改善环境和提供林产品的作用，适应社会主义建设和人民生活的需要，特制定本法	林木护土、调节气候，公共资源性质明显
9	行政民事刑事责任	中华人民共和国税收征收管理法	法律责任：责令限期改正、罚款、吊销营业执照、追缴其不缴、少缴或者欠缴的税款、滞纳金，追缴其骗取的退税款；收缴其发票或者停止向其发售发票；销毁非法印制的发票，没收违法所得和作案工具，停止为其办理出口退税；补征应征未征的税款，退还不应征收而征收的税款，承担赔偿责任，责令退还收取的财物，责令改正，行政处分；构成犯罪的，依法追究刑事责任	第一条 为了加强税收征收管理，规范税收征收和缴纳行为，保障国家税收收入，保护纳税人的合法权益，促进经济和社会发展，制定本法	税负是支撑包括行政在内的公权有效健康运转的必要条件
10	行政民事刑事法律行为	国务院城市管理行政执法条例	现场检查，收集违法证据，制止违法行为；拒绝执法人员实施调查、现场检查构成违反治安管理行为的，由公安机关依法给予治安管理处罚；扣押；口头警告；直接扣押其经营物品、装盛工具和作业工具；上缴国库；罚款；限期整改、排除妨碍、限期拆除、恢复原状；代履行；责令停止违法建设、装修行为；限期改正或者限期拆除；扣押相关建筑材料、物品、工具和设备；查封施工现场、强制拆除在建的违法建筑、装修；强制拆除；构成犯罪的，依法追究刑事责任	第一条 为加强城市管理工作，提高行政执法水平和效能，规范城市管理领域综合行政执法和相对集中行政处罚权的实施，保护公民、法人和其他组织的合法权益，根据《中华人民共和国行政处罚法》《中华人民共和国行政强制法》和有关法律，制定本条例	城管对象的典型的人们权利交叉聚合叠加地带，公权介入管理势在必行

续表5-3

序号	行政处罚行为类型	权源（法律规范名称）	行政处罚内容	该规范的目标（第一条）	与公共服务的关系
11	行政民事刑事措施	中华人民共和国水法	责令停止违法行为，限期拆除违法建筑物、构筑物，恢复原状，强行拆除费用由违法单位或者个人负担；罚款；限期补办有关手续；责令限期改正，限期清除障碍或者采取其他补救措施；责令限期拆除、恢复原状；责令停止生产、销售或者使用；限期采取补救措施；吊销其取水许可证；责令限期缴纳；千分之二的滞纳金，一倍以上五倍以下的罚款；依法承担民事责任；行政处分；给予治安管理处罚；追究刑事责任	第一条 为了合理开发、利用、节约和保护水资源，防治水害，实现水资源的可持续利用，适应国民经济和社会发展的需要，制定本法。	水资源为全民共享的公共产品
12	行政民事刑事责任	中华人民共和国城乡规划法	责令改正，通报批评；依法给予处分；罚款；情节严重的，责令停业整顿，由原发证机关降低资质等级或者吊销资质证书；造成损失的，依法承担赔偿责任；逾期不改正的，降低资质等级或者吊销资质证书；责令停止建设；没收实物或者违法收入；拆除；责令限期补办；查封施工现场、强制拆除等措施；构成犯罪的，依法追究刑事责任	第一条 为了加强城乡规划管理，协调城乡空间布局，改善人居环境，促进城乡经济社会全面协调可持续发展，制定本法	城市化中城乡规划建设是新型公共产品
13	以罚款、剥夺资格为主	中华人民共和国证券法	责令停止发行，退还所募资金并加算银行同期存款利息；责令停止承销或者代理买卖，没收违法所得，承担连带赔偿责任，撤销任职资格或者证券从业资格；暂停或者撤销相关业务许可；责令改正，没收业务收入，暂停或者撤销相关业务许可；行政处分；责令依法处理非法持有的股票，责令改正，责令关闭或者撤销相关业务许可；吊销其公司营业执照；责令关闭；责令其转让所持证券公司股权；证券市场禁入；警告，罚款，取缔；治安管理处罚，承担赔偿责任；依法追究法律责任	第一条 为了规范证券发行和交易行为，保护投资者的合法权益，维护社会经济秩序和社会公共利益，促进社会主义市场经济的发展，制定本法	市场新交易品种，是投资理财虚拟财产交易空间，新的公共交易场所，保障秩序非常必要

  从前述法律规范及其行政处罚的规定来看，行政处罚主要目标是公共利益。第一，《中华人民共和国立法法》《中华人民共和国行政处罚法》全面规定了行政处罚的目标是为了保障国家、社会、人民公众共同的利益，多数人的利益。规定了行政处罚的概念、原则、程序、救济、责任等。为公共目的进行制裁且有规范有约束按比例地实施，对社会主体的惩罚和行政主体权力的规治一并进行。第二，从各个行政部门法来看，行政处罚是保障多人共同的人身、财产、秩序、安全等方面的需要，分别规范了治安、市场登记、食品安全、环境保护、教育、卫生防疫、纳税、城乡规划、林木水资源、证券交易等公共场所、公共秩序、交易秩序。第三，公共场域需要公共权力规范秩序，都有相应的救济措

施。行政权力来源于公共授予，行政规范制定是公共需求，行政执法是公共目的，行政处罚是保障公共利益。社会主体总是自私的，其行为可能危害他人的、公共的利益，需要行政权力介入，制止侵权，平衡社会主体逐利适度之需求（如能源生产消耗会在一定程度上破坏环境）与社会公众居住环境安全、食品安全、社会安全等方面的权利需求的关系。

三、行政处罚实现公共目的的进化路径

行政处罚是行政法治的重要内容，是行政法律规范中需要特别规治的对象。行政处罚是指对行政相对人的制裁、惩罚，是行政活动中的暴力后盾，其本身和目标都应该是公共服务。

（一）行政处罚是给予负担的，是违法成本或者杜绝他犯再犯的活动

行政处罚是特定的、典型的、有棱角的、带刺玫瑰般的行政活动，是行政强硬权力之一。主要表现为对社会主体进行限制、剥夺、击打、处置等行动。主要行为范式表现为以下几点。一是对社会主体声誉上的损害，如口头警告、书面警告、批评、通报批评等，是采用声音、文字等载体传递出行政主体对社会主体的负面的认知、认定、判断，向众人公示该社会主体的某些行为不适当，被正式评定为不合格，引起众人可能的警惕警醒。造成该社会主体即时或者之后的行动被人低评价，交易受阻等。二是直接对社会主体的财产权进行剥夺。财富的流转主要靠自愿交易，通过合同的方式确定交易基本规则，促进交易，满足各个主体的需求。而行政强力介入，可能直接非对价地剥夺一方主体的财富，交给其他主体。这成为财富处置的重要方式。通过减少一方的资财的方式来惩罚他，是对以财富为基础的市场交易主体的最主要最有效的惩罚方式。千里交易只为财，当其财富灭失时，其交易的动力也就消失了。这也是现代经济社会最主要的惩罚方式。非暴力方式是效果最为明显，最容易实施的处罚形式，在行政处罚中的运用最为广泛。三是资格剥夺。对社会主体有一定的主体资格的认定，是管控社会的基本方式之一。没有资格资质，法律规定禁止从事一定活动，实施一定行为。失去资质便失去在社会中谋利、谋生、发财致富的机会，可能被社会淘汰。资质资格是在社会立足的前提和基础。进行资质限制，是对特定主体的强力惩罚。四是采取直接的民事的恢复原状、赔偿损失方式进行惩罚。有的社

会主体对社会进行破坏,如土地占有者肆意毁坏土地,破坏植被,长此以往,社会将进入自我毁坏或者进入社会不适合人类生存的状态。要求其恢复未被破坏的情形,是一种主要的保护方式。五是相应的行政的、刑事的惩罚。这不是行政处罚,是一种补充的处理方式。对具有特定身份,如公职身份的人违反规范,给予公职身份的处理、处分,如撤职、开除等,是警醒特定人员不得为非、违反法律规范的重要途径。还有刑事的后盾,刑事惩罚是最为重要的惩罚方式。对严重违反法律规范的行为给予刑事负担,是法治中的最后手段。

行政处罚是对社会主体的各个方面进行制裁,如声誉的、能力的、财产的等。社会主体是追求自由自主的,在各种活动中,从各自的地位、权益保障出发作出最有利于自身的决策并采取相应的行动。作为共同体的国家,有完整的独立的权利,社会主体之间的权益有交集,也有交叉和冲突。当社会主体行动中个体利益危害公共利益、国家利益时,就需要加以制止,对侵害行动科处义务。作为共同体的国家在一定时期是强势和自利自私的。在封建王朝中,以皇帝为首的利益团体完全可能把自己及其家族的利益凌驾于国家、社会整体利益之上,如对皇族、官僚集团、世族团体的利益倾斜和过度保护,世袭掌控公共权力,不断攫取更大的利益。为部分人服务的公共权力行使方式的正当性受到质疑,至少部分行动的正当理由不充分。而现代社会,公共权力掌控在人民及其代理人手中,权力受到监控,掌权者行为接受约束,掌权者有严格的选拔、选举和任期限制,保障公共权力真正为公共利益服务。若社会主体活动违反法律规范,侵害他人利益,过度自由化,就应该制止,并给予其一定的义务。遵守法律规范是义务,违背法律规范则应该承担责任。科处惩罚是保障公共资源为公共服务,保障公共利益真实实现。采取剥夺社会主体利益的方式就是惩罚活动。对违反规范者确认其活动违法,并使其"被迫拿出曾经占有的权益";对未来的可能的违法者给予充分警醒。违反规范者无法获得利益,就不再违法。多数人自觉遵奉法律规范,社会运行有效而健康。

行政处罚的目的是促使社会主体认识到:违反法律规范就要承担责任,就会处于不利处境;社会主体应该自觉遵守社会规则和法律规范,保障社会秩序、社会安全等公共利益的实现。行政处罚是对违规者的惩罚,是对不违规者的公正的"鼓励"。同等条件下,一部分人违规运作,获取利益,对遵纪守法者而言,就是不公平、不公正的。长此以往,违规行为会多次出现,对不违规者愈加不公平。任由这种情形发展下去,法律规范等保障公共利益的规则就没有人遵守，就会被束之高阁，公共利益将会被破坏殆尽，最终导致所有社会主体出现无规则情形或者混乱、骚乱，国家等共同体可能不复存在，社会主体的权利无疑会被彻底破坏，社会进入恶性循环。不遵守规范，社会混乱，社会主体权益不保，社会规范消失。为保障社会主体利益，确保必要的公共利益，有必要制定合适的正当的社会规范，形成必要的公共秩序，保障所有主体必要的权益。行政处罚是以剥夺特定人的权益来维护社会最大的权益。

（二）行政处罚是确保实现公共目标的主要手段之一

行政立法从两个方面对行政处罚权进行规定：一是片段的、集中的规范，如前所述的《行政处罚法》；一是分别在单行的部门法律规范中规定，如《中华人民共和国水法》《中华人民共和国税法》《中华人民共和国证券法》等，单行法律规范中一般都有"法律责任"专章。法律规范一般是对前面社会主体给予的义务。即该法律规范针对的社会主体对象，应该完全、直接、真实、自觉地按照法律规范的行为活动。如《中华人民共和国水法》第三十四条："禁止在饮用水水源保护区内设置排污口。在江河、湖泊新建、改建或者扩大排污口，应当经过有管辖权的水行政主管部门或者流域管理机构同意，由环境保护行政主管部门负责对该建设项目的环境影响报告书进行审批。"这是针对所有社会主体都直接给予的负担、义务。这种规定本身也是包括设置排污口、新建排污口的主体在内的所有社会主体必须执行的，是避免污水轻易污染水源，避免一定区域的人们不能使用清洁用水，是对该区域所有人负责的有利的行为规范，属于公共利益范畴。但有的社会主体只图经济利益、个体利益，为方便排污，直接违反该条。从经济人的角度分析，完全符合经济人自我利益最大化的目标取向。事实上，很多时候主体就是这样干：损害环境，只图挣钱获利。故《中华人民共和国水法》制定了相应的惩罚条文如第六十七条："在饮用水水源保护区内设置排污口的，由县级以上地方人民政府责令限期拆除、恢复原状；逾期不拆除、不恢复原状的，强行拆除、恢复原状，并处五万元以上十万元以下的罚款。未经水行政主管部门或者流域管理机构审查同意，擅自在江河、湖泊新建、改建或者扩大排污口的，由县级以上人民政府水行政主管部门或者流域管理机构依据职权，责令停止违法行为，限期恢复原状，处五万元以上十万元以下的罚款。"对违反前述第三十四条规定的，科处义务，包括行为上的"恢复原状"、经济上的"罚款"。破坏清洁水资源的应该付出代价。这样，其他社会主体就不敢擅自破坏、污染水资源了。

社会机器精妙而复杂，无数的社会主体在社会中如沸水中的水分子一般各自运动，免不了要碰撞，产生纠纷。如果完全自由地活动，随心所欲，可能每一个社会主体都会被侵权。为避免无序、无用、无效的运动，社会主体形成基本的规则。现代法治社会的法律规范是最基本最主要的规则，也是保障社会主体能够自由行动且不破坏社会大环境的基本约束条件。对部分可能的破坏社会主体的行为，采取行动进行处理是必然的，对拒绝接受社会规范约束的主体，对违反社会规范的对象进行处理，然后强迫其遵守规则，恢复原状。当事主体不自觉履行时，采取强制措施进行恢复，保障社会规范实施的有效性，非常必要而及时。有了社会规范，社会主体可能不完全自觉遵守，不忠诚维护社会秩序，要有强力执行该措施，维护公共所需。行政处罚的直接制裁功能是使破坏公共利益者付出代价，使其他相关社会主体不敢违法，保障公共利益目标的实现。

（三）行政处罚自行规治确保公共利益公共目标不偏离

以《行政处罚法》为主的多部法律规范，对行政主体进行全面、系统、整体的规治，目标对准公共利益。一是执法主体的规范。行政主体"暴力"来源于合法授权。公共利益的保障需要具体的部门来实施，一般赋权地方人民政府，由地方人民政府相应的职能部门具体完成。如《中华人民共和国土地管理法》赋予了县级以上地方人民政府自然资源主管部门的设置及职责①。这是县级国土资源局管理该县辖区内的土地使用、规划等的权源。乡镇没有直接的国土执法权，只能受委托执行任务，不能自主执法。二是执法依据规范。法律规范的基本格式是三段式：法律规范、违反后果、制裁。上市公司董事被罚款十万人民币，其被处罚的依据是《中华人民共和国证券法》"违反规定买卖本公司股票"的行为②。没有法律依据就不能处罚该行为。三是程序依据规范。以《行政处罚法》为主，对行政主体的取证、检查、拟作出处罚决定、执行，及

---

① 《土地管理法》第五条："国务院自然资源主管部门统一负责全国土地的管理和监督工作。县级以上地方人民政府自然资源主管部门的设置及其职责，由省、自治区、直辖市人民政府根据国务院有关规定确定。"

② 《证券法》第一百八十九条："上市公司、股票在国务院批准的其他全国性证券交易场所交易的公司的董事、监事、高级管理人员，持有该公司百分之五以上股份的股东，违反本法第四十四条的规定，买卖该公司股票或者其他具有股权性质的证券的，给予警告，并处十万元以上一百万元以下的罚款。"

其法律文书制定、告知、执行完毕卷宗归档等，进行系列完整的约束，保障作出的处罚决定有法可依、有证据支撑，当事人救济有渠道，行政主体不得肆意、随意给予处罚，也不能借机自我敛财或者机关敛财。四是形式依据规范。行政处罚行为内容丰富、繁多，每一条条文都可能有一定的处罚幅度，如前述《中华人民共和国证券法》第一百九十五条，罚款数额是"十万到一百万"，数额差距大，如何做到有理有据地进行行政处罚，即该行政处罚符合比例原则，是否有例外情形等，即形式合法。对行政处罚进行主体、依据、程序、形式几个方面的规范，还宣示有基本原则，如教育与惩罚相结合原则，还有救济渠道，如行政复议、行政诉讼等。

公民（及其法人等拟制人）作为一个国家内共同体中的一员，有义务做一个理性、负责、遵守秩序的个体，在个体与他人（包括其他主体）之间的权利交集、重叠中寻求平衡；保障个体利益，同时不侵犯他人利益；自由发挥行使自由权利，也不妨碍公共共同自由；维护和增进共同规范的良好实施（公共规则），共同规范主要是公共规范、公共利益保障之需。个体在私有利益膨胀、无视公共规范时，可能损害共同体一致行为需要的基本规范，让共同体规则偏离公共需要，规则破碎。对公共规则的破坏，就是行政处罚的基本的法理基础。当然，对公共利益的理解和认知可能存在差异，不同个体感知不一样。公权行使者也是自然人组成的，自然人的思想与认知组成了公权意志和公权认识；任何权力都具有膨胀性，可能有行使权力者（自然人）自我不当和偏差的认识掺杂其中，导致公权对公共利益的认知有膨胀和激情判断，出现偏差。因此，包括行政权力在内的公权应该谦抑，应该内敛，不得随意扩张；对随意扩张的公权力保持设计救济渠道和措施。每一个个体在有组织强力推行的公权力面前都是弱者，行使公权的公民个体在另外公权力面前，离开公权后，都是弱者。对权力可能的危害要警醒，特别是对使用不当权力造成的灾难应该铭记。准确理解公共利益，防止公权侵害私人权利；特别是对以公权之名、保护公共利益之名可能越位的行动保持高度重视。最终全方位保障行政处罚的合目的性——公共利益目标。

附：

贝某行政处罚诉讼案公共服务性探析

一、案件简介

2015年1月31日，贝某驾驶车辆遇行人正在通过人行横道，未停车让行。海宁交警大队执法交警当场将涉案车辆截停，适用简易程序向贝某口头告知了违法行为的基本事实、拟作出的行政处罚，并在听取贝某的陈述和申辩后，当场制作并送达了公安交通管理简易程序处罚决定书，给予贝某罚款100元、记3分的处罚。贝某不服，向海宁市人民政府申请行政复议。复议机关维持了行政机关的处罚决定，贝某诉至海宁市人民法院。2015年6月11日，浙江省海宁市人民法院判决，驳回贝某"要求撤销行政处罚"的诉讼请求。贝某不服，提起上诉。2015年9月10日，浙江省嘉兴市中级人民法院作出判决：驳回上诉，维持原判。[①]

二、案件体现的公共服务论

（一）交警对贝某的处罚体现了公共服务论基本思想

当机动车辆行驶至人行横道时，如果人行横道有行人，机动车辆应当主动让行，这是对行人的尊重，也是减少交通事故、交通冲突的需要。如果行人与机动车互不相让，甚至抢行，就容易发生交通事故。人行横道是专门划出来供行人行走的通道，行人有优先权；机动车相对赤手空拳的行人而言有一定强势地位，两者如果发生冲撞，就会严重损害行人权利，制造社会问题。故礼让行人是文明行车、行人在人行横道优先、减少交通事故的需要，是衡量各个主体权利后作出的规范要求，机动车应该遵守。贝某在驾驶机动车时未主动让行行人，违反了文明安全驾驶的基本要求，给人行横道上的行人带来了一定的人身危险性。社会的良性发展需要良好的社会秩序，交通秩序是社会秩序的重要一环。维护社会秩序是行政机关所需要提供的公共服务的一种，秉持公共服务论，对违反社会秩序的人进行处罚，制止不礼貌行车，形成文明行车规则，维护交通秩序，维护公共利益，实现公共目标，是对公共服务论的践行。

[①] 最高人民法院官网指导案例90号：贝某诉海宁市公安局交通警察大队道路交通管理行政处罚案。

(二)浙江省海宁市人民法院驳回贝某的诉讼请求是与公共服务论在司法层面的联动

人民法院作为"仲裁者",其每一项判决,不仅仅是一次简单的司法活动,也是社会的风向标。驳回贝某的诉讼请求其实就是对其违反交通秩序的行为的否定评价,体现了对违反交通秩序行为严厉打击的态度,有利于引导社会形成遵守交通秩序的良好风气。良好的社会秩序形成了,人民群众的人身安全也得到了保障。良好的社会秩序,人民幸福安康,是公共服务论的基本内涵,是公共服务论的现实要求。人民法院不仅是仲裁者,也应当是公共服务论的践行者、维护者。

三、行政执法与司法裁判在公共服务论的指导下进行

(一)行政执法以公共服务论为指引

全心全意为人民服务是政府的宗旨,政府是公共服务最大的提供者。而政府的行政行为以公共服务论为判断标准,同时也以公共服务论为行为准则。交警执行公共服务,其执行公务的行为是否合法合理,公共服务论是一个重要的判断标准。对违反交通秩序的行为进行处罚,是在公共服务论的指导之下进行的。在交警执法的过程中,人民群众有时会有疑问:交警的执法活动是否合法合理?而判断交警的行为是否合理合法,公共服务论是十分重要的指标。当交警的执法活动与公共服务论相符合的时候,其行为就会得到人民群众的认可,反之就会受到批判。行人与机动车在参与交通中发生冲突时,依照保护弱者、减少事故、提高行车文明度等方面的价值取向进行执法,是更好地保障公共利益,践行公共服务论。

(二)公共服务论是司法裁判的价值取向

司法机关驳回贝某的诉讼请求,是对公共服务论价值取向的尊重。交通行政执法是公共服务的直接提供者,负责维护社会秩序,保护人民群众生命财产安全,惩罚违法行为,制止潜在的违法者,推动文明礼让交通规则的实现。当有人对交警的行为质疑的时候,司法机关依法审理,对行政执法行为的合法性进行审查,合法则支持,不合法则不支持;公平、公开司法,不偏向哪一方。行政执法本身是维持正常的社会公共交通秩序;司法裁判对行政行为的合法性进行审查并作出裁判,活动符合公共服务论基本内涵。公共服务论指引行政活动、司法活动,公共服务论思想在本案中得到完美的体现。

第四节　行政公开保障公共服务性

依法行政要求对社会主体的自主自由行为进行规范。公共权力行使既要促使人人守法，也要对违法行为进行处置，但行政行为效果可能有偏差，造成权力滥用，可能引起民众的不满甚至怨恨，故要加强对行政权力行使的监督。除专门机关监督外，行政公开是法治建设的应有之义。本节专项研究行政公开。

一、行政公开最大限度保障公共服务

行政公开制度能够增加行政权行使过程的透明度，便于群众监督，约束行政行为，防止权力滥用。

（一）行政公开内容丰富

学界对政务公开、政府信息公开等研究比较多，但对行政公开进行的研究不多。本书界定的行政公开是：行政主体行使职权时必须公开除国家秘密、商业秘密和个人隐私以外的与行政职权有关的事项；行政权力运行时的依据、过程和结果对外公开；行政主体对外活动接受社会各界的监督公开。行政公开的依据是法律、法规以及规章的规定，方式是运用多种媒介和手段向社会公布。行政公开内容是行政主体的行政职责范围、内容、标准、程序、时限、结果、奖惩办法、监督手段以及工作纪律等。

行政公开的特点多样。一是行政公开是行政权力及其运行完整的对外公开。封建社会统治者认为法律规范不对外公布的威力无穷，所谓"刑不可知，则威不可测"；统治者的意志就是法，被统治者依照统治者的意志而行为；统治者可以无限地解释法律规范，而被统治者就只能小心翼翼，不知道哪一步失足会跌入深渊。现代权力行使观是完全对外公开，让人们知晓，接受监督。二是行政公开是对行政权力行使的法治要求。法治要求约束权力，要求公权力行使受到人们的观察、评价和监督，实现以人民权利制约行政主体权力的目的。"来自企业注册局和土地管理

局的数据，发现信息比较公开透明的经济体腐败和贿赂程度也比较低。"① 权力接受社会的审查和制约，形成健康权力运行状态。三是行政公开是民主建设的需要。民主即人民当家作主，人民通过行使选举权选举代表和官员代为行使权力，代表者的权力是人民委托行使的，被委托者行使权力中可能率性而为，任性而为，肆意妄为，滥用权力，不作为行使权力等；行政公开，在选举者雪亮眼睛的注视下，被委托行使的权力可能会减少前述弊端。

行政公开界限容易模糊。在《中华人民共和国政府信息公开条例》（以下简称《政府信息公开条例》）颁布前，理论界在讨论政府事务公开，政治学界在研究政务公开，还有研究党务公开、村务公开、校务公开、院务公开等；前述法规颁布后，学界集中对"政府信息公开"进行研究。政府信息公开主要包括以下几点。一是政府事务公开，政府事务包括政治事务和国家管理事务。金太俊认为，公开政府事务一般是指必须在法律规定的范围内将国家的政治事务或政府活动公之于众。二是政府信息公开。刘恒教授认为："政府信息公开是指国家行政机关和法律、法规授权的和委托的组织，在行使国家行政管理职权的过程中，通过法定形式和程序，主动将政府信息向社会公众或依申请而向特定的公民或组织公开的制度。"《政府信息公开条例》规定的政府信息是指"行政机关在履行职责过程中制作或者获取的，以一定形式记录、保存的信息"，主要是指政府生产或保存的数据类型信息。政府信息公开的概念小于行政公开，是指静态信息，内容单一，影响小，价值有限。行政公开是一个动态的概念，主要是行政主体、内容、程序、依据、结果全部公开，即行政权力运行全过程全信息的公开，行政权力的行使，连续的信息、事实和行为组成的一系列事件。行政全公开促使行政权力积极行使，以造福国家，是综合性行政行为之一，是行政行为"切片"的综合，有整体性。

（二）行政公开的理论基础

社会主义市场经济是开放经济和自由经济。信息是开放的，在市场中自由流动。信息的数量和内容决定了所要产生的利益。政府拥有大量信息，社会主体对信息平等共享。政府在决策上更加民主，公众参与多。行政公开理论基础有多重。

---

① 本刊：《〈营商环境报告〉记录过去15年全球实施营商环境改革近3200项》，《财经界》2017年12月（上）期。

人民主权论。人民主权即政府的权力来自人民，政府应当正当地行使权力。19世纪中叶，马克思指出公民应有权参与社会事务的管理和决策；毛泽东创造性地提出了人民民主专政的理论；邓小平提出了建设有中国特色的社会主义民主，完善社会主义民主法制理论；习近平提出坚持以人民为中心的法治理论。人民当家作主是社会主义民主的本质和核心，民主是社会主义的生命。坚持以人民主权论表明行政机构享有的所有权力都来自人民的委托和授权，这是政府权力行使的合法性和正当性基础。人民必须使用某种方法来了解行政机构是否在人民授权范围内行使行政权力。行政公开是政府的义务，是人民广泛参与行政事务、监督政府、实现人民主权的方式。政府属于人民，来自人民，为了人民，人民就应该详细了解政府的活动。人民只有拥有信息，广泛参加国家事务，才能进行自我统治。

公民知情权论。17世纪，英国的思想家洛克指出："无论国家采取什么形式，统治者都应该以正式公布的被接受的法律，而不是以临时的命令和未定的决议进行统治，因为只有这样，才能使人民知道他的责任，并在法律范围内得到安全和保障，并将统治者限制在适当的范围内。"直到1945年，"知情权"被正式提出。知情权泛指公民知悉、获取信息的自由和权利或者是公民知悉、获取官方信息的自由与权利，还包括知政权，是对国家、政府的行为的知悉权，公民有了解国家、政府政策的权利，如政府决策时的听政权[①]。公众知悉权，即社会民众对正在发生的情况的知悉权利。民事知情权，如当事人对于自己身份的了解、知悉的权利。知情权是公民的一项基本权利，是民主国家的一项根本政治权利。如麦迪逊所言："公众要想成为自己的主人，就必须以习得的知识中隐含的权利来武装自己；政府如果不能为公众提供充分的信息，或者公众缺乏畅通的信息渠道，那么所谓的面向公众的政府，也就沦为一场滑稽剧或悲剧或悲喜剧的序幕。"公开透明的政府可以确保人民的知情权，确保人民监督行政权运行，确保行政决策的公开性和公正性以及行政权力的运作，促进和改善民主，并保护人民的公共利益。

二、行政公开实现公共服务的实践

行政公开是《政府信息公开条例》的扩展，行政公开促进社会、法治、民主持续进步。

[①] 尚振海，潘醒：《法律基础实例解读》，中国农业出版社，2004年版，第51页。

（一）行政公开的现状

2008年，国务院《政府信息公开条例》（2008年5月1日起施行，2019年修订后，2019年5月15日起施行）颁布实施后，政府信息公开工作全面深入推进，信息公开法治化、制度化、规范化逐步实现。该条例规定政府信息为"行政机关在履行行政管理职能过程中制作或者获取的，以一定形式记录、保存的信息"，并指出：公开是原则，不公开是例外；除国家秘密、商业秘密、个人隐私外，一律对外公开；谁制作保存，谁负责公开；实行主动公开和依申请公开两种方式；全面、具体规范政府主动公开的信息内容[①]。承担政府信息公开的主体是国务院和各地方政府。各级政府颁布了大量有关政府信息公开的文件，旨在促进和规范政府信息公开[②]，并加强了监督、督促制度。《政府信息公开条例》出台后，推进了法治政府、透明政府、廉洁政府建设。各地通过行政复议、行政诉讼等制度大力推进、督促政府信息公开工作。各级行政机关也加强了政府信息公开工作。政府网站等公共媒体的建设水平不断提高，主动公开信息的数量持续增加。

[①] 《政府信息公开条例》第十九条："对涉及公众利益调整、需要公众广泛知晓或者需要公众参与决策的政府信息，行政机关应当主动公开。"第二十条："行政机关应当依照本条例第十九条的规定，主动公开本行政机关的下列政府信息：（一）行政法规、规章和规范性文件；（二）机关职能、机构设置、办公地址、办公时间、联系方式、负责人姓名；（三）国民经济和社会发展规划、专项规划、区域规划及相关政策；（四）国民经济和社会发展统计信息；（五）办理行政许可和其他对外管理服务事项的依据、条件、程序以及办理结果；（六）实施行政处罚、行政强制的依据、条件、程序以及本行政机关认为具有一定社会影响的行政处罚决定；（七）财政预算、决算信息；（八）行政事业性收费项目及其依据、标准；（九）政府集中采购项目的目录、标准及实施情况；（十）重大建设项目的批准和实施情况；（十一）扶贫、教育、医疗、社会保障、促进就业等方面的政策、措施及其实施情况；（十二）突发公共事件的应急预案、预警信息及应对情况；（十三）环境保护、公共卫生、安全生产、食品药品、产品质量的监督检查情况；（十四）公务员招考的职位、名额、报考条件等事项以及录用结果；（十五）法律、法规、规章和国家有关规定应当主动公开的其他政府信息。"

[②] 如《国务院办公厅关于做好施行〈中华人民共和国政府信息公开条例〉准备工作的通知》（国办〔2007〕54号、《国务院办公厅关于施行〈中华人民共和国政府信息公开条例〉若干问题的意见》（国办发〔2008〕36号、《国务院办公厅关于做好政府信息依申请公开工作的意见》（国办发〔2010〕5号，《国务院办公厅关于进一步加强政府网站管理工作的通知》（国办发〔2011〕40号，《国务院办公厅转发全国行政公开领导小组关于开展依托电子政务平台加强县级政府行政公开和政务服务试点工作意见的通知》（国办发〔2011〕99号，《国务院办公厅关于印发当前政府信息公开重点工作安排的通知》（国办发〔2013〕73号，《国务院办公厅关于印发2015年政府信息公开工作要点的通知》（国办发〔2015〕22号，《国务院办公厅关于印发2019年政务公开工作要点的通知》（国办发〔2019〕14号等。

(二)行政公开典型案例

2020年6月8日,中国社会科学院法学研究所和社会科学文献出版社联合主办的"2020年《法治蓝皮书》发布暨中国法治发展与展望研讨会"在北京举行。《中国政府透明度指数报告(2019)》连续11年对49个国务院部门、31个省政府、49个较大的市政府和125个县(市,区)的公共事务进行了第三方评估。其中,全国县级政府评估结果,安徽省合肥市庐阳区在全国排名第11位,在全省排名第1,见表5—4。

表5—4 2019年中国县级政府透明度指数评估结果表

排名	评估对象	决策公开(30%)	管理服务公开(20%)	执行和结果公开(20%)	政务公开平台建设(20%)	依申请公开(10%)	总分100
1	上海普陀区	72.60	58.60	62.80	86.00	100.00	73.26
2	浙江省宁波市江北区	72.60	58.24	64.52	88.00	86.00	72.53
3	北京市西城区	63.20	72.30	61.50	90.00	100.00	71.68
4	山东省威海市荣成市	73.80	72.30	40.00	95.00	96.00	71.20
5	广东省深圳市罗湖区	68.60	55.96	62.00	88.00	90.00	70.77
6	上海市虹口区	59.20	60.28	69.04	93.00	80.00	70.22
7	浙江省温州市瓯海区	54.80	55.84	67.60	95.00	96.00	69.83
8	山东省济南市历下区	67.80	58.30	48.00	88.00	100.00	69.20
9	广东省广州市越秀区	65.00	52.12	58.44	88.00	95.00	68.71
10	上海市浦东新区	67.40	48.52	60.24	88.00	90.00	68.57
11	安徽省合肥市庐阳区	75.80	51.88	52.44	80.00	86.00	68.20
12	山东省烟台市龙口市	59.00	59.56	58.44	86.00	96.00	68.10
13	广东省佛山市禅城区	71.60	62.32	21.94	95.00	100.00	67.33
14	上海市黄浦区	57.00	57.04	57.80	83.00	100.00	66.67
15	安徽省宿州市灵璧县	67.40	46.24	56.80	78.00	96.00	66.03
16	安徽省六安市裕安区	65.00	64.60	54.72	95.00	27.50	65.11
17	上海市徐汇区	43.20	55.96	61.60	93.00	100.00	65.07

《法治蓝皮书(2020)》宣布2019年中国政府透明度指数评估的结果。透明度评估指标包括决策公开、管理服务公开、执行和结果公开、政务公开平台建设依申请公开等。2019年中国政府透明度指数评估结果显示,国务院部门位居前列的是:交通运输部、海关总署、国家发展和

改革委员会、国家市场调节局、工业和信息技术部、民政部、国家税务总局、司法部、水利部、商务部。省政府透明度前十名排序是：北京市、上海市、广东省、贵州省、四川省、山东省、安徽省、湖北省、天津市。县（市）政府前十名排序是：上海市普陀区、浙江省宁波市汇北区、北京市西城区、山东省威海市荣成市、广东省深圳市罗湖区、上海市虹口区、浙江省温州市瓯海区、山东省广州市济南市历下区、广东省广州市越秀区、上海市浦东新区。

各级政府机构注重详细介绍政府服务信息，促进信息查询和获取。评估显示，2019年政府服务目录的宣传效果相对较好。被评估的43个国务院部门和省、市、县（市辖区）的所有三级政府都发布了政府服务项目目录。国务院部门的信息公开率从上年的84.00%提高到91.49%，市、县级政府分别从上年的74.51%和57.00%增加到100.00%。大多数评估对象都集中在显示"全生命周期"服务项目上。整合和展示市场实体（企业）"全生命周期"服务项目的省级政府有26个，较大的市级政府有42个，县（市、区）有125个，分别占83.87%、85.71%和100.00%；21个省级政府、35个较大的市级政府和124个县（市、区）政府可以整合和展示个人"全生命周期"服务项目，分别占67.74%、71.43%、99.20%。一些主题整理并披露了确实需要保留的认证项目。国务院11个部门、10个省政府、19个较大的市政府和21个县（市、区）政府整理并披露了真正需要保留的认证项目清单，各级政府相继开展了相关工作。各级行政机关的信息公开渠道具有多元化特点。政府网站是政府信息公开的第一平台，微博、微信等多种渠道也各具特点和优势，成为各级行政机关公开政府信息的主要平台。随着微博、微信以及抖音等新媒体的普及率进一步提高，越来越多的人习惯于通过移动通信设备获取信息，但政务微博、微信公众号、抖音中还存在如职能部门发展不均衡、缺乏与网民真实互动、内容同质化程度高等问题。

四川政府信息公开制度比较先进。笔者在"北大法宝"上以"政府信息公开"为标题，精确搜索四川省关于行政公开的地方性法规（包括但不限于规范性文件）为140件[①]，除去港澳台地区，在全国31个省、自治区、直辖市中排名第6。2019年，四川省各地各部门严格按照"谁制作、谁公开"原则以及信息"三审"发布要求，累计公开政府信息

---

① http://www.pkulaw.cn/cluster_call_form.aspx?menu_item=law&EncodingName=&key_word=，最后访问时间2015年10月6日。

842.13万条（不含政务服务、企业信用、集体土地征收、投资审批、公共资源交易等专业平台发布的数据）。

从公开主体来看，省政府机关公开7.9万条，占比0.94%；省直部门公开20.30万条，占比2.41%；21个市（州）公开813.93万条，占比96.65%。

从公开渠道来看，政府网站公开信息492.73万条，占比58.51%；政务新媒体公开信息217.11万条，占比25.78%；全省政府公报刊登政府规章和规范性文件等信息0.24万条，占比0.03%；通过报刊、电视、广播、政务服务场所等其他渠道公开信息132.05万条，占比15.68%。

从公开内容来看，根据党中央国务院和省委省政府工作部署，结合全省2019年度政务公开工作要点，重点在四个方面促进信息公开。一是打好"三大攻坚战"，及时公开推进地方金融改革、妥善处理地方政府债务风险等防范化解重大风险信息1.38万条，扶贫政策举措、扶贫项目和财政专项扶贫资金等方面信息9.21万条，打好污染防治攻坚战"八大战役"、完善生态环境准入促进绿色发展、生态环境突出问题整改等方面信息8.16万条。二是着眼于不断优化经营环境，累计公开"执照分离"改革、工程建设项目审批制度改革、项目投资审批、压缩企业开办和不动产登记时间、优化企业注销办理流程、精简行政许可、动态调整权责清单和市场准入负面清单、清理规范收费项目、减证便民、政务服务、减税降费等方面信息4.23万条。三是围绕民生重点领域，及时披露有关政策措施、工作进展、监管考核结果等信息46.53万条。其中，公开2019年全省30件民生实事实施方案及进展情况13.78万条，义务教育入学政策、招生方案、学校情况、录取结果等教育信息13.92万条，医疗服务、食品药品安全、医保监管、疫苗监管、公立医疗卫生机构绩效考核结果等方面信息7.3万条。按季发布全省人力资源市场供求情况分析报告，组织召开社保降费减负政策新闻发布会21场，累计公开公共就业创业精神、降低社会保险费率、调整养老保险金等信息11.53万条。继续深化财政预算决算公开，并按规定公开政府债务限额、余额、债务率、偿债率以及经济财务状况、债券发行、存续期管理等信息。四是围绕推动经济高质量发展，公开促进制造业的高质量发展、扎实推进乡村振兴、促进区域协调发展、加快经济体制改革、全面开放、节能环保产业培育、实施消费升级和质量提升行动计划等相关信息7.13万条。[①]

[①] 见四川省政府官方网站，《四川省2019年政府信息公开工作年度报告》。

（三）行政公开司法救济概述

根据中国裁判文书网的数据，从 2016 年 1 月至 2020 年 5 月，四川省法院共受理行政案件 73010 件。其中，政府信息公开案件已成为近年来增长最快的案件类型，涉及的行政领域迅速扩大。依法公开涉及社会公共利益和人民切身利益的重要决定、重大事项和管理文件，能保护人民群众的知情权和监督权。

行政公开一直存在，但尚未被法律规定、规范或裁定。从行使行政权力的角度来看，经常暴露行政主体主要负责人（法律法规授权的行政机关和组织）的活动。打开报纸及互联网，可以看到有关各级政府和各地相关领导人的活动的报告。对政府的公职人员（特别是各级党政主要领导人）活动的报道非常频繁。实际上，信息公开与政府活动之间存在根本的区别。领导者的工作信息可以在各国政府及其部门的网站上查询，但只能查询主要领导者的部分信息或个别信息，不是完整的路线图、日程安排图。新闻报道中有关领导干部的活动，是从新闻信息的角度公开的，不是从政府职能和行政权力行使的角度公开的。行政公开还包括行政权力行使的全面而具体的公开。人们仍然难以理解诸如权力行使、工作内容以及公职人员及其人员的绩效等信息。

（四）行政公开的问题及原因分析

对行政公开的认识逐渐清晰。目前，行政公开主要指政府信息公开，政府信息公开的范围需要在实际和个案中具体确定。例如，行政公开意味着只要属于行政信息，就应该公开，或者只要有财政支持（包括部分支持、间接支持）等，该信息就被视为政府信息；或者行政机关的信息是政府信息。从字面上理解，《政府信息公开条例》中的"政府信息"是指行政机关在履行职责过程中产生或获取的，并以某种形式记录和存储的信息。如果遵守此规定，则行政机关产生或获取的信息被视为政府信息，但政府信息不等同于行政信息，行政信息的范围大于政府信息的范围。行政信息主要指由财政资金支持的机构的信息，以及与公共管理密切相关的信息。纳税人的钱被使用了，理论上可以公开使用机构的相关信息。资金为国有并以公司方式运作的国有企业信息是否被视为政府信息？即使是政府信息，在政府机构中的信息，除非被自动主动地公开，否则还是有一部分不会公开。如果没有积极地公开，那么行政对应方如何知道它具有此信息？如果政府运作中的信息是通过相关渠道获得的，那么政府信息公开中应该公开的是终端信息还是过程信息？这也值得研究。

行政公开的概念逐步深入。在现实社会中，公民通常处于不利地位。他们对权利的范围没有深刻的了解，也没有意识到自己有知情权，"我不知道我有权参加公共事务"，且大多数公民缺乏参与行政公开的热情和主动性，并具有"搭便车"的心态。如果公民直接询问和了解行政公开性，将花费大量时间和精力；只会获得知情权，回报也不够。行政公开是一项公共活动，公民个人不可能花费所有的时间和精力去质疑公共利益，除非他们的个人利益直接参与其中。事关公共利益的行政公开，有必要采取公共利益全部公开制度以取得公众满意的效果。

行政公开制度不断健全。我国没有详细完整的《行政公开法》。关于行政公开的主体、目的、内容、形式以及救济手段等需要一部法律进行全面规定。公开相关行为在其他法律法规中应该完善规定，如《行政处罚法》《行政许可法》《行政强制法》《行政复议法》等系列、全部地规定行政机关活动全公开，行政行为的文件除国家秘密、商业秘密和个人隐私外，不只向行政主体和行政相对人开放，而是对所有社会主体开放。

三、完善的行政公开促进行政服务性

随着市场经济的发展、民主与法治的不断发展，公民对民主与法治的认识不断提高。大多数国家都颁布了政府信息公开法。政府信息的开放更多地反映了如何在公民知情权与政府安全及公共利益之间平衡利益关系；政府信息公开的出发点是在不损害国家安全和公共利益的前提下保护人权。美国和日本的行政公开具有代表性。

美国在行政公开方面拥有丰富的经验。1789年美国颁布的《管家法》(《清洁法》)规定"行政部门或军事部门的负责人可以制定法规，管理记录，正式文件和资产使用和维护"。1946年制定的《联邦程序法》规定，公众拥有广泛地了解政府信息的权利。1966年美国的《信息自由法》有三个重要的进步：规定了公开原则和不公开的例外；公开的对象不仅限于与文档直接相关的各方，而且无需解释任何原因；规定了补救措施，如果行政机关拒绝公开，则当事各方可以提起诉讼，并请求法院命令行政机关公开当事人要求的文件。1972年的《联邦咨询委员会法》适用于联邦政府咨询委员会，严格规定由国会颁布的法律或总统或行政机关的决定设立咨询委员会。1974年修改的《情报自由法》，其主要规定已纳入《美国法典》第5编第552b节。1976年制定的《阳光中的政

府法》还规定大学行政管理机构的会议必须公开,并逐步建立一系列公开政府信息的原则。美国信息公开系统的框架已基本建立,公开范围较宽。这些机构必须公开的政府信息有:机构的总部及其在各个地方的工作部门;若公众从代理商处获取信息和决策,需说明哪些代理商员工可以通过公众渠道获取信息和决策,提出演示文稿和要求;机构开展活动以确定问题的一般程序和方法,包括所有正式和非正式程序的性质和要求;议事规则、一般表格(可在其中索取表格)以及各种文件、报告和检验证书的范围和内容的说明;该机构根据法律授权制定的适用的一般性实体法规,以及制定和采用的基本政策说明和适用的一般性解释,并修改和废止先前的观点。以上信息必须及时发布在《联邦公报》中。美国通过立法确保行政公开制度的有效运行,立法体系比较完善,这些法律相互独立,有机联系。同时,还制定《信息公开法》《行政程序法》《隐私权法》在各自领域推进政府信息工作。《保密法》反向确定政府信息不公开的内容,保持法律关系的平衡。在某些情况下,行政公开可能会与公共利益冲突,如国家安全、行政效率、个人隐私和商业秘密。公共利益必须与非公共利益相平衡。在这种平衡中,有可能扩大公民参与和监督行政的权力,并限制秘密官僚活动的范围。

日本的行政开放促进民主制度化。日本行政公开的特征是自下而上的,私人力量促进了政府信息的公开。在20世纪60年代,日本的一些社会团体开始制定有关公开政府信息的法律,越来越多的人和组织争相呼吁,并最终在广泛的公众支持下成为大规模的民族运动。20世纪70年代中后期,各种媒体对外国信息公开立法的一般状况进行了介绍和评论,普及了知情权保护的概念。1979年9月,日本人权自由协会发布《信息公开法纲要》,要求信息公开舆论呼声高涨。日本内阁于1981年3月成立了一个临时行政调查委员会,专门对披露立法进行调查;于1983年3月提出了《最终咨询报告》的建议,即"行政行为应原则上实行公开,对不公开的加以限制"。1984年,日本总务厅成立了信息公开问题调查协会,并于1990年9月发表了题为《信息公开——走向制度化的课题》的报告。1991年,日本各部厅行政机关负责人组成了"信息公开接触会议",发布了《关于行政信息公开标准》。1993年,执政联盟提出的《为了信息公开法制定的计划》,这标志着日本政府对这一问题采取了明确的政策。1994年3月,内阁向议会提出的《行政改革委员会设置法案》规定,委员会的任务之一是"调查和审议与所披露信息有关的体制问题";同年10月,行政改革委员会成立。从那以后,对行政信息公开法的调查和研究迅速开展。1995年3月，行政改革委员会成立了行政信息公开部门，并开始调查和审议《信息公开法》。1998年3月，政府向众议院提出了一项统一法案。经过一年多的审查，国会于1999年5月审查并批准了《信息公开法》（2001年4月1日生效）。2000年2月颁布了《关于行政机关保有的信息公开的法律实行日期规定的政令》（平成12号第40号法令）。该法的实施使得在日本建立一个开放、可信赖的人民政府变得更加现实。日本信息公开实施机构包括知事、教育委员会、选举管理委员会、人事委员会、检查委员会、劳动委员会、地方征收委员会、海洋渔业调整委员会、内陆表层渔业管理委员会。上市公司"公开文件"即信息公开对象，包括：执行机构员工准备或获得的文件；完成处理程序的文件，如分辨率和读数；关于执行机构的方向和法规的制定等用于传播信息的文件支持可以是纸质的，也可以是图纸、照片、胶片等形式。相关法律还确定了信息公开实施机构、范围、程序、补救措施等。日本不断收紧权制，不断完善制度，规范公共权力的行使。在信息公开方面，舆论基础是行政公开的坚实保证，说明信息公开立法具有强大的社会基础，得到了广泛的公众参与和支持。从最初的少数公共社会组织的发展到国民运动，再到国民议会与众议院之间的反复辩论、审议和审查，最后是《信息公开法》的制定，信息公开概念在日本深入人心，促进了日本《信息公开法》的更好实施。

　　国外行政公开制度对我国法治建设的启示。在市场经济和法治建设中，行政权力为市场经济的发展提供全面周到的服务，为社会实体（公民和公司法人都是纳税人）服务。从服务购买的角度看，行政机关是由纳税人支持的服务组织，不直接进行生产，必须完全接受纳税人的监控和审查，其行为内容、方法、结果等直接服务于纳税人和其他社会实体。提供行政公开，纳税人或其代理人可以充分监督公共权力的行使；公共权力也认为它没有私人利益，自觉接受纳税人设计的各方监督，减少腐败和不公，充分赢得人民的信任。经过广泛公开的监督，行政权力相对较合规，浪费（包括行政浪费）等公共权力令人震惊的行为已大大减少，人民对政府和其他公共权力的信心得到了增强，社会法治得到了改善，提供全面周到细致的制度化的公共服务。

　　建立全面、透彻、具体的行政信息公开制度，降低公共权力错误使用的可能性。行政公开行为的整合和行政公开系统的构建可以从以下几个方面进行。第一，行政公开的概念渗透到行政的各个角落。所有获得财政支持的公共机构及其职员必须接受纳税人及其代理人的监督。即使每个纳税人的监督成本太高,也有必要设计一种以最低成本实现最大限度公共能源公开的系统,这也是成本最低的监控方法。第二,检查当前使用纳税人钱财的每种公共权力行为和每种公共权力方法,并其公开给纳税人或其代理人。制定《行政公开法》,扩大信息公开的范围、主体和方法,增加公开内容,加强信息预公开。政府提议的行政项目将由纳税人及其代理人进行公开检查、监督;行政项目的执行过程和执行结果受到相应的监控,并被视为行政监督的常规内容;增加公益监督的公开管理手段。个人可能无法投入太多时间和精力来监督行政行为,而社会上有些人对公共权力的监督充满热情,可以将这些分散的力量聚集在一起,以建立适当的公益组织来自发地监督公共权力的行使。辅之以监督渠道和方法,以直接、详尽地监督公共权力和公共资金,包括查阅账簿,审查相应的检测、审核和验证。确保行政公开和监督行政公开。整合相关力量以减少效率低下的机构应当由纳税人来监督监管机构本身的权力及其利益的行使,而社会组织可以行使对公共权力的监督,以激发监督的积极性,并最大限度地减少其影响和损失。防止滥用信息公开权。澳大利亚的相关法律规定任何人都可以申请获取信息,但如果申请人的申请是反复的、大量的、带有滋扰行政机关性质的,行政机关可以将其列入"黑名单",限制其申请权[①]。中国则存在政府提供信息公开服务不足与个别人采取骚扰方式申请信息公开并存的情况。对此骚扰性信息公开申请进行规范,使信息公开行为符合公共目标。政府提供信息,支持公民知情,认可监督,避免公权不当行使。但信息公开有成本,有的信息公开成本很高,如某些规划图纸等。如果社会主体不当利用知情权,故意多次骚扰性申请行政信息,徒增行政机关的事务,恶化行政与社会主体的关系时,对社会主体的某些知情权进行限制就非常必要。为保障公共利益、公共目标,对某些不当行为进行规治,是法治的本来含义。行政公开是现代法治国家的基础和必要的系统,是所谓的"路灯是最好的警察"和"阳光是最有效的防腐剂"。行政公开可以促进法治建设,加强法治建设的进程和步伐。

四、尊重公共服务理念深化行政公开

行政公开是建设法治国家的必要和有效途径,促进行政公开的主要

[①] 马永欣,梁凤云,胡文利,等:《澳大利亚政府信息公开制度及其相关司法保障》,《中国审判》2018年第20期。

措施如下。

(一) 制定《行政公开法》

制定的《行政公开法》内容包括：(1) 行政公开概念。行政公开是行政权力行使的基本概念，行政权力本身，行政程序的行使、结果和救济的公开；行政公开的基本原则是公开，不公开为例外，允许社会法人定期评估和监督行政公开的范围和内容，并对非公开的行政内容进行评估。列出和排除行政公开的主要内容，列出未公开内容的要点即对行政公开的内容进行正面和负面定义。只要该信息不包括在例外中，就应予以公开，应尽可能扩大该信息的公开范围。行政公开程序法定。法定机构有义务主动公开，社会团体有权应要求公开。对于具体的未公开内容，救济机构应进行审查并确定。确定行政公开基本原则，明确行政公开的法律范围，自愿公开以及申请和实施程序的公开，法律保密义务和救济措施；并在一定时期内，采用分级监督，案件公民监督，在地方政府年度评估中实行行政公开制度，在一定时期内对地方政府进行综合评估，以实施监督。(2) 修改诸如《隐私权法》《保密法》类相关法律，以使行政公开相关法律形成相互独立且有机联系的整体。法律的范围可以进行更广泛的调整，可以包括所有国家机构，可以规定诉讼制度安排，例如，故意不进行应诉的政府机构，如果不应诉机构败诉，该败诉机构必须承担败诉的费用；保护申请人知情权，可以协调信息公开立法和其他法律法规之间的关系，减少执法中的矛盾和冲突，建立中立的信息公开审查机构。

(二) 公开是基本原则

公开是原则，不公开是例外。确立行政公开的基本观念，不仅包括政府改变行政公开的观念，还包括增强公民的民主权利意识。国家机构有公开信息的义务，行政公开是权力公开的基本要求。行政机关及其部门受托行使公共权力，公共权力源于人民，旨在为人民服务。公共权力本身没有任何目的。作为委托人的个人有权了解有关被受托人的基本信息，并了解被受托人是否真的接受为人民服务的信托。知道信息是监督的基础和前提，并且信息本身就是有效的。人是集体观念，公民是个人观念。公民有权了解特定的行政事项和行政信息。行政公开的范围可以适当扩大。它不仅指公开政府的行政权力，而且包括公开使用公共资金运营的情况（国有公司除外）。即使仅一部分公共资金参与，此事也必须自行公开。法律法规授权的组织和受托行使公共权力的组织也应当公开。即使它不接受公共资金的支持，只要它是具有法定公共权力并为公共利益服务的组织，其运作也必须公开。律师协会、财政资金支持的公共机构、水电公司等公共福利组织以及村委会、居委会等，为了公共利益，接受与其服务相对应的公共限制。正确界定信息公开范围[①]。应该减少不公开的范围和内容，避免行政主体不当界定"秘密"范围，减少行政公开内容。法律对此要进行规治。

（三）行政公开内容具体明确

行政公开是对行政权力及其相关内容的充分披露，对行政权力的透明运作，对过程、结果进行公开，通过对公共权力公开，实现对权力的限制。行政目标的公开，是指行政主体和有关组织具体、完整地公开职能、职责和目标。纸质版本存储在档案馆和其他地方，以供公众检查，电子版本直接发布在各个管理实体门户网站上。甚至年度计划、年度总结、每个公共机构的三个方面的公共资金和计划都是完全开放的。行政目标的公开必须明确，客观分析政治、社会、经济环境，行政组织的当前和未来需求等客观因素，并正确估计主观条件。在实现行政目标公开的过程中，应使用及时的信息反馈来实现或调整行政目标。

行政行为公开指直接公开主要行政行为，特别是最重要的行政项目、行政筹资安排和行政协助。公开行政行为需要这些行为有确凿的证据和充分的事实依据；需要法律法规和其他规范性文件在这些行为中得到正确应用；这些行为必须公正合理，并符合立法的目的和精神。

行政内容公开是要依法公开执法依据、程序和结果。政府规划或准备工作的内容和过程，如城市建设、道路规划、医疗卫生措施以及交易处理等，向公众开放。任何公民都可以通过公开渠道进行调查和监督。

行政程序公开是透明政府建设的要求，包括：行政机关职能部门的公开，包括组织结构、环境、人员组成和分工的公开；行政机构通过服务网络发布工作指南，并在咨询和规则窗口中打开工作程序；开放决策过程和结果。程序公开可以消除公众对政府权力的误解，提高政府透明

---

① 《政府信息公开条例》第八条规定："行政机关公开政府信息，不得危及国家安全、公共安全、经济安全和社会稳定"；第十四条规定"行政机关不得公开涉及国家秘密、商业秘密、个人隐私的政府信息"。对"危害国家安全，公共安全，经济安全和社会稳定"的理解精准确定。

度，促进行政机构及其工作人员增强服务意识，提高管理水平和能力；可以改善行政机构的形象并增强公众对政府的信心；获得公众的理解、认可和支持比较容易。

行政结果公开是开放行政系统的办事结论。行政机构的规划、主办事项、执法事项的结束、结论进行公开，要求行政主体按照规定完成工作任务，结果符合法律规定，如需要审计、纪检监察的也要予以完成。

行政救济公开应包括自我更正、国家赔偿、行政复议和行政诉讼。自我更正是指在发生行政过失或违法行为时，行政主体有义务进行自我更正，根据法律义务作出公共或私人决定，给予行政相对人权利和利益。行政机关拒绝公众的法律要求，不公开行政信息和情报，造成行政疏忽要给予国家赔偿。行政复议和行政诉讼用于解决行政纠纷，是对行政机关的监督。

行政公开的内容大于政府信息公开。有关行政公开的内容一律公开，如有关行政的人大、政协议题，讨论过程，最终结果等一律公开，接受监督和质疑，形成完全彻底的透明行政体制，促进公权力行使得更加干净和规范。

（四）行政公开渠道完善

行政公开指向所有公民系统、连续和完整地公开，以促进行政主体的行政行为。增加在互联网上公开的管理行为的能力和深度。电视，广播和报纸等传统的行政宣传方法在广大农村地区、偏远地区和特定的社会群体中仍具有很大的社会影响力，应继续使用此沟通渠道。促进信息披露方式的多样化。公众能否及时、方便、准确地获取所需信息，是评估政府信息公开程度的重要指标。丰富的行政公开渠道可以减少监督成本。

政府网站是公共信息公开的主要平台。政府网站可以满足高度交互和个性化应用程序的需求。我国目前部分政府网站仍存在内容复杂、反馈不及时、时效性差、缺乏规范化管理等问题，可以进一步明确责任和披露方法的主体，完善列举的内容，规定处理时间限制，加强绩效评估和加快建设。统一政府网站搜索引擎和服务导航门户。政府或公共机构门户网站的每个网站都必须打开一个特殊列以披露该机构的管理信息。传统纸张、纸板报纸、广播宣传和会议开幕也必须保持行政开放形式。公民对话有效地集中于行政公开性。公民对话的核心是公民与行政机关之间的高度相同、对话平等、沟通平等、协商平等。在公民会议中，双方必须诚实、坦率、有效地进行沟通，以实现相互信任、谅解和宽容。公民身份和公民身份的参与是相辅相成的，鼓励公民参加会议在建设中国行政公开制度中具有重要作用。随着新媒体的兴起，网络政治已成为当今的趋势。因此，政府应加强网站建设，发展在线咨询、在线服务和在线响应模块，为公民发表演讲并寻求行政公开提供通路。培养公民的参与意识，提高公民对参与的认识，并激发公民参与行政生活的热情；使公民参与政治，进行培训并取得良好成果的能力。敦促政府及时作出反应，采纳公民的有益观点，回应公民提出的问题，从政府的角度积极保护公民的知情权、参与行政管理的权利，提高公民的回应效率。

建立公开信息管理机制。行政公开信息应逐步被分类和存储。通过建立公开信息管理系统，根据软件和硬件开发水平的信息需求，对公开信息管理系统进行清理、修改和更新。行政公开信息管理系统可以为行政工作提供准确、完整的信息，使政府信息公开。完善行政信息公开登记制度。上市公司已经宣布了行政信息公开的范围，科学有效地管理公共信息资源，提高了政府信息公开的效率和质量。责任的明确和具体化。这要求在行政管理信息系统中，有关行政管理和信息管理的行政公开的职权和职责必须在每个特定人员中实施。努力形成统一的技术标准，使行政部门可以互相帮助，提高政府信息公开的效率和效力。

（五）行政公开救济体系完整

行政公开制度要公开给予当事人行政资源以对申请权进行司法审查。如果可以扩大《中华人民共和国行政复议法》的解释，则《中华人民共和国行政诉讼法》的有关规定将不包括在公共行为范围内。《中华人民共和国行政复议法》第六条规定：如果公民、法人或其他组织认为行政机关的其他具体行政行为侵害其权利和合法权益，可以向行政复议机关提出行政复议。根据本规定，任何公民、法人或其他组织认为行政机关的特定行政行为侵犯其合法权益的，可以向行政机关申请行政复议。行政机关公开信息是行政机关的义务，行政机关必须按照法律规定的程序回应对方的要求。拒绝行政机关是影响对方权利的一项具体措施。此项特定措施针对的是要求发布管理机构信息的申请人。拒绝的后果直接影响另一方的权利或合法利益。对方可以依照《行政复议法》的规定申请行政复议。行政复议机构如果拒绝复议，或者行政相对人对行政复议不服，可以向人民法院提起行政诉讼；行政复议、行政诉讼都以公开为原则，不公开为例外，是公开开展行政救济的活动。

附：

行政公开案的公共服务性探析

一、案例简介

案例一：保障性住房享受者收入信息应公开。2013年3月，杨政权向山东省肥城市房管局申请公开经济适用房、廉租房住户的信息，包括户籍、家庭人均收入和家庭人均居住面积等。肥城市房管局向杨政权告知其中三批保障性住房人信息已在肥城政务信息网、肥城市房管局网站进行了公示。杨政权提起诉讼，要求一并公开所有享受保障性住房人员信息。泰安市高新技术产业开发区人民法院经审理认为，杨政权要求公开的政府信息涉及公民的个人隐私，不应予以公开，判决驳回杨政权的诉讼请求。杨政权不服，提起上诉。泰安市中级人民法院认为，当涉及公众利益的知情权和监督权与保障性住房申请人一定范围内的个人隐私相冲突时，应首先考量保障性住房的公共属性，使获得这一公共资源的公民让渡部分个人信息。责令肥城市房管局重新作出书面答复。

案例二：张某申请《如皋市物价局行政处罚自由裁量权实施办法》一案。2009年5月26日，如皋市物价局印发《市物价局关于印发〈行政处罚自由裁量权实施办法〉的通知》（皋价发〔2009〕28号）。该文件包含附件《如皋市物价局行政处罚自由裁量权实施办法》，该实施办法第十条内容为"对《价格违法行为行政处罚规定》自由裁量处罚幅度详见附件一（二）"。2013年3月8日，张宏军向如皋市物价局提出申请，要求其公开"28号"文件。如皋市物价局答复称，该文件系其内部信息，不属于应当公开的政府信息范围，向原告提供该文件主文及附件《如皋市物价局行政处罚自由裁量权实施办法》，但未提供该文件的附件一（二）。张宏军不服，提起诉讼。法院认为张宏军申请涉诉信息是如皋市物价局行使行政管理职责过程中所制作的信息，是针对行政裁量权所作的细化、量化标准，不属于内部信息，应当予以公布；如皋市物价局选择性公开涉诉信息的部分内容缺乏法律依据。判决责令如皋市物价局全面、准确、完整地履行政府信息公开职责。①

---

① 人民网：《最高法公布"政府信息公开十大案例"》，https://wenku.baidu.com/view/583617fsa68du0116c175foe7cd_182546351619.htm/。

168

二、案件体现公共服务论思想

（一）优先保障社会主体对政府福利性支出的知情权、监督权符合公共服务论的基本内涵

国家是保障性住房的提供者，也是社会服务的提供者，是社会服务论在社会实践中的生动写照，是遵守社会服务论的体现。案例一中的保障性住房分配是政府服务社会的重要方式和途径。政府的保障性住房是利用公共资源为特殊群体服务，是特别的优惠措施。可能有某些社会主体会在其中谋取不当利益，使不具备资格（条件）的人获得政府保障性住房，违背政府保障性住房建设、分配的目的，损害公共利益，违反法律规定。加强社会主体的监督，促进政府福利分配廉洁、公正，以公开促公正。政府行政行为以公开为原则，不公开为例外；涉及国家秘密、公司商业秘密、个人隐私的不公开。如果涉及国家秘密，有关机构就要确定秘密等级，如机密、秘密等级别，采取相应的保密措施。提供保障性住房是政府解决人民群众住房难的重要举措。住房是人民群众生活的必需品，当人民群众个人无法负担住房时，政府提供支持。政府给予部分人的福利应该公开行使，甚至广而告之。政府建设、分配保障性住房，本就是为民服务，大书特书弘扬政府为民建设的工程的行为，部分是不需要的，反之，还应该全面宣传政府行政公开行为，形成良好的政府形象。政府保障性住房是给予困难群众的住房保障。在住房采取市场经济进行调节的大政策下，分配保障性住房是为了矫正市场配置资源的失灵，是特定的保障群众利益的措施。保障性住房是部分人享受政府帮助的支持政策，需要公平、公正、公开分配，达到保障低收入群体住房所需的目的。对保障性住房分配进行监督，让社会主体知情，包括知道获得住房人的个人基本信息，减少政府保障性住房分配中的扭曲现象，加强监督，符合保障公共利益、达致公共目标的需要。

（二）司法裁决保障社会主体的"保障性住房是政府福利分配"的知情权、监督权，这也是重要的公共服务内容

司法是保障社会主体监督权实现的重要途径。当享受保障性住房人的隐私权直接与竞争权人的知情权、监督权发生冲突时，应根据社会公共服务的目的保障的需要，享受保障性住房人让渡部分个人信息，以优先保护社会主体对政府公共支出（政府福利或者部分福利）的知情权、监督权。个人信息受到法律的保护，但是当个人权利与公共利

益发生冲突时，应该衡量二者大小，在不对个人权利发生根本性侵权的情况下，可以降低个人部分权利的保护度，优先保护社会关注度高的公众知情权、监督权。社会主体对此的知情权、监督权行使不畅时，司法予以评判、裁决；司法提供对政府行政行为知情权、监督权的更高强度的保障；或者，在监督权、知情权与个人隐私权发生冲突时，司法作出权衡。司法救济是重要的公共服务类型，通过司法途径维护人民群众的知情权，督促政府更周全地为社会提供公共服务。

（三）政府履行职责（保障社会主体知情权、监督权）是重要的公共服务内容

我国法律规定了政府应当依法行政，政府依法行使公权力是实现公共服务的重要途径。如皋市物价局应当依法履行其行政公开职责，更好地实现其公共服务职能。从本质上来讲，政府服务就是以公共服务为天职的，政府职责的履行就是在进行公共服务。在社会中，政府是社会公共服务的最大提供者，有着无法取代的地位，依法履行其职责的同时，就实现了公共服务的目标。享受政府保障性住房的当事主体个人信息权利作出一些让渡，以公共服务为优先选择，符合公共服务论的基本内涵。

三、案件得到公共服务论的指引

（一）保障性住房建设、配置、使用以公共服务为目的

在案例一中，当个人的隐私权在一定程度与公共服务相冲突的时候，以公众的利益为价值取向，体现保障性住房公共服务的职能。此案的判决有利于减少社会冲突，可以实现公共服务利益的最大化。当我们对公民的权利进行救济的时候，应当有一个价值判断标准，这个价值判断标准就是是否以公共利益为主。公民个人的隐私权需要保护，但是当公民个人的隐私权与公共利益相冲突的时候，就需要个人让渡一部分权利。

（二）行政信息公开以保障社会公众知情权，是督促国家行政机关更好地履行其社会服务职能的重要内容

政府主要是提供公共服务，不提供私有服务；公共服务要公平实施，要最大程度得到社会主体的知晓、认可、支持、配合、监督。政府执法有一定范围、一定程度的自由裁量权。如果对裁量权滥用、肆意行使、畸轻畸重，就可能形成权力任性，违反法律本意和精神，损害当事人权利，甚至出现执法者寻租、牟利等情况，导致行政权

力为非，偏离为公共服务的目的。政府部门履行其职能，应当以实现公共服务为目的，基本规则对社会主体公开，受社会主体的监督，对社会主体作出示范，即使是行政处罚，惩罚不是目的，惩罚是教育、引导此类案件的依法解决，警示潜在的违法者，避免其再次违法，法治规范得到更大多数人的自觉信奉、尊崇。以公共利益为重，以公共服务论为现实工作的指引，社会更加和谐地发展，社会主体更加尊重法治规则，促使人人信奉法律、重视法律、学习法律、遵守法律，达到践行法治的目的。

第五节　行政检查呈现公共服务性

行政检查是指行政主体依照法律规范的规定对社会主体实施、遵守法律情况进行监督、查看，一般是比照法律规范开展活动，对符合法律规范的社会主体的活动予以认可，对不符合法律规范的社会主体的活动进行处理。一般的处理方式是，对轻微违法进行提醒，要求其按期完成整改，达到法律规范要求；对严重违法的采用新的法律处理程序，如行政处罚等；对涉嫌犯罪的活动送交司法机关处理、处置。行政检查既是独立的行政行为，也是行政处罚、行政强制或者行政许可行为的前奏后续行政活动，是公权力主体主要的行使权力的方式之一，值得重视和专门对待。行政检查是执法机关及其人员耳熟能详的概念。黑格尔说"熟知非真知"，一语道破真谛。人们经常使用某种概念，但对其具体内涵和外延不一定明晰，一直是模模糊糊地使用。本节将其翻出来，仔细地看一看，做些总结，给行政法学研究者们铺路。

一、行政检查是公共服务行为

对于社会主体而言，检查不是陌生的词语。在海关、公安、质检、税务、工商、环保、教育、城市管理、交通及医疗保健等领域，行政检查是被广泛运用的重要执法手段。随着社会分工的多元化、行政权的持续扩张，无论是监督管制还是服务行政，各行政机关都必须积极主动地收集信息和相关资料。搜集信息和资料本就是行政活动内容之一，也是其他行政活动的基础。行政检查是信息反馈的主要来源之一，是行政主体采取后续行动、提高行政效率、发展民主、规治重大行政决策的前提和基础,是法治建设的重要内容。

(一) 行政检查的含义

行政检查是行政主体依法实施的对社会主体进行检查、了解、搜集证据资料的行政活动。检查、稽查、盘查、查验、检疫、核查等词在我国的法律、法规、规章中较为常见,一般都可以认为是行政主体实施的具体行政行为之一,只是其具体内涵没有专门法律加以明确。概念确定是认识、研究开展的基础,明晰行政检查的概念是深化行政检查研究必不可少的前提,不限定严格的专门概念,就不能清楚地和理性地思考法律问题[1]。然而概念的"不确定性"又是"预料之中的事",行政检查就是这样一个以不同面貌出现的概念[2]。行政检查术语在使用上存在一定程度的混乱,甚至与行政调查、行政监督的概念相互混淆,致使进一步深入研究变得困难。厘清行政检查的内涵,对行政检查进行科学界定,是构建我国行政检查制度的逻辑起点。目前,我国行政法学界对行政检查的概念的认识主要有以下几种观点。

很多行政法学者认为行政检查是行政主体对社会主体的一种正式了解情况的活动。"行政检查是指行政主体基于行政职权依法对公民、法人或者其他组织(相对人)是否遵守法律、法规及规章等情况进行了解的行为。"[3] 后来,应松年在《行政法与行政诉讼法》一书中没有直接提及行政检查,但给行政监督检查的定义与此非常类同。他认为:"行政监督检查是指行政主体为实现行政管理职能,对相对人是否守法和是否履行行政法规定的义务的情况,进行单方面强制性了解、督促和疏导的具体行政行为。"[4] "行政检查是行政主体为实现管理职能,依据法律的规定,对相对人是否遵守法律和具体行政决定的情况进行强制直接了解并作出法律结论的行政行为。"[5] 强调行政检查是政府活动,履行管理职能,并要作出具有法律意义的结论。"行政检查也称行政监督检查,是指具有行政监督检查职能的行政主体,依据法定的监督检查职权,对一定范围的行政相对人是否遵守法律、法规和规章,以及是否执行有关行政决定、

---

[1] 〔美〕博登海默:《法理学——法律哲学与法律方法》,邓正来译,中国政法大学出版社,1999年版,第486页。
[2] 〔德〕魏德士:《法理学》,丁晓春,吴越译,法律出版社,2005年版,第85页。
[3] 应松年:《行政法学新论》,中国方正出版社,1998年版,第295页。
[4] 应松年:《行政法与行政诉讼法》,法律出版社,2005年版,第257页。
[5] 杨建明:《论行政检查》,《江西行政学院学报》2005年第2期。

命令等情况，进行能够影响相对人权益的检查了解的行为。"[1] 行政检查是对社会主体实施法律法规的情况进行检查和了解。

多数研究者认为行政检查是行政主体对法律法规实施情况的检视、了解活动。"行政检查通常指一定的行政主体，按其管辖的领域，对行政相对方遵守国家有关法律、法规、规章等情况所进行的检查"[2]，"行政主体依法对相对人是否守法的事实作单方强制了解的行政行为"[3]。研究者更强调单方性、强制性。"行政主体在了解公民、法人或者其他组织遵守法律、法规及规章等情况时，在职权范围内依法强制进行事实调查、检验或收集证据资料的行为。"[4] 补充了搜集证据资料的活动。前述行政检查的观点即：行政检查不包括司法机关的检查活动、立法机关的检查活动，是专指行政机关了解、督促行政相对人遵守法律法规、执行行政机关决定的情况而进行的专项了解、查看活动。

为与行政法学通常的教科书对行政检查概念的认知相统一，本书采取较为狭义的行政检查概念，主要研究行政主体针对行政相对人采取的相关检查督促活动，即行政检查是指具有法定职权的行政主体，为实现行政管理职能，履行法律规范规定的义务（行使职责），依照法律规范，对行政相对人是否遵守法律、法规和规章，以及是否执行有关行政决定、命令等情况，进行单方强制了解、督促并作出一定结论（可能产生影响行政相对人权益的后果）的行政行为[5]。

（二）行政检查是行政主体实施的外部行政行为

行政检查的主体既包括行政主体与行政相对人之间的行政检查活动，也包括发生在行政主体之间的行政检查活动。行政机关行使行政权力时要遵守法律、法规、规章、规范性文件[6]。行政检查依法而为、依法当为、依法必为。在多个法律文本中，行政机关之间的监督也大量使用了"检查"一词，实践中也确实如此，行政机关之间亦需要检查、督促。但行政行为主要指行政主体对行政相对人采取的行为，即外部行政行为。

---

[1] 王连昌：《行政法学》，中国政法大学出版社，1994年版，第184页。
[2] 崔卓兰：《论市场经济下行政检查手段的运用》，《行政法学研究》1996年第3期。
[3] 张焕光、胡建淼：《行政法学原理》，劳动人事出版社，1989年版，第259页。
[4] 侯勇：《论行政检查》，《山东审判》2001年第6期。
[5] 魏增：《论〈行政监察法〉中的检查制度和调查制度——兼论行政检查和行政调查的研究方法与思路的拓展》，《行政法学研究》2011年第4期。
[6] 基本法理是：对公权力主体而言，法律规定即可为、必为、必须按照规定作为。

行政主体内部根据职权分工进行的相关行为（内部行政行为）未纳入行政检查的研究范围。我国是单一制国家，行政权力多层级设置、运行。中央负责制定和指导行政行为的法律规则；基层以县级政府为主体，乡镇为直接行动者，县级部门和乡镇为直接实施法律活动的主体；中间的省、市级政府（及其职能部门）一般不直接针对行政相对人采取行动（部分省市级职能部门还是要实施一定的行政行为），主要职能是负责监督县、乡级政府为行政相对人提供行政公权服务。中间层级的行政主体对下一级行政主体的检查多表现为上级对下级行政行为的监督、督查，是一种检查活动。上一级行政主体对下一级行政主体的行政监督检查活动的范围、深度、频率、问责力度等严重影响着行政主体对行政相对人的检查活动。直接行政者是主动而为，但从经济人（社会主体）的角度分析，存在较多的被动局面；或者主动检查和受压力下实施检查活动皆有。行政检查的特征主要有以下几点。

1. 行政检查具有职权性

按照行政权力启动方式的不同，行政行为可分为依申请的行政行为和依职权的行政行为。依职权的行政行为是行政主体依法定职权主动实施而无须行政相对人申请启动的行政行为（叫主动行政行为或积极行政行为）。行政检查的本质是行使行政职权，是行政主体进行的收集相对人相关信息的专门活动。行政相对人在社会活动中是否遵守法律、法规和规章、规范性文件、承诺，是否违反强行性法律规范，需要进行了解、掌握。对违法行为进行纠正，对损害社会公共利益的行为进行处置，前期的单方强制了解、督促，是建立和维护法律和行政主体所期待社会秩序的必要基础。故行政检查是行政主体根据其职能、职责需要而进行的；行政检查是行政主体的法定职权，又是其法定职责。在实践中，各个职能部门承接法律责任，负有对辖区内法律实施的督促职责，对维护法律规范秩序存在法定职能。各个部门，如市场监管部门对市场主体违法发行预售卡片的情况进行处理，前提条件是知道某些社会主体不当发行预售卡片，预先收一部分钱，可能跑路，导致一部分社会主体权益受损。知晓是制止、处理的前提。行政检查就是了解信息、搜集信息的法定活动。这些法定活动只能是依法享有行政检查职权的行政机关或法律法规授权的组织才能实施，其他任何个人和组织都不得实施行政检查及其类似活动（社会主体主动认可、配合的除外）。

2. 行政检查具有特定性

行政检查的特定性是指行政法律规范、主体、内容、行政检查对象是特定的。行政检查的对象主要是指与行政相对人有关的人身、物、行为和场所等。行政检查不针对行政相对人的一切行为和情况,也不针对第三方进行,而是对特定领域的法律规范确定对象进行;是对行政相对人是否遵守法律、法规和规章制度以及行政相对人执行行政决定、命令和履行法定义务的情况的了解。例如,在我国海关、土地水矿产林木资源、卫生、特种行业等诸多领域中,行政检查就是查看该领域行政相对人的守法、合法情况。

3. 行政检查具有单方性

行政检查是行政主体依职权采取的单方行政行为。行政主体在其职权范围内采取行动、实施行为、开展工作,对行政相对人履行告知、通知义务,要求行政相对人依法配合,特殊情形下,还可能采用突然、全面、临时的方式开展工作,主要是为搜集证据,避免行政相对人提前防范、损毁、隐藏证据,逃避检查。不以相对人意志为转移,即使相对人对此活动不配合、不支持,行政主体也会排除妨碍,直接、依法开展工作。行政检查的单方性,排除相对人的意思参与,只履行必要的让对方知晓、配合、支持义务即可。

4. 行政检查具有强制性

行政检查行为不是一般的咨询和了解活动,是对具体对象(人、物、行为、场所等)进行依法查看、了解,并确定其性质、基本状况、进展情形等状况。一般检查可以划分为通常情形和突击检查情形,理论上不影响行政相对人的正常工作、企业的运行,但要以能够完成检查任务为目的,要进行必要的查验、开箱,甚至检验、化验、鉴定等活动。行政检查行为和结果能够对行政相对人产生一定的约束力,检查时要求行政相对人在场,既监督检查行为的合法性,也见证检查的客观性。行政检查可能增加行政相对人负担,影响行政相对人正常权利的行使,可能引起相对人的反感甚至抵制。如果行政相对人有不合法行为,检查结果(确定行政相对人的违法活动存在)将导致对行政相对人进行处罚,乃至对犯罪行为的打击,因此,可能出现行政相对人配合虚假,甚至阻挠检查,逃避处罚、打击等。行政检查为履行法定职责,获得真实情形、探知真相、掌握证据等便要求行政检查必须具有强制性。对于行政相对人不服从或不协助行政检查的行为,行政机关可直接强制性地进行行政检查,而相对人将会对其阻挠行政检查的行为承担相应的法律责任。行政检查中的强制性主要分为间接强制和直接强制:如果行政相对人拒绝履行检查义务，行政检查主体可以采取间接强制手段保证行政检查的实现，如罚款、限制或剥夺行政相对人的权利①；如果行政相对人拒绝行政检查，行政检查主体可以采取直接强制手段以实现行政检查的目的，如对行政相对人的人身或财产施以强制力②。

5. 行政检查具有程序性

行政检查的实施需要遵循法定程序。我国并没有一部统一的行政程序法，行政检查程序缺乏统一的规范，部分存在程序混乱、效率低下的情况。行政程序是"行政主体的行政行为在时间和空间上的表现形式，即指行政行为大多遵循的方式、步骤、顺序以及时限的总和"③。为了规范行政职权行使，保障相对人的合法权益，法律设定了具体的方式、步骤、顺序、时限等规制行政检查的实施，违反法定程序的行政检查属于无效或被撤销。法律对于行政检查程序的强调，是由行政检查的特殊性决定的。行政检查不直接决定相对人的实体权利义务，而是在程序上限制行政相对人权利或设定相关义务，因而行政检查更具明显的程序性。

6. 行政检查具有独立性

行政检查不依附于其他行政行为而独立存在。虽然行政检查与其他行政行为紧密相连，并为其他行政行为提供资讯，但并不依附于其他行政行为。首先，行政检查有其独立运行过程。"行政主体可依据法律的规定直接启动行政检查，它的启动、过程、结束不需依托其他的任何行政行为。"④ 它依法完成自己的运行轨迹，不受其他行政行为的干扰或阻碍。其次，行政检查本身包含独立行政行为的所有要件，主要表现为法律规定了检查主体、检查权、检查程序及检查效力等。再次，从行政过程来看，主要包括取得法律依据、行政检查发现问题、行政处罚、不履

---

① 《中华人民共和国海关法》（以下简称《海关法》）第十二条："海关依法执行职务，有关单位和个人应当如实回答询问，并予以配合，任何单位和个人不得阻挠。海关执行职务受到暴力抗击时，执行有关任务的公安机关和人民武装警察部队应当予以协助。"

② 《国内交通卫生检疫条例》：检疫权力主体就被检疫对象之拒绝行为，可径行强制检疫对象接受检疫。检查中发现相对人如果存有相应违法情况，权力主体就有权对相对人进行行政处分或者处罚，情节严重，造成危害后果的，还将追究相对人的刑事责任。《海关法》第二十八条："进出口货物应当接受海关查验。海关查验货物时，进口货物的收货人、出口货物的发货人应当到场，并负责搬移货物，开拆和重封货物的包装。海关认为必要时，可以径行开验、复验或者提取货样。"前述条文的"径行强制检疫对象接受检疫"、"径行开验、复验或者提取货样"，即不必得到行政相对人的同意，行政主体直接采取行动，表明该行动具有强制性。

③ 罗豪才：《行政法学》，北京大学出版社，1996年版，第194页。

④ 侯勇：《论行政检查》，《山东审判》2001年第6期。

行时强制执行、行政救济等几个历程。行政检查同其他行政行为一样均独立运用权力、作出决定。最后，行政检查并不是必然的引发其他行政行为发生[1]。行政相对人只要按照法律法规的规定，或行政机关决定和命令的要求行事，就不会出现行政处罚或行政强制等后续行为。如《海关法》规定海关对进出境运输工具的检查、货物和物品的查验、人员证件的查阅等，均属例行性检查，是独立存在的。因此，无论从行政检查的动机还是结果上看，行政检查与其他行政行为均不存在必然联系。

二、行政检查与公共服务实践考察

行政检查行为的法律规定散落在各个法律规范中，对行政检查进行归纳、分析、总结，以认识并深入探讨行政检查的含义。

（一）法律规范中的行政检查行为与分析

法律法规中的行政检查行为，见表5-5。

表5-5 法律规范中的行政检查行为列举表

序号	行政检查行为类型	权源（法律规范名称）	行政检查内容	该规范的目标（第一条）	与公共服务的关系
1	检查、查阅、复制、扣留、径行检查、查询、连续追至、带回	海关法	第六条 海关可以行使下列权力：（一）检查进出境运输工具，查验进出境货物、物品；对违反本法或者其他有关法律、行政法规的，可以扣留。（二）查阅进出境人员的证件；查问违反本法或者其他有关法律、行政法规的嫌疑人，调查其违法行为。（三）查阅、复制与进出境运输工具、货物、物品有关的合同、发票、帐册、单据、记录、文件、业务函电、录音录像制品和其他资料；对其中与违反本法或者其他有关法律、行政法规的进出境运输工具、货物、物品有牵连的，可以扣留。（四）……可以扣留；……可以进行检查，有关当事人应当到场；当事人未到场的，在有见证人在场的情况下，可以径行检查；对其中有证据证明有走私嫌疑的运输工具、货物、物品，可以扣留。（五）在调查走私案件时，经直属海关关长或者其授权的隶属海关关长批准，可以查询案件涉嫌单位和涉嫌人员在金融机构、邮政企业的存款、汇款。（六）进出境运输工具或者个人违抗海关监管逃逸的，海关可以连续追至海关监管区和海关附近沿海沿边规定地区以外，将其带回处理[2]	第一条 为了维护国家的主权和利益，加强海关监督管理，促进对外经济贸易和科技文化交往，保障社会主义现代化建设，特制定本法	国家主权和利益维护、促进贸易和科技文化交流，保障现代化建设，都是国家利益，是最主要的公共利益内容

---

[1] 杨建明：《论行政检查》，《江西行政学院学报》2005年第2期。
[2] 《海关法》其他条文还规定了"海关查验、径行开验、海关查验"等检查行为。

续表5-5

序号	行政检查行为类型	权源（法律规范名称）	行政检查内容	该规范的目标（第一条）	与公共服务的关系
2	查阅、调阅、复制、收集、调取、录音、录像、取得、勘验、拍摄、制作现场笔录	国务院城市管理行政执法条例	第二十一条 城管执法人员调查案件，收集证据，适用以下规定：（一）可以查阅、调阅与违法行为有关的文件资料，调取文件资料的原件有困难的，可以复制；（二）可以收集、调取与违法行为相关的物品；原物调取不便的，可以拍摄足以反映原物外形或者内容的照片、录像；（三）可以对特定的物证和现场进行录音、录（摄）像，取得有关视听资料；（四）可以对与实施违法活动有关的场所进行实地勘验，拍摄现场照片，制作现场勘验笔录，绘制现场图；（五）在对违法活动进行现场调查时，在证据难以保全或者事后难以取得的情况下，可以对现场情况做书面记录，制作现场笔录，……见证人在现场笔录上签名为证	第一条 为加强城市管理工作，提高行政执法水平和效能，规范城市管理领域综合行政执法和相对集中行政处罚权的实施，保护公民、法人和其他组织的合法权益，根据《中华人民共和国行政处罚法》《中华人民共和国行政强制法》和有关法律，制定本条例	提高城市管理质量，规范综合执法，保护公民、法人和其他组织合法权益，都是公共利益
3	监督检查、延伸检查、抽查检验、查封、扣押	中华人民共和国药品管理法	第九十九条……监督检查，必要时可以对为药品研制、生产、经营、使用提供产品或者服务的单位和个人进行延伸检查，有关单位和个人应当予以配合，不得拒绝和隐瞒。第一百条 药品监督管理部门根据监督管理的需要，可以对药品质量进行抽查检验。抽查检验应当按照规定抽样，并不得收取任何费用；抽样应当购买样品。所需费用按照国务院规定列支。对有证据证明可能危害人体健康的药品及其有关材料，药品监督管理部门可以查封、扣押……十五日内作出行政处理决定	第一条 为了加强药品管理，保证药品质量，保障公众用药安全和合法权益，保护和促进公众健康，制定本法	药品质量、公众用药安全、公众健康，都是利害攸关的公共利益
4	审查、现场检查、询问、调查、要求提供证明文件、查阅、复制、查封、扣押、责令暂停发布	有关中华人民共和国广告法	第四十六条 发布医疗、药品、医疗器械、农药、兽药和保健食品广告，以及法律、行政法规规定应当进行审查的其他广告，应当在发布前由有关部门（以下称广告审查机关）对广告内容进行审查；未经审查，不得发布。第四十九条 工商行政管理部门履行广告监督管理职责，可以行使下列职权：（一）对涉嫌从事违法广告活动的场所实施现场检查；（二）询问涉嫌违法当事人或者其法定代表人、主要负责人和其他有关人员，对有关单位或者个人进行调查；（三）要求涉嫌违法当事人限期提供有关证明文件；（四）查阅、复制与涉嫌违法广告有关的合同、票据、账簿、广告作品和其他有关资料；（五）查封、扣押与涉嫌违法广告直接相关的广告物品、经营工具、设备等财物；（六）责令暂停发布可能造成严重后果的涉嫌违法广告……	第一条 为了规范广告活动，保护消费者的合法权益，促进广告业的健康发展，维护社会经济秩序，制定本法	规范广告活动，维护消费者合法权益、社会经济秩序，都是公共利益

续表5-5

序号	行政检查行为类型	权源（法律规范名称）	行政检查内容	该规范的目标（第一条）	与公共服务的关系
5	土地调查、提供文件资料和资查阅、复制、勘测	中华人民共和国土地管理法	第二十六条 国家建立土地调查制度。县级以上人民政府自然资源主管部门会同同级有关部门进行土地调查。土地所有者或者使用者应当配合调查，并提供有关资料。第六十八条 县级以上人民政府自然资源主管部门履行监督检查职责时，有权采取下列措施：（一）要求被检查的单位或者个人提供有关土地权利的文件和资料，进行查阅或者予以复制；（二）要求被检查的单位或者个人就有关土地权利的问题作出说明；（三）进入被检查单位或者个人非法占用的土地现场进行勘测；（四）责令非法占用土地的单位或者个人停止违反土地管理法律、法规的行为。第六十九条 土地管理监督检查人员履行职责，需要进入现场进行勘测、要求有关单位或者个人提供文件、资料和作出说明的，应当出示土地管理监督检查证件	第一条 为了加强土地管理，维护土地的社会主义公有制，保护、开发土地资源，合理利用土地，切实保护耕地，促进社会经济的可持续发展，根据宪法，制定本法	土地公有、土地资源、经济社会可持续发展，是国家（人民）之本，是最核心的共同的公共利益
6	询问查证、检查、当场检查、扣押、鉴定	中华人民共和国治安管理处罚法	第八十三条 对违反治安管理行为人，公安机关传唤后应当及时询问查证，询问查证的时间不得超过八小时；……第八十七条 公安机关对与违反治安管理行为有关的场所、物品、人身可以进行检查。检查时，人民警察不得少于二人，并应当出示工作证件和县级以上人民政府公安机关开具的检查证明文件。对确有必要立即进行检查的，人民警察经出示工作证件，可以当场检查，但检查公民住所的应当出示县级以上人民政府公安机关开具的检查证明文件。检查妇女的身体，应当由女性工作人员进行。第八十八条 检查的情况应当制作检查笔录，由检查人、被检查人和见证人签名或者盖章；被检查人拒绝签名的，人民警察应当在笔录上注明。第八十九条 公安机关办理治安案件，对与案件有关的需要作为证据的物品，可以扣押；……第九十条 为了查明案情，需要解决案件中有争议的专门性问题的，应当指派或者聘请具有专门知识的人员进行鉴定；鉴定人鉴定后，应当写出鉴定意见，并且签名	第一条 为维护社会治安秩序，保障公共安全，保护公民、法人和其他组织的合法权益，规范和保障公安机关及其人民警察依法履行治安管理职责，制定本法	治安秩序，公共安全，保护公民、法人、其他组织合法权益，规范执法，是重要的公共利益，是主要的公共服务内容

续表5-5

序号	行政检查行为类型	权源（法律规范名称）	行政检查内容	该规范的目标（第一条）	与公共服务的关系
7	检验、合格评定、报检、抽查检验	中华人民共和国进出口商品检验法	第六条 必须实施的进出口商品检验，是指确定列入目录的进出口商品是否符合国家技术规范的强制性要求的合格评定活动。合格评定程序包括：抽样、检验和检查；评估、验证和合格保证；注册、认可和批准以及各项的组合。第十一条 本法规定必须经商检机构检验的进口商品的收货人或者其代理人，应当向报关地的商检机构报检。第十五条 本法规定必须经商检机构检验的出口商品的发货人或者其代理人，应当在商检机构规定的地点和期限内，向商检机构报检。商检机构应当在国家商检部门统一规定的期限内检验完毕，并出具检验证单。第十九条 商检机构对本法规定必须经商检机构检验的进出口商品以外的进出口商品，根据国家规定实施抽查检验。国家商检部门可以公布抽查检验结果或者向有关部门通报抽查检验情况	第一条 为了加强进出口商品检验工作，规范进出口商品检验行为，维护社会公共利益和进出口贸易有关各方的合法权益，促进对外经济贸易关系的顺利发展，制定本法	进出口贸易各方合法权益、贸易关系，关系国家及社会主体的经济利益、共同利益、公共利益，公权机关提供公共服务
8	检查、监测、检验、健康检查、调查、控制措施、索取、进入生产经营场所检查、调查处理	中华人民共和国食品卫生法	第十七条 各级人民政府的食品生产经营管理部门应当加强食品卫生管理工作，并对执行本法情况进行检查。第三十三条 食品卫生监督职责是：（一）进行食品卫生监测、检验和技术指导；（二）协助培训食品生产经营人员，监督食品生产经营人员的健康检查……（五）对食物中毒和食品污染事故进行调查，并采取控制措施；（六）对违反本法的行为进行巡回监督检查；第三十五条 食品卫生监督员执行卫生行政部门交付的任务。食品卫生监督员在执行任务时，可以向食品生产经营者了解情况，索取必要的资料，进入生产经营场所检查，按照规定无偿采样。生产经营者不得拒绝或者隐瞒。第三十八条 发生食物中毒……县级以上地方人民政府卫生行政部门接到报告后，应当及时进行调查处理，并采取控制措施	第一条 为保证食品卫生，防止食品污染和有害因素对人体的危害，保障人民身体健康，增强人民体质，制定本法	食品安全是人的身体健康安全的重要内容，保障食品安全是关乎民生福祉的重要的公共利益

续表5-5

序号	行政检查行为类型	权源（法律规范名称）	行政检查内容	该规范的目标（第一条）	与公共服务的关系
9	工程监理、监督、监督检查	中华人民共和国建筑法	第三十条 国家推行建筑工程监理制度。国务院可以规定实行强制监理的建筑工程的范围。第三十二条 建筑工程监理应当依照法律、行政法规及有关的技术标准、设计文件和建筑工程承包合同，对承包单位在施工质量、建设工期和建设资金使用等方面，代表建设单位实施监督。工程监理人员认为工程施工不符合工程设计要求、施工技术标准和合同约定的，有权要求建筑施工企业改正。工程监理人员发现工程设计不符合建筑工程质量标准或者合同约定的质量要求的，应当报告建设单位要求设计单位改正。第三十五条 工程监理单位不按照委托监理合同的约定履行监理义务，对应当监督检查的项目不检查或者不按照规定检查，给建设单位造成损失的，应当承担相应的赔偿责任。工程监理单位与承包单位串通，为承包单位谋取非法利益，给建设单位造成损失的，应当与承包单位承担连带赔偿责任	第一条 为了加强对建筑活动的监督管理，维护建筑市场秩序，保证建筑工程的质量和安全，促进建筑业健康发展，制定本法	建筑安全和质量关系公民、法人、其他组织的重要利益，是公权机构应该重点严格保障的公共利益
10	质量体系认证、抽查、随机抽取、监督检查、现场检查、调查、了解、查阅、复制、扣押、处罚	中华人民共和国产品质量法	第十四条 国家根据国际通用的质量管理标准，推行企业质量体系认证制度。第十五条 国家对产品质量实行以抽查为主要方式的监督检查制度，对可能危及人体健康和人身、财产安全的产品，影响国计民生的重要工业产品以及消费者、有关组织反映有质量问题的产品进行抽查。抽查的样品应当在市场上或者企业成品仓库内的待销产品中随机抽取。第十六条 对依法进行的产品质量监督检查，生产者、销售者不得拒绝。第十八条……查处时，可以行使下列职权：（一）对当事人涉嫌从事违反本法的生产、销售活动的场所实施现场检查；（二）向当事人的法定代表人、主要负责人和其他有关人员调查、了解与涉嫌从事违反本法的生产、销售活动有关的情况；（三）查阅、复制当事人有关的合同、发票、账簿以及其他有关资料；（四）对有根据认为不符合保障人体健康和人身、财产安全的国家标准、行业标准的产品或者有其他严重质量问题的产品，以及直接用于生产、销售该项产品的原辅材料、包装物、生产工具，予以查封或者扣押。第六十三条 隐匿、转移、变卖、损毁被产品质量监督部门或者工商行政管理部门查封、扣押的物品，处被隐匿、转移、变卖、损毁物品货值金额等值以上三倍以下的罚款；有违法所得的，并处没收违法所得	第一条 为了加强对产品质量的监督管理，提高产品质量水平，明确产品质量责任，保护消费者的合法权益，维护社会经济秩序，制定本法	人人都是消费者，提高产品质量，保护消费者合法权益，公权机构依法行政，是普遍性公共利益

（二）行政检查行为内容概括

（1）名称多样、内容丰富。前述法律规范中，行政检查行为的具体概念较多，如询问、调查、要求提供证明文件、查阅、复制、查封、扣押、监测、检验、健康检查、控制措施、索取、进入生产经营场所检查、调查处理、检查、扣留、径行检查、查询、连续追至、带回等词句。这表明几个方面的原因，一是行政检查是一个类概念，下面还包含一系列小的概念，多个概念能够形成综合行政检查活动；二是行政检查本身是一系列行为，多个、多样、多种动作合并形成行政检查的概念；三是行政检查的概念是多个概念合并支撑的概念，内涵较为丰富，在实践中的理解也可能不一，需要统一、规范。

在权力清单制定过程中，行政检查是重要的清理、规范的内容。2018年，四川省公布了权力清单，其中，行政检查行为所涉法律法规及规章很多。这些法律规范对行政检查行为描述不一，其内容呈现多样性，如描述为检查、监督、检查监督、抽查等。这些词条统一被列为行政检查权力类型[①]。综观法律法规的各种规定，可以称为行政检查的大致有以下几种。第一，检查。检查形式多，如综合检查、专题检查；全面检查、抽样检查；定期检查、临时检查；现场检查、人身检查；行政部门检查如安全检查、消防检查、卫生检查、环保检查等[②]。现场检查是指行政主体了解政策或者法律规范落实情况，有关行政机关及其工作人员检验、查看下一级行政人员是否实施了法定行政行为，实施情形怎么样等，包括实地查看、对照，可以询问相对人，了解所涉法律规范实施情况、进展；并比照相关样品，比较行政相对人是否完全依照规范进行行

[①] 《中华人民共和国消防法》第十条规定："按照国家工程建设消防技术标准需要进行消防设计的建设工程，除本法第十一条另有规定的外，建设单位应当自依法取得施工许可之日起七个工作日内，将消防设计文件报公安机关消防机构备案，公安机关消防机构应当进行抽查。"《中华人民共和国禁毒法》第二十六条规定："公安机关根据查缉毒品的需要，可以在边境地区、交通要道、口岸以及飞机场、火车站、长途汽车站、码头对来往人员、物品、货物以及交通工具进行毒品和易制毒化学品检查，民航、铁路、交通部门应当予以配合。海关应当依法加强对进出口岸的人员、物品、货物和运输工具的检查，防止走私毒品和易制毒化学品。邮政企业应当依法加强对邮件的检查，防止邮寄毒品和非法邮寄易制毒化学品。"《保安服务管理条例》第三十六条规定："公安机关应当指导保安从业单位建立健全保安服务管理制度、岗位责任制度、保安员管理制度和紧急情况应急预案，督促保安从业单位落实相关管理制度。保安从业单位、保安培训单位和保安员应当接受公安机关的监督检查。"《中华人民共和国土地管理法》第六十六条规定："县级以上人民政府土地行政主管部门对违反土地管理法律、法规的行为进行监督检查。"《矿山地质环境保护规定》第二十八条规定："县级以上国土资源行政主管部门在履行矿山地质环境保护的监督检查职责时，有权对矿山地质环境保护与治理恢复方案确立的治理恢复措施落实情况和矿山地质环境监测情况进行现场检查，对违反本规定的行为有权制止并依法查处。"《展会知识产权保护办法》第三条规定："展会管理部门应加强对展会期间知识产权保护的协调、监督、检查，维护展会的正常交易秩序。"

[②] 张焕光，胡建淼：《行政法学原理》，劳动人事出版社，1989年版，第259页。

为。例如，工商执法人员到工商营业场所查看行政相对人是否按照规定悬挂、张贴营业执照等。第二，调阅审查。行政执法人员对行政相对人的文件、证件、报表、认证资料、账册等比照验看，查看纸质资料说明，进行样品比对等活动。第三，调查。行政主体对重大问题进行综合了解，如一般调查、立案调查、联合调查、专题调查、现场调查、监督检查等；专门调查是典型、重要的行政执法行为。第四，听取汇报。执法主体整体全面的检查多采取汇报方式，也称面上检查；也用于行政主体内部检查工作，把行政相对人召集在一起，向执法人员汇报相关事务等的发生、发展、结果等情况；然后可能组织人员进行现场查看。一般而言，听取汇报是全面检查的一种（书面报告可能一并进行）。第五，查验。对某种证件或物品进行检查、核对，确认其真伪或发现相关问题（质量是否符合要求），以完成其他相应行政行为；如产品质量检查，对照样品或标准质量，比较真伪，确定合法性。第六，检验。具有相应资质者专门开展对产品或服务确定质量的活动，行政主体自主或委托专门技术性机构对物品（产品）进行检查、鉴别或化验，确定其成分和构成。例如，专门的抽样检验，市场监督管理局到经营食品场所现场抽取食品（样品），当场密封后送到法定机构检验，以确定样品食品的真伪及符合法律规范程度。第七，鉴定。这是更为专业的确定产品或服务质量情况的活动；是指行政主体或行政主体委托其他技术性机构对送检的物品或材料、证件等进行鉴别、评定，以确定真伪、优劣，或确定其性质成分等[1]。对无法通过人眼直接观察得出结论的对象或者物品，查封后送专门机构采用科学方法以确定其组成成分是否符合规定。第八，勘验。指行政执法人员自身或委托具有法定资质的专业机构对行政相对人实施某种行为的场地进行实地查看，了解现场情况，以确定有关个人、组织是否参与了相应行为以及参与者的责任情况[2]。第九，登记。行政相对人就某些事项要求行政主体进行申报、说明后，行政主体专门对此记录在册的行为[3]。第十，统计。行政主体通过统计数据了解相对人情况，方法多，种类繁，应用广泛，如人口统计、产品统计、劳务统计、物价统计、生产统计等[4]。实践中，行政主体一般综合采用前述方式进行灵活、综合查看行

---

[1] 郭倩：《紧急行政检查法律问题研究》，河北大学，2009 年硕士论文。
[2] 武婷婷，解瑞卿：《关于行政调查若干问题的讨论》，《法制与社会》2007 年第 11 期。
[3] 刘文静：《论行政强制检查》，《国家检察官学院学报》2004 年第 1 期。
[4] 杨海坤，郝益山：《关于行政调查的讨论》，《行政法学研究》2000 年第 2 期。

政相对人活动情形，以达至行政目的。

（2）行政检查是行政主体查看社会主体活动、保障社会活动符合法律规范而提供的公共产品。根据不同标准，行政检查可以有多种类型。第一，人身检查、物品检查和场所检查。这是依据检查客体进行的分类。人身检查是指对相对人的身体及其携带物品情况进行查看[①]。如果相对人不配合，行政机关可能会进行强制检查；进行强制检查要求行政主体具有相关权力。如机场、地铁的安全检查，若相对人拒绝接受人身检查，不能排除安全危害嫌疑，一般不能完成出行、乘车等目的。特殊情形可能导致其自身不利处遇。物品检查是针对涉案物品进行的查看，如海关查验货物、税务人员查阅纳税人账簿等。在法律明确规定的情况下进行检查；行政主体对物品检查中涉及工商业者的商业秘密负有保密义务。场所检查是执法人员进入特定场所进行检查，如对住宅、商业场所、生产场所的查看[②]。对住所和人身检查应当严格遵守法律的规定，不得侵犯公民的基本权利[③]。第二，一般检查与特定检查。一般检查是指行政主体拉网式、全面地或者随机地对不确定的相对人的执法情况进行的查看。如乘坐火车、飞机的行政相对人出示证件、物品、工具等接受安检人员查看。特定检查是对具体、特定行政相对人执法情况的专门查看活动，如统计部门搜集企业经济指标完成情况信息资料，教育部门对学校教育活动开展情况的查看、了解。这两种行政检查各有优势，一般检查和特定检查分别从宏观和微观两个层面开展检查是对行政相对人的守法情况进行把握。第三，强制检查与非强制检查。强制检查是在行政相对人配合不力的情形下，行政机关执法人员强制性地查看、了解其执法情况；如相对人配合，自愿接受，则是非强制检查。前者要采取行政暴力支持，对行政相对人权利有影响，一般在法定情形下才采取强制检查。强制检查力度大，一般与行政相对人可能涉嫌违法有关。没有法律规范依据时，行政相对人拒绝行政检查的，行政机关不得强制进行，但是可

[①] 《治安管理处罚法》第七十八条规定："公安机关对与违反治安管理行为有关的……人身可以进行检查……检查妇女的身体，应当由女性工作人员进行。"《海关法》第六条第四项规定："在海关监管区和海关附近沿海沿边规定地区……检查走私嫌疑人的身体……"

[②] 蒋琛：《行政检查制度研究》，中国政法大学，2006年硕士论文。

[③] 《行政许可法》第六十二条第一款规定，行政机关可以对被许可人生产经营场所依法进行实地检查；《治安处罚法》第八十七条第一款规定，公安机关检查公民住所应当出示县级以上人民政府公安机关开具的检查证明文件。

根据法律的规定对拒绝接受检查的行政相对人处以行政处罚或刑罚①。第四，职权性行政检查、授权性行政检查与委托性行政检查。职权性行政检查是指执法者自身具有执法主体资格。如地方行政机关依据《中华人民共和国地方各级人民代表大会和地方各级人民政府组织法》第五十八条的规定对其辖区内不属于其管理的企业进行检查活动，即属于职权性行政检查，受检查的企业不得拒绝②。授权性行政检查是指行政主体（包括行政机关或者法律、法规授权的组织）依据法律法规的授权规定而进行的行政检查，如港务监督和渔政渔港监督管理机构依据《中华人民共和国海洋环境保护法》的规定对船舶排污的调查。委托性行政检查是指具有行政检查权的行政主体依法委托其他行政机关或组织、个人行使行政检查权，委托机关是行政主体，其法律后果也由委托方承担。还有常规检查和非常规检查等种类，也是行政检查的基本类型。所有行政检查都必须师出有名，有法律规范依据，执法者具有行政检查主体资格，采取法定方式进行，不得法外侵犯相对人合法权益。

（3）行政检查与相关概念的界分。在我国理论和实践中，行政检查、行政调查、行政监督检查、行政监督等概念经常被混用，最常见的是将行政监督和行政检查合称为行政监督检查，行政调查和行政检查混用③。行政检查与行政调查、行政监督检查这三个名词虽然具有一定的相似性，但概念各不相同。

第一，行政检查与行政调查。在汉语中，行政检查与行政调查仅一字之差，含义相近。"调查"指"为了解情况进行考察，多指到现场"，"检查"指"为了发现问题而用心查看"，两者采用的手段、措施也很相似，立法和执法中两者常被混用。具体法律规范中有多种措施执法④。在现有法律规范中，虽然检查和调查有时会并列使用，并且检查可以作

---

① 《中华人民共和国证券法》第二百三十条规定："拒绝、阻碍证券监督管理机构及其工作人员依法行使监督检查、调查职权未使用暴力、威胁方法的，依法给予治安管理处罚。"
② 秦坤：《行政检查制度研究》，山西大学，2006年硕士论文。
③ 杨雪：《行政检查概念之探析》，《经济研究导刊》2011年第30期。
④ 《银行业监督管理法》第四十二条："银行业监督管理机构依法对银行业金融机构进行检查时，经设区的市一级以上银行业监督管理机构负责人批准，可以对与涉嫌违法事项有关的单位和个人采取下列措施，调查人员不得少于二人，并应当出示合法证件和调查通知书。"又如《行政处罚法》第三十六条："……除本法第三十三条规定的可以当场作出的行政处罚外，行政机关发现公民、法人或者其他组织有依法应当给予行政处罚的行为的，必须全面、客观、公正地调查，收集有关证据；必要时，依照法律、法规的规定，可以进行检查"以及《行政处罚法》第三十七条第一款："行政机关在调查或者进行检查时，……并协助调查或者检查，不得阻挠。询问或者检查应当制作笔录。"

为调查的一种手段或方式，调查也可以成为有针对性的检查方式，但从更深层的意思来看，检查的针对对象是普遍的，而调查从某种意义上讲可以说是检查的一种结果。除了检查后没有发现问题或者发现了问题可以直接进行处罚外，还有很多情况是不能直接在检查中当即确认出问题的，而是需要更进一步的调查，即从检查中发现问题，有了问题而进入调查程序。当然，调查不完全是因为检查而起，也有可能来自公民或者单位等的举报等其他方式。在调查过程中，因为需要更多的证据资料，可能就需要对更多的方面进行检查，但是这里的检查仍然有多种结果，可能会确认合法，可能会确认前一个检查应受处罚的结果，也可能会引起更多的调查。这是一个循环，但不是一个死循环，行政调查从始至终都是行政检查的一种结果，二者不并列也不相互包含，只是两种不同的程序。

第二，行政监督检查与行政检查。根据前文提到的应松年教授对行政监督检查与行政检查的定义，可以推出他可能认为行政监督检查几乎是等同于行政检查的。其书中提道："在中国行政执法实践中和行政法理论上，行政监督和行政检查也是经常使用的概念，但二者之间的界限很难区分，经常被混同使用。因此，将二者合并为行政监督检查，并特指行政主体单方面强制了解、督促和疏导的具体行政行为，成为实践中的一种做法，也成为不少行政法教科书的选择。"① 这在法条中也有较为明显的体现②。在部分法条中，行政监督检查表现为一种内部行政行为③，可以理解为是上级行政机关应该加强对下一级行政机关的执法行为的监督检查。行政监督是一个更为广泛的概念，侧重的是各类主体对行政机

---

① 应松年：《行政法与行政诉讼法学》，法律出版社，2005年版，第257页。
② 《中华人民共和国消防法》第五十三条："公安机关消防机构应当对机关、团体、企业、事业等单位遵守消防法律、法规的情况依法进行监督检查。——公安机关消防机构、公安派出所的工作人员进行消防监督检查，应当出示证件。"《中华人民共和国枪支管理法》第二十条："公安机关对制造、配售民用枪支的企业制造、配售、储存和帐册登记等情况，必须进行定期检查；必要时，可以派专人驻厂对制造企业进行监督、检查。"但是有些法律规定监督检查的方式包括调查和检查，如《中华人民共和国农产品质量安全法》第三十九条："县级以上人民政府农业行政主管部门在农产品质量安全监督检查中，可以对生产、销售的农产品进行现场检查，调查了解农产品质量安全的有关情况，查阅、复制与农产品质量安全有关的记录和其他资料。"然而，《中华人民共和国统计法》第五章章名为"监督检查"，其第三十五条中同时使用了调查、检查和监督检查三个概念。无疑，法条中对监督检查和行政检查的规定是杂乱的，简单地将行政监督检查与行政检查等同不符合当前整个行政法律法规规定的实际。
③ 刘铮：《试论出版活动行政检查的统一规范的策略》，《中国出版》2013年第1期。《行政处罚法》第54条规定："行政机关应当建立健全对行政处罚的监督制度。"

关的监督。这里之所以使用监督检查，更多的是因为上级行政机关对下一级行政机关的监督，故行政监督检查包含行政机关之间的内部监督，行政检查包括行政主体对外对内行政活动。此处对此类行政内部监督检查的行为暂不研究。

三、行政检查实现公共服务价值

在行政执法实践中，我国行政机关的行政检查权被认为是天然的权力，不需要法律的特别授权，也不像其他权力那样强调法律尤其是组织法的授权[①]。目前我国并没有一部统一的行政程序法典，更没有相应的行政检查法律规范，行政检查缺乏程序制约，存在着滥用行政检查权、借检查之名行处罚之实、侵害公民自由和权利的现象。在某些地方，乱检查甚至成为"乱摊派、乱收费、乱罚款"以外的又一"乱"，企业和公民苦不堪言[②]。并且行政检查的实施，还往往涉及宪法保障人民之人身自由权、住宅不受侵犯权等基本人权。但与检查手段的盛行形成鲜明对照的是，学界对检查的研究相对薄弱，从行政法的角度对行政检查的规制更是近几年才逐渐引起人们重视。随着持续性监管需求的增加，行政检查作为行政监管常态化的监管方式，在食品安全、环境保护等领域的作用日渐凸显。行政检查的意义重大，价值很高。

（一）行政检查是一种缺乏关注的重要行政行为

我国对行政法学的研究已经颇有成就，在各种独立的行政行为研究方面已取得了可观的进步。实务界和理论界对制定行政规范性文件、行政许可等活动方式，以及行政强制和行政处罚、行政复议和行政赔偿等的关注程度及取得的成就虽然值得学习和称赞，但忽视了对行政检查制度的研究，进而很大程度上导致食品安全事故频现、环境问题愈发严重。行政检查是一个防患于未然的行政行为，是一项落实和贯穿相关政策措施和对法律规范实施状况进行检视的重要方式。完善行政检查制度，发挥行政检查在行政法范围内的作用非常必要。

（二）行政检查需依法规范

行政检查行为同样具有强制力和羁束力，行政检查在行使中易与相

[①] 陈思明：《浅析行政检查》，《科学中国人》2014 年第 25 期。
[②] 杨海坤：《行政检查也需要有法可依》，《法制日报》1999 年 9 月 13 日。

对人的人格尊严权、住宅权及隐私权等发生冲突。行政检查的种类多，行政主体一般采取便利原则，对行政检查种类的选择较随意，不具有规范性。因此，行政检查中可能出现一些违法行政，如在同一天对同一家店进行多次检查。由此可见，对行政检查行为进行规制尤为重要。但我国在这方面的立法还很薄弱，大多数规制只是散见于各类行政法律法规的相关条文之中，并未形成系统的行政检查制度。

（三）实务中的行政检查种类多样需要认真对待

我国目前涉及的行政检查跨越的范围甚广，检查的方式散落在各个部门法中，种类繁多。从食品安全到国家安全，从环境保护到文物保护，行政检查都扮演着相当重要的角色，但没有形成专门的规范规制，或者只有行政程序方面的一些规范。行政检查广泛存在且长期使用，在行使中容易与行政相对人发生冲突，导致行政检查中的冲突增加。由于行政检查行为本身没有直接的规范，导致救济困难。因此，实务中的行政检查需要认真对待。

（四）行政检查是其他相关行政行为的前提及重要组成部分

正如行政检查是行政处罚的前提一样，对交通道路安全的检查和认定也是其他相应行为的前提。如发生交通事故，行政检查是行政确认的前提和基础，只有对事故本身进行全面、关键的检查，才能对比法律规定，作出责任认定[①]。行政检查是行政处罚的基础，必须先有基础数据和信息（行政处罚的事实根据要清楚、证据要确凿），才有后来的行政处罚行为；没有或者无法查证事实，疑案从无，就不能进行行政处罚。《行政处罚法》第三十条规定的"查明事实"就需要行政检查等行为来完成[②]。

行政检查亦是其他行政行为的重要组成部分。行政检查是行政许可活动的基础或者组成部分，行政许可设置有许可条件，社会主体具备相

[①] 《中华人民共和国道路交通安全法》第七十三条："公安机关交通管理部门应当根据交通事故现场勘验、检查、调查情况和有关的检验、鉴定结论，及时制作交通事故认定书，作为处理交通事故的证据。交通事故认定书应当载明交通事故的基本事实、成因和当事人的责任，并送达当事人。交通现场检查，给出事故责任认定书，是判断和裁决当事方责任的基础和前提。"

[②] 《行政处罚法》第三十条：公民、法人或者其他组织违反行政管理秩序的行为，依法应当给予行政处罚的，行政机关必须查明事实；违法事实不清的，不得给予行政处罚。

应的条件是给予行政许可的基础。是否具备条件，要通过行政检查进行确定，这也是在行政许可后续活动中必须包含的内容；行政许可申请者获得了某项许可，就得在行政许可期间保持具备行政许可条件，如果在后续检查中发现申请者不具备相应条件，就可能取消许可。行政检查是许可存续中一直存在的活动①。

四、行政检查提升公共服务性的路径

行政检查是法定地、正式地行使行政权力，是行政主体依法履行监督检查职责。针对部分地区出现的频繁、混乱、随意的行政检查现状，笔者提出如下改革建议。

（一）合理设定行政检查权

职权法定是对行政机关行使行政权力的第一要求，任何行政权力的来源都必须有法律明确授予。行政检查权的设置关系到行政机关何时有权干涉行政相对人的正常经营，这本身是一个具体的内容。然而，现有法律法规中大量出现的行政检查设置抽象，甚至不明，有些部门法整部法规中仅出现有权监督检查或者负责检查，却没有规定什么时候可以启动检查程序，启动检查程序的具体步骤，行政机关也就可以选择作为或不作为。在现代法治愈加健全的背景下，这意味着行政机关可以不行使权力。因为并没有明确授权如何以及何时检查，反而是行使了权力，违法和遭受诟病的概率要大于不行使权力，行政机关为了保全自己，很可能并不会主动履行这些没有设置清楚的权力，导致获得行政许可后，行

---

① 《行政许可法》第六十二条："行政机关可以对被许可人生产经营的产品依法进行抽样检查，检测，检验，对其生产的经营场所依法进行实地检查。检查时行政机关可以依法查阅或者要求被许可人报送有关材料，被许可人应当如实提供有关情况和材料。行政检查是行政许可的必要组成部分。行政检查与行政许可共同构成行政许可执法。通过检查确定行政相对人是否遵守许可规定，督促乃至处罚行政相对人，对不履行许可的行政相对人科处义务；对履行许可承诺的行政相对人给以认同。"《中华人民共和国土地管理法》第六十六条："县级以上人民政府土地行政主管部门对违反土地管理法律、法规的行为进行监督检查。土地管理监督检查人员应当熟悉土地管理法律、法规，忠于职守、秉公执法。"第六十七条："县级以上人民政府土地行政主管部门履行监督检查职责时，有权采取下列措施：（一）要求被检查的单位或者个人提供有关土地权利的文件和资料，进行查阅或者予以复制；（二）要求被检查的单位或者个人就有关土地权利的问题作出说明；（三）进入被检查单位或者个人非法占用的土地现场进行勘测；（四）责令非法占用土地的单位或者个人停止违反土地管理法律、法规的行为。"第六十八条规定："土地管理监督检查人员履行职责，需要进入现场进行勘测、要求有关单位或者个人提供文件、资料和作出说明的，应当出示土地管理监督检查证件。"

189

政相对人并不会得到有效的监督。故在行政检查的设置上,不能只抽象设定,而是应当在设定了有行政检查的权力时,进一步规定具体检查方式。行政检查的目的是了解相对人遵守法律或执行行政决定的情况,法律规定可以综合性、复合性实施,如可以援引的法律法规中只出现"××机关负责××"的用语,直接设置详细的在什么情况下行政机关可以采取什么样的措施进行检查,才联合、综合行为,减少检查次数,提高检查效果。

(二)限制行政检查的范围

行政检查涉及对相对人人身权、财产权等基本权利的限制。行政检查权并不属于行政主体的当然权力,不因为行政主体具有一般行政管理权而当然具有行政检查权。根据一般法治原则,对人身权、财产权等基本权利的限制必须有法律的明确依据,而不能由行政机关自我授权。从法律对行政检查规定的现状看,明确行政检查的性质,把检查权从监督权和管理权中独立出来,形成独立的行政检查活动,进行独立的法律规范,具有自有内容、方式、程序、法律效果;一定程度的行政检查伴随其他行政活动,是其他行政活动系列行为之一。在行政检查制度中确立比例原则,行政检查中行政权力行使强度与目的相称,符合正向利益一致原则,不能为了一个较小的利益而损害一个更大的利益[①]。根据不同的行政检查行为规定不同的检查措施,明确直接强制性检查权行使规则和法定情形。

(三)重视对行政检查的监督

不受制约的权力会无限扩大。行政检查的作用在于监督行政相对人的经营等行为是否合法,行政相对人是否守法,而检查权若没有监督制约,不仅不会达到其目的,更可能会因权力的无限扩大侵害行政相对人的合法权益,使行政相对人对行政检查意见重重,轻则导致单个行政相对人的利益受到损害,重则导致行政检查环境变坏,从而阻碍行政检查

[①] 《行政许可法》第六十三条:"行政机关实施监督检查,不得妨碍被许可人正常的生产经营活动,……"

的正常运行。根据《行政许可法》的相关规定①，行政机关应当创造条件，实现与被许可人、其他有关行政机关的计算机档案系统互联，核查被许可人从事行政许可事项活动情况②。但是，实践中公众查阅行政检查记录并不易，渠道不畅通。因此，畅通的查阅渠道是目前应当尽快完善的，信息公开是最好的监督方式。另外，行政复议虽然是行政机关内部的监督，公众对其信任度不高，但也是需要加强的。最后，在目前司法改革的大环境下，司法机关对行政的监督有所改善。行政相对人对行政检查监督不理解，出现对抗或逃避政府的检查监督的情况。行政相对人心虚，害怕自己照顾不周惹恼行政检查主体，以至于被穿小鞋，所以对行政检查主体在进行检查时，主张权利不力。不仅本身就有问题的行政相对人会这样，就连那些本身并没有什么问题的行政相对人也会如此行为。行政检查还存在复杂化趋势，如"三项制度"的推行：行政执法公示、行政执法过程录音录像、重大执法决定合法性审查三项制度。录音录像这一项，执法效率较低，理解不一，推行难度较大。一般执法过程录音录像并无必要，徒增执法巨大压力，导致执法录音录像表演式、观赏式、应付检查式，难以形成常态。行政检查在行政执法进步与改革等综合性活动中，碎片式、被挤压着不断推进，本身作为整体的规范性不够。行政检查行为本身是一种行政处理行为，根据司法终局的原则，行政检查理应得到司法救济，因此行政检查给行政相对人带来人身、财产（包括商业秘密）等损失的，行政相对人有权申请行政复议和提起行政诉讼并申请赔偿③。

（四）加强对行政检查的程序控制

正当程序原则虽未在我国宪法中确立，但已成为我国法学界的共识，其内容在相关的法律中得到了体现，如《行政处罚法》（1996年）和《行政许可法》（2003年）都规定了相应的执法程序。行政执法主体要据此进行活动，违反程序规定的，属于违法行政。虽然无法对所有行政行为都在实体上作出详细的规定，但可以对所有行政行为给予程序上的控

---

① 《行政许可法》第六十一条："行政机关应当建立健全监督制度，通过核查反映被许可人从事行政许可事项活动情况的有关材料，履行监督责任。行政机关依法对被许可人从事行政许可事项的活动进行监督检查时，应当将监督检查的情况和处理结果予以记录，由监督检查人员签字后归档。公众有权查阅行政机关监督检查记录。"
② 王晨：《行政检查程序刍议》，《大庆师范学院学报》2010年第2期。
③ 杨建明：《论行政检查》，《江西行政学院学报》2005第2期。

制,防止行政权力滥用,使行政行为透明化,让行政相对人、相关人参与进来,监督行政主体,保证行政行为的合理、合法①。法律规定了行政检查前的"表明身份、出示证件、询问、制作笔录"等检查程序行为及特别需要的"抽样登记保存"等实体检查行为。如《中华人民共和国道路交通安全法》第八十条规定:"交通警察执行职务时,应当按照规定着装,佩带人民警察标志,持有人民警察证件,保持警容严整,举止端庄,指挥规范。专门的部门法对行政人员执行行政检查等相关行为作了相应的规范。"但是,这些规定都较为凌乱地分布在各项法律法规之中,并不系统和连贯。行政检查的程序规范应由我国行政程序法统一规定,而且至少应包括以下内容:行政检查的启动必须有合理的依据;行政检查的实施应符合一般程序规则;正式的行政检查情况及结论要作出书面记录,并由检查人员签字;同一对象重复检查、反复检查需经本机关行政首长批准;告知不服行政检查的救济途径。其中,鉴于极少数行政执法人员重复检查、反复检查,影响相对人的正常生产经营和生活,违背行政检查的目的,因而对重复检查、反复检查要从严控制。

(五)行政检查去形式化

行政检查的形式化在某些方面表现得极为明显,体现为行政机关不重视,因而行政相对人更不重视,继而导致违法人数增加。比如中国式过马路,红灯绿灯无所谓,行人人数够了就硬闯,行政执法不及时,导致违法行为不受惩罚,相关行政检查督促行为没有跟上。行政机关面对行政权力行使时存在的风险不能过于保守,也不能过于开放,对行政检查的形式化不利于达到行政检查的目的。虽然有时候看似是法与情的结合,但对行政检查出现的问题视而不见或者选择不处罚,可能会导致极其严重的后果。因此,应当加强对行政机关的法治宣传,引导行政检查权力的良好行使。另外,对于行政机关内部的检查,更应当加大宣传,

---

① 《中华人民共和国行政处罚法》第三十六条:"除本法第三十三条规定的可以当场作出的行政处罚外,行政机关发现公民、法人或者其他组织有依法应当给予行政处罚的行为的,必须全面、客观、公正地调查,收集有关证据;必要时,依照法律、法规的规定,可以进行检查。"第三十七条:"行政机关在调查或者进行检查时,执法人员不得少于两人,并应当向当事人或者有关人员出示证件。当事人或者有关人员应当如实回答询问,并协助调查或者检查,不得阻挠。询问或者检查应当制作笔录。行政机关在收集证据时,可以采取抽样取证的方法;在证据可能灭失或者以后难以取得的情况下,经行政机关负责人批准,可以先行登记保存,并应当在七日内及时作出处理决定,在此期间,当事人或者有关人员不得销毁或者转移证据。执法人员与当事人有直接利害关系的,应当回避。"

禁止搞形式主义。

（六）加强对行政相对人的普法

行政相对人对行政检查的消极应对是与对行政机关的不信任相关的，正是因为对行政机关的不信任，行政相对人才不去对自身的经营行为作出改变，而是到处打行政机关的主意，认为必须给好处才能过关，不给好处就不给过关。为了改变这种状况，一方面，应当对行政相对人加强普法宣传的力度，让其相信法治，相信政府，在其了解了行政检查的机制与行政检查的步骤后，对行政检查的误解自会消减。另一方面，政府应当尽快通过信息公开、建设和完善查询渠道等，改变行政检查不受信任的状况，从而引导行政相对人对行政检查的正确态度，形成良性循环，实现行政检查的目的。

附：

陈某行政检查行政处罚案的公共服务性探析

一、案件简介

陈德龙是个体工商户德龙加工厂的业主，自2011年3月开始加工生产钢化玻璃。2012年11月2日，成华区环保局行政执法检查发现其生产厂房涉嫌设置暗管偷排污水，发出《环境保护行政执法约见通知书》，遂进行立案调查、取证，要求其限期整改。德龙加工厂未履行整改义务。11月8日，成华区环保局确认该厂属二次违法，拟罚款10万元，并依照程序送达听证通知书，经过听证，给予其10万元罚款的行政处罚[①]。德龙加工厂不服该行政处罚决定，向成都市成华区人民法院起诉，请求"撤销成华区环保局行政处罚决定"。经过一审、二审，法院判决驳回陈德龙的诉讼请求。2014年10月21日，陈德龙向成都市中级人民法院申请再审，该院裁定不予受理。

二、陈某行政处罚案呈现的行政执法、司法的公共服务性分析

（一）该案行政处罚是公共服务论的体现。公共服务论思想是行政活动、司法救济活动判断的主要价值标准。法律规范是公共服务

[①] 见《最高人民法院案例公报》，四川省成都市中级人民法院（2014）成行终字第345号行政判决书。

论的载体,违反法律法规就是违背公共服务论的价值规范。公共服务论同样贯穿于行政处罚的具体行政行为之中。行政处罚作为行政制裁的一种形式,是具有行政处罚权的行政主体为维护公共利益和社会秩序,保护公民、法人或其他组织的合法权益,依法对行政相对人违反行政法律法规而尚未构成犯罪的行为实施的法律制裁。该案中,德龙加工厂私设暗管排放水污染物违反了《中华人民共和国水污染防治法》的规定①,违背法律规定的保护环境、依法排污、维护公共利益的目标;行政主体依法要求其整改,在对方不履行法定保护环境义务时,对其进行行政处罚,是保护环境,依法执法,维护公共利益,是公共服务论思想的具体呈现。

(二)行政处罚遵循"合理性原则"亦是再次呈现公共服务论基本思想。德龙加工厂对行政处罚不服,向人民法院起诉。法院依法审理,根据德龙加工厂的违法事实、《水污染防治法》的法律规定②,通过推理,认为环境保护执法机关对私设暗管违法行为的罚款处罚享有裁量权,具有根据事实、情节、危害后果在法定处罚幅度内作出处罚决定的权力;根据《中华人民共和国行政处罚法》的规定,行政执法机关依法举行听证,通过法定程序,确认事实,行政执法经过,说明拟处罚行政决定的法律依据等;最后作出正式行政处罚决定。行政执法机关查明德龙加工厂违法行为符合《水污染防治法》第七十五条第二款的规定情形,罚款数额没超过最高罚款数,行为符合情节较重情形(不予整改、二次违法),在法定处罚幅度内,综合考虑违法事实,作出的行政处罚并无不当。环保行政执法机关具备执法主体资格,法律规范明确,程序合法,处罚合法。该案的行政处罚行为、司法诉讼行为,集中体现了公共服务论基本思想。

三、公共服务论对陈某行政处罚案的指引简析

(一)行政执法主体依法作出行政处罚是公共服务论思想指引的结果。公权力姓公,是为维护和增进公益、达致公共利益目的而设置的。公共权力机构设置、运行、结果都接受公共目的的检验。陈

---

① 《中华人民共和国水污染防治法》(1984年制定)第二十二条第二款:"在江河、湖泊设置排污口的,还应当遵守国务院水行政管理部门的规定。"

② 《中华人民共和国水污染防治法》第七十五条第二款:"违反法律、行政法规和国务院环境保护主管部门的规定私设暗管的,由县级以上地方人民政府环境保护主管部门责令限期拆除,处二万元以上十万元以下的罚款。"

某设立加工厂进行生产,应该依法进行,按照《环境保护法》[①]的规定开展活动。《环境保护法》要求生产企业保护环境,污水经处理后才能排放,是保护包括工厂附近居民在内的所有社会主体的环境权益。如果生产企业不依法进行污水处理,私设排污管道,污染环境,违反法律规定,是侵害公共利益,危害包括自身在内的社会主体的环境权益。行政执法机关对违法行为进行制止、处罚,就是纠正、惩罚环境违法行为,维护法律所设定所保护的所有社会主体的环境权益。环境破坏严重,所有社会主体的权益都受损,是公共利益受到侵害;行政执法主体依法执法,是直接或间接遵从法律规范,保护法律规范设定的权益,是直接企业公共服务论基本思想。

(二)行政处罚、行政诉讼(一审二审再审)行为契合公共服务论思想。依法进行行政处罚和司法救济符合公共服务论的基本思想。公共服务论要求公权机关依法为社会提供公共服务,有法律规定的按照规定执行,不执行是违法的。《行政处罚法》规定对符合条件的行政处罚应举行听证[②]。成华区环保局依法举行听证,各方依照法律规定参加听证,形成听证结论。德龙加工厂不服行政主体行政处罚决定,依法提起诉讼,进行一审、二审;在法院驳回其诉讼请求后,申请再审;人民法院审查其再审申请后,依法驳回。一系列行政救济活动,全部依法进行。法院主导的行政诉讼,是对行政行为的"二次审理",是对行政行为的合法性进行审查,从执法主体资格、执法依据(法律规范)、执法程序、执法结果进行审查;行政主体履行法律规定的举证义务;审查行政执法机关的行政行为的裁量权行使是否合理,比照德龙加工厂的违法事实、情节与法律规范,确认行政执法机关行政行为具有合理性。依法保障行政相对人的诉权,依照法律规定进行救济活动。通过司法救济、讲法析理、公开审理、行政主体举证等,去完全契合公共服务论基本内涵,对行政相对人依法保障其寻求救济的权利,实现有救济才有权利的基本原则。此案作为最高人民法院的指导性案例,是公共服务论思想的完整再现,获得学术界、实务届的认可。

---

① 《中华人民共和国环境保护法》,自2015年1月1日起施行。
② 《行政诉讼法行政处罚法》第五条:实施行政处罚,纠正违法行为,应当坚持处罚与教育相结合,教育公民、法人或者其他组织自觉守法。第四十二条:行政机关作出责令停产停业、吊销许可证或者执照、较大数额罚款等行政处罚决定之前,应当告知当事人有要求举行听证的权利;当事人要求听证的,行政机关应当组织听证。

第六节　行政服务热线是典型的公共服务

仿照"110"制度，各级政府逐渐建立起接受社会主体意见、咨询和建议的新渠道，有的地方政府甚至对此制度作了深化，内部规范了严格的制度推进。在纷繁复杂的行政工作中，此制度具有典型的服务特性，值得推广研究。

一、行政服务热线是政府提供的公共服务

在新形势下，传统的政府职能定位、管理体制、治理理念受到了严峻的挑战，经济建设发展受阻，公民诉求得不到满意解决，社会矛盾日益激化。党的十八大报告提出要建设职能科学、结构优化、廉洁高效、人民满意的服务型政府。在此背景下，必须要坚持以服务型政府为目标的行政管理体制改革，加快形成"党委领导、政府负责、社会协调、公众参与、法治保障"的社会管理体系。

政府对社会和公民的服务从理论上来说应是全方面覆盖的，但事实上，政府各部门很难做到无缝衔接。全面建设服务型社会，需要一个部门兜底来填补政府服务空白。为了政府提供的服务与社会的需要，英国、法国、德国等国家设有"不管部"，不论什么领域，如军队、警察、法务等体系内不管、不愿管或管不到的领域，都由"不管部"插手解决。这个部门虽然做的是兜底行为，但其权力很大，要高于各部的权力，直接对国家元首负责。在我国专门设立"不管部"不具有现实可能性。这时，行政服务热线的出现，为建设服务型政府提供了实践创新，这是以群众的需求为导向，将政府职能从计划权力配置向公民需求转变的一个变革。行政服务热线实质是在政府决策中加大公众参与的力度，为政府与公民的沟通创建一个良好的交流平台，让政府能更好地倾听公民的心声与诉求，以达到行政行为公共服务化的目的。政府将分散于各个部门、行业的政务热线进行统一整合，归并为一个综合性全方位政务服务平台或者几个政务服务平台。

(一) 行政服务热线统一的必要性

1. 部门热线过多，咨询受阻

以前政府部门对外公开的号码太多，涉及工商、劳动、司法、物价、人事、教育等不同方面的职能部门都有自己专门的热线，公民依照问题的类型，拨打对应的热线寻求解决。但是现实情况是，政府并没有对公民进行政府服务热线专题教育，即使有开展类似的活动，公民也难以将几十个甚至几百个电话记忆分类。因此，在很多涉及个人利益或公共利益的社会问题出现的时候，公民们想反映问题却不知道该拨打哪个热线电话。

2. 多头管理，执法界限不明

以城市噪声污染管理为例，城市噪音主要有工业噪音、娱乐噪音、施工噪音、交通噪音、社会生活噪音等五类。在实际运作中，不同的噪声属于不同的部门分管，娱乐噪音和施工噪音属于城管执法局管理，工业噪音属于环保局管理，社会生活噪音属于公安机关管理，交通噪音属于交警管理。公民需根据噪音的不同种类向相关部门申请处理[①]。这种多头管理的模式给社会治理带来了严重的问题，不仅难以给公民提供便捷的投诉建议、申请服务渠道，而且职能部门的职能界限不清楚，易造成行政效率低下、行政成本增加。因此，设立统一的服务平台的必要性凸显出来。

3. 行政服务热线的范围与权限

行政服务热线是指政府的相关职能部门为了满足广大人民群众的特定服务需求，解决社会生活中市政、交通等问题，建立统一的呼叫中心，设定特定的热线号码，为公民提供服务，将民众与政府连接起来，增加两者间的亲密度。概言之，这是一种行政成本较低的渠道。

市长热线只负责协调，没有处置权。对于市民反映的问题，市长热线有5种处理方式，即答复、直办、转办、呈办、查办。对于一般的问题，市长热线可以当场给出答复，解决；对于重大疑难的问题，市长热线因为没有处置权，需要转给相关部门处理；对于某些部门故意拖延的情况，建议市民走司法程序或者信访反映渠道。

---

① 本报记者：《多种城市噪音归属于不同的部门管理界限不清执法犯难》，《宝鸡新闻》2013年1月23日。

（二）企业售后服务之企业服务热线

随着社会的快速发展，消费者判断一个企业、一个品牌的好坏，不仅仅只停留在商品质量本身的好坏，还极其看中其服务质量的好坏。企业售后服务作为企业提供服务的方式之一，也是企业间激烈竞争的有力武器。

1. 企业售后服务

售后服务是指在商品出售之后，由厂商、销售方或服务方所提供的各种服务活动，包括培训、产品调试、咨询、产品维护和升级等。企业提供令消费者满意的售后服务，是树立良好的品牌形象、拓展市场、在市场竞争中脱颖而出的重要路径之一。我国企业售后服务的现状和问题主要有以下几个方面：一是售后服务的观念淡薄，生产者、销售者仍抱有"重售出，轻售后"的观念，不仅如此，消费者对售后服务的认知也不够，很少利用其来维护自己的购买利益；二是售后服务的形式复杂混淆，除了厂家直接服务的形式之外，还有协议外包形式，以及两者之间的结合；三是售后服务的定价不规范，售后服务不仅是生产者、销售者对自己所产所销产品的负责，还是盈利的一种手段，是产品增值的延伸，然而对于有偿的售后服务，《中华人民共和国消费者权益保护法》（以下简称《消费者权益保护法》）并没有对其进行统一的定价规定；四是忽视售后服务的信息反馈，由于缺乏完整科学的顾客满意度调查评估，对于售后服务的质量，商家并没有重视，无法积极改正提供更完善的服务[1]。2014年3月15日出台的新《消费者权益保护法》对企业的售后服务有一个相对更加完善的规定，不仅在原有的三包制度、召回义务等方面进行了修订完善，而且明确了三包责任起始时间的计算、举证责任等。

2. 行政服务热线和企业服务热线的比较分析

企业服务热线作为企业提供售后服务的方式之一，贯彻了为消费者服务的宗旨，为消费者解答产品疑问、办理业务、处理投诉等，以提供更好的服务体验。行政服务热线在一定程度上与企业服务热线有一致性，但是也存在许多的区别，比如设立初衷、主体对象、服务范围、操作模式、经费来源等方面。

---

[1] 尚德萍，秦冬梅，崔健东：《企业售后服务存在的问题及对策研究》，《大庆师范学院报》2008年第4期。

在设立初衷方面,政府服务热线本着"为人民服务"的理念服务于民,为人民大众提供更好的行政服务,体现其公益性;企业服务热线以盈利为初衷,提高消费者的满意度,使利润最大化。在主体对象方面,前者的主体是行政主体,一般是各级政府,对象为行政相对人;后者的主体则是提供服务的企业,对象为购买或即将购买商品的顾客。在服务范围方面,前者是针对公安、交管、工商等多种民生问题,向政府提起诉求或者举报投诉,寻求解决处理;后者则是围绕企业商品或者服务等问题。在操作模式方面,前者的热线应答部门与受理部门不是同一体系,对于热线无法处理的问题,会联系政府各大职能部门,转交执行;后者的应答部门与业务处理部门则受到统一领导,可以当场解决问题,效率较高。在经费来源方面,前者来源于政府的财政拨款;后者是企业的运营资金。

二、市长(市民)服务热线的公共服务实践

1983年,沈阳市政府率先开通第一部市长热线电话,鞍山市紧随其后;从1984年到1989年,重庆、西安、长春、郑州、太原、深圳等十几个城市相继设立了市长热线电话[①]。截至2021年底,全国已经有河南、广东、四川、甘肃等省开通了省级政务服务热线。

(一)行政服务热线不断提升政府服务能力

成都市市长热线机制健全,功能发挥有力,一定程度上代表了我国市长热线的发达程度。下面以成都市市长热线为例说明市长热线的起源与发展现状。

成都市人民政府本着以人为本、主动服务的原则为拨打市长公开电话的市民提供行政服务。对于能及时回复受理范围内的市民来电,及时回复来电人;对于不能回复的,及时转交给相关的地区、职能部门办理。对属于法院、检察院、军队、党群和纪律监察部门职责范围内的事宜或其他不属于受理范围的市民来电,需要做好说明解释。一般问题在5个工作日内作出回复,较重大问题在15个工作日内回复。

市长热线采用首问责任制。首问责任人是指首位接待到政府办事、咨询人员的机关公务员和工作人员,包括接听电话第一人。首问责任人应做好相关的接待、解释、说明工作,确保来电人或信访人的问题得到

[①] 葛怀虎:《市长公开电话》,安徽人民出版社,2003年版,第2页。

有效的解决。

成都市市长热线设立后，发挥了重要的公共服务作用。据统计，2014年1月1日到2016年4月30日，成都市市长热线共受理来电1941482通，已办结来电1940362通；共受理来信152574件，已办结来信151904件。市级不同部门办案的数量以及办案满意率有所区别，其中成都市公安局、城市交通运输委员会、城市管理委员会这三个部门的办件量位于前列，城市交通运输委员会的办案满意度最高为93.3%，公安局和城市管理委员会的满意度分别为75.3%和75.8%。成都市各个区（市）县的办件量参差不齐，其中，武侯区、高新区和金牛区办案满意度最高，均为70%~80%[①]。

成都市市长热线委托中国移动提供场地、设备、平台、人员等一体化服务，提升了"12345"市长热线的接通能力，为市民提供了更规范、更方便、更全面、更及时的热线服务。2015年12月，成都市计划依托政府官方网站、微博、微信、App等各类互联网平台，集成咨询、办事、建议、投诉等多种政务服务，优化再造服务流程。采用互联网技术增加市长热线的通道，从多方面途径方便市民提起诉求。

（二）行政服务热线运行的公共服务性特点

市民服务热线是新生事物，地方发展不平衡。行政服务热线建立并运行多年，逐步形成了良好的信息反馈、问题督促、案件线索机制，能够为化解社会纠纷，抚慰社会矛盾双方，恢复社会常态，作出重要贡献，多年来，特色鲜明，成绩突出。

1. 维护当事人权益，行政服务热线积极作为，有为有位，备受欢迎

对事实表述清楚、权利义务关系比较明确、法律关系比较简单的投诉类政府热线电话，行政服务热线机构，可以催促包括社会主体在内的相关机关履行法律规定的义务，积极行政，维护当事人的合法权益。如

---

① 网络理论社会诉求平台，网址：12345.chengdu.gov.cn/index。

乐山旅游发票案、驾校报考案①说明政府适度、恰当地干预社会主体的行为是必要的，完全交给社会主体自由发挥，容易造成非常多的效益的损失。社会主体自行解决问题，很可能导致新的纠纷、新的麻烦，效率低下，矛盾不断。如简单的交通事故，通过行政调解，是可以快速化解矛盾的，而如果当事人自行寻求一系列的方式如诉讼来解决问题，可能损害社会整体效益，增加纠纷解决成本。前述驾校报考案中，驾校教练履行培训合同不力，简单教学后就催促学员去参加考试，属于违反合同约定的情形。在乐山旅游发票案中，酒店方不履行开具发票义务，在消费者要求的情况下也不补开，侵犯了消费者权益。如果前述二案都采取诉讼方式解决，则要经过立案、开庭举证辩护乃至判决执行等程序，需要付出取证、参加诉讼、申请执行等司法成本。案小事多，与收到的权益维护相比，成本太高，得不偿失。采用政府服务热线解决小型、简单、

---

① 乐山旅游发票案的经过是，黄先生去乐山旅游，离开入驻酒店时忘记开发票，回到成都后发现没法报账，就给所入驻的酒店去电话，请求补开发票并用快递到付的方式寄给自己。酒店方的答复是：客人离开酒店后就不再开具发票了。黄先生没法，就拨打了乐山市旅游热线电话，告知实情，请求政府干预，要求酒店方补开发票。在乐山旅游热线过问下，该酒店及时补开发票并快递给黄先生。此事圆满解决，政府热线干预功不可没。理论上而言，给入驻酒店客人开具发票属于酒店方的义务，虽然客人事多忘记提醒，但酒店因客人离开就不开是不合适的。政府为建立良好的旅游环境，维护良好的形象，督促酒店方开具发票，保障客户权益，维护执法统一，构建和谐法治环境，意义较大。驾校报考案也是黄先生亲身经历的经过政府服务热线调解、督促后获得圆满解决的一个社会纠纷案例。黄先生在成都市成鑫驾校报名学习驾驶技术，通过考试科目一、二之后，感觉在科目三训练中，师傅教授不积极，只是拉练两次，路上教学实践太短，就仓促要求上阵考试，自己把握太小，对教学不满意。沟通无果，黄先生要求自己报考，自己在外面找师傅教授科目三内容。黄先生的考虑是：1. 仓促考试，折腾人，学不到技术，要不断地补考，要多交几次补考费，不划算；2. 师傅教得不好，不认真，自己也不要求退还培训费（第三科目），不给师傅和驾校添麻烦；3. 自己训练直接报考，把培训时的练车卡要回来自己找地方刷卡训练，然后报名考试。但该校及先前培训的师傅不高兴了，可能认为有人抢了生意，对代为培训黄先生的成鑫驾校的一位师傅推搡、谩骂，还要求驾校内部处理该师傅，认为她不正当竞争，不准成鑫驾校内部有师傅给黄先生培训、刷卡。根据驾校考试的规定，培训刷卡不到规定时间不能参加第三科目考试。刷卡只能在驾校内部刷，该师傅不让成鑫驾校内部其他教练培训刷卡，就卡住黄先生，无法报名考试科目三。黄先生就向政府服务热线反映此事，认为成鑫驾校这项规定是卡学员，不符合驾驶执照培训的要求。国家的相关规定应该是，对驾驶技术考试过关的符合条件的就可以办理驾驶证，不是一定要接受驾校的培训。对公民而言，考驾驶执照是权利，不是由中介机构决定，不能让他们来决定谁可以参加考试谁不可以参加考试。并且，培训中，驾校及其师傅处于强势地位，可能损害学员权益，如果二者合作不愉快，可以解除培训合同，学员另行培训。通过刷卡培训的规定，把报考驾驶技术考试的权力交给驾校及其师傅是不合适的。在黄先生多次坚持下，成都市政府服务热线的工作人员多次督促，要求驾驶技术考试机构安排黄先生考试，驾校负责刷卡达到一定学分，让黄先生报考，黄先生也顺利通过考试，取得驾驶证。政府服务热线的严格督促、调停，要求行业主管机关整顿中介服务机构作风，减少烦苛程序，方便社会主体，督促部门加强对行业中介的监管，改进服务作风，具有较大进步意义。

法律关系明确的纠纷，更快捷、迅速、有利、直接，保证社会正常运行，维护社会规范畅通、稳定预期。现状却是，社会运行成本高，权利多样，问题复杂化，导致纠纷解决成本增加，社会整体利益受损，效率降低，矛盾增加，社会不和谐因素突出。而采用政府服务热线方式化解社会矛盾，在一定程度上就可以克服这类问题，提高社会运行效率。

2. 行政服务热线力争最大限度解决市民诉求，让更多人"消费"这项公共服务

对部分单方面说辞、没有直接法律依据的当事人热线电话，因政府服务热线无法解决具体问题，接线员一般无可奈何。很多"骚扰型"电话多有反映接线员"态度不认真，走形式主义，推诿敷衍，办事拖沓，效率低下"，但确定情有可原①。服务中，当事人还可能"怪罪"接线员素养不高，不认真对待（接线员把电话放一边让打电话者自言自语），糊弄市民；投信到市长信箱，得到的回复是"走形式主义，官腔话"。

政府设立服务热线的目的是为群众提供咨询解答服务，帮助群众排忧解难，但是某些群众的诉求似乎难得到有效解决。有些市民认为市长热线应该是万能的，任何问题都可以拨打市长热线寻求帮助。比如，有人拨打山西忻州市市长热线，要求帮忙推销书籍。类似的情况十分常见，市长热线虽然深受关注，但是也会面临一些被骚扰的情况。安徽亳州市的市长热线4年多来接到的电话中有80%都是各种无效电话或者骚扰电话，如孩子放学没回家、喝醉酒、查话费、两口子吵架、宠物丢失等。甚至还有恶意的骚扰电话，南宁市市长热线一位工作人员说，经常有人因失恋不断打电话要求跟值班人员聊天。市长热线"被消费"，使得许多真正需要热线服务的市民得不到服务，热线电话实施效果不明显，达不到目的②。

3. 不断明晰行政服务热线的公共服务地位和功能

行政服务热线该挂靠哪一个单位，并没有明确规定，也没有对其实施统一的管理，导致各个城市对热线的热度不一。有的城市较为积极，

---

① 调研中的案例：从2012年11月开始，李先生一直拨打成都市市长热线，为反映新都区马家派出所处事不公的问题。打了不下100个电话，当事人不满意，事件无法进一步处理。市长热线没法解决单方说辞或者概念性问题（如政府工作人员素质不高，态度不友好等类似的问题）。

② 本报记者：《全国600多个城市开通市长热线》，《人民日报海外版》，2007年6月25日。

市长热线实施效果良好；有的城市较为怠慢，市长热线得不到重视。2013年12月19日，安徽省对各市作了一个关于"各市市长电话是否一拨灵"的微调查，其中有4个城市的市长热线要么无法接通要么是一直在忙音中，有的市市长热线设有专门的办公室，有的市将市长热线交给市信访局或者应急办代管。得不到统一的管理，会影响其协调力和执行力[①]。

4. 实时更新和增加咨询门类，服务热线精确完整体现服务责任

政府服务内容众多，信息不断发布。部分人对政府信息获取渠道不确定，部分信息不能完整、准确地传递给当事人。且部分信息的实质解释需要达成共识，并不断完善，以形成新的社会主体的活动规范，如关于营商环境的建设。政府对营商环境建设不遗余力、竞相发展。营商环境建设指标化是一个基本的趋势，如对"开办企业"一项的优化、便捷化，各地就大力推进，有的地方提出"开办企业实现一个环节、零费用"，就是在企业开办中，营业执照办理、印章、税务发票及寄递不收费，政府承担相关费用，前述各个事项办理集中为一个环节，企业预核名等都可以网上提前办理、筛查。但实际上，目前多数地方对这些营商环节的优化都是有限的，必要的步骤还得逐步完成。营商环境的优化不能依靠个案体现，也不能只靠个别典型代表。对于数量众多、常规化的证照办理，必要的监管是维护社会明确、稳定、可预期秩序的需要。个别社会主体对此理解不一，把个别当作一般（政府的个别典型做法的意义如何另当别论），对超过前述典型代表的营商环节进行质疑、咨询行政服务热线。行政服务热线亦无法解决相关问题。又如对教育中的"小升初""初升高"等政策的咨询，行政服务热线可以初步解答后，建议相关当事人进一步到当地教育部门直接、现场咨询，获得准确的答案。这时，行政服务热线提供的就是一种建议，部分解决市民问题、疑惑。

为何打热线？是通过其他途径没有解决再求助政府热线？一般而言，行政服务热线主要解决常见的、类型化的社会小纠纷，也接受对政府行为的部分不满意的投诉。行政服务热线是市民的朋友，是对身边小问题的诊断和建议，更应该加强宣传，做到家喻户晓，方便社会主体，形成政府与社会主体的良好互动。

---

① 本报记者：《"各市市长热线是否一拨灵"追踪：各市摆理由》，《安徽商报》2013年12月26日。

5. 区分问题类型，提升行政服务热线服务质量与效率

"纯"法律问题，建议"走"司法途径解决；非司法问题，服务热线尽力解决。有明确法律规定的社会纠纷，如民事争议，一般建议走法定纠纷解决途径，如诉讼、调解、仲裁等。由于社会关系复杂化，社会问题多样化，社会主体遭遇到的纠纷、矛盾亦多种多样。对于重大（关涉个人）、疑难、复杂或者法定化的社会问题，司法才是最终的权威化解渠道。行政服务热线不能，也无法代替法律纠纷的正式化解决渠道。如一市民与房地产的经济纠纷案。一市民受到房地产开发商的游说，相信其说法，把一套房屋的全款交付给开发商，开发商承诺说，用客户的钱还给银行，让银行取消对房屋的抵押，取回房屋后，就把房屋备案、过户给客户（开发商这样吸引了一批客户，一般都有几十户）。客户看到房屋真实存在，开发商的方案也基本可行，就交付了房款。但约定期限到后，开发商无法取得房屋，也无法直接退回房款，就与客户签订协议，在一定期限内退还房款（及违约金等）。同时，开发商债台高筑、债务加身，申请破产。客户的房款是一般债务，无法优先取得，最终房财两空。这是一部分人精心设计的方案，也可能是现实原因导致客户房款血本无归。这时，客户打行政服务热线，行政服务热线就无法简单直接地处理。行政服务热线搜集相关资料后，如果类似的案件太多，可以督促、建议相关机关关注、专项调研此类问题，堵塞社会漏洞，减少社会可能的冲突；对该问题无法直接处理，只能建议相关人走司法途径解决问题。

遇到系统性问题时，市民可以通过行政服务热线反馈相关信息，并督促政府部门改良工作作风，重塑"官民"关系。如2020年，有城市实行小轿车限号，但允许市民限号车接送小孩上学。从学校上报市民接送小孩的限号车情况来看，学校搜集的车牌号可能不太精准，交通管理部门就要求市民通过交管部门的应用程序再次申报，期限较短，部分市民没有得到此信息，无法在限号时开车接送小孩，致电行政服务热线，请求延长应用程序注册时间，真正做到方便市民、服务市民。行政服务热线集中反馈此事后，交管部门果真延长应用程序上限号车注册时间，真切回应市民所需，形成官民良性互动、和谐的社会关系。

政府直接通过热线解决是否侵犯部门法"权力"？对部分社会问题，市长关心、督促解决，是维护法治秩序的重要方面。对行政服务热线应该给予更细致、全面的研究后推行。现阶段宣传"服务热线"，是说市民有困难就找政府，但没有分类分细宣传电话。市民需要更细致地了解，

怎么使用行政服务热线。如武汉某高校附近很难打到出租车。后来，有市民打市长热线看是否可以解决这一问题。市长热线应该是最后的、穷尽一切办法后的解决问题的途径。越级找市长，很多问题不必要浪费资源。对于投诉的处理，有的回复"意见转交给某部门"之类的。有回复有落实，是负责的政府。部分市民对行政服务热线的"敷衍"行为可能有误解。行政服务热线具有兜底功能，不可能面面俱到，让所有问题都得以解决，是有限政府的法治解决。对部分关切性、咨询性、沟通性、意见建议性热线反映，可以进一步促进政府与市民之间的密切互动，建立良好的政府与市民关系。

三、行政服务热线对接公共服务论路径

与企业售后服务热线比较而言，我国的行政服务热线建立相对较晚，发挥的作用还有限。但新生事物都是逐渐发展规划完善的，需要我们细心呵护、大力推进。

（一）完善行政服务热线立法，让行政服务热线深入民心

全国大多数城市已经开通了行政服务热线，有部分城市也印发了关于行政服务热线的实施意见或管理办法，如《广州"12345"政府服务热线工作实施意见》《宝山区"12345"市民服务热线工作管理办法》等。但是，中央并没有一部统一规定行政服务热线的法律规章。因此，加快立法的脚步，是推行完善行政服务热线制度的重要环节。行政服务热线的观念并没有深入老百姓的理念之中，应加强宣传教育，让更多民众学会并合理地运用行政服务热线来维护个人与集体、社会的利益。

（二）全面提升话务质量

提升话务质量不仅仅包括对话务员服务态度、普通话水平、话务技巧等方面的优化与提升，还包括提高话务员政府工作相关专业知识能力。目前，许多城市将服务热线外包给通信公司，如中国移动、中国联通、中国电信，在一般的话务质量上得到了保障，但是由于行政服务热线的特殊性、广泛性、专业性，并不能做到完全的保质保量。因此，培训就显得十分重要。在上岗培训和在岗培训中，加入考核制度，以促进服务水平整体上升。

(三）优化操作环节，实现部门间无缝衔接

建立"一号对外、集中受理、分类处置、统一协调、部门联动、限时结办"的标准化工作模式。可以按照来电的内容来进行来电分类，可以分为咨询类、求助类、建议类、投诉类，紧密连接各大受理职能部门，如公安局、工商局、交管局等，在限定时间内处理，不累积堆砌待处理来电，保证质量效率[①]。

为进一步优化地方政务服务便民热线，提高政府为企便民服务水平，2021年1月6日，国务院办公厅发布《国务院办公厅关于进一步优化地方政务服务便民热线的指导意见》（以下简称《意见》）。《意见》要求各地建立政府服务热线制度，除110、119、120、122特别专线外，包括市场监管、经济咨询、社会服务、社会管理、公共服务、生态环保咨询在内的各个政府部门咨询热线归并为"12345政务服务便民服务热线"，集合政府资源，全面开展政务服务热线系统工作，接纳民众意见、建议、咨询、投诉、举报等事项。数年前，笔者就专项呼吁建构的制度总归实现了第一步，深感欣慰和高兴[②]。建立统一政务服务热线，整合政府资源，提高政务服务效率，统一考核，督促政务，提高地方民众信息反馈度。

（四）加强工作监督，落实问责制度

可以引入多方主体开展监督工作，包括上级纪检监督、社会监督、新闻媒体监督等，有助于提高服务的质量。上级纪检监督是将群众诉求的办结率、群众的满意度等纳入政府部门的考评依据，由市监察局进行

[①] 曹现强，顾伟先：《政府服务热线标准化与整体性政府的构建——以济南市12345热线为例》，《公共管理与政策评论》2014年第3期。

[②] 《意见》，见各地地方人民政府官网，2021年1月6日发布。《意见》要求，加快推进除110、119、120、122等紧急热线外的政务服务便民热线归并。2021年底前，各地人民政府设立的政务服务便民热线及行业服务热线合并，实现一个号码"12345政务服务便民热线"提供统一的服务，语音呼叫号码为"12345"，"7×24小时"全天候提供人工服务。受理范围包括经济调节、市场监管、社会管理、公共服务、生态环境保护等领域的咨询、求助、投诉、举报和意见建议等企业和群众各类非紧急诉求。此项制度，早先在调研时，有政协委员提出异议，认为政府应该是越走越"有限政府"之路，这种政府包揽式服务热线，方向相反。笔者坚决反对此种说法和做法，社会事项政府不包揽，但对社会主体反馈的信息，政府应该包揽；无法精确区分哪些信息才是政府应该接纳、反馈的信息，为避免地方政府选择性接收信息，就搞一个全面接纳信息制度，即使是部分信息无法进行真实反馈和提供满意答复，但先接纳，避免遗漏，却是非常有必要的。

监督；社会监督即市民对热线实施效果的一种监督；新闻媒体监督则是利用新闻媒体对市民关心的民生问题进行专题追踪报道等。对于没有及时解决问题而使得市民切身利益受损的情况，应该具体明确责任，具体责任到人。

附：

体现公共服务论的行政服务热线规范（建议稿）

法治国家法条先行，无法不能行法治，良好的思想和制度需要率先建立并大力推进。

一、实现公共服务（立法）目的

整合统一政府非紧急类和公共服务类专线为"12345"行政服务热线，建立"一号对外、集中受理、分类处置、统一协调、部门联动、限时结办"的工作机制，紧密联系各职能部门与公共服务事业承办单位，实现互联互通，为公民提供全方位、多渠道、一体化的公共服务。

二、整合实施主体一体提供服务

行政服务热线的服务主体是行政主体，即各级人民政府。具体的承办单位是政府办公室（厅）（或者党政办公室，或者政府办公厅代管的独立的政府服务热线办公室）。调整对象：行政服务热线的服务对象是行政相对人，包括中华人民共和国公民和在我国境内的外国人。职能职责整合，整合政府对外的服务、信访、督查职能；政府服务内容全面化、公开化、规范化、法治化；各个部门的服务热线职能整合，如"12348"（公共法律服务）、"12315"（消费者保护）等全面合并，各个部门的热线是负责实施和落实的，对重要问题进行监督、督查。

三、服务范围全面规范

（一）主要受理以下事项

（1）关于政府工作职责、政策法规、办事流程、执法程序、审批及服务事项等政务信息咨询。

（2）关于政府公共管理、公共服务、城市建设和经济社会发展等方面的投诉、意见和建议。

（3）关于政府内部工作人员工作作风、服务态度、办事效率及行政效能等方面的投诉。

（4）对于危害公民生命财产安全、破坏市场公平竞争机制与正常交易秩序等违法违章行为的举报。

（5）新行业新业态新发展内容中，没有及时成立专门部门管理的领域、民生事项，全部进行推动。

（6）兜底服务内容，没有具体负责的部门事项，涉及民生的，进行全面反馈。

（二）对于以下事项不予受理

（1）"110""119""120""122"等紧急服务专线处理的事项。

（2）涉及国家机密、商业秘密、个人隐私的事项。

（3）党委、人大、政协、法院、检察院、军队和武警职能的事项。

（4）对依法应当或者已通过诉讼、仲裁、行政复议等法律途径解决的事项。

（5）纯属恶意骚扰、无实质性内容的事项。

（6）其他不宜受理的事项。对不予受理的，必须有明确的法律规范依据，至少要记载、保存，作为一项民意接纳，集中之后，形成新的基本民意态势报告。行政服务热线除了基本的反馈处理具体问题外，还有搜集民意、集合意见，作为执政参考的作用。

四、监督责任机制

（一）首问责任制

首问责任人是指首位接待到政府办事、咨询的机关公务员和工作人员（包括接听电话第一人），对该受理事件负责到底，包干到人，即使因开会、出差、下班等原因已经转交他人继续办理，但第一受理人仍然负有相关督促、落实责任。

（二）建立监督机制

实行上级领导监察监督、新闻媒体监督、社会监督等的联动监督，建立"12345"热线工作的常态化监督机制。

（三）责任追究

承办单位在热线运行和工单办理过程中，存在的敷衍塞责、弄虚作假、渎职失职、失密泄密、徇私舞弊、滥用职权等行为，造成不良影响或引发严重后果的，由市监察局按照责任追究的有关规定处理。[1]

（四）公共服务目标制

行政服务热线是政府与公众沟通的桥梁，是意见反馈的主要渠道，是洞察民意的主要窗口。在制度设计、工作推进、目标考核、机制再造等过程中，保持热线的服务初心，用制度保障政府服务性全面落实。

第七节　法治评估促进公共服务论发展

法治评估是法治国家、法治政府建设的新成就，实现了对公权力精细化管理，量化评价政府行为与法律规范契合度，检查、监督、督促政府行为，是验证法治公共服务论的重要载体，值得专项研讨、推进、发展，全面、客观、系统地践行法治实践。

法治政府建设逐步推进。2015年，中共中央、国务院印发《法治政府建设实施纲要（2015—2020年）》，对法治政府建设进行较为详细、具体的规定。后续工作中，政府加强"放管服"改革，推进权力清单工程，开展简政放权活动，法治及法治政府评估广泛运用。《中共中央关于全面深化改革若干重大问题的决定》提出，"建立科学的法治建设指标体系和考核标准"。据此，政府加强法治发展，对重大行政决策、重大项目进行专项评定评价，促进了法治政府建设，成绩斐然。

一、法治评估实践及其公共服务属性

（一）数种法治评估典型案例考察

法治评估的典型案例及其公共服务性探析，见表5-6。

---

[1] 草案参考《广州12345政府服务热线工作实施意见》进行编制。

表 5-6 法治评估的典型案例及其公共服务性探析

序号	法治评估项目、类型	权源（法治评估所依据的法律规范名称）、组织机构	法治评估内容	该法治评估规范理论性探析	与公共服务论的关系
1	世界银行营商环境评估报告	行政许可法、部门法律法规（如公司法、规划法、税法、合同法、土地法、企业破产法等）、世界银行	企业生命周期节点即是指标设置点。评价指标体系最初是 5 项一级指标 20 项二级指标，覆盖 133 个经济体；现在是 11 项一级指标 43 项二级指标、覆盖 190 个经济体。11 项指标一类是反映监管过程及费用的：开办企业、办理施工许可、获得电力、产权登记、纳税、跨境贸易 6 项；一类反映法制保障程度，如获得信贷、保护少数投资者、合同执行、破产办理和市场监管。2019 年《报告》中不包括劳动力市场监管指标	每一个指标有相应法律法规或规范性文件，对被测评经济体具有拘束力，可以普遍、反复适用；根据花费的时间、缴纳的费用量化为成本	企业全生命周期的法律规范、具体服务于企业运行，是对服务内容的公开、法治、全面、便捷化评价分析
2	重大行政决策程序暂行条例	国务院 2019 年 4 月 20 日颁发，9 月 1 日起施行；四川省司法厅（原法制办）	决策启动、公众参与、专家论证、风险评估、合法性审查、集体讨论决定和决策公布、决策后评估、调整重大行政决策	决策程序、风险评估、决策后评估的法定依据	依法实现公共利益，典型的公共服务
3	四川省政府重大行政决策评估①	四川省重大行政决策程序规定（四川省人民政府，2015 年 4 月 24 日颁发，6 月 1 日起施行）	决策机制健全：决策制度全面、制度内容具体、法律顾问队伍构成合理及在行政决策中发挥作用；决策程序规范：决策合法、决策民主、决策科学、监督有力、决策公开；决策效率高效、决策及时、决策效果良好；责任追究落实到位；社会评价良好；公众对行政决策情况的了解程度、公众对重大行政决策效果的评价、公众对违法决策、决策失误责任追究的反映	决策制度、程序、效率、责任制、社会评价等有如《政府信息公开条例》等法律规范比对量化；定量分析与调研、阅卷、深度访谈定性分析综合形成分析报告	政府活动依照法律规定进行，对全社会提供合法、有效、便捷的公共服务，实现法律规范的服务目的
4	中国法治政府评估报告	中国政法大学法治政府研究院，每年一本，公开发行	2017 年，中国政法大学法治政府研究院自主研发指标体系，对 100 个城市所在地人民政府法治建设进行全面评估，主要指标：履职、组织领导、制度体系、决策、执法、公开、监督与问责、社会矛盾化解与争议解决、社会公众满意度。9 项一级指标、29 项二级指标、91 项三级指标，各个指标权重有差异。8 项一级客观指标有法律规范依据	以市政府、市政府职能部门为对象，通过网络检索、信息公开申请、实地调查获得数据，对照自制的评分指标体系得出分值，最后综合得分	第三方客观、独立、全面、系统地评估评价，评估对象活动、评估本身都是为实现公共服务目的

---

① 2014 年，四川省法制办（现合并到司法厅）委托四川省社会科学院的评估项目。主持人：韩旭。主研人员：黄泽勇、王素珍、钟凯。形成 20 多万字的评估材料，分总报告和分报告（21 个市州政府报告），通过查阅政府纪要，比照先行制定的政府重大行政决策程序指标体系，逐项打分，统计后得出结论。结合定性、定量分析，总结经验，找出不足，指明提升路径。

续表 5-6

序号	法治评估项目、类型	权源（法治评估所依据的法律规范名称）、组织机构	法治评估内容	该法治评估规范理论性探析	与公共服务论的关系
5	世界正义工程	美国律师协会、国际律师协会、泛美律师协会、泛太平洋律师协会	主办单位共同组织，多方协助、认可。世界正义工程，4项基本原则、16项一级指数、68项二级指数。主要原则是：政府及其官员受法律约束；法律明确性、公开性、稳定性、公正性、对人身和财产等基本权利保护性；法律规范制定、实施的公开、公平、高效；司法职业如法官、律师等德才兼备、数量充足、资源充沛、代表性强。对一国法治状况主要内容进行评定。如2020年，香港评分为0.76分（以1分为满分），在世界排名16	采用"普通人口普查"和"专家型受访者问卷"搜集评估对象信息比照指标进行评估、分析、得出量化数字。得到世界很多国家响应，是量化一国法治状况的标准和评估体系	独立对法治方面的公共服务进行评估，该方面内容是完善的法治服务、公共服务
6	中国营商环境评估	国务院发展与改革委员会、各级政府发展与改革委员会	24项一级指标、103项二级指标。一级指标有：（世行指标）：开办企业、办理建筑许可、获得电力、登记财产、跨境贸易、办理破产、获得信贷、保护少数投资者、执行合同；（中国特色）劳动力市场监管、政府采购、招标投标、政务服务、知识产权创造保护和运用、市场监管、包容普惠创新、获得用水、获得用气、纳税；（成都特色）国际化环境、投资项目服务满意度、获得通信、企业注销；（四川特色）民营经济发展。所有指标有法律规范依据	仿照世界银行评估、各地建构，完善指标，自主、委托评估相结合；采用对照指标评估打分方式，定性、定量相结合，综合评定	主要评估政府机关根据法律规范为社会主体提供的服务情况，评估本身与评估对象都是为社会提供公共服务
7	政府采购透明度评估报告（2016）①	中国社会科学院法学研究所、国家法治指数研究中心	评估对象是：3家中央级政府集中采购机构，31家省级（省、自治区、直辖市）政府财政部门和93家地市级政府财政部门与集中采购机构，各省、自治区2013年GDP统计数据显示的居末位的城市。评估批量集中采购、协议供货采购活动的信息公开情况，对财政部门户网站、政府采购信息发布平台、各地公共资源交易网站、财政部门网站等采集信息；根据公开性等制定指标体系，对照指标打分，得出评分结论，并进行定性分析	批量集中采购模式信息公开情况：预公告、招标信息、评审过程纪要、采购结果信息；协议供货模式：栏目设置、入围结果、采购结果、投诉（及处罚）信息的公开。政府采购链条各个环节信息公开情况，能够有效提升透明度	政府采购是代理人花委托人的钱，进行评估，典型的对公权力行使情况的监督、督促。第三方独立评价是再次服务公共目标

（二）前述法治评估案例体现的特色

法治评估是法治建设深化、内容拓展的重要部分。与传统规范法学相比，对法律规范的具体实施情况进行认定和评价，全面、系统、大量

---

① 中国社会科学院法学研究所，国家法治指数研究中心法治指数创新工程项目组：《政府采购透明度评估报告（2016）》，中国社会科学出版社，2016年版。

地认识法治实施状况，进行评估是一种数理逻辑、科学精神的体现。前述几种典型的法治评估，体现出法治评估的几个特色。

1. 合法性

行政行为要符合法律规范的规定，符合法治精神。法律法规是人民集体意志的体现，是以法律条文形式出现的人民意志。具体法律规范从制定到实施，各个主体具有独立认知、意识，是否完全按照法律规定进行操作或者选择什么样的法律规范操作，具体如何按照法律规范操作，根据自己的理解、认知进行，是各个主体自我意识和法律规范意识的集合。各个法律实施主体理论上应该一致化，具体步骤、措施都应该基本一致；但实际上可能不一致，甚至有较大差异。各地政府等法律主体在全面学习、理解、认知法治建设的前提下，具体运用行政决策的相关规范解决行政问题，还有中间层级的政府、职能部门、司法部门、社会组织等对法治实施情况进行监督、督促，以具体保障各个行政主体行为的合法性。

2. 中立性

中立性是评估的本质特征，也是法治评估必须遵循的首要原则，包括评估机构的中立性和评估机制的中立性。评估机构自身应具备专业性、社会广泛认同、与行政机关保持一定距离等"第三方"特征，保证评估结果的公平、公正和公信。一是评估组织主体与评估主体的分离。评估机构、委托方、评估对象之间保持高度独立性，各自在法律规范内独立开展工作。评估机构根据一定的评估工作需要，制定或采信必要的评估体系，制定评估工作实施方案，具体组织实施评估，阐释评估结果，评估机构的主要成员不得参与任何实质性评分。二是主要采取专家评估模式，跳出"自己考核自己"的职能主义模式，主要依赖于法学专家的知识和判断，评估标准不直接沿用政府内部的考核指标，所搜集、调查的数据和资料也不直接进入评估指数计算，而是将其交由专家按照事先设计的法治政府建设指标评分。

3. 公正性

公正性原则是指评估的程序、内容和结果应全面、客观反映被评估对象的法治建设水平。评估机构独立，平等对待评估对象，保持适度的距离，吸纳委托方、群众和专家的认知重点，形成独立的认知，保证评估结果的公正性和公信力。

4. 定量为主，定性为辅

法治政府建设第三方评估属量化评估，评估结果、评估流程（如工作测评、问卷调查等）均须通过赋值反映。同时，为使评估结果更能反映真实情况，量化评估需要结合定性方法。例如，评估机构采用深度访谈、执法卷宗抽评等方式，从案例的角度进行定性分析，将分析结果提供给评估专家；又如，要求专家在评分时注明评价理由，从而引导、修正定量分析的结果方向。

5. 目标性

法治政府建设是依法治国的关键。法治是我们国家提高治理能力的基本选择。党的十八届四中全会会议通过《中共中央关于全面推进依法治国若干重大问题的决定》，指出从国家现代化建设的基本方向追寻法治，逐梦中国，是这一代人的历史使命和夙愿。中共中央印发的《法治中国建设规划（2020—2025年）》提出："到2035年，法治国家、法治政府、法治社会基本建成。"自20世纪80年代以来，第三方评估在世界范围内逐渐成为衡量法治建设水平的重要方法和渠道。党的十八届三中全会通过的《中共中央关于全面深化改革若干重大问题的决定》要求"建立科学的法治建设指标体系和考核标准"。自此，以"指标体系和考核标准"为主的评估制度逐步形成，不断深化研制量化的指标评价，评估督查法治政府建设。2015年，中共中央、国务院的《法治政府建设实施纲要（2015—2020年）》再次规范、推进评估工作[1]，要求法治建设成效应当提供可检验的成果形式。在此背景下，各地政府在法治建设中积极推进评估工作，推动法治宏伟目标的实现。

二、法治第三方评估的公共服务特性

法治政府评估的目的是促进政府法治，运用典型、科学的评估方法揭示问题，寻找政府法治的薄弱环节，激发国家建设法治政府的内在动力。法治评价的公开性建立了政府与人民之间相互监督和舆论责任的联系，有利于人民监督的建立和提高政府对法治的认识。结构功能主义学者帕森斯特说过："任何社会系统都是功能性的实体，功能决定着系统中具有各种相互依存的结构和过程。"法治评估具有多种主体，而第三方评

---

[1] 中共中央、国务院的《法治政府建设实施纲要（2015—2020年）》规定："各级党委要把法治建设成效作为衡量各领导班子和领导干部工作实绩的重要内容，纳入政绩考核指标体系，充分发挥考核评价对法治政府建设的重要推动作用。"

估自有其特色，值得专题研究和发展。

（一）第三方评估具有一定超脱性

在我国，"第三方评估"一词，一般是与政府绩效管理、政府绩效评估相联系的。2014年6月，国务院启动全面大督查，并在自查和实地督查的基础之上引入第三方评估，推动已出台政策的贯彻落实，开启评估督查之路。此后，从国务院到国务院各部委再到各级地方政府都开始大规模引入第三评估，从相关领域的第三方评估逐渐传播进入地方政府重大行政决策实施第三方评估。

第三方评估，一般是指与被评估对象无利害关系的第三方主体根据相关的评估原则与评估标准的要求，在严格遵循事先确定的评估程序基础之上，基于特定的评估目的，利用自身的专业性知识对被评估对象的状况进行客观分析，并形成评估报告的一种制度。

在西方，多数情况下是由非政府组织，即一些专业性的评估机构或者研究机构自发地对全球范围内或者本国领域的某一情况进行独立的分析和评价。例如，世界银行学院和世界银行发展经济学研究部共同发布的《全球治理指标报告》，该报告收录了评估年份全球215个国家在六大治理维度方面的数据；2013年到2017年自由之家发布的世界自由排名；贝塔斯曼基金会在全球范围发布的贝塔斯曼转型指数。

（二）第三方评估是当事主体与社会主体的合作

第三方评估作为一种必要而有效的外部制约方式，通常可以分为无委托第三方评估和委托第三方评估两种类型。

1. 无委托第三方评估

无委托第三方评估也称独立第三方评估，是指与被评估对象既不具有任何行政隶属关系，又不具有任何利益关系的组织机构，以冷静的"旁观者"或者价值无涉的"观察员"的身份，自发地对被评估对象实施外部评价。无委托第三方评估机构进行评估活动一般是出于科学研究的需要或者仅仅是通过评估使社会大众了解社会某一方面目前的现实状况。目前，中国的独立外部评估实例数量较少，一般都是由高校或者科研机构实施。例如，中国政法大学法治政府研究院发布的《中国法治政府评估报告》，《中国法治政府报告》是中国政法大学法治研究院的品牌项目，2013年至2016年连续四年的评估报告在社会上产生了一定的影响。中国政法大学作为独立的第三方，在未受任何主体委托的情况下自发地对我国法治建设的情况独立地进行评估。该报告在显示地方政府进行法治建设成果的同时，也使我们发现当前法治政府建设过程中存在的短板与阻碍，指导我们对症下药，切实解决法治政府建设过程中遇到的难题，为如期实现法治政府这一目标迈出坚实的一步。在国际上具有代表性的无委托第三方评估有美国国际开发署的法治评估、世界正义工程的法治指数、非洲治理易卜拉欣指数、美国律师协会法治倡议的司法建议、透明国际的"腐败感知指数"等。无委托第三方评估通常是由非政府组织自发发起的，由于评估机构地位的超然性以及评估方式的科学性与专业性，往往会使评估结果更加客观公正，公信力更强。

2. 委托第三方评估

委托第三方评估是指受服务对象委托的特定主体依照相应的标准、目的和程序，对被评估对象的情况进行客观、综合的评价，并对被评估对象存在的问题进行分析得出评估结果，在某些情况下根据委托方的要求还要针对评估结果提出解决问题的方案等意见的活动。例如，为了客观公正地反映依法行政情况，2012年，四川住房和城乡建设厅委托第三方评估机构——四川行政学院以及《法制日报》驻四川记者站，对住房和城乡建设厅行政执法的重点岗位行政审批和建设监察执法总体进行评估[①]。湖南省近年来陆续将普华永道会计师事务所、湖南大学、中南大学、湖南省社会科学院等民间智囊团、高校或半官方科研机构确定为第三评估机构。2014年8月27日，国务院召开常务会议，听取关于政策落实第三方评估汇报，这是中央政府首次委托第三方来评估政府工作。国家行政学院、全国工商联、中国科学院、国务院发展研究中心接受国务院办公厅的委托分别对取消和下放行政审批事项、激发企业和市场活力，向非国有资本推出一批投资项目，重大水利工程及农村饮水安全，加快棚户区改造，实行精准扶贫等5项工作的实施情况展开评估。

（三）法治第三方评估的公共服务性原则

原则是观察问题、处理问题的准绳。第三方评估的基本原则，是观察、处理第三方评估问题的准绳，是第三方评估活动的本质和特征的集中体现，反映了第三方评估活动的根本要求，表达了第三方评估活动的

---

① 方怀南：《建设系统依法行政在前进》，《中国改革报》2014年1月3日。

基本价值取向、第三方评估活动规范与否的判断标准。其中，第三方评估的基本原则包括独立性原则、公开性原则、公正性原则。

1. 独立性原则

第三方评估的独立性，是指通过评估主体和评估行为独立开展工作，保证评估活动不能有利益冲突，减少外界不当影响，保证评估结果的质量和可靠性[1]。第三方评估的独立性包括评估主体的独立性和评估程序的独立性。评价主体的独立性包括评价机构的独立性和评价者的独立性，评价程序的独立性包括程序本身和外部监督的独立性。

（1）评估主体的独立性。

确保第三方评估主体的独立性应坚持以下三个要求。第一，保持精神独立。精神独立是第三方评估机构及其工作人员进行评估活动时思想自由、独立选择评估方法、原则，被评估对象对评估机构不能有不恰当的要求和影响。在进行任何第三方评估活动时，第三方评估机构及其工作人员都应当保持超然的状态，不应有偏见或称赞被评估对象，应独立分析和判断被评估对象，不受委托方或其他有关利益因素的影响，严格遵守评估活动的过程独立性原则，这也是第三方评估主体的职业道德守则。第二，保持机构及其人员的独立性。第三方评估机构不能是政府的职能部门，评估人员不得在任何政府职能部门担任职务。同时，第三方评估机构及其人员应当与被评估对象、委托方没有任何行政隶属关系和其他利害关系。行政隶属关系是指第三方评估机构不是政府的派出机构或者隶属机构。评估机构拥有独立开展评估活动并形成评估结果的权力，不受其他主体的影响。经济利益关系是指评估机构与被评估对象或者委托方没有债权债务等可能影响评估独立性的经济关联。第三，能够独立承担法律责任。第三方评估机构应当具有独立法律地位，能够独立地承担法律责任。目前，中国某些高等院校或者半官方性质的科研机构下设的评估研究院都不具备法人资格，如中国政法大学法治研究院。从严格意义上来说，这类评估机构不能被称为第三方评估机构，因为其法律责任主要由挂靠单位承担。鉴于中国当前正在经历由传统评估模式向第三评估模式转型的时期，面临着第三评估机构数量不足和专业性缺乏等因素，因此应当允许这类主体作为评估工作的实际承担者。

---

[1] 程燕林：《如何保证第三评估的独立性》，《中国科技论坛》2017年第7期。

(2) 评估程序的独立性。

首先要从评估程序本身的独立性出发。第一，评估小组具体人员的选择应由委托方和评估主体通过协商的方式确定，在协商过程中应着重考虑评估人员的专业素养，同时应选择一些其他领域专家（如财务、法律方面的专家）作为评估小组的组成部分。第二，确保评估所用数据的准确性、真实性和可靠性。评估小组应当通过实地调研、专家论证、文献检索、问卷调查、座谈等形式全面收集评估活动所需要的数据，并在收集的数据基础之上通过系统的分析提炼出具有针对性的数据资料，同时结合委托方提供的资料进行评估，这样就有利于避免因过分依赖委托方的数据而导致评估结果不公正情形的出现。

其次从外部监督角度保障评估程序的独立性。第一，建立完善的法律法规监督机制。保证评估监督制度化、评估监督内容法治化、评估监督工作规范化，避免评估监督的自发性和随意性，增强第三方评估的独立性、权威性和持续性。[①] 第二，加强行业自律。建立第三方评估机构行业协会，通过行业协会制定一系列管理制度、行业标准和评估标准。行业协会还有权对第三评估机构的资格及其工作人员的资质进行考核；对于考核不合格的评估机构或者工作人员，行业组织有权通知其予以整改。针对日益发展壮大的第三方评估机构，应进一步细化相关成果的考核评价规定，让第三方评估机构的服务质量、专业标准评定有章可循，并建立起行业内的资质评估制度和评估效果打分制度，让第三方评估机构重视提升自己的工作质量和社会信誉度[②]。第三，加强社会公众、大众媒体对第三方评估机构的社会监督。

3. 公正性原则

公正性原则是进步与正义的道德观在第三方评估中的体现，对于保证第三方评估结果的公信力和第三方评估的顺利进行具有重要意义。公正性原则包括两层含义：一是第三方评估主体在评估活动之前应当无偏私地制订不倾向于任何一方的评估方案，在评估过程中应保证程序的公正；二是委托方应当提供真实可靠的供评估活动参考的数据，不能为了特定的利益或者为了获得特定的评估结果而向评估机构提供虚假的影响评估质量的数据资料。2017年1月19日，中国社会科学院发布"人民法院基本解决执行难第三方评估指标体系"。从总体上看，指标体系围绕

---

① 方衍，田德录：《中国特色科技评价体系建设研究》，《中国科技论坛》2010年第7期。
② 齐静：《第三方评估遭"成长的烦恼"》，《大众日报》2016年2月21日。

《关于落实"用两到三年时间基本解决执行难问题"的工作纲要》展开,涵盖执行程序的主要节点与各个方面,分别针对四级法院工作性质的不同设定了不同指标与权重,基本能够反映执行工作质效与执行难解决程度。从评估对象上看,指标设置坚持执行过程与执行结果并重,符合解决执行难的目标要求,既要从过程上要求执行法院完成规定动作,也要从结果上要求有财产可供执行的案件得到执行。从具体指标性质看,以客观性指标为主,也有主观性指标。这样的设置既能体现考评的客观性,也能够反映相关当事人对于执行过程的主观感受。需要注意的是,第三方评估并非完全由第三方单独完成评估工作,而是需要作为被评估对象的人民法院的配合。这不仅要求人民法院在指标体系制定过程中提出意见,而且要求人民法院在下一步的具体评估中支持配合,按照评估方的要求提供案卷与数据,接受评估[①]。以上都反映了这套指标体系的科学性与第三方评估机构——中国社会科学院在制定评估指标体系时的中立地位,以及委托方的诚信辅助对第三方评估活动的重要性。近些年来,各级行政机关大规模引入第三方评估。但我国第三方评估起步较晚,各类评估机构专业水平参差不齐,很难保证评估结果的公正性与客观性。第三方评估机构的公正性、独立性、专业性是其评估结果具有社会公信力和获得大众普遍接受的关键,然而公正性的缺失恰恰是中国第三方评估机构的致命弱点,也是阻碍中国第三方评估发展进步的巨大障碍。目前中国大部分第三方评估机构或缺乏专业性或很难保持独立性,所以其评估结果往往表现出不合理或者明显的倾向性。如果第三方评估机构不能以其专业性为特定的评估活动建立科学合理的评估体系与方案,那么第三方评估的公正性原则将不可能得到保障,第三方评估也就失去了存在的意义。保证第三方评估机构的公正性是中国第三方评估行业的当务之急。这一方面要求尽快支持一批专业性强、有资质的第三方评估机构,优先解决"谁来评"的主体问题,另一方面要求建立完善的行业规则,建立优胜劣汰的竞争机制,才能有效保障第三方评估的公正性。

4. 公开性原则

第三方评估活动遵循公开性原则。公开性是维护第三评估健康发展的必要条件,是第三方评估活动必须贯彻的基本原则。第三方评估活动的公开性原则是第三方评估基本精神的体现,贯穿评估主体的确定、评

---

① 蔡长春:《第三评估的意义在于以中立保公正》,《法制日报》2017年1月19日。

估方案的制定、评估结果的形成等整个评估过程。将公开性作为第三方评估活动必须遵守的基本原则是保证第三方评估活动独立性、公正性的客观需要。鉴于此，必须将公开性原则真正贯彻到第三方评估活动的各个环节，明确规定第三方评估主体的信息公开义务，并要求公开的信息真实、准确、完整、可靠。

开展第三方评估活动的主要目的在于通过评估的方式进行监督和建议，但从目前中国第三方评估行业规范来看，很少有监督第三方评估活动的机制。任何不受监督的权力最终都将会发生异变，因此对第三方评估也要进行监督，保证第三方评估的独立性和公正性。第三方评估的公开性具体包括以下几个方面。第一，评估主体选定过程的公开。目前，中国第三方评估的主体大多是通过单方委托的方式确定，以此种方式确定的评估主体在独立性、公正性上将受到较大的质疑。如果通过公开招投标的方式来确定评估主体，将会在一定程度上增强评估主体的独立性、公正性。第二，评估内容的公开。评估内容主要包括评估指标体系、评估方案、评估方式等内容。评估内容是第三方评估活动开展的基础，评估内容是否科学合理关系到评估结果是否客观公正。对评估内容进行公开，有利于社会大众对评估活动的内涵进行正确的把握。第三，评估过程的公开。评估过程是将评估内容付诸实践的具体流程，事先对评估过程进行公开、事中及时向特定主体公开，评估过程有利于对整个评估活动进行监督，进而使第三方评估活动公开透明，提高第三方评估的权威性、说服性[1]。第四，评估结果的公开。评估结果是评估活动完成的标志。评估结果的公开是连接第三方评估活动监督和建设两大目的的纽带，将评估结果公开有利于实际效用的发挥。

法治评估是为了在新形势下深入贯彻落实依法治国基本方略。以科学合理的评估指标体系和考核标准开展大规模、常态化的法治评估活动，既能对地方政府法治建设情况进行客观的评价，又能促进法治政府的建设，为建成职能科学、权责法定、执法严明、公开公正、廉洁高效、守法诚信的法治政府提供助推力量，充分发挥社会公众参与、评价、监督地方政府依法行政重要作用，有力推动新时代法治国家、法治政府和法治社会三位一体发展，以不断推进公共服务论的落地实施与演化发展。

---

[1] 李策，李龙：《第三方评估"P-I-P-E"原则》，《合作经济与科学》2017年第11期。

附：

法治评估案例的公共服务性探析

一、案例简介

世界银行营商环境评估案例。世界银行为自身投资方便，制定一套系统，考察各个经济体投资适合度。通常的办法是采取定性认知、现场考察、谈话了解等方式认识、掌握拟投资地的外部环境，是否适合世界银行投资，预测投资成功度。定性访谈方式不确定，变化大，很多接受投资地诚信度比较差，容易导致投资失败。故世界银行采取定性与定量相结合的方式，考察确定拟投资地的投资适合度，再决定是否投资、进行多大规模的投资、以什么方式投资。

评估制订营商环境排行榜。定量考察得出各个经济体在排行榜中的位置，即对世界190个经济体的法治环境进行评估，主要测算其稳定性、可预期性、企业运行便利度等。把企业运行的相关环境条件简化，提取出企业运行必不可少、稳定可期、全面可测的重点环节，即全生命周期运行节点法律规范控制状况，对其进行数字化表达，以确定其可能的营商环境便利度。以建设仓库为例，企业需要获得法律规范的支持，从"创业（开办企业、劳动力市场）——获得场地（办理施工许可证、获得电力、登记财产）——获得融资（获得信贷）——日常运营（保护少数投资者、跨境贸易、纳税）——在安全的商业环境中运营（执行合同、办理破产）"等一系列过程中一共提取11个法定环节进行评估。评估方式：找出各个环节需要政府办理相关证件的法律规范（通过法律规范查阅、政府执行人员办理考察、资深实践人员认定），找出实践行政活动内容（即社会主体需要提供达致法律规范要求的活动）所花费的时间、给付的费用等，折算成该地区对应GDP的比例。被测评经济体进行单项评比，形成平均分值，再累加成整体分值，最后排位，形成营商环境测评排行榜。2008—2019年中国在世界银行营商环境评估中的排名见图5-1。

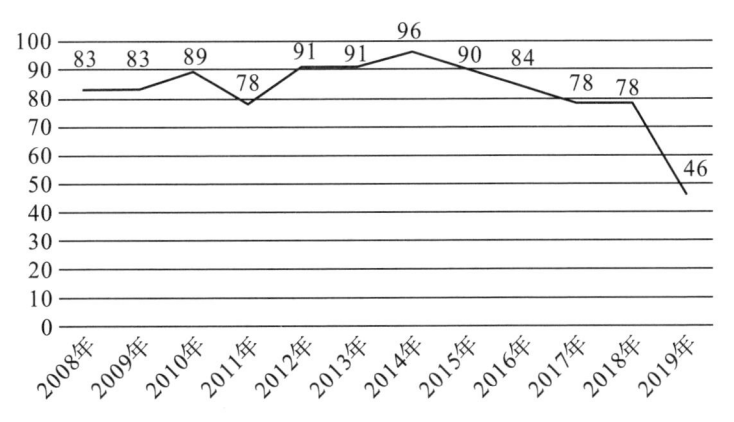

```
100      96
 90 83 83 89    91 91    90 84
 80       78              78 78
 70
 60
 50                              46
 40
 30
 20
 10
  0
   2008年 2009年 2010年 2011年 2012年 2013年 2014年 2015年 2016年 2017年 2018年 2019年
```

图 5-1　2008—2019 年中国在世界银行营商环境评估中的排名

2019 年的排行榜见表 5-8。

表 5-8　2019 年世界银行营商环境评估排行榜

排名	经济体	得分	排名	经济体	得分
1	新西兰	86.59	11	阿拉伯联合酋长国	81.28
2	新加坡	85.24	12	瑞典	81.27
3	丹麦	84.64	13	中国台湾	80.90
4	中国香港特别行政区	84.22	14	立陶宛	80.83
5	韩国	84.14	15	马来西亚	80.60
6	格鲁吉亚	83.28	16	爱沙尼亚	80.50
7	挪威	82.95	17	芬兰	80.35
8	美国	82.75	18	澳大利亚	80.13
9	英国	82.65	19	拉脱维亚	79.59
10	马其顿	81.55	20	毛里求斯	79.58

2019 年中国在世界银行营商环境评估排行榜中排名第 46 位，比 2018 年的 78 位上升了 32 位。2020 年，中国在排行榜中位居第 31 位。之前，中国在排行榜中的排名大概居于 190 个经济体的中间。2019 年以前，中国对这个排行榜报道得不太多，只是学术界进行了持续的跟踪研究。近年，随着国家对营商环境建设的深化和加强，公众更加重视世界银行排名。

二、世界银行法治评估的公共服务性探析

（一）世界银行营商环境评估是企业全生命周期运行中政府法治环境的评价

企业营商环境是指企业全生命周期的法治环境，对企业法治环境的评价是从企业接受的法律规范"管控"开始的。企业在经营中，要接受法律规范的约束，主要包括"开办企业、办理施工许可证、获得电力、登记财产、获得信贷、保护中小投资者、纳税、跨境贸易、执行合同、办理破产"10个环节，进行全面评估后，分项排名、综合排名。如"开办企业"是指选择男性和女性开办有限责任公司的手续、时间、成本和最低实缴资本；"办理施工许可证"是指完成建造仓库的所有手续、时间和费用以及施工许可证制度中的质量控制和安全机制。这表明，世界银行营商环境评估指标是对企业生命周期中运行的节点、政府服务行为的评估。

（二）世界银行营商环境评估标准是对法律规范实施的测算

世界银行营商环境评估是对政府管控行为节点，企业所在程序、时间上所花费的成本进行的测算，测算11项一级指标（劳动监管没有纳入测算）、43项二级指标的企业"被监管成本"。针对具体节点采取案例回放方式确定时间、成本等具体数值。专家对案例打分，均采取"问"与"查"的方式获得指标数值："问"是指世界银行向经济体内的政府部门、相关领域专家、商业人员、第三方评估机构发放问卷，专业人士填写指标，得出原始数据；"查"是指查阅每一个问题相应的法律法规或规范性文件，确保被测评经济体的相关举措具有拘束力，可以普遍、反复适用，测算出政府提供的服务折算成时间的数据。

（三）世界银行营商环境排名是政府法治的数字化表达

一级、二级指标完整显示出企业营商环境是对法律规范运行的测量，是政府服务行为表现出来的环境，是政府自身运行中加诸企业负担而形成的环境，尽量使企业行为可预期，企业运行安全稳定，政府提供的法律规范稳定、透明、公开、高效。例如，2018年测算出，在莫桑比克，要成立公司，企业家必须经过19道程序，花费至少149个工作日，缴纳256美元的费用；在意大利，为了成立公司，企业家需要经过16道程序，花费至少62个工作日，缴纳3946美元的费用；而在加拿大，企业家经过2道程序，花费2天时间，缴纳

280美元的费用，就能完成企业设立。

企业经营过程中的环节是法律规范的具体"计算"结果。例如，在收集"企业设立"数据时，程序要满足外部性、强制性、主体独立性几个特征。先从政府公开信息、世界银行、国际开发署等发展机构和政府官网上搜集关于企业设立程序的信息；再联系相关政府机构确认这些数据，保障数据准确；最后针对每一个国家，测算组还委任一家律师事务所出具关于当地准入管制的独立报告，通过第三方的报告保障数据相对准确。如果法律没有明确规范程序，测算组就采取官方报告；如果几个官方数据来源表明存在几个不同的企业设立时间和成本，则选取中位数；如果缺乏官方对时间和成本的估测，就采用当地企业律师的估测；如果几个非官方数据来源（比如私人律师）有不同的估测，就取中位数。设立时间按照企业设立程序来收集信息，并依据完成每一项程序的官方规定计算需要耗费多少个工作日。再如"设立费用"一项，测算组根据所有可以识别的官方费用来估算准入管制的花费，如表格、影印件、邮票、法律和公证费用等，所有的费用和数据都是官方的。企业设立的起始资本则为法律明文规定的最低注册资本要求。

（四）排行榜是世界经济体法治环境的直观体现

《世界银行营商环境报告》评价一个经济体的营商环境是测算其与最佳表现经济体的"前沿距离"。根据案例法获得原始数据，将各指标上表现最佳定义为"前沿水平"，赋予100分；将其他经济体的表现与前沿水平进行比较，计算得出"前沿距离分数"。计算公式：（最差表现－y）/（最差表现－最佳表现）。以企业开办的天数为例，最佳表现为0.5天，最差表现为100天，被测算国家企业开办需y天，该国家在企业开办天数的得分为（100－y）/（100－0.5）。即归一化处理，数据是2005年开始测算的数据（或自某一指标开始测算的第3年起的数据）中选取最佳表现和最差表现。前述公式表明：y越大，即企业开办所需时间越长，计算出的前沿距离数字越小，排名越靠后，营商环境越差；反之，y越小，排名越靠前，营商环境越好。例如，2019年营商环境便利度，前沿距离分数是100分，根据公式得出的几个典型国家便利度分数如下：区域平均数（中亚及太平洋地区）是63.41；印度（排名77）分数是67.23；中国（排名46）分数是73.64；俄罗斯（排名31）分数是77.37；美国（排名8）分数是82.75；中国香港特别行政区（排名4）分数是84.22。

根据这个分数,从高到低,直接得出各个经济体营商环境排名顺序。单项排名案例,以2019年营商环境排行榜中中国在"开办企业"中的二级指标排名为例。中国营商环境便利度排名是46;开办企业排名28,分数93.52。开办企业栏考察的几个二级指标如下:手续(数量)4;时间(天数)8.6;成本(人均收入百分比)0.4;最低实缴资本(人均收入百分比)0.0。该指标得分显示中国开办企业简便,花费的时间成本较低,排位靠前。这与近年中国进行的企业工商登记改革密切相关。近年,中国修改《中华人民共和国公司法》,简化公司注册手续,形成注册制,放宽企业成立门槛,加大后续监管,提高了企业成立的便利度,在营商环境排名中有直接的体现。

三、法治评估增强政府公共服务性[①]

法治建设是长期而艰巨的任务,营商环境质量提升永远在路上。在已有的营商环境建设基础上,找准企业发展的痛点、堵点、难点、重点,对照世界银行营商环境最优化标准,从加、减、乘、除四个方面增加法治供给,推动政府提高公共服务质量。

(一)做好营商环境建设加法,提高政府公共服务质量

"加法"是把政府权力关进制度笼子,加强公权力主体之间的沟通、协调、汇集、互通、对接,优化监管机制;完善企业经营基础设施,推广企业孵化、保护制度。主要表现:权力清单、责任清单、负面清单继续完善,有效运行;政府信息、执法检查公开透明,信用体系完善,杜绝投机主义;清单之外无权力,企业最多跑一次,部门信息互通互联,继续规范政府行为;基础设施完善,网络发达;政府提供的公共服务高效、廉洁、全面;加强构建调解、仲裁制度,形成高效、透明的纠纷解决机制。

(二)做好营商环境建设减法,提高政府公共服务质量

"减法"是在企业负担方面做减法。减轻企业直接的、间接的、隐性的、守法的成本负担;减少对企业的无效和低效管控行为;减少企业非必要经营主要业务外的负担。主要表现:减轻企业直接的税费负担,真实比较不同经济体、中国不同地区企业的税费负担,继续降低税负(这涉及中央事权和地方事权的划分);减少企业各种隐性负担,如接待调研、各种会务服务、重复报送资料等;减少企

[①] 此项内容笔者在2020年1月3日,在四川省政府常务会讲法辅导中讲述过相关内容,题目是"用法治打造高质量营商环境"。

业各种间接负担,科学编排各种名录,简化各种认证,减少各种中介负担;减少企业守法成本,如减少检查、审计、监督活动,减少资料报送;如果确实需要提供资料,提供主要资料即可,不必全面提供;注重时效保护;减少企业经营可能的寻租费用,减少企业寻租导致的相关企业机会成本,保证机会公平、信息公开、结果公正。

(三) 做好营商环境建设乘法,提高政府公共服务质量

"乘法"是指法律规范透明,规则优化,企业有章可循,监管严丝合缝,企业守法奉法,节省(寻租)成本,进入良性循环。主要表现:在政府服务态度、服务质量、服务能力上做乘法;打通政府部门界限,逐步形成政府执法一网通,各个部门共用政府基础执法网络,一切政府行为皆通过网络备案、登记,网络备案之外政府行为逐步减少。企业必要的、法定的资料直接一次在网络上提交,如各种认证,各种在政府的备案资料、基础资料等,政府能直接下载;网络检查、实际抽查相结合;网络上已经提交的资料,企业不再重复线下提交;企业自主提交相关法定资料,并对相关资料承担责任;政府组织提供相关基础信息、数据,如企业及高管信用信息、数据,各地法律规范,政府促进措施、办事指南等逐步集中化处理。对各种可能增加企业负担的政府活动,实行预告、预先登记、备案制度;加强法律规范的"立改废释用",各项规则运用沙盘推演后立体优化,减少无效规则。

(四) 做好营商环境建设除法,提高政府公共服务质量

"除法"是指除去企业发展经营的不当思想,除去企业经营负外部性,除去不必要的不守法负担,除去效率低下的行政管控行为,除去企业内外交流交往的不当阻力。主要表现为:除去对阻碍经济发展、法治建设的一切错误观念,除去"无奸不商、无商不奸"等观念,倡导现代企业文化,推崇现代企业家;重视商业文化、商业文明,注重商业贡献;除去不当管控观念,在制定各种与企业有关的政策时,平衡企业权利与政府权力,服务为主,管控、限制为辅;除去政府及其人员的不当谋利思想,除去形式主义做法,除去不利于经济发展、企业经营、市场公平竞争的规则。针对世界银行营商环境评估指标推动相关修法工作,发布省级跨领域轻微违法违规经营行为免罚清单;建立营商环境第三方评估制度,支持社会主体独立评测,吸纳先进经验,提高政府活动质效。

法治评估是对企业生命周期执法规范约束状况的评价。通过评估依法监督市场主体和政府,建构公正、廉洁的市场运行环境,形

成公平、依法、便捷、高效的解决纠纷机制,增加企业经营的便捷度、政府服务的透明度、市场主体竞争的公平度,提高法治水平,丰富公共服务产品,增加法治供给,便捷企业营商,增强企业竞争力,更高质量地服务社会,发展国家,惠利人民。

第八节 行政执法与公共服务论关系小结

行政管理本身就是服务。遵循外部横向责任感是行政精神的追求。行政精神体现在事业上和职业上。在事业上,公共行政承担着为公众服务、实现公共利益的政治责任,还追求公正真诚地执行法律和做好有效公共行政治理的法律责任,追求政府行政执行职能的管理责任[1]。行政执法是行政部门重要的工作内容。本节从行政许可、行政强制、行政处罚、行政公开以及行政检查等方面与公共服务论进行互证[2]。

一、公共服务论支撑行政许可

公共服务论是实行行政许可的基础。行政许可是事前禁止、普遍禁止、有条件的解除禁止。为何全面、普遍禁止?目的是保障公共目标,如环境、生态、安全、秩序、交易需要等基本的社会目标。行政许可进行审查后作出是否批准决定,是行政机关对社会经济、文化等方面的资源的有效配置,不是为个体或者私有的目的设立普遍禁止。如果是为个体、私有目的设立,不为公共目的,目的不正当,该项行政许可设立就

---

[1] 张龙:《地方政府在公共服务中的行政责任探讨——基于行政伦理的视角》,《法制与社会》,2019年第10期。

[2] 本节的行政执法是狭义的具体的行政执法活动。行政执法的概念有广义、狭义之分。广义的行政执法是指立法、司法之外的行政活动,是行政的代称;狭义的行政执法是指具体行政行为,主要是有名的行政活动,具体指有行政权能的组织直接针对行政相对人采取的设定、变更、修改、消灭权利义务内容的具体活动,一般是单方行政活动。根据行政执法权力参与程度,可以做一定程度的区分,行政权力色彩较重的行政强制、行政处罚、行政许可、行政决策、行政检查、行政公开等作为一类,专门考察、研究其支持理论、实施目的、实践效果的公共服务性。行政合同是近年来出现较多的行政行为。行政合同是双务性的,但其行政性或民事性目前争论较大,未完全确定其性质。公共服务与行政权力实施的具体关系遵循"入罪举轻以明重,出罪举重以明轻"。行政权力的行使例证依然,行政权力色彩浓厚的行政活动主要是实现公共服务目标。因此,从行政执法的具体活动进行逐一考察,采取例证、归纳的方式,明确行政执法与公共服务的互相支持关系。

不具有合法性、正当性。公共服务论检验行政许可设定、实施的正当性。符合公共服务需求、满足公共目的的行政许可行为，就具有正当性；反之就不具有正当性。行政许可作为一种管控行为，为形成有效的社会秩序，为行政机关对社会主体行使公权力作出了调控和限制。公共服务目的是检验管控行为的基本准则。行政许可作为一种平衡社会各方利益的重要手段，积极配合公共服务论的要求保护生态环境、公共利益、公民和法人的合法权益等。第三方参与公共服务的供给，极大地丰富了公共服务的产品数量，对行政许可的要求也不断提高，参照公共服务论基本思想，大力改革，致力于形成规范的许可程序、便捷的公共服务快车道。积极推行流程清单编制，实行许可流程再造，全面精简审批环节，大幅压缩许可时限，明显提升许可速度。规范审批提速，深化许可服务事项分类管理。在行政许可制度改革中深化公共服务理念，梳理行政许可的管理机制，明确行政许可的范围、权限、执行，在建立服务型政府的基础上建立科学、民主的许可决策机制，完善、优化行政许可救济机制，以保障行政相对人的权利，通过建立健全行政许可监督制约机制等扩大公共服务论的基础指导作用，最终达到提高政府服务质量、效率的目标。

二、公共服务论支持行政处罚

公共服务论是制定行政处罚规范的基础理论。行政处罚规范的立法目标是保障公共利益。比如，处罚某些社会主体的行为，如机动车驾驶者违章行驶，对交通参与者产生不当影响；制定规则，处罚违章机动车驾驶者，是为了建构安全、有秩序、少交通事故的交通秩序。这是社会整体利益，是公共利益。行政处罚行政相对人达致的目标是为社会、共同体的整体利益服务。

公共服务论是行政处罚活动实施的理论依据。行政处罚个别（少量）行政事项是为"惩前毖后、治病救人"，维持社会必需的整体利益。处罚行政相对人是对该当事人人身或者财产（或者人格权）等权益减少、降低等，是对该当事人权益的"侵犯"。不为公共利益（或者多数人利益）不得实施行政处罚。处罚个别当事人的目的是维护社会整体利益。行政处罚只能是个案，是个别，是特殊，是少量行政行为；对于社会占比很高的行为，就不能设定、实施行政处罚。如果处罚多数，反对该处罚行为的必然是多数，就会导致多数人利益受损，该规则就会失去多数支持，导致整体不满意，失去正当性。

公共服务论是行政处罚行为效果的评价标准。行政处罚效果是提高社会整体福利。评价、评定行政处罚行为正当性、适当性、效益性的基本标准是公共服务论。能够提高社会整体效益的行政处罚规则在制定、实施、效果方面也能够得到公共服务论的支持,契合公共服务论基础理论内涵;反之,未得到公共服务理论支持的行政处罚行为就应该被纠正、改变。

三、公共服务论护航行政强制

公共服务论是行政强制的目标。行政强制是行政机关为了实现行政目的,依据法定职权和程序对相对人的人身、财产和行为采取的强制性措施。如果有社会主体不服行政处罚,违反法律规范,那么就对其实施行政强制,目的是保障公共利益。公共服务论是行政强制的合法性基础。行政强制中要损害相对人的利益,对其采取人身或者财物方面的强行措施;执法主体的底气来自执法目的正当。公共服务论保障行政强制程序规范,手段合适,符合比例原则,最终满足公共服务需求。公共服务论的公共性、非营利性以及社会经济发展水平导致公共服务无法满足所有人的需求,存在着不足或不均的情形。人人都追寻更好更全面的服务,然而资源是有限的,在抢夺资源中需要公权力的介入以保障秩序。行政强制措施是铲断资源分配引发的问题,恢复秩序的利剑。强制措施是对相对人的人身、财产和行为所作出的强制性措施,除非存在法定情形,并具有必要性,否则不能随意采取。行政强制的目的正当性来源于其公共性,来源于公共服务论的基础:公权力提供必要的公共服务,非私有服务。

四、公共服务论实现行政公开

行政公开是为了提高行政机关的行政效率以及保障公民知情权的一个强有力的行政行为。行政公开有利于提升行政机关的管理效率,更好地提供公共服务,促进政府提升行政质量,提高行政能力。

根据公共服务的理论要求,政府应当时刻把握"为人民服务"的宗旨,将行政权力放在公众的监督之下,以保障行政权力朝着正确的方向运行,同时使公民对公共事项有更深刻的了解,更好地保护公民的合法权益。目前我国行政公开的理论和实践均较浅。可以将公共服务论的一些理念用于行政公开的改革之中。首先,进一步完善行政信息公开的相关法律制度,强化政府部门的信息公开责任;其次,完善相关地方性法律法规、规章等相关立法,以保障每一个应当公开的行政信息都能够落到实处地公开；再次，在各个行政部门深化推进公共服务理念，在行政机关中树立并强化行政信息公开的服务意识；最后，进一步强化对行政部门负责信息公开的部门人员的监督和问责救济机制。

行政公开是法治政府建设过程中的重要一环。深化公共服务理念，实现行政公开，有利于更好地保障公众的知情权、参与权等，有利于在公民和行政机关之间建立起一种良好的互动互信关系，进而推动社会的有序发展。

五、公共服务论推动行政检查

行政检查是行政行为的一个重要组成部分。通过对理论和实践的分析，我们不难发现，行政检查是指行政机关为了使行政相对人遵守相关规定和决定而实施的检查活动。实践中经常出现行政检查过程与行政相对人的隐私权、人格权等产生冲突的情形，其原因主要在于我国目前在行政检查方面的立法有限，多数规定只是在一些行政法律法规条文中有所提及，尚未形成系统的制度。公共服务论指引行政检查制度建设：合理设定行政检查权的范围，限制行政检查的范围；重视公民对行政检查的监督作用，加强对行政检查的程序控制；在提高行政工作人员素质的同时，还应该对行政相对人进行相应的普法，使行政相对人和行政机关之间相互信任，充分运用公共服务论实现行政检查目标。

六、公共服务论保障行政服务热线成效显著

公共服务论要求形成完善、系统的行政服务热线制度。一是政府各个部门提供的公共服务内容庞杂，各自为政，需要一个归总部门进行整合，提供公共产品"售后"服务；二是"公共产品售后部门"也是监督、督促、检查相关职能部门是否完全依法行政、积极行政、服务行政的重要制度设计；三是没有统一整合的"售后"服务热线检查机制的公共服务销售制度是不完整的，无法简约、便捷地检查政府服务法律效果与社会效果。行政服务热线是公共性、服务性、为民性的典型体现。中国特色的政府公权为人民服务，政府服务性是必然的。社会中存在一些零散的、各式各样的民众需求，政府为其统一提供服务，提高了公共性产品的效率，也增强了政府合法性基础，是公共服务论的典型案例。

七、公共服务论促使法治评估监督

行政监督是保证行政行为公开、透明的戒尺，评估是监督的重要内

容。任何行政行为都应当在社会公众的监督下实行，行政主体要在规范的前提下，正确、合理、适当地行使公权力，不得滥用公权力，不得对权力寻租。行政监督包括行政系统内部的监督和行政系统外部的监督。行政系统内部的监督是指国家在行政机关内部设立的专门机关，对国家行政机关及其工作人员是否遵守国家法律和纪律或对有关公共事务的处理是否符合法律和政策予以检查、调查、处理或提出建议的制度。行政系统的外部监督主要包括：权力机关的监督，即各级人大对行政机关及其公务人员的监督；政党的监督，包括执政党和其他民主党派的监督；司法监督，主要指人民法院和人民检察院的监督；社会公民的监督，主要是人民和媒体等的监督。

法治评估是集行政内外部监督的优点，在公共服务论的指导下，独立、中立、客观开展工作，是集合监督、评查、督促于一体的有益制度。法治评估是促进行政系统建立强有力的自纠机制，属于外部监督制度。这种监督制度吸引公众积极参与。独立、公开外部监督制度，使公众监督行政权力便捷化。法治评估是公共服务论中的担当性外显，是公共服务论内涵通过评估方式的再现，具有较高的法治价值和运用价值。

八、行政行为需要公共服务论验证支持

行政行为以公共服务为目标。刚性行政行为以强制或者较为强制的方式对社会主体进行指挥；柔性行政行为通过补贴、要素支持、税收优惠等实现公共服务。对行政行为进行公共服务论的对照、验证，支持或者反对相关活动，主要考虑以下几点。第一，行政手段是否以公共服务为目标。比如，行政强制、处罚、许可都以强制力为后盾，这些行为实施规范的制定、行为的实施、结果的检测是否与公共目标一致；政府通过政策引导淘汰传统落后产业，增加高新技术产业占比，是否出于对整体的、国家的、社会的公共利益的考量。第二，对政府行为公共目标的实现如何评估、认定，是否要采用公开评议、专项检查、督察等手段，是否需要第三方评估、民主监督或者人民代表大会及其常务委员会公开表决进行监督。第三，类似的行政支持是否有非公共利益、非公共目标。行政可能存在目标偏差，强制可能任性，处罚可能不公，补贴也可能造成畸形发展，出现吃补贴、骗补贴的现象，补贴后没有产生预期的效益，造成虚假繁荣。因此，应当对各种行政活动进行公共服务论检测，支持、帮助企业对其项目具体分析，判断是否能够实现公共利益的目标。第四，对认定为非公共利益的行政行为如何限制、排除、追责，如何设计事先认定程序，如何进行事中、事后监督。行政手段是公共服务论的实践运用，也是公共服务论彰显价值、服务社会的需要。

附：

公序良俗案的公共服务性探析

一、案例简介

案例一：广东省广州市花都区梯面镇红山村村民委员会系景区内情人堤河道旁杨梅树的所有人。2017年5月19日下午，吴某私自上树采摘杨梅，不慎从树上跌落受伤，后因抢救无效于当天死亡。

李记坤系吴某的配偶，李秋月、李月如、李天托系吴某的子女。李秋月、李月如、李天托、李记坤向法院起诉，主张红山村村民委员会未尽到安全保障义务，（在本案事故发生后）未采取及时和必要的救助措施，应对吴某的死亡承担责任，请求判令红山村村民委员会承担70%的人身损害赔偿责任631346.31元。

广东省广州市花都区人民法院于2017年12月22日作出民事判决：一、广州市花都区梯面镇红山村村民委员会向原告李秋月、李月如、李天托、李记坤赔偿45096.17元；二、驳回李秋月、李月如、李天托、李记坤的其他诉讼请求。宣判后，李秋月、李月如、李天托、李记坤与广州市花都区梯面镇红山村村民委员会均提出上诉。广东省广州市中级人民法院作出民事判决：驳回上诉，维持原判。二审判决生效后，广东省广州市中级人民法院再审本案。广东省广州市中级人民法院作出民事判决：一、撤销本院（2018）粤01民终4942号民事判决及广东省广州市花都区人民法院（2017）粤0114民初6921号民事判决；二、驳回李秋月、李月如、李天托、李记坤的诉讼请求。

案例二：蒋伦芳与四川省泸州市纳溪区某厂职工黄永斌系夫妻关系，妻子蒋伦芳一直没有生育，后来抱养一子。蒋伦芳继承父母遗产取得一套房屋的所有权。后来，该房被拆迁，拆迁单位将位于泸州市的一套住房作为补偿安置给了蒋伦芳，并以蒋伦芳个人名义办理了房屋产权登记手续。1994年，黄永斌认识了张学英，并且与张同居。蒋伦芳发现此情况后，对黄永斌加以劝告但无效。1996年底，黄永斌和张学英租房公开同居，以"夫妻"名义依靠黄永斌的工资及奖金共同居住生活。2000年，黄永斌与蒋伦芳将蒋伦芳继承所得的补偿安置房以 8 万元的价格出售给陈某。2001 年 2 月，黄永斌到医院检查，确认自己是晚期肝癌。张学英以"妻子"身份照顾黄永斌生前的生活。黄立下遗嘱："我决定，将依法所得的住房补贴金、公积金、抚恤金和卖泸州市江阳区一套住房售价的一半，以及手机一部遗留给我的朋友张学英一人所有。我去世后，骨灰盒由其负责安葬。"该遗嘱在泸州市纳溪区公证处得到公证。后来，黄永斌因病去世。张学英根据遗嘱向蒋伦芳索要财产和骨灰盒，遭到蒋的严厉拒绝。张学英以蒋伦芳侵害其财产权为由，向法院起诉，请求依据继承法的有关规定，判令蒋伦芳按遗嘱履行。纳溪区人民法院公开宣判，以张学英的行为不符合民法公序良俗原则驳回张学英的诉讼请求。张学英不服一审判决，提出上诉。泸州市中级人民法院依法驳回上诉人张学英的上诉，维持原判。[①]

二、公序良俗案的公共服务论呈现

（一）案件裁决以公序良俗的实现为目标

公序良俗既包括公共秩序也包括善良风俗，被作为民法的基本原则之一。人民法院在案件裁决时，应当以公序良俗为基本准则。案例一中，吴某私自上树采摘杨梅。《红山村村规民约》规定：每位村民要自觉维护村集体的各项财产利益，要督促自己的子女自觉维护村内的各项公共设施和绿化树木，如有村民故意破坏或损坏公共设施，要负责赔偿一切费用。吴某的行为不仅对公共秩序造成了损害，而且违反了当地的善良风俗。人民法院驳回吴某家属的诉讼请求，是在公序良俗原则的指导下，以实现和谐的公共秩序和善良风俗为目的，对社会违反公序良俗的行为进行司法层面的矫正，有利于形成风清气正的社会环境。

（二）保护公民的合法权利以公序良俗原则为指引

从案例二中可以看出，黄某的遗嘱行为是正当的法律行为，也符合法律要求。遗嘱行为从本质上来看是意思自治，因此一般来讲应当尊重当事人意见。但是黄某的行为违背了公序良俗原则，对社会造成了不良影响，当个人权利与社会利益相冲突的时候，应当以公共利益为优先选择。因此，牺牲当事人的遗嘱自由，维护和谐的婚姻关系，维护社会公共利益，是符合公序良俗原则的。

---

① 百度百科：关于泸州遗赠案的几点思考。

三、公共服务论指引公序良俗案

（一）案例一中，人民法院驳回诉讼请求符合公序良俗原则

公序良俗原则有利于社会的良好发展，是每个人都应当遵守的。如果不对违反公序良俗原则的行为做否定性评价，公序良俗原则就会失去其威慑力，违背公序良俗原则的立法本意。吴某私自采摘杨梅，是违背公序良俗原则的行为，并且红山村村民委员会并无过错。法院驳回吴某家属的诉讼请求，维护了公序良俗原则，使公序良俗原则在司法中得到实现，形成良好的导向作用。

（二）维护和谐婚姻关系是公序良俗原则的重要内容

蒋某与黄某是合法的夫妻关系；而黄某与张某属于非法同居，其行为不仅破坏了蒋某与黄某的合法婚姻，而且在社会上造成了恶劣影响。公序良俗原则的重要作用就是树立社会正义风气，形成良好的价值导向。人民法院的判决使公序良俗原则在现实中得到了实现，维护了家庭的和谐，不仅有利于弘扬社会主义核心价值观，而且有利于对未来的"类案"提供一个积极正面的参考。

第六章　行政救济与公共服务论互证

法谚云："无救济则无权利。"英国法学家布莱克斯通说："当权利的行使受到阻碍或者权利遭受侵害时，若没有办法恢复这些权利并对其加以确认的话，那么宣布这些权利则毫无意义。"行政主体在行政活动的过程中，由于各种不当的行政行为使行政相对人的权利受到侵害，这时就需要有途径对行政相对人所受到侵犯的权利进行补救和恢复，行政救济的作用正是如此。虽然"行政救济"频繁出现在各类部门法规、各种规范性文件中，而实际上"行政救济"通常不是法定用语而是法学术语[①]。行政救济包括行政诉讼、行政复议、行政赔偿及信访等诉求解决渠道。行政救济是典型的针对行政主体的重要的监督、督促、调整行政行为的活动，其与公共服务论互证表现出相互支持的关系。

第一节　行政救济是提供公共服务

行政救济是学理概念。法律救济主要是指社会主体（包括自然人、公民、法人、非法人组织等）的权利（人身权、财产权、人格权、资格权等）受到其他主体的侵害，遭受了损害，向法定组织（法院或者法定行政机关）告诉并要求解决、补救；法定组织依法受理、审理并作出决定的活动。法院对行政诉讼的审理、裁判、执行是典型的行政救济；行政复议是准司法行为，是行政权力内部的救济制度；其他的如信访、调解等是简易的救济行为。

[①] 杨建顺，李元起：《行政法与行政诉讼法教学参考书》，中国人民大学出版社，2003年版，第467页。

一、行政救济的概念

1981年版《法学词典》解释行政救济是"当事人因国家行政机关的违法或不当处分而使其权利或利益遭受损害时,依法向有关国家机关提出申诉的程序"。《法律辞典(简明本)》的行政救济是"国家为了防止或排除行政行为侵犯公民、法人或非法人组织的合法权益而采取的各种法律措施"。行政救济有广义和狭义之分,广义上的行政救济包括对行政争议的处理制度和行政法制监督制度。狭义上的行政救济是指在法律上所确立的处理行政争议的制度,包括行政复议、行政诉讼、行政补偿等活动。行政救济的目的是防止行政机关滥用其行政权力侵犯公民、法人或非法人组织的合法权益,并确保公民、法人或非法人组织依法享有的所有权利被实现[1]。一些学者认为,行政救济是法律制度的总称,公民、法人或其他组织认为行政机关的行政行为已损害其合法权益,并要求相关国家机关提供补救措施,包括对非法或不当行政行为的更正,还有许多内容,如因行政行为而遭受的财产损失的赔偿[2]。有学者认为行政救济是指公民、法人或者其他组织因行政违法行为、行政不当行为、行政事实行为违法或者其他行政法律事实,致其合法权益遭受侵害或者承担不公平的特定负担,请求国家救济的各种行政法律制度的总称[3]。有学者认为,行政救济是与民事救济对称的法律救济体系,它是法律救济系统的总称,用于纠正行政违规(或不当行为)并赔偿由行政违规对公民或组织造成的损害[4]。一些学者认为,行政救济是指法律规定的对因行政行为而受到不利影响的行政相对人的救济,包括宣布异议、申请行政复议、行政诉讼、行政赔偿和上诉、控告等。一些学者认为,行政救济是指一种通过行政程序或类似于司法程序的司法程序纠正行政机关的行政行为的制度,从而维护受该行为损害的人的权益[5]。有学者认为行政救济是指通过行政程序或类似于司法程序的司法程序来纠正行政机关的行政行为的制度,从而不会损害受该行为损害的人的权益[6]。

---

[1] 中国社会科学院研究所《法律辞典》编委会:《法律辞典(简明本)》,法律出版社,2003年版,第759页。
[2] 林莉红:《中国行政救济理论与实务》,武汉大学出版社,2000年版,第7页。
[3] 左元龙:《行政救济制度研究》,河北大学,2009年硕士论文。
[4] 杨解君、温晋锋:《行政救济法——基本内容及评析》,南京大学出版社,1997年版。
[5] 姜明安:《行政执法研究》,北京大学出版社,2004年版,第337页。
[6] 关保英:《行政法教科书之总论行政法》,中国政法大学出版社,2005年版,第599页。

在笔者查阅的有关行政救济的文献中，学者们或从方法论出发，把行政救济定义为一种方法；或从宏观视角看问题，把行政救济看成一种行政机制；或从程序角度出发，将行政救济看成行政活动程序中的一环；更多的观点认为行政救济是纠正违法、不当行政行为和弥补其给相对方所造成的不利影响的各种相关法律制度的总和。我国行政法学界对于行政救济的概念界定的角度尽管不一，但对行政救济的概念界定的出发点基本统一，即大都认为行政救济是一种对行政主体的行政行为进行审查，确认其是否合法（合理），并支持合法行为、撤销不合法行为的一种权力监督的制度安排。在法治国家、法治政府、法治社会三位一体建设中，加强权力的监督制约，深入思考权力行使合法性及其规治方式，从行政救济角度观察，具有特别的含义。

二、行政救济的特征

（一）行政救济是对权利的救济

研究行政救济，必须要明确的一点就是，行政救济是对权利的救济，不是对权力的救济。行政救济是行政相对方的权利受到行政主体所实施的行政行为的损害时，给予受损的权利补救的一种方式。行政救济的对象是受损的权利，行政救济的权利受损是行政主体行使权力时造成的，故行政救济不会对行政权力进行补救，而是对行政权力所造成的损害进行补救。行政救济部门本身也是权力拥有方。这类行政主体所拥有的权力，是行政相对方进行权利让渡才有的，故权力应是"取之于民用之于民"的，当权力损害了权利时，权力必须对权利让位，对权利进行补救、恢复和赔偿，即进行行政救济。

（二）行政救济具有终位性

行政救济具有终位性，是从两个层次来说的。首先，行政救济是所有其他权利救济方式都穷尽作用之后才出面发挥其作用的救济方式。行政救济是一种公力救济、一种法律救济，当公民的权利受到行政行为的损害时可以采用其他法律救济和公力救济进行维权。但通常情况下，行政救济都是在以上各种救济方式都穷尽之后，相对方权利依然得不到有效补救的情况下，才作为最终的救济方式登场。其次，行政救济是行政行为的最后一环。行政救济只在其他所有行政行为完成并造成不利后果的时候发挥作用，处于行政行为链条的最尾端。虽然行政救济在行政行为体系的最终端，但不代表其作用也是最末位的。相反，它在行政行为体系中有着举足轻重的地位和作用。作为对行政行为的最终认定乃至修正的手段，行政救济权力是监督权力制约的宪法制度的重要体现。

（三）行政救济是对行政行为的修正

行政救济对行政相对方受损权利进行补救的过程，也是对行政主体的行政行为进行修正的过程。行政救济的目的就是通过修正、纠正行政主体不当的行政行为来对行政相对方受损权利进行补救和修复。行政相对方通过申请行政救济，间接通过行政救济相关部门对相关行政行为进行修正，提醒相关行政主体自己所实施的行政行为是不当的、不合适的、违法的。行政救济的修正对象是行政行为。

（四）行政救济是行政公共服务的关键一环

在大力提倡建设法治国家的今天，完善和提供行政公共服务是推动依法行政、强化行政主体的服务理念的必要措施。就如在消费市场上，服务方若在提供消费服务的过程中损害了消费者的权益，消费者可以通过投诉、举报甚至诉讼的方式维护自己的合法权益；同样，在行政服务市场上，服务方（行政主体）若在提供行政公共服务的过程中损害了行政相对方的权益，行政相对方可以通过行政救济渠道维护自己的合法权利。可见，行政救济是行政主体提供的行政公共服务的"售后服务"，是行政主体提供其他行政公共服务的事后监督环节。

三、行政救济的公共服务功能

对行政权力运行保持高度的警醒，其原因在于行政权力可能为非（故意的或者认识不足等造成的）。传统文化掌握者掌握着文化资源等软权力，以给权力唱赞歌为能事，事实上，其所赞美的权力可能早已腐朽无能，甚至病入膏肓、无法救治。现代法治观念可能认为：权力可能或者必然为非，应对办法就是监督、监控、及时更换，不至于在权力腐败到无可救药之时才进行医治；对权力保持更新，保持权力监控的常态，才能保障人的权利，保证社会稳定和秩序。行政救济是维持权力控制、使权力保持公共服务常态的制度，具有典型的公共服务功能。

（一）理念上体现公共服务

1. 对垄断权力监督约束

阿克顿勋爵曾说过一句名言："绝对的权力绝对导致腐败，权力要运行到其边界为止。"人类社会从原始社会发展到今天的状态，公权力有几个基本的特点。一是人类社会要繁荣、进步，文明要起源、发展、繁荣，都必须形成行使公权力的自治机构。国家是行使公权力的主要的组织形式。二是人类社会形成国家后可以促进、保障文明进一步发展、升级，但国家公权力是唯一地、垄断地行使。三是国家的垄断的公权力因垄断而低效，腐败是难以祛除的痼疾。四是文明国家对公权力越发保持高度的警惕和防范，重要方法之一是形成公权救济制度。建立在市场经济基础之上的人类文明，公权力制约相对完善、系统。市场经济之前的经济形态形成的公权制约文明比较粗疏，效果很差，甚至形成大面积系统性腐败，对公权为非无能为力，也导致更多的人性欲望膨胀，觊觎公权，造反起家。国家公权力就在现有统治者与造反成功者之间轮回，而造成社会生产力的极大破坏，甚至自我毁灭。而现代宪法的发展，对公权形成完整、系统、全面、规范的制约。公权不为非，公权垄断利益减少，减少不当幻想者的反抗冲动，减少国家动乱，增加人民福祉。现代社会是对公权进行制约的社会，法治是制约公权、保障民权之治理，这是巨大进步的理论外化。在传统的"君权神授"下，君王采取愚民政策，死抱权力不放，对失误也不可能反省、改正。君王不能犯错，犯错的都是臣子。这导致的后果是：兼有人性善、人性恶的君王可能无所不能，也可能为非作歹，人性恶发挥时，社会遭殃，人民受难，得不到及时的制度性纠正。君王最大限度发挥权力，自我膨胀，导致国家走向灭亡。而现代文明的法治理念，设置纠偏机构，对公权不适当、不合法、不合理、不公正的现象进行自我纠正，保障公权为公，是理念上的巨大进步、国家治理能力的提升、国家现代化巨大进步的基本保障。

2. 行政权力是受托行使应接受规治

现代宪法理论明确宣称："国家权力属于人民。"[①] 国家权力主要指立法权、行政权、司法权等，都来源于人民的委托。一国地域内的人民

[①] 《中华人民共和国宪法》第二条：中华人民共和国的一切权力属于人民。人民行使国家权力的机关是全国人民代表大会和地方各级人民代表大会。人民依照法律规定，通过各种途径和形式，管理国家事务，管理经济和文化事业，管理社会事务。

让渡自身的权利，形成交集，是为公权力。公权力由国家机关的人来分别掌握、行使。国家机关行使的权力来源于人民的委托，《中华人民共和国宪法》就是人民与国家机关签订的"合同文本"。国家机关及其公务人员是受托行使公权力。这个理论远超"君权神授"，具有普遍的合理性，获得国家、人民、社会的共同认可。仿照基本的民事委托理论，委托合同的最终受益者是委托人，一切权利、义务由委托人最终承受。受托人在受托权限范围内行使权力，也可能超出受托范围行使（无效）权力，还可能自认行使了委托人的权利，实质是自谋私利。委托人对受托人的监督、监控、督查必不可少。行政救济是系统、有力的方式。从多方面、多层次、多角度对委托权力、行使人员、行为过程进行监控。进行救济，对纠纷进行处置，保障权力正常运行，保证新型现代治理能力的提高。

（二）制度上体现公共服务

1. 多种制度保障公权正当行使

比较传统社会，现代文明社会采取系统的行政纠纷处置方式。制约公权采取的方式很多，形成系统规范的行政救济制度是理想的法治成果。法治要求对公权采取相对系统的救济，如行政诉讼，将一般有外在直接效力的如处罚、强制、许可、征收等行政行为都纳入行政诉讼受案范围。在行政权力系统内部，设置行政复议，对行政行为不服的可以简易地救济（救济范围比行政诉讼还宽泛一点，效率更高）；在行政权力运行之外，设置信访窗口，直接搜集社会主体的异议之声，进行处理等。

2. 形成系统全面救济行政权力的制度

行政诉讼中，行政主体与相对方作为纠纷两造，同样接受法院的实体和程序约束。行政主体本身行使公权力，公权力优先于私有权力，具有法定的优益性。行政主体采取法定方式作出行政行为，就被认为具有法律效力，应该得到实施。当事人一方也自觉履行行政处罚，如果不及时履行行政处罚确定的义务，被强制执行时，还得接受额外的履行成本。其他行政行为的实施亦是如此。但在行政救济中，行政主体没有优先权、优益性，反倒承担法定的举证倒置成本。行政主体与相对方在平等的平台上处置争议，出示证据，接受法庭指挥，服从法庭安排，保障法庭审理秩序等，败诉后，自觉履行法定义务。除了典型的行政诉讼外，还有行政复议，对行政主体行为进行审查，对行政行为进行监督，撤销不合法行政行为，保障行政权力依法、合法行使。还有更为简便的处置行争议的行政调解（也有学者认为行政调解是行政主体采取居中裁断的方式解决双方都是非公权力行使者的当事人之间的纠纷的活动）。信访更是包罗万象，是社会主体对几乎所有的不服行政活动，都可以采取的多层次的反抗、反馈、监督活动。

（三）内容上呈现公共服务

1. 内容上服务于社会主体

法治政府建设的第一主旨应是"民本位"。"民本位"是指在行政主体开展的活动中，公众是行政活动的中心，政府是服务者，政府以公众的利益和需要为行动导向；围绕公众展开服务，履行职能，不是行政主体自上而下地执行命令。行政救济是行政相对人权利恢复和补救的有效途径之一，基本要义是"民本位"，即"行政就是服务，公众就是顾客"[1]。把行政相对人当作顾客，行政主体则是服务提供者，行政权力服务于社会主体。在一般消费市场中，当商品服务提供者与交易对象对消费者权益造成了侵害，消费者可以根据《消费者权益保护法》通过法定渠道寻求救济，请求赔偿，弥补损失。在行政活动中，行政主体向行政相对人提供服务，如果不当、不合理、不合法的行为给相对人造成损害，行政相对人有权根据国家法律（如《中华人民共和国行政复议法》《中华人民共和国行政诉讼法》《中华人民共和国国家赔偿法》《信访条例》等法律法规）请求法定机关（如法院、复议机关、信访机构等）审理、核查行政行为，确定行政主体是否违法，如果行政行为违法，依法确认并使其失效，并对行政相对人受损的权利进行弥补、修复并赔偿损失。在法治政府建设的意义上，行政救济是对行政相对人提供的权利救济渠道，是法律规定的作为行政相对人一方的"顾客"的权利因行政服务提供方提供公共服务不当、违法或者不足而受损，从而可以依法申请从行政服务提供方予以恢复、补救、赔偿等多项内容的总和。

2. 方式多样、效果精准

人民法院根据《中华人民共和国行政诉讼法》及相关的单行法律规范，确定行政诉讼受案事由。如根据新修订的《行政诉讼法》第十二条、《中华人民共和国土地管理法》等相关法条的规定，新增加行政征收作为

---

[1] 〔澳〕欧文·E·休斯：《公共管理导论》，中国人民大学出版社，2001年版，第276页。

行政诉讼事由①。人民法院据此法律规定，增加了数项行政诉讼受案事由，包括征收决定、补偿决定、征收补偿协议、暂停办理相关手续的行政行为、非法强制拆迁行为、集体土地上房屋拆迁和土地征收相关行政行为。对当事人直接产生经济影响的主要是三项：征收决定、补偿决定、征收补偿协议。其余间接具有经济影响。即使是对行政行为中的非直接实体行政行为，人民法院也纳入受案范围，给行政相对人提供更多更全面的救济，既保障实体权益，也保障程序权益（纯粹的程序权益一般通过裁定决定）。还有更多的、全面的行政救济措施、方式、渠道，如信访。前几年比较突出的信访纠纷事由是企业改制、军转干部安置、土地拆迁三项。而不少信访纠纷是历史原因造成的，并非单一的行政活动侵害当事人权益。对于信访纠纷，应本着保障当事人权益的原则，分别采取直接解决、间接帮扶、补救措施弥补等方式调整行政活动造成的不良后果。如根据经济发展情况，不断增加企业退休职工的工资，缩小在职职工与退休职工的差距（很多企业改制时退休职工工资低，权益受损大）。在直接法律规范外寻求给行政相对人的救济，是全面、系统的社会权益"修补术"。多样化的救济方式和渠道，更充分地保障行政相对人的权益。

第二节 行政救济的公共服务实践

行政救济是对行政活动本身的合法性、合理性进行衡量、考察，对违法的行政行为进行纠正，对合法的行政行为给予支持；还有对行政主体与行政相对人之间的争议进行处理，对他们之间的权益纠纷进行权衡、评估；对是否符合法律规定进行考察，对违法的行政活动进行处置、补救，是公权力的二次适用（第一次适用是行政行为，行政主体运用法律规范直接适用于具体案件）；是对公权行使活动的监督、督促及矫正，是对服务于公共利益的公权力的再次服务，是当然的公共服务。

一、行政诉讼的公共服务性

行政诉讼立法及其行政诉讼制度的建构，是服务于我国社会发展和

---

① 《行政诉讼法》第十二条（十一）："认为行政机关不依法履行、未按照约定履行或者违法变更、解除政府特许经营协议、土地房屋征收补偿协议等协议的。"

法治建设实践需要。1989年4月4日,第七届全国人民代表大会第二次会议通过了《行政诉讼法》,该法于1990年10月1日起实行,2014年修正,2015年5月1日施行,2017年第二次修正。行政诉讼是专项的法定的对行政活动的监督、救济制度。

(一)行政诉讼立法制度体现出鲜明的公共服务性

(1)行政诉讼制度形成本身就是一项重要的公共服务制度建构。

在封建社会,没有行政诉讼制度,权力归皇帝及其集团专有,其他社会主体对其几乎没有控制,可能有一点的也只是理论上,多数是说说而已,有权者和百姓基本都不当真。《孟子·梁惠王下》中说:"贼仁者谓之贼,贼义者谓之残,残贼之人谓之一夫。闻诛一夫纣矣,未闻弑君也。"纣曾经是帝王,是地面上最高的权力拥有者,被周武王推翻统治,自杀而亡。儒士风采,挺胸抬头,给予独夫民贼致命打击。儒家理论认为可以为正义诛杀不义的帝王,如纣因其所作所为已经不是帝王了,而是一个没得任何人性的坏人,是可以诛杀的。儒家给予反抗乃至诛杀无道昏君以理论支持。《孟子·尽心下》又说:"民为贵,社稷次之,君为轻。"形成"民贵君轻"的经典理论。唐太宗李世民发展为"民犹水也,君犹舟也,水能载舟,亦能覆舟",对君王及其权力体系提出警醒:不以百姓权利为重,可能被更换、被倾覆。但都是整体而言,百姓(行政相对人)未对封建权力形成任何的制度方面的制约。皇权体系内部也只针对人(官员)进行监督,如御史制度,就是专门监督官员的机构和人员。系统地对公权力进行监督,对公权力行使是否恰当进行质疑,由专门的人员和机构进行"鉴定"后确定,这是行政诉讼制度。行政诉讼制度建构时,提出了几项功能:保障权力行使,解决行政争议,保护行政相对人权利,监督行政权力行使[①]。开宗明义,确定行政诉讼的宗旨,是提供公共服务。

(2)行政诉讼明确受案范围,对行政活动进行审查监督。

行政诉讼的起诉条件是"行政相对人不服行政主体的行政行为"[②]。

---

① 《行政诉讼法》第一条:"保证人民法院公正、及时审理行政案件,解决行政争议,保护公民、法人和其他组织的合法权益,监督行政机关依法行使行政职权,根据宪法,制定本法。"

② 《行政诉讼法》第二条:"公民、法人或者其他组织认为行政机关和行政机关工作人员的行政行为侵犯其合法权益,有权依照本法向人民法院提起诉讼。前款所称行政行为,包括法律、法规、规章授权的组织作出的行政行为。"

行政行为根据其对象、是否可以重复使用、行为作出时范围是否确定等条件划分为抽象行政行为、具体行政行为。1989年颁布的《行政诉讼法》确定的行政诉讼受案范围是"具体行政行为",如行政许可、行政处罚、行政强制等行政主体可以直接针对具体对象作出的活动,活动有直接的权益受益或受损者。2014年,《行政诉讼法》对受案范围有所扩大[1]。这些行政行为,行政相对人不服,都可以启动行政诉讼,要求法院进行司法审查并作出结论。

（3）行政诉讼审查主要是进行"合法性""审理核对"[2]。

（4）在举证责任方面,采取举证责任倒置,行政主体对其行为的合法性进行举证,如果举证不力或者未能举证,则承担败诉的后果[3]。

以上是主要的行政诉讼特色制度,还有是其他行政诉讼制度借用了

---

[1] 《行政诉讼法》第十二条："人民法院受理公民、法人或者其他组织提起的下列诉讼：（一）对行政拘留、暂扣或者吊销许可证和执照、责令停产停业、没收违法所得、没收非法财物、罚款、警告等行政处罚不服的；（二）对限制人身自由或者对财产的查封、扣押、冻结等行政强制措施和行政强制执行不服的；（三）申请行政许可，行政机关拒绝或者在法定期限内不予答复，或者对行政机关作出的有关行政许可的其他决定不服的；（四）对行政机关作出的关于确认土地、矿藏、水流、森林、山岭、草原、荒地、滩涂、海域等自然资源的所有权或者使用权的决定不服的；（五）对征收、征用决定及其补偿决定不服的；（六）申请行政机关履行保护人身权、财产权等合法权益的法定职责，行政机关拒绝履行或者不予答复的；（七）认为行政机关侵犯其经营自主权或者农村土地承包经营权、农村土地经营权的；（八）认为行政机关滥用行政权力排除或者限制竞争的；（九）认为行政机关违法集资、摊派费用或者违法要求履行其他义务的；（十）认为行政机关没有依法支付抚恤金、最低生活保障待遇或者社会保险待遇的；（十一）认为行政机关不依法履行、未按照约定履行或者违法变更、解除政府特许经营协议、土地房屋征收补偿协议等协议的；（十二）认为行政机关侵犯其他人身权、财产权等合法权益的。除前款规定外，人民法院受理法律、法规规定可以提起诉讼的其他行政案件。"

[2] 《行政诉讼法》第六条："人民法院审理行政案件，对行政行为是否合法进行审查。一般认定行政主体是否合法根据四项内容进行：主体、依据、内容、程序。一是正面审查；审查行政行为主体执行法律是否合法，要求执法者是行政机关或者法律法规授权组织，有法律规范依据明确授权；执法活动有法律依据；执法内容符合法律规定；程序有法律依据。二是反向审查，审查行政活动是否违反禁止性规定。如是违反《优化营商环境条例》第三十二条第一款：国家机关、事业单位不得违约拖欠市场主体的货物、工程、服务等账款，大型企业不得利用优势地位拖欠中小企业账款。各个机关、企业事业单位与社会主体有项目合作的，就应该审查这一款，行政主体一方是否违反这一条的规定，就得进行审查，就得承担相应责任（正面的不承担责任和负面的承担违法责任）。三是有合纪审查，是否符合党内法规的规定；四是有合规审查，主要是部分行政主体与社会主体有项目合作时，要进行专项审查。行政行为的合法性审查是基本原则，一定情形也进行合理性审查，及相关行政法原则的审查（如应急性原则的审查等）。"

[3] 《行政诉讼法》第三十四条："被告对作出的行政行为负有举证责任，应当提供作出该行政行为的证据和所依据的规范性文件。被告不提供或者无正当理由逾期提供证据，视为没有相应证据。但是，被诉行政行为涉及第三人合法权益，第三人提供证据的除外。"第三十五条："在诉讼过程中，被告及其诉讼代理人不得自行向原告、第三人和证人收集证据。"

民事制度，如当事人平等原则，实行合议、两审终审原则。各项制度主要保障行政相对人的诉讼权利，对行政主体适用法律情况进行监督并进行合法性判断，同时，参照规章，对规章以下的行政决定，如果合法才能予以采信。行政主体如果被诉，就要与行政相对人平等地对簿公堂，接受诉讼规则的约束（举证、时限、庭审等）。法院对不法行政活动可以提出司法建议，移送相关机关处置等。体现了司法对行政活动的审查、监督、督促。

（二）行政诉讼实践展现出特有的公共服务性

建设法治政府既要实现政府经济管理职能，也要实现政府治理方式的转变[①]。具体到行政诉讼救济领域，则意味着行政诉讼作为行政救济服务的重要途径之一，要监督、审判行政主体为行政相对方提供行政服务的质量和水平，使行政主体履行法定义务，认真负责地服务于公民。当行政主体的不当、违法行政行为侵害行政相对方的合法权利时，应当运用高效的诉讼救济制度最大限度地恢复、补救、保障行政相对方的合法权益。笔者从《中国统计年鉴》相关数据中查询到 1998—2018 年我国人民法院审理一审行政案件数量情况，见图 6-1。

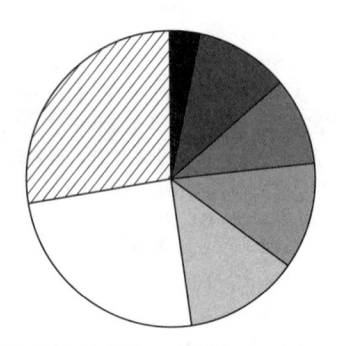

■1998 ■2003 ■2008 □2013 ■2017 ☒2018

图 6-1　1998—2018 年我国人民法院审理一审行政案件情况[②]

行政诉讼相关统计数据是 1983 年开始出现在《中国统计年鉴》中的。由于资料收集的原因，图 6-1 中没有反映。1982 年，第五届人大常委会第二十二次会议通过《中华人民共和国民事诉讼法（试行）》并于同年 10 月 1 日开始试行，其第三条规定："法律规定由人民法院审理的行

[①] 迟福林：《全面理解"公共服务型政府"的基本涵义》，《人民论坛》2006 年第 5 期。
[②] 根据 1983—2018 年《中国统计年鉴》中的相关数据绘制。

政案件，适用本法规定。"行政诉讼开始有了法律依据。全国行政诉讼案件量从 1983 年开始每年均以较快的速度增长，此后的几年里一直稳步增长。1990 年《行政诉讼法》开始实施，当年行政诉讼案件数量达到 13006 件。1991 年这一数据几乎翻了一倍，达到 25667 件。1993—1998 年行政诉讼案件数量出现加速增长趋势，案件总量从 1993 年的 27911 件猛增至 1998 年的 98350 件。之后几年，行政诉讼案件持续下降，这与 1999 年《中华人民共和国行政复议法》的颁布实施有着不可忽视的联系。2003 年至今，行政诉讼案件数量以较慢的速度增长。总体上，行政诉讼案件数量呈上升趋势，行政诉讼案件数量爆发期出现在两个时间段：1993 年至 1998 年，2013 年至 2017 年。

以上数据至少表明，三十多年来，行政诉讼是行政相对人选择权利救济的重要途径。行政权涉及社会生活的方方面面，行政行为种类繁多，行政权管理领域繁杂。图 6-2 是笔者根据 2008—2018 年《中国统计年鉴》中的行政诉讼案件类型数据所作出的 10 年间行政诉讼案件构成情况及其变化趋势。

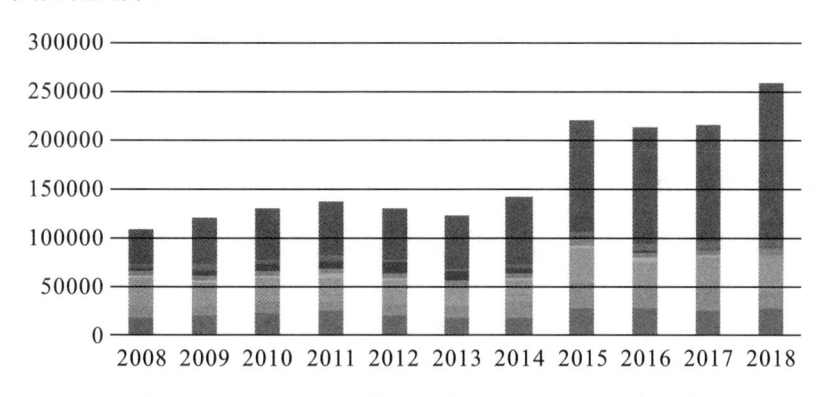

图 6-2 行政诉讼案件情况及变化趋势（2008—2018）①

图 6-2 显示，行政诉讼案件构成涉及社会治理多个方面。除了"其他"无法类型化的种类，土地等资源类、城建类、公安类行政案件数量一直较多，计划生育、劳动与社会保障类近年增长较快，在数量上已经接近甚至超过公安类行政纠纷。工商、卫生、环保类及以乡政府为被告的案件数量较少，一直维持在较低水平。其他类行政纠纷数量明显增加，尤其是在 2008 年以后增长迅速，说明我国行政争议发生在社会生活的方方面面，行政诉讼案件类型呈多元化趋势。行政主体在提供公共服务的

---

① 根据 2008—2018 年《中国统计年鉴》中的相关数据绘制。

过程中，发生的争执较多，行政救济制度在一定程度上监督和限制了行政权，维护了行政相对方的合法权益。

二、行政复议是内控性公共服务

行政复议配合行政诉讼，形成了相对完整的行政救济法律体系。1989年12月，国务院发布《中华人民共和国行政复议条例》（以下简称《行政复议条例》）；1999年10月1日，《中华人民共和国行政复议法》（以下简称《行政复议法》）制定并生效，《行政复议条例》废止。根据《行政复议法》制定的《中华人民共和国行政复议法实施条例》于2007年8月1日施行。2009年，《行政复议法》第一次修订，2017年9月1日第二次修正。行政复议相关法律法规、条例不断进行调整，以更好地服务法治建设。

党的十八届四中全会通过的《中共中央关于全面推进依法治国若干重大问题的决定》明确将行政复议、行政诉讼并列，作为化解纠纷的重要制度。《行政诉讼法》修订并实施，承接前述政策规定，具体衔接行政复议与行政诉讼制度。2008年至2018年间，行政复议案件审理情况见图6-3。

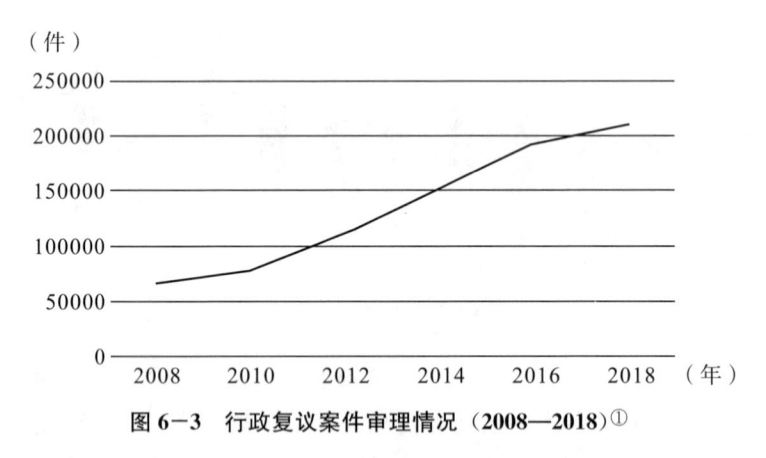

图6-3 行政复议案件审理情况（2008—2018）[①]

从图6-3中不难看出，近几年来我国行政复议案件审理数量逐步上升，一定程度上证明了行政复议的权利救济功能，公众乐于选择行政复议来救济自己的权利。

---

① 根据国务院法制办门户网站2008—2018年所公布的行政复议相关数据绘制。

图 6-4　2018 年行政复议所申请事项类别情况①

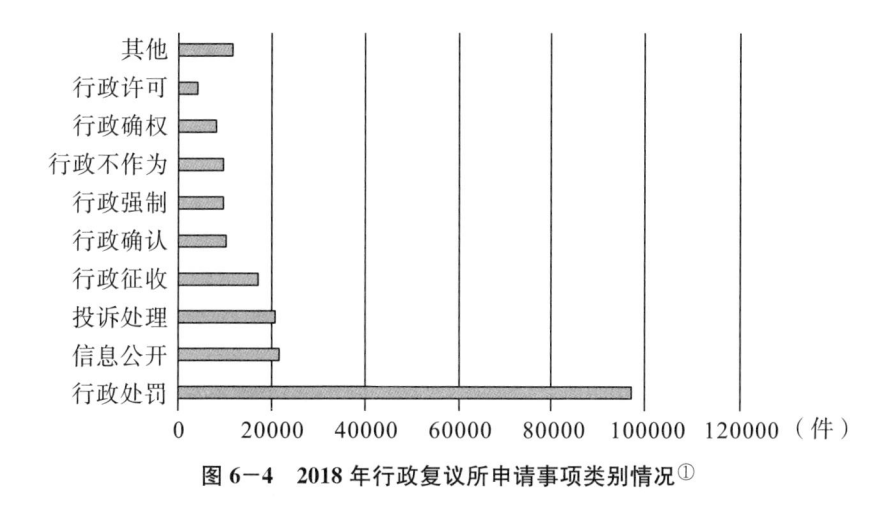

图 6-4 是 2018 年行政复议所申请事项类别情况，行政处罚类案件数量最多，行政不作为类、信息公开类等新型行政复议案件数量也不少。这说明，随着社会经济发展，行政复议工作格局正在逐步改变，一些新的行政纠纷不断产生，并且呈现上升趋势。行政复议新的案源不断产生，案件种类不断增加，行政复议服务救济覆盖面进一步扩大，救济作用越来越大。但是增长数据和类别变化并不能全面说明行政复议的现状。笔者根据国务院法制办网站 2014 年至 2018 年我国行政复议审结具体情况数据制作了表 6-1。

表 6-1　2014—2018 年行政复议审结具体情况②

类别 年份	审案总数 （件）	撤销原行政行为 （件）	变更原行政行为 （件）	限期履行责任 （件）	终止 （件）	确认违法 （件）	总共所占百分比
2014	77606	4998	377	640	21657	459	17.73%
2015	142139	11305	473	3821	27978	3346	19.69%
2016	152310	16113	460	3934	32447	5004	21.30%
2017	193740	17997	467	4268	40473	5519	20.89%
2018	196716	19502	409	3862	40724	5951	20.70%

从表 6-1 中可以看出，在行政复议活动中，真正得到纠正的行政行为占审结总数的比率很低，这与我国当前行政领域中存在的大量矛盾相比，占比过小；也从侧面反映了行政复议未能充分有效地发挥救济作用。

---

① 根据国务院法制办门户网站 2018 年所公布的行政复议相关数据绘制。
② 根据国务院法制办门户网站 2014—2018 年所公布的行政复议相关数据绘制。

行政复议救济的功能未充分实现，监督不到位，表明行政复议解决争议的能力有限。

行政复议是在行政机关内（目前主要是司法行政部门）建构一个类似于行政诉讼的对行政行为的审查制度。其基本审查原则①、受案范围②、审理程序、审理证据规则③，基本等同于行政诉讼。行政复议较为简略，在于一审终审，一般不开庭实行书面审理，作出的行政复议决定对双方当事人主体具有效力（就同一事项可以再申请行政诉讼，相比行政诉讼，行政复议确实是一种全新的行政救济方式）。另外，行政复议不收取当事人任何费用，方便复议申请人。行政复议是行政机关内部设置的权力制约、监督制度，采取个案审查方式进行监督，是为社会主体提供的救济型公共服务。

三、行政赔偿、行政补偿是善后型公共服务

《中华人民共和国国家赔偿法》（以下简称《国家赔偿法》）（1995年1月1日起实施）中除刑事赔偿外，于第二章行政赔偿和其他章节条文对行政赔偿作了比较具体的规定。我国行政机关违法行为或者不当行政行为及违法行政事实行为，如果符合行政侵权，就将承担行政赔偿责任。行政赔偿制度的建立，有利于赔偿行政相对人遭受的人身、财产方面的损失。2012年，《国家赔偿法》得到了修正，与行政赔偿相关的司法解释《最高人民法院关于审理行政赔偿案件若干问题的规定》一并构成行政赔偿制度。

（一）行政赔偿

行政赔偿是一种救济公民、法人或者因遭受违法行政行为、不当行政行为或者违法行政事实行为侵犯造成合法权益损害的行政法律制度。根据《中国统计年鉴》的数据，2010年至2014年五年间，人民法院审理一审行政案件收结案情况中，单独赔偿案件数基本在200~400件，其中涉及领域较多的是土地资源、公安、城建以及基层乡政府这几个方面。2015年《中国统计年鉴》中的数据表明：当年人民法院审结的国家赔偿

---

① 《行政复议法》第四条："行政复议机关履行行政复议职责，应当遵循合法、公正、公开、及时、便民的原则，坚持有错必纠，保障法律、法规的正确实施。"
② 参见《行政复议法》第六、七条、第十二条、第十五条。
③ 参见《行政复议法》第二十二条、第二十三条。

案件中，行政赔偿案件是司法赔偿案件的4倍，占2014年国家赔偿案件总数的80%。可见行政赔偿的救济价值是不容忽视的。我国有关行政赔偿的规定主要在《国家赔偿法》里，虽然法律规范条文少，但行政赔偿在行政争议的救济体系中发挥了较大作用。

行政赔偿主要是对实际损害的赔偿。根据规定，国家机关及其公务人员的违法行为侵权，造成公民、法人或者其他组织的合法权益的损害事实，行政相对人可以提起行政赔偿的请求。行政赔偿制度中未对精神伤害赔偿作出规定。在行政活动中，行政主体在长期权力本位的思想下对行政相对方造成的精神伤害是非常严重的，在行政赔偿制度中应适当给予行政相对方精神赔偿。行政赔偿的标准遵循"填平原则"，行政赔偿是通过金钱赔偿来弥补因行政行为受损的行政相对人的合法权益。行政赔偿每日（年）的标准是"国家上年度职工日（年）平均工资"。国家赔偿中，如果赔偿标准脱离市场经济的价值规律，按照固定基准给予赔偿，公正性不强。当前的行政赔偿的申请提起顺序设置不太科学。现行行政赔偿一般是以行政复议优先，行政诉讼为补充。然而优先的行政复议一般是不予赔偿或者不受理赔偿的。在行政诉讼中请求行政赔偿需以行政复议为先行程序，这样的顺序设置并不利于对行政相对人的合法权益进行保护。

（二）行政补偿

我国暂时没有专门的行政补偿法，有关行政补偿的法律规定主要散见于各种不同的法律法规之中。《中华人民共和国土地管理法》《中华人民共和国消防法》《中华人民共和国草原法》《中华人民共和国野生动物保护法》《国家建设征用土地条例》等法律法规中规定了土地补偿、野生动物造成损害的补偿等内容。单项法律规范对各类行政补偿的主体、内容、范围、标准、程序、救济等问题进行了详细规定。这些法律规范规定的行政补偿制度是我国行政救济体系中的重要一环，是特殊救济渠道，发挥特定的救济功能。

行政补偿与其他救济方式最大的不同是一般不存在行政主体行为的合法性问题。一般行政补偿是针对行政主体为了实现国家和社会公共利益所行使的合法行为时不可避免地造成行政相对方一定的利益损失。行政赔偿是由于行政主体不恰当不合法的行政行为造成行政相对方不必要的权利损失引起的；而补偿是合法行政行为给相对方造成损失的弥补。行政补偿涉及的领域、范围广泛，涉及的各项法律法规也很繁杂，行政补偿的范围、程序、原则等难以统一规定，缺乏通行的法律规范。行政补偿中最需要明确的是行政主体行为的"合法性"，例如在土地征收等涉及民众利益较多的领域，行政行为不规范，法律对该领域的主体、程序等规定有些模糊，各个行政主体理解不一。法律对行政行为的"合法"应作出详细明确的界定，避免行政主体在行政活动中利用"合法行为"和"为了公共利益"掩盖自己为了部门利益或者一己私利的实质；被掩盖的不合法行政行为一旦损害行政相对方的权利，行政相对方申请行政补偿相当困难。行政补偿的标准问题也是现实中极易产生矛盾的领域，缺乏统一的法规，效力较低的法律规范规定相对自由，给行政主体偏向保护自身利益留下很大的空间，行政相对方合理的补偿很难保证。

四、信访、行政监督等其他特殊型公共服务

(一) 信访提供公共服务

信访是行政救济的一种，指行政相对方采用书信、电子邮件、传真、电话、走访等形式向有关行政机关反映因政策、法律法规的变动而致使相对人权益受损的问题或向有关行政机关反映情况的活动（并让有关机关进行处理的活动）。随着《信访条例》(1995年10月28日国务院发布，2005年修订后于当年5月1日起施行)的发布，信访制度逐步建立并完善。2005年修改的《信访条例》与1995年的相比，在信访渠道、信访事项的提出、信访事项的受理、信访事项的办理和督办、法律责任等方面均作出了较大修改。中华人民共和国政务院（即国务院）于1951年颁布的《关于处理人民来信和接见人民工作的决定》一般被视为我国信访制度正式确立的起点[①]。信访制度是具有中国特色的行政救济制度，是在群众路线的基础上衍生出来的带有政治色彩的特色救济途径。首先是信访渠道愈发畅通。各地各部门建立起"信、访、网、电"四位一体的工作平台，信访当事人提出诉求的渠道较多，包括写信、上网、直接到各级信访机构到访提出诉求等多种渠道，较为方便。其次是信访工作责任强化，明确属地管理、分级负责原则，属地和属事的责任清晰，领导和部门责任明确，形成了"谁惹的事谁解决，解决不好要追究"的工作格局。再次是信访工作机制相对健全，信访事项登记、接谈、转送、交办、督查督办、复查复核、办理结果查询等环节规范，形成了与《信访

---

① 刁杰成：《人民信访史略》，北京经济学院出版社，1999年版。

条例》衔接配套的运行机制。信访工作法规制度体系健全。据不完全统计，2005年以来，仅全国各省就出台了信访规范性文件1500多件，形成整套完备的信访工作法规制度体系。①

信访所涉及的民生领域问题较多，主要有农业农村、城乡建设、劳动纠纷与社保、环境保护、非法集资、出租车营运、房地产交易等涉众型的利益群体诉求等问题。在这些领域，行政主体和行政相对方之间容易产生矛盾和纠纷，信访为行政相对方的权利救济提供了直接便捷途径。国家信访局公开的信息表明：2015年全国信访总量下降7.4%，进京上访量下降6.5%，非正常上访量下降38.2%。主要原因是：国家大力反腐，各地政府行政活动更加规范，损害群众利益的行为减少；对行政主体问题举报渠道更为透明，上访变举报，纪委系统公布了各级纪委各部门纪检机构的举报信息平台，举报属实，查处速度加快，上访举报比信访更简单快捷；行政诉讼、行政复议权利救济渠道可能更为有效；民众"信访不信法"的传统观念逐渐开始转变②。

信访制度在监督行政主体不作为、维护群众合法权益、反腐败等方面一直发挥着重要的作用。例如2004年，湖南益阳农民王某向中央领导写信反映当地政府部门暴力征税问题。该信访材料被递交给了国务院有关领导。当时国务院分管农业的领导立即批示，责成相关部门组建工作组专门调查此事。不久，国家就出台政策严禁政府向农民暴力征税。政府高层注意到基层政权机关可能采取激发干群矛盾的做法，了解基层群众的困难，相继出台更多惠农政策支持农村发展。这在一定程度上印证了信访是国家高层了解基层真实情况的重要信息源、主要窗口，也佐证了信访的救济功能。

（二）行政监督具有公共服务性

监督执法有多种，如行政监督、纪检监察监督、人大监督等，对行政行为都有监督权力，内容丰富，范围广泛。行政监督是行政主体基于行政职权依法对行政相对人（包括其他主体）是否遵守法律规范和执行行政决定等情况进行的监督或者是指行政组织系统内容的监督检查（行

---

① 中国政府网：《信访工作进一步明确属地管理、分级负责的原则》，（网址：http://www.gov.cn/we），2015—05—13。
② 程应游，戚燕平：《新形势下行政复议和行政应诉工作的实践及思考》，《探求》2015年第4期。

政机关和工作人员)。行政监督执法具有行政救济的功能和价值,主要体现在上一级行政主体督促下一级行政主体或者一级政府监督部门正确行使职权。根据《四川省行政执法监督条例》(人大审议稿)规定,行政监督亦是对行政行为进行全面监督,但主要表现在采用个案监督、面上监督的方式,监督内容是全面监督,如对执法主体、执法权限、执法程序进行监督审查,对行政行为实行"三项制度"(落实行政执法公示制度、行政执法全过程记录制度、重大行政执法决定法制审核制度),对违法行政行为"责令改正"并追究"负有直接责任的主管人员和其他直接责任人员"的责任,以此保护行政相对方的合法权益。这是行政主体自设的一种救济方式。

人大监督是人民代表大会(及其常务委员会、专门委员会、专门机构)代表人民行使权力,监督行政权力履职方式的一个重要内容。人大主要通过听取和审议"一府两院"工作报告、审查和批准预决算、对法律法规实施情况的检查、对规范性文件的备案审查、询问和质询、特定问题调查、撤职案的审议和决定等方式实施监督。依照《中华人民共和国各级人民代表大会常务委员会监督法》的规定,对行政权力行使情况进行审查、了解、检查、处置。人大监督目前主要表现为面上监督,采取召开座谈会、调研会等方式,对社会问题进行了解,对民生关注的重点问题进行关注,了解化解矛盾的进展,提出可能的建设性意见。人大监督曾经做过个案监督,特别是司法个案监督,但后来停止了这项活动。为保障法院独立审案裁判,尊重司法权,人大一般不再搞对外的个案监督。

仲裁也是一种救济方式。仲裁涉及的法律法规有《中华人民共和国仲裁法》(1994 年通过并于 1995 年实行,2017 年修订),以及 2005 年 12 月 26 日通过、2006 年 9 月 8 日开始实行的《最高人民法院关于适用〈中华人民共和国仲裁法〉若干问题的解释》。仲裁主要表现是劳动争议仲裁,行政相对方与行政主体之间的争议采用仲裁解决的非常少;不过,仲裁是一种权利救济渠道,今后可以开发、发展。

(三)各种监督的公共服务性

各种监督都具有以下基本特征。第一,各种监督都依法进行,依据单行法律规范采取各种活动,都是对行政权力行使活动的一种监督检查督促,是法律规范的第二次适用,是对行政权力的监督。第二,各种监督活动都是对行政权力行使情况的监察、督查,对违法行为进行纠正,对相关人员进行处置，以保障行政相对人的权利，是一种救济活动。第三，行政监督活动全面公开，是纳税人税收负担的一种公共活动，对行政相对方而言，是一种服务活动。各种监督具有公共服务的特征、基本属性。监督是有组织有系统有权威的，是对社会依法提供的公共服务。

第三节 行政救济对接公共服务论路径

本章开头部分就在公共服务论视角下重新界定了行政救济，行政救济是法律规定的行政相对方的权利因行政服务提供者提供公共服务不当、违法或者不足而受损，从而依法申请从行政服务提供者那里获得恢复、补救、赔偿等多项内容。在公共服务论视角下，行政救济作为一种公共服务，不仅需要改善各个救济制度的缺陷，而且需要改变和完善行政救济主体的行为理念。各学者、专家对行政救济体系中各个救济方式提出了很多很全面周到的建议。本节侧重于在公共服务论的视角下，对我国行政救济体系的完善提出拙见。

一、建立主动型行政救济服务提供机制

在传统的行政活动中，行政主体的意志和行政行为实施的效力往往优先于行政相对方的合法权利的实现。通常，上一级行政机关在行使行政权力的时候，优先考虑的是自己的行政意志是否被下一级行政机关贯彻实现以及其效率，往往忽视了其在落实过程中所施行的具体行政行为是否会侵犯行政相对人的权益，即在行政主体意志与行政相对方的利益两者之间，行政主体意志优先。这在"官本位"的行政社会中是非常常见的。在这种理念下，行政救济往往处于被动、消极的位置。然而在提倡建设服务型政府的今日，行政主体的行政理念应当从管理本位转换为服务本位，行政救济主体也应当主动为权利受损的行政相对方提供救济服务。笔者建议建立一个主动型行政救济服务提供机制，行政救济主体主动深入人民群众中，主动了解情况，主动发现问题、分析问题并帮助行政相对方解决问题。对于部分不知寻求行政救济的特殊基层群众，要主动对其开展普法讲法活动，让其知道、了解行政救济这个权利补救渠道。

二、适当扩大行政救济的范围

目前，我国行政救济渠道所覆盖的可救济范围是有限的，很多行为得不到应有的修正，很多权益也得不到应有的救济。在服务型政府这个概念下，行政救济作为行政活动中修正其他行政行为服务的最重要一环，应当做到尽可能全面。2015年修改的《行政诉讼法》将"具体行政行为"改成了"行政行为"。这意味着以后无论是具体行政行为还是抽象行政行为都可以是起诉的对象。但其对抽象行政行为的可诉性并未作出明确的说明和规定，只能做附带审查。事实上，在现实生活中，诸如重大行政决策失误、宏观调控不平衡不合理等抽象行政行为对行政相对方的权利带来的损失也非常明显，然而由于立法的缺失，很多权利受损的民众没有获得相应救济，这与服务型政府的建设宗旨相背离。服务型政府给民众提供的服务应当全面而具体，应当适当扩大行政救济的范围，将抽象行政行为纳入可救济的范围，在其救济原则、程序、方式方面给予详细明确的规定，使行政救济服务覆盖面更广，使相对人的受损的权利得到更好更全面的救济。对于暂时无法覆盖到的领域，要通过一定的制度设计来填补空白，弥补行政救济重要环节的缺失和体系的不完善。

三、强化行政救济的矛盾调解功能

行政救济的本质目的是解决行政争议，维护行政相对方的合法权利。可以说，其在调解行政主体和行政相对方之间的矛盾方面具有特殊的价值。很多时候，行政相对方将行政救济渠道当作与政府进行博弈的工具。例如，在土地征收中，相对人不满征收工作，就频繁向政府提起信息公开申请，申请十几个信息公开之后依然不满，又申请几个行政复议或者提起几个行政诉讼，通过这些合法的救济渠道与政府不断纠缠，政府遇到这种情况也万般无奈。有些地方将这种行为界定为滥诉行为，不予受理；但是如果行政机关不予受理，又不给相对方应有的救济，合法人也就无法申请救济了，这又与服务型政府建设的理念相违背。笔者认为，行政救济本身就是一种矛盾调解机制，粗放式的堵塞救济渠道的行为会产生更多新的矛盾，会促使相对人选择不合法的方式获取关注和实现救济，这是政府和行政相对方都不想看到的局面。作为行政救济主体，相关行政救济机关应当抓住源头问题，给予相对人公平公正、合理到位的服务和解决方法。如果个别行政相对方一定要采用这种方式不断地与政府进行博弈，也不能将其粗暴地界定为滥诉行为，只要行政相对方的需求合法合理，就需要解决其问题。在这种情况下，相关部门可以采取一定的方式合并审理，并通过立法将这种方式予以规定，在解决矛盾的同时，尽可能减少行政资源的浪费，充分凸显出行政救济的服务价值、矛盾解决价值，也符合建设法治服务型政府的需要。

四、建立行政救济评估机制

在服务型政府的视角下，应将行政相对人看作顾客，行政主体则是服务提供者，正如消费市场中，顾客对企业提供的产品或服务有一套专门的"顾客满意度指数评估模型"（"顾客满意度指数评估模型"是基于顾客对企业产品和服务质量的评估建立模型而计算出指数，是衡量客户满意度的经济指标）。行政救济作为行政服务中重要的服务类型，所发挥的实效应当也有一套"行政救济满意度指数评估模型"，见表6-2。

表6-2　行政救济满意度指数评估模型①

评估指标	具体内容
行政相对方对行政救济的期望	1. 行政相对方对行政救济的总体期望 2. 行政相对方对救济质量满足其需求的期望
行政相对方救济质量的感知	1. 行政相对方对行政救济的总体评价 2. 行政相对方对救济质量满足其需求程度的评价 3. 行政相对方对救济的可靠性的评价
行政相对方满意度	1. 总体满意度 2. 行政相对方期望与感知的对比
行政相对方的抱怨	行政相对方对行政救济运行的各个环节的抱怨
行政相对方的认可与支持	1. 行政相对方对行政救济相关立法的认可与支持程度 2. 行政相对方对行政救济运行的各个环节的认可和支持程度

表6-2是笔者参考政府绩效评估指标和法律绩效的公民满意度评估设计指标所列的一个行政相对方对行政救济体制的满意度指数评估模型。本表一共包括五个大的评估指标。第一个"行政相对方对行政救济的期望"中包括"行政相对方对行政救济的总体期望"和"行政相对方对救济质量满足其需求的期望"两个具体评估内容。这个指标主要对行政相对方的具体救济需求进行期望预估，了解行政相对方最需要、最迫切想

---

① 表6-2的指标设计参考了政府绩效评估指标和法律绩效的公民满意度评估设计。

要获得的救济是什么样的。第二个"行政相对方救济质量的感知"中包括"行政相对方对行政救济的总体评价""行政相对方对救济质量满足其需求程度的评价"和"行政相对方对救济的可靠性的评价"三个具体评估内容。这个指标主要对相关行政相对方对其所获得的救济的评价。第三个指标项与前一个评估指标进行期望与感知的对比,评估行政相对方整体满意度,找出问题并解决问题。第四个指标是"行政相对方的抱怨",主要是行政相对方对行政救济运行的各个环节的抱怨,找出矛盾源头,分析行政救济工作的不足。第五个指标是"行政相对方的认可与支持",主要包括"行政相对方对行政救济相关立法的认可与支持程度""行政相对方对行政救济运行的各个环节的认可和支持程度"。笔者试图从行政相对方的感知出发,建立这样一个粗略的评估体系。

2015年年末,国务院发布的《法治政府建设实施纲要(2015—2020年)》提出要尝试建立法治政府建设评估体系。行政救济作为政府行政行为中最重要最不可或缺的一环,与相对人的关系是最密切的,与相对方的利益也紧密相连。将行政救济作为矛盾解决机制纳入该评估体系中,加强对行政救济服务的评价,能不断提高行政救济质量。

附:

驰航驾校行政许可监督案的公共服务性探析

一、案件简介

2005年7月,何某向金沙县运管所递交申办驰航驾校相关资料,运管所作出了《许可决定书》,驰航驾校成立。8月,金春驾校举报驰航驾校许可违法。金沙县监察局作出《暂缓办理驰航驾校经营许可的通知》,向毕节地区监察局报送《金沙县运管所行政许可驰航驾校有关问题的请示》。毕节地区监察局回复:请举报当事人按照法律规定提起行政复议或者行政诉讼解决此事。据此,金沙县政府告知金春驾校此举报事宜按照行政复议进行,县监察局监督。驰航驾校向省政府提出金春驾校的行政复议行为的异议。省法制办审理后函复:金春驾校行政复议主体不适格,应予终止。金沙县法制办不予执行。省法制办再次函复金沙县政府,要求终止该行政复议并报省政府。

2005年9月,金沙县政府复议决定撤销驰航驾校许可。省法制办对此复议许可的撤销案进行调查处理，认为此行政复议行为违法，应予撤销。金沙县政府自行决定：撤销驰航驾校行政许可复议一案。金沙县法制办启动行政执法监督程序，责令县运管所纠正驰航驾校行政许可行为。县运管所申请复查。金沙县法制办再次要求该县运管所自行纠正。该县运管所仍不执行，向毕节地区行署法制办请求复核。金沙县政府决定：撤销县运管所作出的对驰航驾校的行政许可决定（省法制办认为金沙县政府受理金春驾校申请驰航驾校行政复议一事违法；毕节地区行署撤销县政府撤销驰航驾校行政许可决定）。

二、此案是对行政复议救济履行监督职责的公共服务目标的拷问和检验

（一）行政许可设定是公共服务（论）的体现

金沙县运管所给予驰航驾校颁发驾驶学校准许成立的营业执照是行政许可行为。行政许可是公权力机关依照法律规定，在禁止社会主体活动的情况下，向具备条件的社会主体予以法定资格或准予从事某项工作的权利，是一般禁止情形下的法定准许行为。对某些符合条件的行为或资格实行"许可"是一种重要的社会事项管控（服务）职能。开办驾校是对普通人进行驾驶技能的培训。汽车成为居民生活的必需品，驾驶汽车是普通人员的必要技能，没有驾驶技能的人如果驾驶机动车，就会出事故，导致驾驶者和参与者处于高度危险中，开展驾驶技能专门培训成为社会管理的重要内容，符合公共服务基本内涵。对开办驾校者设定必要的条件，如培训师傅（技能、能力、品行等）要求、场地（保障训练学员需要）、设备（教练车等）、资金（支持驾校企业运营需要）等，既是保障培训合格学员的需要，也是保障学员权利的需要，更是维护健康、正常、公平竞争驾校训练市场的需要，是为了保护公众的利益。

（二）行政复议是对具体行政权力（目前可以附带审查抽象行政权力）行使的监督

法治基本原理要求行政权力依法行使、合法行使，违法行使要担责。法律规范有规定的，行政权力就应该严格按照规定实施，简略行使、不作为行使、拖延行使都是违反法律规定的、不合法的。复议是一种监督，是对已经行使了的行政权力是否合法的一种检查、监督，对违法的加以纠正（纠正的方式是撤销等）。权力可能为非，

不受限制的权力必然为非。为公共利益而设定的行政权力,从设定、行使、监督、追责全方位进行限制。复议监督行政权力行使,是设定较为简便的方式,行政主体内部监督、仿照诉讼的方式进行简化,审查、审核行政行为的合法性、合理性。从行政行为的权限、内容、程序、结果几个环节全面审查,是对许可法和部门法的二次适用。查看许可活动是否合法,通过复议,查阅到金沙县运管所对驰航驾校许可中,其设定驾校的条件,如"金沙县运管所以低价格将货运车场出租给某公司又转租给驰航驾校",变相参与道路运输经营相关业务。《中华人民共和国交通行业标准之〈机动车驾驶培训机构资格条件〉》(JT/T433—2004)第九条规定:综合类三级驾校必须安装培训学时计算机计时管理系统,配备教学磁板。驰航驾校不具备这两项条件。运管所实施驰航驾校许可不符合法律规定,合法性不完整,许可有瑕疵,属于违法许可。复议机关予以撤销,是对许可行为的监督,更好地保障法律规范的实施,保障法律规定的公共服务目标的实现。

(三)行政许可权力行使是否合法的复议监督设置符合公共服务目标

复议监督本身受公共服务论约束。金春驾校依照法律规定对驰航驾校获得行政许可一事提出异议是社会主体监督法律规范实施的行为[①]。金沙县法制办对运管所行政许可的复议是监督法律关系具体实践;省政府(法制办)对金沙县政府(法制办行政复议行为)的申诉审查是监督法律关系。我国是一元化国家,上一级政府领导下一级政府,对下一级政府行政权力进行监督、审查、复议维护、复议撤销是领导和监督权力行使的具体方式。金沙县政府声称"《中华人民共和国行政许可法》《贵州省行政复议条例》中没有找到任何有关上级行政机关可以终止县级政府受理行政复议的规定"的说法是错误的,是对上下级领导关系的错误理解。权力监督、权力制约是宪法规定的基本宪法原则、法治原则。县级人民政府的复议权力不是绝对的,还受上一级机关的权力制约、指挥、领导。最终,行

---

① 《中华人民共和国宪法》第四十一条:"中华人民共和国公民对于任何国家机关和国家工作人员,有提出批评和建议的权利;对于任何国家机关和国家工作人员的违法失职行为,有向有关国家机关提出申诉、控告或者检举的权利,但是不得捏造或者歪曲事实进行诬告陷害。利害关系人对行政行为是否符合法律规定,提出异议,是一种具体的监督活动,是宪法监督权的落实。"

政权力来自人民代表大会，来自人民，属于间接授权。

三、行政许可、行政复议、行政监察监督在公共服务论指引、指导下持续开展活动

（一）公共服务论是行政行为实施的基本理论，公共服务目标是行政行为实践的基本原则

本案中的驰航驾校行政许可、行政许可异议、复议、对复议的申诉、对行政许可的监察等制度设置，都是为保障行政许可活动合法性、合理性。衡量标准是法定性，符合法律规范规定就是合法的，不符合法律规范规定就是违法的。法律规范是以公共服务目标为导向进行制定的。如驾校许可及其条件的设定，人、物、资金的要求，是保障驾驶学员技能培训的需要，避免驾驶技能不合格的人员驾驶机动车，减少或者避免交通事故，提高交通参与人员驾驶技能，形成良好的交通秩序。同时，驾校要有条件保障学员的权利，如场地、设备的具备，提高驾校的培训能力。驾校参与者要公平竞争。运管所是行政许可权力行使一方，如果参与驾校经营，就不是公平竞争。允许其他驾校经营者提出行政许可异议、审查等，是从制度上保障行政许可活动实现公共利益目的。驰航驾校许可中的一系列行政行为及行政监督行为的实施，都是按照公共利益、保障公共目标的公共服务（论）的指引进行的。

（二）驰航驾校行政许可活动中贯穿的法治暗线是公共服务论

思想是行为的底色和基础。金沙县政府对运管所许可权力监督、毕节地区行署对金沙县政府（运管所行政许可）监督、贵州省政府对金沙县复议权的监督等一系列法律监督关系，是公共服务论的一定程度的扭曲行使。贵州省（法制办）撤销金沙县对驰航驾校的行政复议监督决定，是行使行政监督权力；毕节地区行署要求（通过县监察局全程介入）金沙县法制办采取复议方式进行监督；金沙县的两个上级部门之间的权力行使在此案中是有冲突的。最终，金沙县撤销了运管所对驰航驾校的行政许可，毕节地区行署撤销了金沙县政府对驰航驾校撤销许可的决定。两个行政权力部门在此汇合权力。本案是法治建设初期，法治国家建设中，各个行政权力部门权力行使的边界及其冲突处理提出的挑战。这正需要根据公共服务论的基本思想，进行较优的制度设置，明晰权力效力规则，减少监督层级，减少监督部门，提高行政及监督效率，提升法治便捷度，更

高效益地实现社会管理目标，公正与效率并重，不过分注重公正，因为没有效率的公正是没有价值或者价值很低的。后来，制度优化深入，国家权力中的监察权力、行政复议权力进行科学配置，避免重叠、交叉，是为更好地实现公共权力服务公共利益的目标。

（三）复议、监察监督在公共服务（论）的检视下进行优化

驰航驾校行政许可、复议、监察监督等活动都是在公共服务论指引下展开的，但法治的实践是复杂和多元的。为更好地实现公共服务目标，贯彻、落实公共服务论，各个环节行政权力活动还必须明确化、优化、便捷化。本案是在《行政许可法》实施不久发生的行政许可异议及其申请撤销案。利害关系人金春驾校申请对驰航驾校许可提出异议，许可单位可以依法处理，但通过复议、监察两条线进行，还牵扯到运管所所在的县政府、地区行署、省政府（法制办）三级政府。法律规范不完善，在实施中理解、认知不一，特别是复议、监察各说各话，甚至有相互抵牾之处，是权力冲突、解决冲突的规则不明晰造成的。就理论而言，行政权力行使及其监督应该规定简洁、明了、清晰。复议应该是对具体行政活动的一次终局。多层复议及其监督太耗费时日。监察主要是对具体违法事件、人员的监察，一般不具体监察个案。监察监督与复议监督区别进行，一次性进行，有限层级参与，增强权威性，提高效率，这更符合公共利益目标。过多的程序设置，多个上级部门参与重复监督，不符合公共服务论理念。在后来的监督制度设计中，监察、复议机关分工合作，监察对违法人员事件进行处理，复议对"不服、异议"行政行为进行审查处理，一复（议）终局，制度设置更加科学，更加高效，更符合公共服务论的法治理论。

第七章　行政行为与公共服务论对接契合

《辞海》中"对接"一词是指两个或两个以上航行中的航天器（航天飞机、宇宙飞船等）靠拢后接合成为一体，故只有两个相同或较为相关的事物才能谈得上"对接"。先需要弄清楚行政行为与公共服务论二者之间存在什么关系，只有二者是同质的或存在紧密相关的联系，才能进一步说得上对接、契合；再科学、有意义地探讨行政行为与公共服务论二者之间的对接及如何对接。

第一节　行政行为与公共服务论对接契合的含义

行政行为与公共服务论各属不同领域，在行使公权力过程中，需要将二者联系起来。公权行使一心为公，主要、直接为社会主体提供合适、恰当、有力的公共产品，且这种公共产品是专为社会主体量身打造的，只适合社会主体使用。社会主体负担公权力成本，也接受公权提供的唯一服务，二者是唯一的对接契合关系。

一、行政行为与公共服务论的对接端口

（一）行政立法——公共服务的根本性、前提性、先行性

学界对行政立法有两种理解：一种认为行政立法是指国家立法机关和行政机关制定发布有关国家行政管理的法律、行政法规和规章的活动，为行政法的制定；另一种认为相对于国家立法机关的立法活动，行政立法是指国家行政机关制定发布具有法律效力的规范性文件的活动，为行政性立法。本书认为行政行为之一的行政立法指后者，其具有如下特征：主体是有立法权的行政机关，根据《中华人民共和国立法法》，包括国务院、省级政府、设区的市政府等；调整范围广，调整事项涉及民事、刑事、行政与经济等多个部门法领域；一般性，即主体的不确定性，可反复适用于多数不确定的主体；合法性，行政立法是依法进行的活动，不是法外活动。

狭义的公共服务法律文本有两件，分别是《国务院关于印发"十三五"推进基本公共服务均等化规划的通知》（2017年3月1日发布）和《国务院关于印发国家基本公共服务体系"十二五"规划的通知》（2012年7月11日发布）。分析归纳这两份文件，可以发现行政立法与公共服务对接的关键在于对公共服务概念的确定及其范围的界定；对已确定的公共事项范围进行科学合理分类，在合理分类的基础上，突出每一类任务的重点和难点，确定每一类的达标标准，以及实施措施及其保障。本书中的行政都是公共服务，其概念范畴超越了前述狭义的公共服务的概念，主要是强调行政权力行使中其本身的公共性、服务性等基本特征。行政立法是行政的一方面主要内容，与公共服务具有相同的特性。

（二）行政执法——具有公共服务性

行政执法是指行政机关依照法律法规的规定直接影响行政相对人权利义务的行为，或者监督检查行政相对人权利义务的行使和履行情况的行为。行政执法具有如下特征：是行政机关采取的具有法律效力的行政行为；是行政机关执行法律法规，使其直接发生效力的行为；是行政机关直接与相对人之间形成法律关系的行为。行政执法是法律法规所规定行为在法定情形下的具体、直接的实现，是对社会中普遍存在现象的一种规制，具有"公共性""一般性"，是社会主体共同意志的体现，是各个社会主体共同纳税支持的一种服务，即公共服务。

（三）行政司法——具有公共服务性

行政司法是指行政机关依法充当争议或纠纷裁决人，对争议或纠纷作出裁判、决定，即由行政机关解决纠纷争议的司法性活动。行政司法是区分行政立法和行政执法的一种行政行为，包括行政机关处理在行政管理中产生的行政争议，如行政复议和行政机关处理与行政管理有关的民事纠纷、行政仲裁这类司法性行为。通常，行政机关解决争议纠纷还采用行政调解的方式，尤其是有关合同纠纷的行政仲裁和涉及行政赔偿的行政争议。行政司法的主管机关是行政机关或者行政机关设置的专门机构，如行政仲裁机构、行政复议机构等。行政司法的程序是司法化的行政程序，兼有行政与司法两重性，既有严格与公正的特点，又有高效和简便的属性。然而行政司法程序不能过分司法化，不得违背行政程序的基本性质与要求。

行政司法主体是拥有行政职权的行政机关，而非拥有审判权或检察权的司法机关，在性质上属于行政行为。在行政司法活动中，行政机关可以主动运用行政权介入相关纠纷当中，体现了行政所具有的主动性，与司法活动"不告不理"的被动性原则相比具有明显差异；具有明显的司法性，之所以如此，不仅因为名称当中有"司法"二字，更因为其具有中立性（行政机关及其工作人员作为第三方居中裁决纠纷争议）、程序性（相比一般行政行为而言，行政司法具有更强的程序性、对抗性）。

（四）行政守法——具有公共服务性

守法是指国家机关、社会团体和公民个人依法行使权利（权力）和履行义务（职责）的活动。它包含两层含义：一是依法享有权利（权力）并行使权利（权力），二是依法承担义务（职责）并履行义务（职责）[①]。行政守法亦如此，包括履行政府制定的行政法规、规章以及一般性规范文件规定的义务和行使上述法律（广义的法律）赋予的权利（包括寻求救济的权利）。

行政守法与公共服务的对接方式：二者对接主要表现在启动性上，在依申请的公共服务中，作为申请人的相对人可以按照法律、政策的规定向公共部门或有关行政机关申请向其提供适当的公共服务，这是行政守法的表现之一；在其申请受到无端拒绝后，其通过法定的行政司法程序寻求救济也是行政守法的表现。

二、提出行政行为与公共服务论契合的背景

党的十八大以来，国家发展进程极不平凡，各个方面发生了显著变化，在各方面各领域取得了举世瞩目的成就。中央全面依法治国工作会议提出"习近平法治思想"，对法治建设系统化、理论化、全面化，提出更高要求。政府职能转变得到了切实实现，政府职能由之前的侧重"管理"转向侧重"治理"，由之前的管制型政府向服务型政府转变。这和十八届三中全会的全面深化改革一脉相承，核心在于处理好政府和市场的关系，加强服务型政府建设。要加快转变政府职能，达到科学的宏观调控与有效的政府治理要求。必须认真转变政府职能，深化行政体制改革，

[①] 张文显：《法理学》，高等教育出版社、北京大学出版社，2015年版，第203页。

创新行政方式，增强政府的信誉和执行力，建设法治政府和服务型政府。法治政府是建设服务型政府的体现，服务型政府是建设法治政府的关键内容。服务型政府的基础是为社会提供相对充足的公共服务或公共产品，以满足社会主体的需要。要加强各种公共服务的提供，提高中央政府的宏观调控能力，增强地方政府的公共服务责任感。

党的十九大明确指出中国共产党的初心和使命就是为中国人民谋幸福，为中华民族谋复兴，继续践行中国共产党的宗旨"全心全意为人民服务"。在新时代，政府要进一步明确自己的宗旨，即为人民服务，进一步深化自身改革，加强自身建设，从职能转变、执法理念转变等多个方面进一步践行为人民服务的宗旨。

中共中央、国务院印发的《法治政府建设实施纲要（2015—2020年）》明确指出法治政府建设的基本原则：同时推进法治政府、创新政府、廉洁政府、服务型政府建设；提出全面履行政府职能的目标为政府职能切实转变，宏观调控、市场监管、社会管理、公共服务、环境保护等职责依法全面履行，一切指向公共服务目标。

研究行政行为与公共服务论的对接契合是在全面推进法治政府、服务型政府建设的宏大背景下提出的，具有较强的针对性、实效性以及深刻的实际意义。

三、公权主体不能谋私的逻辑

执政主体不能谋私利，需采用反向监督等方式推进执政主体公共服务。人类社会的治理是一项巨大的具有历史渊源的工程。从私有主体到公有主体是一个历史发展的过程。原始社会是公有社会，也是治理能力低下的时期；逐步发展到奴隶社会、封建社会、资本主义社会，都是私有主体权利凌驾于整个社会领域之上。对人类社会整体利益而言，一定程度上需达成私有利益对公共利益的妥协，保障社会公共利益，限制私有利益。作为公权代表的皇权既要披上神权的外衣，也要自行限制私权膨胀、侵凌公共利益。皇权过度膨胀，如明朝朱氏家族，从开国到明末，朱氏家族人口发展到百万之巨，国家供养能力不足，最终导致政府财政崩溃，朱氏王朝被推翻，其子孙部分被屠戮。私有王朝成为公权主体后过分侵夺公共利益，是失败的主要原因之一。现代社会，公私主体权利边界明晰，各安其道，理性法治，才是长治久安之道。

(一) 执政主体掌握有大量资源

执政主体实际占有、支配大量的资源。在私有王朝中，占据公共治理中心的各个皇权系统，基本实行的是"普天之下，莫非王土；率土之滨，莫非王臣"。权力所及之处，皆为王权私有资源。私有皇权占有权力所到之处的所有资源，包括人民、土地、矿产等。私有皇权建立管理系统，通过索取、征收税费等方式提取人民的生产资源，还通过占据、直接控制的方式控制矿产（以盐铁为代表）等资源。现代政府系统亦通过如下方式占有、支配大量资源：一是税赋；二是占有或者控制土地资源，政府获得大量非税财政收入；三是通过对垄断行业、重要行业的控制，获得资源（如各种矿产集团、银行金融保险等金融集团、各种政府融资公司等）。现代政府可以通过直接或者间接的方式获得社会资源，占社会总资源比率很高，控制能量很大。

(二) 执政主体有谋私的巨大空间，先例较多

执政主体有多种支配公共利益的方式。如，分配税赋时，历史中的多数执政主体较多地分配给执政人员及其机关，建设大量超级豪华的公共设施，典型的如楼堂馆所。在公共用度方面节制较少，大手大脚，形成享乐主义等。给公共主体自身或者公共主体工作人员配备超过社会一般水准的建筑设施、房屋、办公设备等，形成冗员、冗官、杂冗体制等。在支配非税收入时，重点向统治集团内部倾斜。如给予公务及其相应体制内人员较多的非工资类奖金、补贴，非常规地给予一定数量的财物等；在统治集团内部众多的特许经营中，获利太多，屡见不鲜，典型的如封建社会的盐铁经营项目、苏联的官僚特权特供制度等。历代封建王朝对帝王及其家族的供养都是浪费公权、侵夺公共利益的体现。如明朝的皇子皇孙供养、清朝的八旗供养，都是特权代表，最终导致民力不堪重负，走向反叛，社会重新洗牌，社会生产力遭受巨大破坏。

(三) 反向监督及其制度设计

总统是靠不住的，制度才有长久的生命力。对于掌握公权系统的个人及其家族，不能靠他们的自觉来约束他们掌握的公共权力，形成良善制度，一心为公，全意为民。认为皇权只谋私或主要谋私的观点是错误且不公正的。初始政权都在努力为社会提供公共服务，为消除公权谋私进行不懈努力，包括各个年代、各个层次的反腐败活动。政权运行的基

本逻辑是，政权及其掌握者可能会逐渐谋私，或者不自觉地滑入谋私的境地。全靠政权掌握者自觉和自律是不可靠的。人性本自私，毫无自私观念、自私行为的公权行使者及其集团是不可能的，或者是空想的，或者是杜撰的。对掌握公权者不能靠他们的自觉自律约束权力主要为公共利益服务。千百年的人类社会发展历史得出的教训是：靠统治者自觉约束公权而专门为公是徒劳的；反之，寻找新的约束公权的路径就非常必要，如社会主体（人民及其代表）约束，监督公权是社会治理现代化的基本理念之一。公权主体自身获得的利益接受社会主体（人民及其代表）的监督、制约甚至批准。公权主体获得利益的结果进行公开公示，如主要公共服务人员（主要是官员）财产公开，非法财产不受法律保护。公共主体增加工资、津贴、补助等，接受社会主体（人民及其代表）的监督、控制、支配。公共主体主要为公众服务，而不是寻求私利。要对公共主体获得的不符合法律规定的利益的行为进行惩罚（如反腐败）。人民监督政府，约束公共权力。公共权力只能为公共利益服务，不为公共利益服务的行为会遭致处理，个体或者团体牟私利行为不被准许，在最大限度地激发公共主体积极性的同时，从理念到制度，到行为，再到结果保障公共主体为公共利益服务，真正把曾经的私有政府主体改造为完全的公共主体。

第二节　行政行为与公共服务论对接契合的价值

知识大爆炸时代，理论亦进行巨大的革新。探索行政主体行政行为的最恰当最完美的解释和支持理论，探索行政行为与公共服务论互证的价值和意义提升国家和社会治理的品质。

一、丰富行政及行政法学理论

行政这一概念并非一成不变的，而是随着国家权力结构的变化、政府行政活动的演变、人们对国家权力的认识的深化而不断改变的。公共服务视野下的"行政"是非传统管制型公共管理，是对公有领域提供的不可替代的服务。20世纪以前的自由资本主义时期，政府扮演着"守夜人"角色，典型的特征就是"小政府，大社会"；20世纪以后，尤其是第二次世界大战之后，资本主义演进至国家垄断资本主义时期，社会事务的繁杂及产生的问题已超出社会自身的能力范围，客观上要求政府广泛干预社会事务，维持市场经济制度下的经济、政治与社会秩序，为后来福利国家制度的提出与推行奠定了社会基础。此后，政府已不再是小政府，政府干预社会事务的广度、深度远超历史上的任何时期。

"控权论"视野中的"行政"强调对政府权力的约束，表达的是对权力这一洪水猛兽的不安与警惕；"公共服务论"视野下的"行政"强调政府依法向公民提供其所应提供的公共产品或公共服务，表达的是权力满足公民需求的属性。相比而言，"公共服务论"比"控权论"更适应社会发展的需要，能更有力、更科学地解释社会现象。

这一认识的改变也与国家治理体系现代化的观念相映衬，即由"单向的服从管理"向"双向的合作治理"转变。

二、提升行政执法理念

法的实施关乎法的生命，影响法律至上的权威。严格规范公正文明执法，为行政执法理念的转变指明了方向，提出了要求。我国封建社会存在时间长达两千余年，新中国成立后又长期处于计划经济体制下，以行政权为中心的国家权力难以受到法律的实质有效约束，这不仅是我国民主政治发展道路上的障碍，还是法治政府建设的历史包袱。长期以来，政府的执法理念偏重于管制型、秩序型与管理型，而非服务型，尚未真正做到以人为本。具体表现在一些地方政府人治现象严重，"权力寻租"现象大量存在，有的公务人员受官僚主义影响，官僚作风严重，利用所掌握的权力，在行政活动中侵害公民合法权益。权大于法、以权代法、以人代法的新闻报道时见于报端。行政执法过程中，法律实用主义和法律工具主义倾向严重，甚至存在暴力执法、强制执法等情况。

行政行为与公共服务论的对接意在将传统的管制型政府转变为服务型政府。行政机关及其工作人员要树立服务行政的理念，坚持严格规范文明公正执法，完全实现向"法治"的转变，树立一切依法行事、全面尊重宪法和法律的观念。行政公务人员应切实增强人权保护观念，审慎运用手中权力，在行政活动中自觉尊重和依法保护作为公民的相对人的基本权利[1]，铭记与践行为人民服务的初心与宗旨，让人民群众感受到公平正义，生活得更幸福、更有尊严。

---

[1] 刘素霞：《当前法治政府建设的主要障碍及其破解之道》，《理论导刊》2016年第9期。

三、增强政府合法性、权威性

英国启蒙思想家约翰·洛克在《政府论》中说道:"统治者的权力应来自于被统治者的同意。"一定意义上讲,这种同意是政府合法性的来源。一般而言,公共权力有两层含义,分别为满足公共需要的权力和公共同意所产生的权力。无论权力是否来自公众的明确承认或同意,都必须在一定程度上满足公众的需要,否则公共权力就失去了合法性,随之也失去了存在的价值与前提[1]。

政府属于公共机关,其掌握的权力为公共权力,而这一公共权力的合法来源是公民(社会主体)的应允与委托,即公民与政府之间存在着"委托-代理"关系。这一关系架构确定政府存在的目的与必要性就在于满足作为被服务者的公民的一定需要。高质量的公共服务是政府合法性的来源,是惠民之举、利民之策、便民之道。公民评断政府合法与否的根本标准就是政府是否满足公民的需要[2]。公民要求政府提供公共服务以满足自己的一定需要,是公民的一项基本权利。由于人和人之间存在着许多先天性的差异,而这种差异正是造成人和人之间各方面不平等的不可忽视的原因。为了改变这种状况,政府就要进入市场失灵的场合,即因市场逐利本性导致市场无法提供合乎需要的公共服务的领域,并为全体社会成员提供合乎需要的公共服务,确保公共服务的均等化。这是政府的职责所在,也是政府存在的基本价值。正如罗尔斯在《正义论》中所强调的那样,对于一个社会而言,作为公平的正义是社会制度的首要价值,正义本身是并且应是政府为公民提供的最基本的道德公共服务,基于此,可认为提供公共服务且使其均等化就成为政府必须承担的道德义务或责任[3]。

政府通过提供公共服务,满足社会上不同人群的需要,使其基本生活得到保障,缩小贫富差距,进而调整社会关系,缓解社会矛盾,促进宏观经济的均衡发展,促进社会稳定健康持续发展,进而使公民对政府的能力产生信任感和依赖感[4]。公共服务是社会主体之间保障必要秩序

---

[1] 刘学生:《公共权力、合法性与公共服务型政府建设》,《网络财富》2008年第6期。
[2] 王绪正:《大部制改革如何适应公共服务型政府建设》,《学术探索》2013年第8期。
[3] 王应春,董小龙:《公共服务均等化视域下的政府伦理责任》,《中国行政管理》2014年第1期。
[4] 崔亚杰:《简析公共服务对社会稳定的影响:以住房保障制度服务为例》,《现代管理科学》2016年第11期。

和安全不可缺少的，私有服务部分倒是可有可无的，这亦证明了公共服务的必要性、合法性。

在党的十九大报告中，"人民"一词出现 200 多次，为人民服务是政府的宗旨和出发点，为人民服务是检验政府合法性的试金石，为人民服务就要建设服务型政府，就要增强和维护政府的合法性，提高政府在人民群众当中的权威性，改善政府在人民群众心目中的形象。

四、促进经济社会高质量发展

公共服务及公共服务论平衡促进经济发展[1]。十八大以来，我国经济建设取得了重大成就，但同时发展中产生的一些不平衡不充分的突出问题尚未得到根本解决，不平衡表现在经济领域就是城乡发展不平衡、区域发展不平衡和结构不平衡[2]。宏观经济层面结构不平衡表现在收入分配、内需、产业与就业和城乡结构失衡等现象[3]。城乡发展不平衡的重要原因就是，城乡二元结构导致的要素单向地从农村向城市流动，加之政府为城乡提供的公共服务在数量与质量上都存在着较大差距。城市提供公共服务的能力较强，而农村提供公共服务的能力较弱，可见城乡在公共服务上的实际差距比反映在财政支出数字上的差距更大，而这恰恰反映了政府在农村公共服务领域的缺位。区域发展不平衡同样面临着公共服务不足的难题，公共服务不均等本身表现着不平等，直接影响收入分配。充分优质的公共服务可以有效减少私人支出，增加可支配收入；人力资本、劳动者素质、技术等生产要素会影响收入。投资与消费的失衡、政府消费与居民消费结构失衡以及农村居民消费与城市居民消费结构失衡共同导致了我国当前的内需结构失衡，失衡的主要原因是政府公共服务提供不到位。改变政府的公共服务供给机制，发挥公共服务的消费效应，形成消费导向型发展，最终实现内需经济结构均衡发展。

推进城乡公共服务均等化，有助于农民的市民化，并且能提升其素质、增强其技能，从而增加其获取收入的机会，进一步缩小城乡居民的收入差距，打破城乡结构失衡的困境，实现城乡一体化发展。公共服

---

[1] 公共服务有不同范围的概念，直接的水电气通讯交通及教育医疗卫生等是狭义的公共服务，狭义的公共服务体现了行政中采用公共服务论做指导的必要性和特有价值。

[2] 蒋永穆，周宇晗：《着力破解经济发展不平衡不充分的问题》，《四川大学学报（哲学社会科学版）》2018 年第 1 期。

[3] 胡志平：《中国宏观经济结构均衡发展机制构建：公共服务的视角》，《社会科学》2011年第 4 期。

提高劳动者的素质与技能，促进和引导劳动力从第一产业向第二、三产业转移，进一步优化就业结构，提高就业质量[①]。

第三节　行政行为与公共服务论对接契合的举措

行政一心为社会主体提供服务，社会主体获得最佳最好的行政服务，重点在以下几个方面。

一、深化公共服务基础理论及运用研究

罗尔斯在《正义论》中表达过"正义是社会制度的首要价值，就像真理是思想体系的首要价值一样"[②]。正义是人类追求的基本价值体系，同样应该作为公共服务论和以公共服务论为基础形成的基本制度的追求目的。行政中植入正义是公共服务新理念。理念是行为的先导，行政机关及其工作人员唯有真正变管制行政理念为服务行政理念，才能切实为社会提供充分优质的公共服务，而转变理念重要且有效的途径就是深入学习、踏实实践和转变社会氛围。首先，行政机关及其工作人员要深入学习党提出的有关建设服务型政府的内容，贯通理解其精神内涵，深入学习贯彻国务院关于建设法治政府、服务政府的规范文件。其次，时代是思想之母，实践是理念的来源与基础，也是理念的练武场。行政机关及其工作人员应当在实践中，即在行政活动中贯彻服务行政理念，让理念在实践这颗大树上开花结果，在实践中学习体会服务行政的深层内涵。最后，加强社会宣传，营造良好环境。政府的任何行政活动都是在一定的社会环境中进行的，建设服务型政府要做好社会宣传动员工作，让社会公众知晓、关心政府建设服务型政府的诚意与努力，鼓励、引导公民参与服务型政府的建设，为服务型政府的构建奠定坚实的社会基础。

深化加强行政是公共服务基础理论研究。坚持以马克思恩格斯的政府宣传思想及其中国化理论成果为指导，吸取西方现代公共管理理论的教训，为社会提供充足、优质、高效的公共产品和服务，适应社会的不

---

① 胡志平：《中国宏观经济结构均衡发展机制构建：公共服务的视角》，《社会科学》2011年第4期。

② 震江：《公正：社会制度的首要价值》，《人民日报·文史》，http://history.people.com.cn/n/2015/0313/c389295-26689822.html。

断壮大，以人民群众的公共需求为根本任务，以"经济调控、市场监督、社会管理、公共服务"为功能定位，努力实现政府职能的根本转变，创造良好的发展环境，提供优质的服务，维护社会公平正义，进而构建和完善有关公共服务的基础理论体系。

改革管理者根深蒂固的官本位思维。将"我"的个人主体与"我"的公共机构主体区分开来。个体和组织的"我"角色不混同，是法治思维、法治素质层次的表现。杜绝"门难进、脸难看、事难办"的现象，主要是科学设计行政机关职能体系，提高行政机关工作人员执法素质（去除违法、傲慢、不文明现象），加强社会公众对行政机关的"敬畏"。首先，行政机关职能体系设计科学。为居民或公民提供公共服务是现代政府的职责，同时也是权利，应受到法律的确认与保护，为社会提供公共服务是法律规定的职责。其次，执法人员提高服务意识，增强服务能力，严格规范公正文明执法。现实中的绝大多数执法人员都是在"管制型政府"的环境下成长起来的，养成了不那么文明、规范、公平的执法习惯，在执法过程中会出现滥用自由裁量权、对相对人傲慢、野蛮执法等现象。在这种习惯的长期影响下，执法人员淡化了服务意识，难以树立起服务的态度，忽视了"为人民服务"的宗旨与初心，难以培养服务型执法习惯。最后，缩短行政机关与群众的距离，修复、培植良好的官民关系。

二、"服务"内涵的全面实施

服务的本质、特色、基本内容嵌入行政行为中。服务的基本内涵呈现在法治思维、法治行为、法治制度中，服务是各个主体都可接受的基本理念。交换"服务"是社会存在的基础。服务内容确定后，主体即使更换，内容可以不变；各个主体提供更高质量服务，相对方接受度、认可度更高。公共权力活动内容、设计目标、制度保障针对服务进行。除少量、部分、必要的利益为公共权力行使者提供保障外，基本的社会资源保障、权力支持是为公共权力对外提供服务支持。公共权力行使主体依法、有序更换；权力行使过程中接受服务目标监督，结果接受服务性审计。制度设计、运行，围绕公共权力服务目标进行。服务是公共权力的内涵、公共权力行使的内容，也是制度保障的目标和检验标准。

服务是法治社会的基本内容。公共权力不可能废除，必然长期存在，我们要接受公共权力存在的客观事实，对公共权力内容进行规治。公共权力提供更高质量服务是一种重要的规制方式。行政主体必须且只能从提高服务方面下功夫，包括服务产品价值高，服务能力提升，服务效益更好，服务者素质更高。营商环境建设、放管服等都是如此，行政者（高层）要提高产品质量、提升行政主体的服务能力。投入低产出高不可替代（具有天然的合法性）。提供更高质量的公共产品服务，越发具有执政、行政的合法性，社会、人民接受度及认可度更高。政绩提高、机构改革、营商环境建设、自贸区建设、各类城市发展规划建设、经济发展速度增快、各类成就的大力宣传推介等，都是行政服务能力的体现，直接关乎行政权力合法性。

公共权力提供服务和公共权力私有具有本质差异，权力运行基因几乎完全不同。公共权力私有是让公共权力以私有为目标，把社会大众利益放在最后。如某些自私的帝王在运行国家公共权力时就是把私有利益放在国家利益之前，设计的基本制度是以私有为核心的。封建帝王采取家天下体制，把家的体系扩大，形成国家治理基本模板，家内等级观念完全体现在国家制度中。帝王子女的地位高于百官，帝王家族权益得到全国财政率先支持，帝王个人私事高于国家公事等。帝王之私造就国家的不幸，帝王最大的偏好就是集中全国资源为自己私有，以维护个体利益为目标设计运行国家制度。帝王享有最大的权益，其权益更可以最大化、长久化、终身化。对应的社会主体的权益一直被奴役，被剥削。造成的最大恶果是：帝王为保有权力不惜一切代价，为维护个体之私不遗余力，颠覆王朝和社会，使自己和全社会付出惨重的代价。

与其公共权力私有，导致私有主体和社会主体产生争夺矛盾，不如还原公共权力本来面目，限制公有权力，弱化权力逐利谋私动力。这样，在权力更换中，社会整体付出的代价更小，社会整体利益增加，福祉丰富，效益提高。

三、统一有序全面构建公共权力的公共服务制度体系

建设以公共服务为目标的政府，大力完善公共服务制度体系，主要从以下几个方面着力。

（一）对公共服务的发展进行统一严密周全的部署和规范

全国统一而明确地认识中央和地方对公共服务的范围、目的、要求、推进步骤与保障措施等内容，各级政府及其工作人员对公共服务的认识、实践操作、技术措施一致提升。加强地方政府对构建服务型政府、为社会提供充分优质的公共服务的深刻理解和实质把握，思想上认识深刻、

理解透彻，行动上坚决做到谋定而后动①。用"为人民服务"的宗旨与初心，培养其服务性执法习惯。

（二）全面破除阻碍实现公共权力服务公共目标的制度樊篱，提升行政效能

行政效能是指行政机关在行政活动过程中，以较小的行政资源投入实现最佳的行政目标，达到资源配置的最优状态②。政府职能体系构建科学完善。政府重要职能的公共服务受到足够的重视，有充分的时间思考如何构建起科学完善的公共服务制度体系，职能结构科学合理，行政效能提高，满足人民群众对充分优质公共服务的需要，行政管理性成本降低③。政府在提供公共服务方面的能力提升，社会公众对公共服务的需求快速成长，公务员素质提高，整体素质及服务意识增强，公仆责任心加重，业务能力跟上公共服务发展提出的新要求。

（三）信息化的应用手段丰富

近几年新兴的前沿技术，如人工智能和大数据等，得到全面开发与应用，有利于提高政府履行公共服务职能的效率、精准度、合法性与实效性。服务型政府一定是一个有效率的政府，一个有效率的政府才能提供充分优质及时高效的公共服务。

四、利用现代科技加强公共服务

在信息技术发展日新月异的时代，数据成为一种越来越重要的资源，同时也是政府进行社会治理和向社会提公共服务的一种便捷媒介与高效手段。大数据必然改变我们的生活，并已经改变我们的生活。"大数据是人们获得新的认知，创造新的价值的源泉；大数据还是改变市场、组织机构以及政府与公民关系的方法。"英国学者维克托·迈尔-舍恩伯格在《大数据时代》一书中如是说道④。

在大数据已经上升为国家战略的背景下，政府应该如何利用大数据

---

① 王同新：《构建公共服务型政府：问题、成因与对策》，《中州学刊》2013年第3期。
② 见百度百科：https://baike.baidu.com/item/%E8%A1%8C%E6%94%BF%E6%95%88%E8%83%BD/6151808?fr=aladdin；最后访问日期：2018年1月6日。
③ 王同新：《构建公共服务型政府：问题、成因与对策》，《中州学刊》2013年第3期。
④ 〔英〕维克托·迈尔-舍恩伯格，肯尼思·库克耶：《大数据时代——生活、工作与思维的大变革》，盛杨燕，周涛译，浙江人民出版社，2013年版，第9页。

为全社会提供更为高效、更为便捷、更高质量的公共服务？这是一个亟须回答的问题。结合相关学者的研究成果，本书认为，应从以下几个方面试着回答。

（一）在如何处理程序与实体的关系上

王万华认为，在大数据背景下，政府的角色定位需要由实体利益的分配者转变为新旧利益博弈的正当程序制度供给者[①]。我们认为这种见解总体上是可取的，符合现代治理的理念，因为在利益主体多元化的场合，人人都有自己关于公平正义的标准，很难达成一致的正义标准，同时也缺乏客观的正义标准，公共决策的结果难以让所有人都满意。如何在此困窘的场合获得一个具有充分合法性的决策结果？一个可行的途径就是，通过提供正当的程序机制，让人们在决策过程中尽可能公开充分表达和讨论，这样决策结果就更具合法性、可接受性。

（二）目的与手段的关系

虽然大数据对我们的生活有不小的影响，但与满足人的需要相比，大数据本身并不是目的，充其量不过是一个重要的手段。大数据背景下的公共服务在本质上仍然是公共服务，即为了满足社会一定需求的公共产品。尽管大数据可以提高公共服务效率和质量，但仍不能被视为目的。在研究如何利用大数据推进公共服务时，不能因为大数据具有巨大明显的工具价值而将其当作公共服务的目的。

（三）提高执行效率确保决策目标实现

大数据的显著特征之一就是整体性，它先天具有解决信息碎片化、破除信息孤岛的功能。故而，大数据有利于数据整合，进而提高政府决策的科学性，提升执行的效率。大数据背景下的公共服务要充分考虑和运用其整体性，提高公共服务决策的科学性与正确性，同时提高公共服务决策执行的效率和实际效果。

科学技术极大地提高了生产力，变换了社会关系。现代科技拓宽了社会主体的业务范围，拓深了工作内容。要充分运用科技，减少体力劳作，提高行政行为服务能力。

---

① 万华：《大数据时代与行政权力运行机制转型》，《国家行政学院学报》2016年第2期。

附：

"北雁云依"姓名权案公共服务性探析

一、案件简介

2009年，山东济南市市民吕先生与其妻子张女士生下一个女儿，为了表达对女儿美好的祝愿，给女儿起了一个很有诗意的名字——北雁云依。他们在医院顺利办理了出生证明和计划生育服务手册新生儿落户备查登记，但在为女儿办理户口登记的时候，济南市公安局分局燕山派出所（以下简称燕山派出所）拒绝为其办理。燕山派出所拒绝理由是婚姻法里规定孩子要么随父姓，要么随母姓，要有其他正当理由，可以选择其他姓氏。而这对夫妻认为，孩子可以随父亲姓，可以随母亲姓，这只是强调男女平等，我们有自己的姓名权，他人不能干涉。而且法律也没有规定，孩子必须要跟父姓或者跟母姓，按照法无禁止即许可的原则，给女儿取名"北雁云依"属于合法行为，派出所就应该进行户口登记。双方争执不休，最后吕先生以女儿"北雁云依"的名义起诉燕山派出所。原告吕先生诉讼请求就是请求法院判令确认被告拒绝以"北雁云依"为姓名进行户口登记的行为违法。

济南市历下区人民法院于2015年4月25日作出判决：驳回诉讼请求。

二、"北雁云依"行政登记案体现的行政执法的公共服务性

（一）燕山派出所拒绝为"北雁云依"进行户口登记体现了行政登记的公共服务性

公共服务性对我国政府在执政过程中的行政行为进行规范。通过有效的管理手段，来实现公共服务标准化，帮助政府在提供、管理和进行公共服务等方面可以做到更加规范科学，从而避免政府按照主观意志来实施行政行为。我国《民法通则》第99条规定，公民享有姓名权，有权决定使用和依照规定改变自己的姓名，禁止他人干涉、盗用、假冒。出于公共利益的考虑，我国民法对姓名权的行使作出了必要的限制，任何人在从事重要法律行为时，都负有使用其在户籍上登记的正式姓名的义务，自然人不得基于不正当利益取与他人相同的名字；不得基于姓名权，为不正当目的而改名换姓，以违背公序良俗的方式而允许他人使用自己姓名，非法转让姓名等。

所以，根据这条法律的明文规定，公民享有姓名权，但这并不表明公民可以随心所欲地取名字，实施姓名登记制度是我国对公民姓名权的适度限制。姓名登记制度就是行政登记制度一种具体的形式，实质上就是国家公权力对公民私权力的一种限制。公安局进行公民姓名登记，一方面是为社会提供公共服务行为的一种体现；另一方面，作为公权力的代表，他们负有监管公民按照《民法通则》规范使用姓名的职责。姓名是公民身份的象征，是从事社会活动的重要标志。从这一点来说，一个人使用什么姓名不仅仅是个人的权利，也涉及社会公共利益。一个规范的姓名可以起到规范社会行为、促进社会发展的作用。"北雁云依"不符合法律对使用姓名的基本要求，所以，户口登记机关以《民法通则》为依据，对不规范的姓名拒绝进行登记属于合法行为。户口登记机关依法行政、直接适用法律规范来督促公民规范选择姓名，是一种维护社会公共利益、提供公共服务的具体体现。

（二）姓名登记遵循公序良俗原则也是提供公共服务的体现

在中国传统文化中，"姓"象征着宗族传统、血脉传承和伦理秩序。取名字不仅依据现行法律，还要依据公序良俗。公序良俗就是公共秩序和良好的社会风俗。在我国，公序良俗在民法中是一个基本准则，对现行法律起到了查漏补缺的作用。从公共秩序上讲，如果每个人都随便起名字，一家人好多个姓氏，一方面会不利于政府对社会的管理，增加政府对姓名进行管理的负担，而且会增加社会管理成本。另一方面，姓名是一个人社会存在的代表符号，姓名不规范也会增加侦查犯罪的难度，造成社会的不稳定，是一种扰乱公共秩序的行为。从良好的社会风俗上讲，中华民族讲究宗族血统的传承、文化的延续。姓名是我国传统文化的组成部分，从古至今，人们对姓名都很重视。这种随意改姓氏的行为是对传统观念的冲击，违背一般人的善良道德需求。所以燕山派出所拒绝为"北雁云依"进行户口登记并非滥用行政权，而是为了维护社会公序良俗，更好地为社会提供公共服务。

第八章　行政行为与公共服务论互证的发展

任何一种单一的理论都有不足和弱点，控权论、平衡论等相对于行政行为而言亦是如此。在单一的控权论下，行政主体可能惰政、急政、不施政，而相应的督促、监督措施成本太高，还要通过代理人或者司法裁决确定行政行为的边界后再督导，绕一大圈后，社会事务早就变化了。而服务论、公共服务论可以弥补此方面的不足，从理念上、制度设计上、行政行为规范和指向上促进行政主体主动、积极、有担当地提供各种社会主体需要的服务。

第一节　行政行为大力推动公共服务论进步

一、行政立法贯彻公共服务论

行政立法主要包括代议机关对行政主体行政行为规范的立法和政府自身对社会事务进行规范而制定行政法规和规章的行为。立法是对重要、普遍的社会事务行使管理职能，规定各个公权力主体机构的行为内容、行为方式等行为准则。行政立法是规范社会主体行为的重要方式。

（一）立法中明确载明公共服务目的

有完全的公共服务目标才可以制定该行政行为法。立法目的一般在法律文本的第一条表明。例如，《行政许可法》（2003 年版）第一条："为了规范行政许可的设定和实施，保护公民、法人和其他组织的合法权益，维护公共利益和社会秩序，保障和监督行政机关有效实施行政管理，根据宪法，制定本法。"《行政处罚法》（2009 年修订版）第一条："为了规范行政处罚的设定和实施，保障和监督行政机关有效实施行政管理，维护公共利益和社会秩序，保护公民、法人或者其他组织的合法权益，根据宪法，制定本法。"《行政强制法》（2011年）第一条："为了规范行政强制的设定和实施，保障和监督行政机关依法履行职责，维护公共利益和社会秩序，保护公民、法人和其他组织的合法权益，根据宪法，制定本法。"这些立法都是开宗明义表明态度，确定立法和执法的目的与方向。

前述几部行政行为法里的"维护公共利益和社会秩序"即典型的公共服务内容。非私有利益只有达到一定程度、一定状态才可以成为公共利益，成为公权主体的保护对象。法律规范要为私力救济预留必要的空间，超过一定限度，触犯公共利益，公权力才介入，且介入要有一定进度和限度。如民间借债，债权人讨要债权，直接催收要账，只要不超过必要的限度，都是私力救济许可的，目前公权限制的范围主要在涉及人身自由的方面。如果私力救济讨债，没有限制当事人人身自由等法律强力保护的范围，都是私力救济许可的。当然，涉及具体问题，讨债是否对当事人造成影响，是否涉及公共利益，目前判断的法律规范是讨债不得侵犯当事人人身权利，不得侵犯当事人人身自由。意思是一定程度的轻微的侵犯人身权利还是属于私力救济许可的范围。讨债除了私力救济外，还有司法等公力救济，但司法的实质是通过公力寻求救济，通过司法审理确定一方是否给付金钱等债务，实质还是维护当事人权利。也可以理解为作为公力救济的司法判决维护当事人的权利，是对私力救济的一个补充或新的渠道。民间有了经济纠纷，如果完全任其自由发展、自由讨债，社会可能陷入混乱，社会秩序会被破坏严重，私力救济可能严重损害当事人相关权利，且还可能以讨债为名损害实质上的公平正义。为保护当事人人身权利，且对民间讨债私力救济开一个口子，就允许民间合法讨债，且辅助以司法，既限制私力讨债的力度，也维护债权人的权利。债务人一直不履行债务，债权人利益得不到保护，达到一定程度，需寻求公力救济，也可能采取行政强制的办法，惩罚不履行债务的债务人，采取行政强制措施，督促当事人自觉履行债务，也间接地维护了公共利益。

（二）行政行为活动中实现公共利益保护

各个行政行为立法规范主要是对各个行为主体行为的规范，具体的立法条文是从不同方面不同角度规范行为主体，但基本的指向是要求行政主体提供相应完善具体的公共服务。例如，行政许可设定的基本原则是"市场能够自动调节的,不得设定行政许可",意思是设定的行政许可事项是市场本身无法调节的。在市场经济中,市场一般可以进行资源配置,如劳动力工资,工人知道自己的工作劳动强度、付出劳动量大小、应该得到的工资收入,如果收入过低,会自己选择离开,用脚投票;工厂也清楚雇佣的工人价值几何,应该给付多少薪水。一般情况而言,工人工资由市场自动调节确定,不需要政府专门规制薪资标准。但对于特定情形需要规制,就有了最低工资制度。哪些项目是市场自由调节的,哪些是需要行政权力规制的,虽有一定的争议,但多数项目还是可以确定的,如安全、环保等是社会公共利益的中心所在,不得私自确立,行政权力必须规制。每一个社会个体都希望最大限度利用公共资源,少付出,对环保等不予切实保护;同时,个体即使感受到环境变坏的威胁,也无法采取行动直接保护,因此需要行政权力介入保护。涉及环保的企业建设项目需要取得环保许可,通过环评才可以动工建设,环评方案要修复环境,保护环境健康发展。设定此项行政许可的直接目的是公共利益。

(三)法律修改指向公共利益保护

社会事务变化多端,行政立法亦随之变化。行政立法修订相对频繁,但稍微观察,不难发现立法中的公共服务导向非常明确。最近几年,行政许可改革典型地体现了公共利益优先原则。一般的行政审批项目设定都是禁止前提,如果没得获得审批许可,则该项行为不能实施。例如,没有取得机动车驾驶许可,就不能驾驶机动车,即使有较为熟练的驾车技术,也是如此;如果强行驾驶机动车,将招致较重的处罚。"未取得机动力驾驶证、机动车驾驶证被吊销或暂扣期间驾驶机动车的,将机动车交由未取得机动车驾驶证或者机动车驾驶证被吊销、暂扣的人驾驶的……由公安机关交通管理部门处二百元以上二千元以下罚款,可以并处十五日以下拘留。"[①] 取得机动车驾驶证是驾驶机动车的前提;取得车辆运营许可是开展车辆运营服务的前提。如果未取得车辆运营许可擅自开展运营服务,将导致大额罚款,有的城市罚 3~5 万元人民币。严格禁止非法运营,取得运营资格的本质是法定垄断载客运营服务,可能靠特许经营资格获利。曾经一段时间,部分依靠法定垄断取得的城市车辆运营资格,就可以赚取不菲钱财,出租车运营许可(俗称车顶子)一度价

---

① 《中华人民共和国道路交通安全法》第九十九条。

格达到几十万元甚至上百万元。靠法定垄断牟利，严重损害了公共利益，催生食利阶层，不劳而获，而垄断经营的车辆，服务质量低，价格还畸高。从许可证的"黑市"价格就可以观察到许可行为被扭曲了，需要改革。故国务院大力精简行政许可事项，廉洁行政许可权力，杜绝许可权力扭曲牟利，是从源头上修订法律，优化公共利益的保护。

二、行政行为实施中保护公共利益

一定程度上，行政立法中的公共服务与公共利益保护混合使用。公共利益即公共服务，依靠行政行为在具体实践中负责保护实施。依靠行政主体采取行政行为，依法促进法律规范实施，推进法治状态的实现。

（一）行政授益行为提供公共服务

行政主体在具体执法中从几个方面提供授益性的服务。

行政主体在具体行政执法中，根据法律规定，严格实施法律。"徒法不足以自行"，执法是法律规范落地实施、法律生效的必然阶段。经过严密思考和深入调研，立法规制社会主体的行为，但最终效果要靠执法实现。不少法律规范没有真实发挥作用，主要是执法不彻底，没有真实执法。完全依照法律规范实施，一碗水端平，对社会主体平等实施，是一种提供公平正义的方式。政府执法对社会公平正义观念具有引领、示范效应。有法律规定，但如果不切实实施，实际会产生负面效应，给社会主体坏的示范——"可以不遵守法律规范，即使不遵守，也不受任何惩罚"，也就无法形成良好的社会秩序。严格执法，是形成良好社会秩序的基础和保障。同时，通过执法中的反馈，对立法中的不足提出建议，以公平正义为基本原则，定期修正立法规范，调整社会规范的尺度和进度，满足社会对基本正义价值的需求。

授益性的行政奖励、行政给付、行政救助等是直接提供物质或精神上的帮助，直观体现对行政相对人的权益保护。

行政奖励是对社会主体作出贡献和成绩的肯定，是采取物质或精神的方式对其嘉奖。精神奖励有各种称号，如五一劳动奖章、国务院特殊津贴专家、长江学者、先进工作者等。对工作的推动有奖励和惩罚两种主要的方式，能够采取激励方式的尽量不用或少用惩罚方式，正面促进和引导，传递正能量，如用奖金、绩效工资等激励方式推动工作的开展。奖励是通过提供社会主体需要的传播正面信息的方式推动社会进步。

行政给付的内容很丰富，主要有资金方面直接或间接的支持。对于特殊人群，如遭遇特殊的困难的个体，政府集合力量和资源给予帮助，一种方式是给付。人的个体有差异，拟制人个体如公司等也有差异。在市场经济中，各个主体自由竞争、自主发展，由于先天差异和机遇、条件不同，部分主体可能遭致失败，获取的社会资源差异很大，甚至陷入无法自拔的境地。如果政府坐视不管，任凭其自主发展、自生自灭，可能导致部分人基本权利无法保障，社会贫富差距悬殊，社会整体环境恶化。因此，作为社会公共利益保护者的政府积极提供适当的社会保护，包括给予部分社会主体恰当的救助，如最低工资保障、最低生活保障、特定时期特定人群保障等。

行政救助主要是指政府作为公共利益的代表，对社会中的特定人群在特定时期给予特殊对待。社会是不公平的，总有部分人有先天不足，如残疾人等，工作能力受限，生活能力严重不足，如果政府不给予帮助，可能导致其在社会上遭遇更大的困难，甚至不能自理。社会中出现太多的遭遇困境的人群，实质是整个社会主体自我治理能力的弱化和残缺的表现。为使社会更加和谐，提高社会整体公平程度，需要有作为社会整体利益代表或代表意志的执行机构来充当社会困难人群的救助者，帮助社会特殊人群保持一定的生活水准，顺利走完人生旅程。

（二）行政侵益行为保护公平正义实现服务公众

侵益性行政行为保护公平正义有两面性。侵益性行政行为本身是对部分社会主体的行为的惩罚或剥夺权益的行动，是对部分人的处罚、权利的损害。但损害部分人的权益，是为了恢复正义。对损害者的惩罚，即恢复社会原有的社会状态，主要表现在行政处罚、行政强制等行政行为。

行政处罚的主要方式包括对社会主体能力或资格的剥夺。如罚款、限制人身自由；对拟制主体公司等的禁止或者限制经营、暂停经营资格、吊销营业执照等。对社会主体从事社会活动的行为进行限制或制止。对社会主体权益的损害，强制其交出部分资金充当"公款"（罚款一般都上交国库，作为国家的一项资金收入），部分人的资金直接无偿地交出，作为公共资金。在行政处罚的设定和执行方面，以公共利益为先，要充分考量公共利益的需要，仔细论证罚款的必要性、适当性、可行性等。如果通过其他方式可以制止社会主体的不当行为就可以不处罚，处罚是最后的手段和措施。罚款是执行公务，是根据法律需要完成任务，不能有不当的私人目的。在一定时期，罚款可能被执行罚款的主体挪用或直接支取，造成利用公权收取资金最终归某一或某些个体享用的局面，一直为人们所诟病。虽然在实际的执法中，一定的经济刺激可以促进社会主体更加普遍地遵守法律规范，保障法律规范的有效实施，但会在一定程度上损害公平正义的基本观念，需要彻底取消，恢复社会公平正义。

行政强制是对社会主体行为和人身的强制，既是单独的执法行为，也是行政处罚不可区分的执法行为。没有强制，法律规范就没有"长牙齿"，就不能自动生效，社会主体不会自主履行社会义务，导致法律规范的虚置、虚化。行政强制措施主要有拘留、强制执行罚款、代履行等。强制执行是通过强制，把法律规范完全落实，最终生效，是法律规则的最后落地生根，是公平正义的最后防线。

（三）抽象行政行为以提供公共服务为目的

行政行为中还有部分是抽象行政行为，作为提供公共服务的行政规则，也是社会规则、行为依据。例如，部分地方制定的地方政府拆迁补充条例，明确规定地方政府拆迁房屋、征收土地，给予被征收主体相对统一的资源对价。如果各个个体自行谈判，自行议价，交易成本会非常高，效率太低，社会难以承受。因此，政府统一定价，对拆迁物品统一规定价格，给予统一的赔付；各个被征收主体获得相对一致的赔付对价，公平得以实现。抽象行政行为规范，提供社会主体的行为规范和行政主体的行政规范，是社会治理的必要。

抽象行政行为即规范性文件。我国社会治理中，规范性文件众多。主要表现在几个方面。一是普遍性的行政指令行为。直接面对民众的基层，一般都需要上级政府用规定和指令来完成相应的工作。上级政府一般通过具体行政指令和普遍性的行政规范来指示下级行政。二是基层服务机构本身是执行机构，以执行上级指示为主，只有少量的自主行为。金字塔结构中的基层都以执行上级政府指令为主。各级政府采取规范性文件的方式贯彻指令，提供服务。三是政府合法性要求。政府行为需要得到民众的最大限度的支持和理解，上级政府更清楚，很大部分基层政府可能存在"歪嘴和尚念经"的情况，把上级规定的规则念乱，导致民众不满。上级政府更需要强调基础机构的服务性和服务职能发挥。

三、行政司法行为支持公共服务论

社会主体之间或社会主体与行政主体之间发生了纠纷与冲突，除了自行和解外，一般靠司法终局解决。由司法提供的垄断裁决服务本身是一种公共服务。

(一) 司法审查本身即提供公共服务

行政行为的审查鉴定最终靠司法审查，现在的法治格局也设计了对行政行为的最终认定路径：司法审查终局。社会主体之间和社会主体与各级公权力机构之间的争议，需要第三方提供解决。单独的甲乙两方各执己见，没法解决问题。要解决两方之间的冲突，一般有几个途径。一是谈判解决，双方各自竞价，不断地说服对方，或者作出较大让步，最终取得共识，典型的如商业谈判。二是一方过分强势，乃至压倒性地开出单方条件，迫使对方遵守和服从。典型的表现是中国历史上的朝代更替。各个强力集团，聚焦一部分人，打着替天行道、拯救百姓于水火的旗号，建立各级政府，制定规则，构建新的社会秩序。成王败寇，成功的，独霸天下，制定规则，即吴思所谓"暴力最强者说了算"。三是争议双方寻找独立的第三方解决，要求解决问题的机关是独立的、中立的第三方机构。解决问题的机构通过自己的独立判断，作出决定，争议双方都无条件服从，仲裁是其代表，法院也如此。后来，司法发展成强制性地解决争议。如果允许当事人自行选择解决争议，一定程度上可能导致某些组织自行成立解决纠纷的机构，甚至是"黑社会"。且各个社会主体自行解决问题和争议，成本非常高，民间自己的手段和做法可能导致争议各方无法协调，争斗不息。人类最终认识到，需要一个独立、权威的机构来解决争议，即司法裁决。法定的司法机关专门解决各种争议和纠纷，不允许其他非法定机关参与，本意就是把解决各种纠纷作为一种提供公共服务的方式，只能由专职、法定机构来解决相关争议，调停纠纷，化解矛盾。

(二) 司法审查的基本标准是合法性

对行政行为的司法审查基本原则是合法性审查。即审查行政行为是否符合法律规范，符合法律规范则予以维持，不符合法律规范则予以纠正。

法学基础理论对行政行为的规范要求是，对于公权力而言，法无规定即禁止；对于私权利主体而言，法无规定即许可。意思是，法律规范对公权力主体是必须规则，法律怎么规定，公权力主体就怎么行动；法律规范没有涉及的范围就是私权利主体自主活动的范围。而前述司法审查表明，司法对行政主体的审查是合法性原则，即审查行政主体的行动是否符合法律规定，如果不符合法律规定，就会被纠正，被撤销，被责令重新作出行政行为。法律规定的主要取向是公共服务。因此，通过推论可知，行政行为主体的基本指向是行政活动要提供法定的服务。

（三）司法救济的目的是提供最优公共服务

公共服务的一个基本特征是非垄断性。现代法律对公权主体的要求是，即使是纯粹私人之间的纠葛及其解决，公权主体可以一定程度上介入、规范。除非法律规定，现代社会基本排除了有组织的暴力参与的私力救济；与此对应的是，公权机构就应该提供让当事人相对满意的服务。

法院司法救济是主渠道，相关行政机关或部门提供一部分纠纷解决的服务，是补充救济方式，主要内容有行政调解、行政复议。行政主体解决社会主体之间或社会主体与行政主体之间的争议，一般遵循效率和公正原则。行政调解、行政复议与法院裁决相比，具有简便，效率高的特色，是当事人相对优越的选项。

第二节　对行政中非公共服务的认定与排除

波普尔说过："原因的原因的原因就不是原因。"可以推断出，找出事务之间直接的因果关系，根据因果定律，如果需要对结果进行调整，就应该修改造成结果的原因；同样，如果修改原因，就会造成结果变化。行政行为与公共服务论互证，要求行政与公共服务论在内容上一定程度唯一对应。对非唯一对应，对例外情况，应该较为详尽罗列、排除，以保障理论的完整性、可信度和可适用性。同时，在具体运用中，也可以检验此理论的合理性，是否成立，是否修正。

一、行政中公共服务的唯一目标性

任何社会主体的存在目标、手段、结果可能是多重的。如果认为行政中的公共服务是唯一的，可能太过绝对，目前没有更强有力的证据证明。故从行政与公共服务论之间的基本关系着眼，认为行政目标上的公共服务性，没有其他目的，比较具有说服力。

（一）行政的公共服务是主要（唯一）目标

"国家是一种必要的恶"意思是：国家存在是必然的，如果没有国家存在，自然人个体采用丛林法则解决问题，几乎没有个体会安全发展，更别说壮大；并且国家还具有恶性，采用强制力维护社会的安全、秩序，保障效率，对违反规则的，甚至剥夺其生命，或有更甚的处置手段。在很大程度上，国家是集中了个体生命的恶性，制止个体擅自采取恶性方式处事。恶性或者善行都必须以公共利益的保障、维护为前提，否则以国家为代表的行政等权力会失去基本的正当性。从基本的政治理论可以推论出：国家等公权力存在的目标是提供公共服务，并且是唯一目标，排除非公共服务目标。传统社会的目标是多重的，如有保障皇权的目标、顺应天意的目标，还有维护社会存在的目标，前两者在相当长的历史时期存在，有时捡了芝麻丢了西瓜。君王把前二者作为主要目标，难以保障百姓的权利，为了皇权，甚至放弃百姓的基本权利。历史上的皇权之争都是最为残酷最为惨烈的。唐太宗是千古一帝，但在玄武门之变杀兄弟。每次朝代更替都是伴随国家人口的大量减少的，主要原因是争夺帝位及封建权力，各派人马相互残杀，都是以半数以上的人口牺牲为代价的。如果封建王朝更替跳不出帝王私利的圈子，人类的公权力很难受到根本的限制，社会进步仍是有限的。故人类摸索后认知到：公权力全部、唯一为公，祛除掌权帝王的私利，减少权力争夺的惨烈和难以承受的代价，公权力的更替进入比较平稳有序的状态。对以公权力为主的行政权力进行控制，减少其为非的可能和利益刺激，不需要花巨大的代价获取不受限制无所不取的帝王权力。人类的进步都是以不断地提高对行政等公权力的控制为阶梯的。"为官不发财、发财莫当官"，合理地解释了现代公权力获利空间压缩的必要性和现实基础。所有掌握行政等公权的人都只能为公共目标采取活动，自我获利如世袭、腐败、大量资源把控都是不可能的。对行政权的夺取减弱，对其使用、规治、审核、监督加强了。在保障社会继续发展、安全有序的情况下，控制了行政等公权，实现了平和的公权控制与更替，社会进步加快，治理能力提高。

　　行政的公共服务是目标性，也说明行政的非公共服务活动自然存在。如为保障行政权力能够有效行使，要集合资源，一定程度提高行政权力掌握者的经济获得量。在封建王朝，民不聊生，官却能够有经济保障，即行政权力的行使，要求行政权力具有一定的经济保障、物质保障、社会地位保障等。纳税人缴纳的税费有很大一部分用于行政主体日常经营维护费用。行政等公权力获得的资源支持其人员、场地、日常维持等活动。行政公权掌控人的社会地位一般高于普通民众。公务员是从有文化、身体健康、品行端正的社会人中选拔的，其地位高于普通民众。行政公权具有一定的社会荣誉感、获得感是必然的。只是行政支持的这种非公共服务是有限的，有控制、有节制地存在。

（二）行政中非公共服务目标内容的排除

对行政权力行使过程、目标、结果进行认定，对非公共服务内容进行排除，主要排除以权谋私类的腐败、贪污、渎职，权力为行政集团人员牟利的不当现象，权力滥用导致的经济社会效益受损现象等。

公权力行使中的目标、指向、价值、效益有多种。权力掌握在公权主体手中，有多种用途。有为公共目标公共利益服务的，也有为非公共集体服务的，典型的是权力谋私。利用权力、相应影响力获得权力主体个人的利益。买官卖官，权力行使者吃拿卡要、索贿受贿、在项目中占干股直接分红、收受服务对象的礼品、接受大额的超出一般人情往来的礼金等。没有权力在手，就不可能得到的额外的、非劳动的利益，不论是事前还是事后"感谢"，基本都属于权力带来的产品。刑事法律、公职人员政务处分、党纪处分中列举的相关内容，一般都属于权力谋私的范畴，是使用公权力谋私的内容。

公权力集团中为团体谋取的过度的、不当利益。如垄断集团的过高福利、超出社会常态的团体利益、公权主体自行分配的超出标准的"房产"，如某地达到一定级别的干部低价获得的城市核心地带的别墅，一幢别墅的价值可能是一个普通员工年收入的几十、几百倍，远远超出公共权力服务的内容、服务的目的、服务的通常价值。部分公权主体利用"罚款"修建超标准办公用房、职工住房。有的权力主体自我奖励，拿取超高奖金。原有的类同世袭制的"接班"、官员干部的内部选拔制、国有垄断企业的岗位内部控制制度等，都是公权不当谋私的表现。

权力不当行使中的失误、失败、失去控制。据国家计委的调查，"八五"期间投资的450多个全国重点建设项目，只有1/3有效益，近1/4的项目在投产之后发生明显的亏损。国家专门的投资咨询机构中国国际工程咨询有限公司在问卷调查的基础上，选择其中70个亏损的国家重点项目进行重点调查分析。结果显示，生产能力利用率达50%以上者34个，生产能力不足50%者25个，约有10%的项目建成投产后一直处于停产或半停产状态。还有另一组可资佐证的数字：2008年，财政部对总额达68亿元的21个在建项目的投资效益进行调查，结果显示，项目超概算平均为85%，最多的达282%，项目超工期平均23个月，最多的达120个月。几组数字反映了政府重大项目行政决策失误比较大。决策控制不当，失误太多，公共利益受损严重，明显的公权力使用不当，公共权力行使没有达到预期的公共利益目标。

排除公权行使中的不当部分，保障公权公共服务目标及其结果的"纯洁性"。

二、行政活动中"非公共服务"的排除

在服务型政府建设、公共服务理念的贯彻、公共权力服务目标的确定中，对"非公共服务"的确定与排除与对服务的直接、真实认定同等重要。一个不争的事实是，在封建社会，手握公共权力的帝王可能会认为他行使的一切公共权力都是公共服务，故对"公共服务"的精准认识、把控，与对非公共服务的排除同等重要。如果任由掌握公权的人使用、支配社会资源，其在人性自私驱使下，会掏空社会资源，最大限度地占为己有。如秦始皇扫平六国、一统天下之后，就调动资源为自己服务，给自己及家人修建坟墓就是典型表现之一。刘邦在建国之前，对手下大将恩封、拉拢不断，封官许愿，共享天下，坐上帝位后，就搞"白马之约"。明清时，朱元璋坐上帝位，对其子孙最大限度地给予物质保障，到明末，朱元璋的家族已经变成10多万之众，清朝的八旗子弟同样如此，最后成了百姓难以承受之负担。消灭帝王还得消灭其帝王思想、帝王待遇、帝王制度。对行政为主的公权进行约束，对其非公共服务行为进行限制，对不当的非公共服务做法进行祛除，是公权制约的成功和国家治理能力提升的表现。

对比封建帝王、现代社会国家首脑（及其系列制度）与根据公共权力公共服务理想模式设计出来的制度行使公共权力的内容、模式与目标，可以对公共权力的非公共服务内容进行直接排除。如对公共权力行使主体的限制，公共权力行使主体根据一定目标从社会中选拔，不可世袭、接班；公共权力行使内容及其对象以社会主体为主，不可使公共权力利益主体或者其有血缘、地缘等关系的主体有太多直接联系；公共权力保障内容以公共权力行使主体自身为主，其家族亲属等不得无故享受；公共权力行使过程中，公共权力行使主体独立运行，与社会主体、公众等必要链接，不可与私有主体过度亲密接触；公共权力行使中，公开是常态，不公开是例外，接受社会主体的公开监督、质疑；公共权力行使结果，要使公共主体受益，主要覆盖公共主体，针对私有主体、个别主体的公共权力活动，要接受特别的监督和审查。

在国家公共权力运行中，确保公共权力为公，对非公共服务进行排

除。对服务型政府的概念、本质、属性和职能定位，公共服务的范围等基础概念和理论的认识与理解尚未达成一致①，尤其是结合我国重大战略（如乡村振兴战略）与实际国情，在推进构建我国服务型政府的理论基础、目标思路、政策措施、保障措施等方面尚处于探索阶段，中央提出基本公共服务均等化，公共服务指标体系健全完善。从制度设计上确保公共服务不能"非公"：主体选拔、公共权力运行、各项公共权力行使审查、结果审计等方面，确保公共权力的公共服务为社会共有共享。

保障行政等公权必要的或者相对充分的支持，如物资方面的、社会认可方面的、安全方面乃至能力提升方面的。如公共服务中公务用车应该有必要的保障，公务员工作期间用餐的保障等。行政主体不能利用公权为己，或为其他人员谋取非公共需要的经济利益，如某些部门设立公司赚钱是不应该的；在公务活动中，作为行政主体的公务人员不得利用公权谋取私利，否则是腐败，任何社会都是不能明目张胆地用行政等权力寻租；对行政工作人员的保障应该以行政活动为必要，过分超高的保障应该去掉，如世袭、接班制度，对公务人员家属、子女等过度保障，对利用公权打擦边球，公款旅游、公车私用等一律禁止。特别是公权掌控人员的选拔任用，少数人认命，有权之人就向给予权力的人服务，多数人公开竞争性选拔，掌权之人面向社会公众提供服务。

对行政为主的公权及其人员是否服务于公共目标进行全面的、系统的监督、评估、认定及救济，采取公开等程序要件及资格等实体要件进行核查、评定，采取更多的限制公权为非的措施，对行政活动透明、公开形式，对其活动内容进行完全的评定，对非公共服务进行排除，保障行政等公权的纯洁和干净，是国家进步、社会法定、治理法治化的表现。"约束行政权力不当目的，约束行政权力的目的是提高行政决策质量。减少行政权力为非，最大限度促进行政权力为公，还原行政权力设置目的，让行政权力在阳光下顺畅地运行，实现社会效益最大化。"② 对行政权力为主的公共权力，是约束与保障并重，单一的认知和规范对人类社会都是危险和偏颇的。无公共服务的社会，可能自戕而灭亡；过度地集中、美化权力，也可能导致人类只为权力服务而逐步裹足不前。对公共目标

---

① 韩兆柱，翟文康：《服务型政府、公共服务型政府、新公共服务的比较研究》，《天津行政学院学报》2016年第6期。

② 黄泽勇，李公科，刘新荣：《行政主体人格权的程序限制与保护研究》，东北师范大学出版社，2017年版，第5页。

的认定，对以行政为主的公共权力如有非公共目标的进行排除，是人类认知进步；对权力限定，是对公共目标的再次明确。

三、行政公共服务性的确定、评估及改革

（一）对行政资源使用效率进行测算

行政即公权主体的活动内容丰富、复杂、多样。对行政主体活动可以从多个方面、多个层次进行划分。根据行政活动是否对外，可以将行政活动划分为内部行政行为和外部行政行为，外部行政行为是对外发生法律效力的活动，如对行政相对人的行政处罚；内部行政行为是行政主体组织内部的活动，不对外发生法律效力，如各级行政机关内部的请示、报告等。《行政法》目前主要研究外部行政活动。理论上讲，行政占用资源包括行政活动占用的人员、资金、场地及时间成本等，为行政服务的一切资源都应该被列入行政资源中。行政主体的活动可以一分为二，即内部活动与外部活动。二者都要占用、使用资源，相对分开。对内部占用的资源应该进行衡量、核算，内外行政活动应该有一个恰当的比例，内部占用资源占比过高，则说明效率低下；占比过低，则说明效率高。当然不是内部占用资源占比越低越好，过低的资源占用，可能导致对外行政的效率低下，不能满足机构正常运转，反倒影响机构真正对外提供高效便捷有力的服务。可以采取成本收益的计算方法对行政效率进行测算，特别是内外行政行为的资源占比与分配。为保障测算的科学性、可信度，可以采取第三方独立、中立测定，也可以采取替代法、比较法进行评估、认定。行政主体对外提供服务，开展行政活动，很多内容不是唯一的，反而是可以替代的。把行政主体运行成本收益与企业同等情况下的内外活动占用资源占比进行比较，可以看出行政主体运行成本的高低。对行政资源使用效率占比测算，对行政主体内部行政活动占用资源占比进行测算，对行政主体对外提供服务相对方的满意度进行评估测定等活动，是提高行政效率、保障行政整体质量、提高行政治理能力的主要方式。对内部占用资源过多的情况应该加强改革。这是纳税人负担的不产生对外公共服务能力的部分。

（二）动态监测、评估行政主体内部行政活动，对内部非公共服务性活动的认定与纠正

行政主体内部结构庞杂，甚至有些不为外人所知，总体上可以分为

横向、纵向的条块。纵向上,我国行政机构可以划分为五级:国务院、省、市、县(区)、乡镇①。对系统的内部职能运转情况、资源使用情况、资源占用比率、替代机构运行情况、相同规模企业内部资源占比等情况进行比较、测算。对人、岗、事、钱等一一对应比较,可以掌握行政主体的运转效率、内部行政活动内容及是否严重浪费。对不当行政活动、行政资源安排提出建议,进行动态改革。

(三)对行政主体外部非公共服务性、低效公共服务性行政活动进行排除、改革

经过数次行政机构改革,对外提供公共服务的行政机构从50个精简压缩到30个左右,还有部分机构提供的公共服务未被纳入2018年这次机构改革中。一是行政机构提供的公共服务事项内容是否符合公共服务需要。例如,从行政审批事项的精简变化中可以看出,部分行政管控事项应该精简,曾经大概有3000项中央设立的行政审批事项精简到600项左右(部分有做压缩饼干的嫌疑,几项合并为一项),整体上大幅度减少了行政审批事项,精简后,社会运转更便捷了,可以说明被精简的事项是可以删除的管控行为,是低效、无效行政服务活动。对行政活动的设定、实行、效果,需要进行独立评估,进行成本效益的分析,对得不偿失的行政管控事项应该废除,对低效行政管控事项也应该精简、取消。二是对行政主体提供公共服务事项的方式进行改革。目前,大力进行的集中办证中心是效率较高的方式,政府一窗对外;还在进行的公共"放管服"改革,"最多跑一次"代办、网络办证等,简化程序,提高效率。根据行政管理的链条:许可、检查、处罚、强制等进行归并处理,集中

---

① 《中华人民共和国宪法》第三十条:"中华人民共和国的行政区域划分如下:(一)全国分为省、自治区、直辖市;(二)省、自治区分为自治州、县、自治县、市;(三)县、自治县分为乡、民族乡、镇。直辖市和较大的市分为区、县。自治州分为县、自治县、市。自治区、自治州、自治县都是民族自治地方。"横向的行政机关设置一般是按照对外服务的事项进行,如教育、医疗、安监、公安、资源国土等对应的部门(只是部、厅、局等名称不同),目前国务院组成部门共26个:外交部、国防部、国家发展和改革委员会、教育部、科学技术部、工业和信息化部、国家民族事务委员会、公安部、国家安全部、监察部、民政部、司法部、财政部、人力资源和社会保障部、自然资源部、生态环境部、住房和城乡建设部、交通运输部、水利部、农业农村部、商务部、文化和旅游部、国家卫生健康委员会、退役军人事务部、应急管理部、中国人民银行、审计署。纵向机构设置的行政机构直接面对行政相对人的主要是县级行政机构、乡镇行政机构。国务院的部委行政机构是领导、指导性质的。省、市的行政机构是承上启下、传递性的,理论上可以不直接面对行政相对人,承担中间层级的上传下达功能,而职能职权人员资源花费巨大。

提供服务，可以大力提高行政服务效率。对零散的、量非常小的行政服务事项进行归并处理。三是对服务人员进行培训，熟悉业务，掌握政策，一口对外。四是动态调整，独立测评，能减则减。各个行政服务事项在公共服务视野中寻找位置，被测评和"体检"，对不符合公共需求、不能满足公共功能的行政活动及时进行改革；对纳税人负担的各种活动进行系统梳理、评估、精简、改革。

四、加强"服务导向"的评价监督督促

目标与结果结合是否紧密，可以采取评估方式进行检验、检测、督查。

（1）设定评估体系，设计系统、全面、完善的评估、评价制度。指标设置科学，可以对公权行使主体、程序、内容、结果设定不同的指标，在不同的阶段进行评价评估。然后科学计算，通过比较法、系数计算法、专家评分法、第三方独立评估法等对公权行使进行评价、评定、督促。

（2）监督督查促进公权的公共服务性。通过专门的机构，采用专项程序，专职对公权行使的启动、过程、结果进行评查、审核，如纪检的重大事项专项巡查，审计机构对重大指示、决策的专项审计，人大专项督察，政协的专项协商、督促等。

（3）采用竞争性替代性制度促进公权为公。内在约束执法者的效果最佳、最有力，可以在部分行政行为中采用。对各种公权行使方案进行"公推公选"，选择最适合公共目标、公共结果、公共利益的方案。部分地方领导人的选择也包括对其施政纲领的选择，就是对公共权力行使的一种方向性把控。采用各种激励制度，经济的、法治的、名誉的各方激励，促进行政主体提高服务质量。

（4）对照行政目标对行政行为进行改革，增强为社会主体提供公共服务的意识。提升公权行使主体意志，设定理想的公共权力、公共利益和公共服务的目标、制度、评分，结合实际进行对照、检查、改进，督促公权力实现公共服务目标。

第三节 公共服务论保障行政行为发展方向

公共服务论是行政法学的基础理论，理论内涵与行政主要内容一致。如果违背公共服务论的基本内涵，行政亦会走偏。确保公共服务论在行政活动中的贯彻执行是未来一段时间行政法治的主要方向。

一、公共服务论是行政法治的基石

公共服务论应该成为行政活动的基本内容，在行政的一切活动中都应该有体现，行政的改革、发展、研究，行政法律规范的立、改、废、释等都接受公共服务论的检验。在行政的链条中，公共服务论完整地贯穿，是一条基础性红线、底线。

行政立法活动中贯彻公共服务论。法治的基础是科学立法、严格执法、公正司法、普遍守法。行政活动的一系列立法，包括单项行政立法，综合性法律文本中的行政法律，行政法规（自治条例、单行条例），抽象性行政规范（多数是行政决策规治内容），有关行政规范的各种解释（立法、行政、司法解释）等活动中，都需要公共服务论对其进行具体的检测。各种行政法律规范制定过程中、公布前，设定专项程序，组织人员，对该规范或者系列规范是否服务公共服务论基本要求进行评估、论证，对不符合公共服务论的内容进行修订。

行政执法活动及其改革中接受公共服务论的检验、校正。行政执法内容丰富，范围广泛，但要专业专门专项考察其公共服务论落实情况（摈弃一筐全装的现象）。行政活动中，包括各项行政执法、审查行政执法、执法裁量、执法改革、增减行政执法实施内容（各个执法阶段中，行政主体有一定的细化规则内容），都要具体考虑公共服务论落实情况。对可能增加社会主体负担，减损其权利的行为进行专项测算，在社会整体福利没有增加的情况下不得单项增加社会主体的负担。如果部分行政改革活动，大量增加行政执法成本，直接减损执法效率，实质损害社会公共整体福祉，则不值得提倡。如行政执法"三项制度"会极大地增加执法成本。城市中的主城区的县区级政府的一个执法部门，如卫生局、环保局，应该服务的对象有两三万家单位（所有餐馆、提供饮食服务的店铺），所有服务对象都需要执法执行"双随机—公开"（即在监管过程中随机抽取检查对象，随机选派执法检查人员，抽查情况及查处结果及时向社会公开），入库社会主体名单就是两三万家，且是动态发展的，开餐馆或者餐馆倒闭需要及时更新信息。采用双随机的前提是入库信息要准确、及时更新。过分烦琐的执法过程全记录、执法对象随机抽查等制度成本高，让执行主体不堪重负，一旦实施反倒导致公共利益大幅受损，是否推广值得怀疑。

公共服务论贯穿行政司法公正活动。行政司法有专门的司法，也有准司法活动（行政中的各种裁决活动是准司法，是行政行为但具有一定的司法特性）。行政诉讼中，重点考量行政活动的公共服务性，对社会主体、对公共利益的支持和服务功能发挥。扩大行政诉讼的受案范围，允许法定组织或者一定量聚合的公民个体对行政法律规范起诉，重点考察其公共服务论检测后的必要性、可行性，对整体而言可能减损公共服务的行政法律规范或者成本收益核算后得不偿失的行政法律规范进行改革，司法不予支持，实质废止该项行政法律规范。以效率较高为主的行政复议等活动，救济中重点考察行政主体的公共服务性。对行政主体内部行政活动，采取专项测算、专项监督、独立考察、独立评估等方式认定、测算其公共服务性，对公共服务能力较弱或者价值低的行政内部活动进行校正，乃至废止。行政程序的设置要在底线上保障社会主体的权利，适当提高服务效率，减少不当设置程序降低行政效率的偏向。

公共服务论是行政普法的重点、节点。行政法治宣传中重点宣传行政是公共服务、公共服务论管制行政的基本理论。在法治文化建设及其各项活动中，公共服务论的理论、标语、语言、实践经验总结等应该占据重要地位。公共服务论与行政法治互证的观点、认知、实践活动等应该作为公民学习的重要内容，实行全员学习、讨论、研究、贯彻。各项行政法治文化活动中，从各个层次、各个节点加强公共服务论与行政行为互证。行政法治文化活动中，专门开展公共服务论基础知识、基本理论讲解，基本法律规范解释、执法实施的应用活动，形成公共服务论与行政法治普及、共有、共治、共享的局面。

公共服务论是行政法治的基石。在行政法律理论研讨活动中，对公共服务论进行专门的研讨、完善，形成公共服务论与行政行为互动、长期相互支持的常态。公共服务论与行政法治互证形成具有中国特色的用中国话语解释、宣传、运用的中国法治理论。

二、公共服务论是行政进步的宗旨

标准是指某项内容的基本规范、规则、规律的总结。符合该项标准就是符合事物发展基本规律，采用此项标准，对社会秩序安全效率都有促进作用；不符合该项标准就可能逆历史潮流而动，"促退"社会发展。

公共服务论作为标准是指可以用之衡量行政法律规范、活动、文化研讨等内容的是非、公正。行政是公权力的主要内容，行政的内容、对社会主体的规治、产生的实际效果等都是最为广泛的，种类多，数量大，范围广，影响大。社会是立体的，各个方面、公共层次要与行政打交道。

例如，有人专门作了个统计，一个人从出生到死亡，要办理的主要证件（办理人数大众化的，至少需要一万人以上办理的行政证件）在100件以上（如出生证、大学毕业证、房产证，当然死亡后还需要办理死亡证明，虽然不是本人办理，也是其相关人员需要办理的）。人在社会中，受到限制权力的约束太多了，加大行政审批精简证件改革就此启动。证件并非越少越好，必要证件是社会管理的必需品。衡量哪些证件继续保留、发挥作用，哪些证件可以取消，主要标准就是公共服务论。整体上衡量、测算、比较评估一项制度设置（对当事人是证件办理）是否必要，就要进行公共服务考察、评查，包括从成本效益、案例比较、当事人负担、证件管控效果、证件优化空间等方面进行测评。可以通过市场主体自主确定的、可设可不设的、当事人负担成本过高的、对行政管控功能没有实质增进的，都不应该设置。就职业资格证而言，设置职业资格证可以提高职业从业者的素质，增强职业专业性，提高服务质量，减少职业相关纠纷等，但设置一个资格证也是一道门槛，缩小了实质具有某项职能而不具有资格证的人的就业空间，还可能增加资格证设置中的寻租，让资格设置成为一门人为的而不直接产生经济效益的行业产业，如曾经出现的营养师资格证就是如此。

公共服务论标准可以祛除大量不当行政活动。非公共利益的行政管控、不符合社会发展方向的行政控制、不利于市场交易的行政规则都是应该废除的。如行政对某些行业产业工种的专项支持，就必须通过公共服务论的专项论证。在某些行业产业发展初期，政府行政可以对其进行扶持，采取资金补贴、技术支持的方式推进其发展。但如果补贴过多、过滥，补贴资金监控不力，可能导致被补贴行业反倒不能健康发展，甚至某些社会主体（如公司）靠补贴营运，对其他相关行业十分不公平，不利于市场公平竞争；可能出现行政权力行使者与某些社会主体的公司互相勾结，套取国家补贴资金的现象；也可能使行政权力行使者看到拿补贴的社会主体不能独立发展壮大参与市场竞争，补贴制度不利市场竞争等，产生靠权力寻租的想法和行动。能够促进市场主体主动、积极参与市场竞争、丰富社会产品、促进生产力发展的，就是行政权力应该行使之处。如政府官员与企业之间要亲而清，不能勾肩搭背、换手抠背，企业的哪些活动政府及其官员可以参加，划线的标准是否能促进公共服务；反之就是拎不清，应该令行禁止。

形成公共服务论衡量行政权力行使正当与否的划界标准。对政府官员行政权力的行使方向、范围、限度、效果等进行评判、测定、确定、明确行政权力行使的基本边界，也促进符合公共需要的行政活动。行政权力应该及时、大胆、有效地提供，借口可能有负面影响而懒政、惰政、散漫行政的现象存在，这种现象应该被禁止。公共服务论最终要促进行政权力有效公正行使，发挥其促进社会进步最大的作用，任何对公共服务论的误解、误读、误判，可能造成社会负面影响的都要规治。公共服务论要求行政的眼光盯住社会发展、科技进步、企业壮大、产业升级，及其社会安定、秩序井然、产品丰富、社会发达。

三、公共服务论是行政发展的方向

"法律的生命不在于逻辑，而在于经验。"（霍姆斯语）公共服务论有了一定的规范内容，有目标、程序、制度保障的基本设想，但要落实，继续发挥功能还需要实践的大力推动。

公共服务论的详尽内涵需要实践完善。如行政征收，一般而言，根据公共利益的需要是可以而且应该进行行政征收的（日本成田机场为保障个别人的产权利益而牺牲公共利益，不拆迁不修建规范机场的做法并不可取，作为一项私有产权保护展示区可行，但从公共利益保障的角度而言是不可取的）。但征收中的公共利益确定是相对困难的，有国家对为了公共利益可以征收的情况进行了列举，更多的国家对征收中的公共利益进行概括界定，说明公共利益的解说困难是世界性的难题。需要采取其他相应的办法进行补充界定，如司法上的个案判断、行政公开程序的社会认可等。其他行政活动的公共服务性也需要反复、艰苦地论证。社会现实是动态的，行政管控、行政权力行使、行政权力服务的公共利益目的也是动态的，对行政权力行使范围、可行度、程序、监督控制、救济完善等亦需要动态研究、动态调整。

公共服务论内涵本身的动态变化引导行政法治的内容相应地变动。公共需要有时代性，动乱之时，秩序是第一位的，社会需要稳定；饥荒之时，吃饭是第一位的，救灾和避免大动荡大骚乱就非常必要；紧急状态下，救灾、恢复秩序和重建家园是第一位的，其他事项就排在后面。紧急救灾救助需要动员更多的社会力量参与，公共服务论证的紧急救助内涵需要扩展，与常态的公共服务有区别。

公共服务论的国别区分亦是十分明显的。国族、国别竞争目前还是常态，有的强势国家凭借其软硬实力，在世界范围内巧取豪夺、明抢暗偷、攫取财富，其他国家应该警醒，有整体竞争、斗争的意识和艺术。如果过分强调公共服务，世界范围内的不当的公共服务，可能导致部分国家权益严重受损。公共服务论需要形成世界性行政法的研究原则、行政法治方向,但在国别国族竞争中的区别对待是否必要,或者是否内外有别,在多大程度上具有世界级共识共性共享,需要继续发展,值得深入思考。

公共服务论和行政的具体对接、发展、共享,是否是唯一对接,或者在多大程度上、什么范围内对接共享等理论认知还需要深化。

第四节　运用公共服务论提升行政行为质量

一、体现公共服务的行政行为研究

"以人为本"是公共服务行政行为的概念。监管政府基于统治阶级的利益,强调控制和管理;而政府是上级的统治者和管理者,公共服务行政行为是基于公民权利的,并且可以认为,政府应以公民服务为宗旨。这是一个为公民谋福利的机构。有学者曾提出了"后现代行政法"的概念,并揭示了后现代行政法的一些特性,认为在后现代的行政法格局中,行政法治已经不仅仅以控权作为最高境界,而是应当将公众的普遍参与和行政系统的普遍服务作为最高境界[①]。我国的社会主义民主政治已经确定,政府管理国家和公共事务的目的是维护广大人民的根本利益。这就要求政府从人民的需要出发,以人民的幸福为宗旨,以人民的满意为判断工作的唯一标准。

"小政府,大社会"是公共服务行政行为的发展目标。监管政府直接管理社会的所有事务,照顾一切,并管理许多"无法管理和不应管理"的事务。行政行为作为一种公共服务,为人民的广泛参与和社会自治提供良好的政策环境,通过规范政府自身的行政行为并通过良性互动来实现一种善治。从分工的角度来看,行政行为作为公共服务必须明确政府、社会与市场之间的界限,准确界定和严格限制政府职能和权力的范围,合理区分行政决策和行政执行功能,并避免功能重叠,开发社会资源,鼓励私营企业或其他第三方参与公共事务的管理。作为一项公共服务的行政行为,必须牢固树立为人民服务的观念,以确保政府行为的正确定位。我们必须把全党为人民服务的使命与行政体制改革和政府工作的全过程结合起来,牢固树立以人为本的管理理念,尊重人民的主体地位,

---

① 关保英:《行政法时代精神研究》,中国政法大学出版社,2008年版,第122页。

促进经济社会科学和技术发展，促进人的全面发展。所有政府工作的出发点和目标，是良好地实现和发展最广大人民的根本利益，最大限度地提高人民的生活水平和增进人民的福祉；在经济发展的基础上，继续满足人民日益增长的物质和文化需要，促进和维护社会公平正义。

同时，有必要准确地定位政府的角色，以确保作为公共服务的行政行为不会越位，处于良好状态且不会缺失。中共十八大报告要求"深化行政体制改革"，要实现"深入推进政企分开、政资分开、政事分开、政社分开"，即"四个分离"。为了重构政府与市场、政府与企业、政府与社会、政府与公共机构之间的责任、权力和利益，必须加强政府的公共服务职能，减少不必要的行政审查和审批项目，剥离一些政府不予批准的事项或企事业单位承担的职能，加强政府的经济监管和市场监督职能，减少政府对微观经济活动的干预，有效利用和充分利用社会资源，为经济发展作出贡献，为各种市场参与者公平竞争创造良好环境。基本原则是：首先，政府不能做多余的事，要允许企业、市场和公民自行决策，也不能越位或错位。其次，政府不能推卸责任，不要任问题发展，要积极填补监督方面的空白，以便可以将有限的行政资源有效投入公共服务。

作为公共服务的行政行为，有必要继续促进依法行政，以确保政府行为是合法的。政府的行动，无论是抽象行动还是具体行动，都必须严格遵守法律。首先，执法必须基于证据。其次，必须正确执行法律，以实现合法性、合理性、程序性、高效便捷、诚实守信以及权力和责任的统一。建立并加强问责制，以确保政府的行动"在权力和责任上是一致的，并且没有违反规则"。首先是政府实体的问责制。政府提供服务时，必须承担相应的责任，并确保权力和责任是统一的。错误必须得到纠正，对不采取行动、不按照标准采取行动并造成重大损失的行政行为必须予以调查。其次是对政府成员（即公务员）的问责制，将其"权力置于制度的笼子里"，以确保公务员的廉正并使政府成为人民满意的政府。

作为公共服务的行政行为有必要更加注重（政府的）信用建设，以确保政府的信誉。要建立一个可信的政府，要求政府及其成员必须遵守法律，调查违法行为并严格依法办事。政府信用是政治局势稳定和公共事业发展的保证，是市场经济的基本要求，也是建设服务型政府的基本要求。进行绩效评估以确保政府的执行力。积极促进政务公开，建立政府及其成员的绩效考核体系，并由全国人民代表大会、中国人民政治协商会议和公众参加。完善电子政务建设，助推公众与政府线上的交流，为公众提供更多参与政治、讨论政治的机会，以便公众可以对政府信息进行更多的了解、监督和评论。

二、行政践行公共服务论的路径

(一) 目标宗旨确定

行政的特性认知发生了巨大的变化。行政机构走下神坛，比拟于普通社会主体，开展活动，行使权力，服务社会。部分公权力机构开展公权力社会化服务模式改革，如前海e站通服务中心率先在全国应用互联网+政务服务的理念，前海局法定机构实行服务人员企业化运营管理机制成为深圳重效率、重法治、重服务的重要体现。① 公权主体的一定程度的企业化运行，是政府公共服务性的重要体现和展开。

行政活动的宗旨是提供公共服务。政务活动主要包括执政、立法、执法、司法、普法几个环节。立法是一种赋权，也是一种责任确定，可以是法律设定，也可以是法规、规章等设定。设定行政活动时，要认真考虑是否符合公共服务目的，是否有必要性。这需要行政主体、行政相对方、其他社会主体等多方共同认定，减少个别主体确定可能带来的偏差。执法是直接提供公共服务，是完成行政任务。执法时遵守法定程序等规则，对是否实现公共目标进行反馈；立法调整前，执法不得自行中止。司法活动是对行政执法是否实现公共目标，是否按照法律规范实施，以及实施效果进行评判、认定。司法对行政实施中可能出现的结果，如果与公共目的有较大偏差，要及时采取措施反馈乃至调整。司法解释要指向行政的公共目标。对于偏离公共目的的行政活动，或者对公共服务意义不大乃至有损公共利益的行政活动，司法要及时向立法机关反馈信息，促进立法调整。对有冲突的目标，司法可以平衡利益后作出取舍。普法时，主要是宣讲行政的公共目的，这是公众更好接受的主要理由；同时，搜集公众对行政是否实现公共目标、对行政行为进行调整的相关意见，反馈给立法执法主体，在改革时，可资调整、修正。

(二) 内容界限规范

行政立法项目确定是否符合公共目标。行政法是现有法律规范中的主要内容，大概占据法律规范的70%左右。行政立法一般是某一项或几

---

① 行政和政务概念不同，但行政是政务的重要内容，二者的部分原理相通，部分地方在论述时没有将二者截然分开。

项社会事务，需要公权提供服务时，确立规则，法定实施。新生的事物，如电商、小区物业、养老、社会办学、人工智能等引致的新的问题层出不穷，当社会主体自力救济、自行调整不足时，需要采取公权方式提供规则，形成秩序，稳定社会。对此是否被纳入公权调整，需要及时考量。一般而言，社会可以调节的事项可以让社会进行自行调节；当社会主体自行调解出现太多偏差时，公权才介入予以规范。对社会造成不良影响乃至伤害时，公权要及时介入，如校园贷等。

对具体行政规范内容进行及时的公共目标审定。行政介入的内容设定、规则制定和落实，或者行政介入的方式、公权参与的深度，都根据公共目标进行确定。行政对新生事物的干预，以逐步深入、适度介入、不过分影响社会主体自我发挥为主要原则。给予私权、私有主体自我调整空间，减轻公权介入的负担。公权介入过多，不但成本增加，也导致矛盾完全转移到公权主体，一旦不适当介入，可能招致社会主体的嫉恨、不满，因此，公权是否介入、介入深度、介入方式等要根据公共目标进行确定，不扰民，不浪费行政资源，不过分影响市场调节能力的正常发挥。

行政规范社会主体的内容根据公共目标进行调整。新生事物根据需要，适当改变公权介入程度，进行公权调整；原有的事物，要根据社会发展需要，修改相关行政规则，降低或者增加公权介入程度。如在家庭教育方面，目前还是以家庭自主教育为主，公权基本不介入。但对于家庭财物分配，特别是离婚时财物分割，公权（通过司法解释，这里不是行政）不断地调整规则，更好地符合公共目标。

（三）理论支持

国家是典型的公权目的存在。公共利益、公共目的、公共服务都是为公，公权是私有主体无法调和的产物，国家是典型。当私有主体自行争斗、自力救济、自行解决矛盾纠纷，导致私有主体斗争消耗，几乎无法存在时，需要一个最大的公共主体——国家出现，调整私权范围，化解矛盾，恢复秩序，促进发展。

行政活动的主要目的是实现公共目标。行政自身的权益保障是提供私权让渡获得的，行政本身的利益获得社会主体平均价值较高一点的保障，不能把行政本身作为权利保障的目的，否则社会就会进入私权私天下时代，社会资源的分配就导致社会的倒退和落后。行政主要是对外提供良好的、合适的、有力的公共服务，满足社会主体自我调整。

公共服务是所有行政内容的主要的目的和理由。没有公共目标、公共需要、公共利益、公共价值，就没有行政单方面存在的理由。公共目标也是行政在调整社会主体权益时，大家可以接受、应该接受、不得不接受的主要的理由。行政调整私有主体的权益，可能损害某些私有主体的权益，加重私有主体的负担，如罚款等行政处罚、法人购置纳税设备增加其遵奉纳税成本等。私有主体只有认可公权介入的必要性，整体上、目标上为社会整体服务，才可以承受行政带来的负担，减少或者消除抵触，获得平衡，遵奉行政规则，形成良善社会秩序。

（四）评估标准界定

公共服务是行政存在的基本理由，是行政设立、实施、调整的基本标准。公共服务的范围要根据社会需要进行确定，私有主体无法提供公共服务或者不能提供或者提供弊大于利时，一般选择由公权主体提供，如行政直接或间接提供公共服务。《行政许可法》第十三条："本法第十二条所列事项，通过下列方式能够予以规范的，可以不设行政许可：（一）公民、法人或者其他组织能够自主决定的；（二）市场竞争机制能够有效调节的；（三）行业组织或者中介机构能够自律管理的；（四）行政机关采用事后监督等其他行政管理方式能够解决的。"前述条文中列举的几点是行政许可是否设立的判断标准，同样类推，也可以作为一般行政行为是否设定、实施的依据。市场本身能够自发解决、市场自觉配置资源确定的问题，公权主体一般尊重；市场不能配置、市场配置资源浪费过大的，才由公权调解。

通过评审、评估确定行政是否实现了提供公共服务的目标。行政目标、行政内容、行政方式等通过立法确定，由具体行政主体实施。行政实施活动是否完全尊崇了保障公共服务的目标，达致最大限度为社会服务的目的，需要相关主体独立评定、审查。设定规则、实施规则一方可能对规则实现目的有一定的认识、把握，可以进行审查、确定；为避免自说自话、"裁判权运动员一肩挑"导致认识偏差信任危机，需要独立第三方、行政相对方、市场相关主体进行评判、确定。设定组织，招聘人员，成立评定机构，或者把评定任务通过政府采购的方式交由第三方组织等自主、独立评估，获得真实答案。通过对行政任务的评估，定期作出确定的行政目标，调整行政内容的决定。如行政审批事项的确立，曾经一段时间，行政审批事项如雨后春笋般迅速增加，后来国务院进行行政审批改革，不断压缩行政审批事项，精炼程序，提高效率，满足社会主体需要。这可以算是行政许可权在更好实现公共目的方面的自行调整，是行政许可、行政行为根据评估和外界需要，根据最佳实现公共服务目标方面的预演。

(五) 理论不完整性列举

公共服务论是新兴的理论，行政活动的内涵及外延界定也是变化发展的，二者有较大的共性，也存在相当的非同一性，故行政是公共服务理论有一定的局限性，主要有以下几点。

第一，西方经济学理论上发展出来的"新公共服务"过分强调民主的价值将导致对经济效率价值的无知；"新公共服务"以公共领域在"人民"的社会和政治意义上的决定性作用为前提，而不是提出解决公民责任和人类发展的有效方法[①]。

第二，这里提出的行政是公共服务的理论，是指行政活动与公共服务具有高度一致性，一定程度上性质相似，但在具体外延上，可能存在少量的不重叠现象。如行政活动中还有很多内部的、边缘性的、合作性的内容，很难界定其公共性。随着现代治理理论的升级换代、认识提高，公共服务的提供者范围不断扩大，很多公共服务可以由社会主体提供，如环保、医疗、教育等，突破一元化治理轨道，那么公共服务与行政的对应可能出现较大的差异。

第三，其他学科的公共服务理论有干扰。经济学、财政学把公共服务限定在公共事业（居民基本生活需要的共用设施）中，最多扩展为公益事业（包括个体难以解决的，如生态环保）。他们没有从行政法学的整体理论上思考，没有从公权力的来源、行使途径、发展方向、规治效果等方面系统完整地考察；后者可以全面展现公权与公共服务的对接契合、互为正当性前提。

第四，公共服务论容易与服务论相混淆。服务论的渊源很长远，基本可以看作统治者追求统治正当性，对统治权力满足着行使者提出的要求，避免"李自成功败垂成"的悲剧而自我警醒。其主要的缺陷是，此服务类似于市场交易，特别是消费活动中的销售者与消费者的关系，更常见于市井街头小超市、小餐馆中的服务员活动中。显然，把政府比作服务员虽无不妥，但二者不能替换、等同。公共服务论明显详于服务论，对以行政为主的公权力、公权活动进行了全新而系统的阐释，具有理论开拓的功效，有普遍推行价值。

---

① 冯彦乔，陈建新：《新公共服务理论的超越性与局限性》，《珠江论丛》2014年第4期。

没有绝对完美的理论，越是自称普世的经典的理论越是具有一定的假设前提，如"人权""平等""自由"等。故公共服务论存在一定的"欠完美"是必然的，也是该理论进一步发展、充实、完善，促进法治建设的现实之必需。

附：

田永诉北京科技大学拒绝颁发毕业证、学位证案公共服务性探析

一、案件简介

田永在1994年9月成为北京科技大学的本科生，取得学籍。1996年2月29日，田永在期末补考中，被监考老师发现随身携带的有抄写公式的小纸条。监考老师没有充足的证据证明田永偷看了该纸条，制止田永继续作答。北京科技大学按照1994年原国家教育考试委员会关于严肃考场纪律的指示精神，制定了校发（94）第068号《关于严格考试管理的紧急通知》[①]。依据该规定，在1996年3月5日将田永考试携带小纸条的行为认定为考试作弊行为，决定对田永作出退学处理，取消其学籍。1996年4月10日，北京科技大学依照规定对原告田永的学籍变动通知进行填发，但并没有向原告田永宣布和送达其已经被作退学处理和变更学籍的决定和通知，也没有为原告田永办理退学手续，没有妨碍田永在被告北京科技大学继续学习和参加学校相关活动。同年9月，新的一学期开始，北京科技大学还是按照正常在校本科生标准，对田永补发学生证，对于田永每学期所缴纳的学费照收不误，为其进行注册登记，发放大学生生活补助。田永在校期间取得了大学生英语四级、计算机应用水平测试成绩合格证书，并且学业课程也不曾落下，毕业设计、毕业论文和毕业答辩都顺利通过。

1998年6月，如果按照优异的成绩以及顺利完成毕业论文以及毕业设计的表现，田永应当能够顺利毕业，取得学位证书和毕业证书，但是被北京科技大学告知其已作出退学处理的决定，不具有北京科技大学的学籍信息，拒绝向田永颁发毕业证书。此前田永与北

[①] 北京科技大学校发（94）第068号《关于严格考试管理的紧急通知》（简称第068号通知），该通知规定："凡考试作弊的学生一律按退学处理，取消学籍。"

京科技大学有交涉，国家教委高校学生司于1998年5月18日致函被告北京科技大学，认为北京科技大学的该决定过重，需要对其进行复查。北京科技大学在1998年6月10日复查后，依然坚持原来所作出的决定。于是田永以被告北京科技大学未向其颁发毕业证书和学位证书行为违法，向北京市海淀区人民法院提起行政诉讼。

最终北京市海淀区人民法院经过审理作出判决，判决北京科技大学为田永颁发毕业证书，审核田永学位资格。在判决作出以后，被告北京科技大学不服判决，进行上诉。1999年4月26日，北京市中级人民法院作出判决，驳回北京科技大学的上诉，维持原判。

二、案件所体现的公共服务论

（一）体现对公民受教育权保护的公共服务论

我国宪法明确规定了将公民的受教育权作为公民的一项基本权利[①]，公民拥有接受教育的权利和义务，任何人或者组织都不能非法剥夺他人接受教育的权利。在本案中，北京科技大学对田永作出的退学处理，在一定程度上侵犯了原告的受教育权利。在学校老师与相关行政部门沟通交涉后，国家教委高校学生司于1998年5月18日致函被告北京科技大学，为充分确保当事人受教育权利，让其进行复查，即体现了对公民受教育权保护的公共服务论的实践。同时，1990年颁布的《普通高等学校学生管理规定》（以下简称《规定》）中提到，对于考试作弊行为应当予以纪律处分[②]。该《规定》中也只是给予纪律处分，并没有规定应作出予以退学的处理，《规定》的第二十九条中还将应当予以退学的情形罗列了出来，其中并没有因考试作弊而予以退学的情形[③]。相关法律规范在对相关处理行为进

[①] 依据《中华人民共和国宪法》第四十六条：中华人民共和国公民有受教育的权利和义务。国家培养青年、少年、儿童在品德、智力、体质等方面全面发展。

[②] 《普通高等学校学生管理规定》（已废止）第十二条："凡擅自缺考或考试作弊者，该课程成绩以零分计，不准正常补考，如确实有悔改表现的，经教务部门批准，在毕业前可给一次补考机会。考试作弊的，应予以纪律处分。"

[③] 《普通高等学校学生管理规定》（已废止）第二十九条："学生有下列情形之一者，应予退学：（一）一学期或连同以前各学期考试成绩不及格课程有三门主要课程或四门（含四门）以上课程不及格者；（二）实行学分制的学校，不及格课程学分达到退学规定学分数者；（三）连续留、降级或留、降级累计超过两次者；（四）不论何种原因，在校学习时间超过其学制两年者；（五）休学期满不办理复学手续者；（六）复学复查不合格不准复学者；（七）经学校动员，因病该休学而不休学，且在一学年内缺课超过该学年总学时三分之一者；（八）经过指定医院确诊，患有精神病、癫痫等疾病者；（九）意外伤残不能再坚持学习者；（十）本人申请退学，经说服教育无效者。按本条规定处理的学生，对学生不是一种处分。"

行限制的同时，反映了对受教育权保护的公共服务论。

（二）行政活动的公共利益导向

行政的内容是以行政行为为主的公共服务，其本质是为社会服务。行政行为应当是一种服务行为，无论是行政行为的作出还是开展行政执法活动或者贯彻行政程序性原则，都应当体现对公共利益的服务和导向。本案中，为了充分保障当事人的合法权益，法院从行政正当程序原则出发，认为北京科技大学所作出的相关决定以及后续处理都没有体现一定的程序性规定，驳回被告上诉，维持原审判决。其次，在前述观点中我们提到的《规定》已经被修改，原《规定》废止，新的《规定》对上述相关条文进行了修改[①]，这也是行政行为对公共服务论的一个体现，引导更多的行政行为和行政执法活动以公共利益为导向。

（三）司法裁判所体现的公共利益价值

本案所体现的是对公民受教育权保护的公共服务论，被告北京科技大学所作出的对原告予以退学的处理决定，直接涉及原告的受教育权利，法院在审理裁判之后作出判决[②]，该判决的作出体现了司法裁判对社会正义、公平的维持，进而维护了社会秩序，而这一切所体现出来的是对社会公共服务论的实践和价值追求。高等学校对其教育规定具有一定的教育自主权，其可以为了学校的自身利益制定相关规章制度，但是其所制定的规章制度应当以当事人利益和社会公共利益为基础，维护当事人合法权益，推动公共服务论在行政中的价值体现。被告北京科技大学应当贯彻惩罚与教育相结合的

---

① 《普通高等学校学生管理规定》第十八条："学生严重违反考核纪律或者作弊的，该课程考核成绩记为无效，并应视其违纪或者作弊情节，给予相应的纪律处分。给予警告、严重警告、记过及留校察看处分的，经教育表现较好，可以对该课程给予补考或者重修机会。"第三十条："学生有下列情形之一，学校可予退学处理：（一）学业成绩未达到学校要求或者在学校规定的学习年限内未完成学业的；（二）休学、保留学籍期满，在学校规定期限内未提出复学申请或者申请复学经复查不合格的；（三）根据学校指定医院诊断，患有疾病或者意外伤残不能继续在校学习的；（四）未经批准连续两周未参加学校规定的教学活动的；（五）超过学校规定期限未注册而又未履行暂缓注册手续的；（六）学校规定的不能完成学业、应予退学的其他情形。"

② 北京市海淀区人民法院于1999年2月14日作出（1998）海行初字第00142号行政判决：一、北京科技大学在本判决生效之日起30日内向田永颁发大学本科毕业证书；二、北京科技大学在本判决生效之日起60日内组织本校有关院、系及学位评定委员会对田永的学士学位资格进行审核；三、北京科技大学于本判决生效后30日内履行向当地教育行政部门上报有关田永毕业派遣的有关手续的职责；四、驳回田永的其他诉讼请求。北京科技大学提出上诉，北京市第一中级人民法院于1999年4月26日作出（1999）一中行终字第73号行政判决：驳回上诉，维持原判。

原则，所作出的决定应当体现出教育公共服务，使其具体化、明确化。

三、公共服务论对行政案例实践的指引

（一）思想是行政活动的原则

正确的意识对实践具有推动和指引作用。公共服务论作为一种科学、正确的理论，对行政活动具有指引作用。在本案中，以对公民受教育权保护的公共服务论为出发点，对行政立法、行政执法起到了一定的推动作用，如前所述旧《规定》的修改废止，以及在今后对相关高校或者相关部门对学位证或者毕业证的授予作出指引。公民的受教育权不仅是公民个人所拥有的一项很重要的权利，而且是全社会主体的需要，完善和践行对公民受教育权保护的公共服务论能够在一定程度上调节公私冲突和纠纷，稳定社会秩序，维护公共利益。

（二）公共服务论思想是行政活动、司法救济活动判断的主要价值标准

法律规范以公共服务论为载体，违反法律规定就是违反公共服务论的价值规范。所以对于违法行为不容姑息，只有当违法行为被遏制、被惩罚时，公共服务论才能更好地发挥其指导和评判作用，才能恢复与公共服务论一致的价值体系。行政活动与司法救济活动要以公共服务论为主要价值判断标准，通过对公共服务论的实践，建设服务型政府，形成公平正义的司法活动救济体系。

后　记

　　一、理论的探索是艰苦的，能够提出并证实一种可行、有价值的理论是幸福的。笔者学习、研究、探索行政法学相关理论与实践二十余年，一直专注控权论。目前，中国法治的蓬勃发展、异常繁荣，急切呼唤新的理论、新的知识、新的内容。笔者在学习、了解经济学范畴的基础理论及公共服务论时，猛然发现公共服务论可以与公权进行契合研讨：二者的对象、内容、功能、规范、发展前景等可以在一个平台上实现对接。在对外服务中，公权可以作为一个"产品"的提供商，设计制度，组建机构，进行活动，目的是保护社会整体效益，目标有安全、秩序、效率，提供资源配置、组合，促进社会主体更新、重生。而平台的搭建、秩序的管控、优化规则的制定实施、效果评估、方法改进等内容交给行政主体。以行政为主的公权事实上提供有用有效的公共产品，保障社会发展和进步，故公共服务论可以作为、应该作为行政法的基础理论。

　　二、公共服务论应用于实践，就是通过几个方面进行验证，一是基础理论方面的完整内容概括和阐释，内容明确、具体。二是对行政行为进行具体解释，对目前法定的行政片段，如行政强制、行政处罚、行政奖励、行政公开、行政检查等具体行政行为是否符合公共服务论的基本内容进行一一对照说明，还对其他行政行为如行政自由裁量、行政听证、行政服务热线等活动，根据公共服务论内涵进行解释、说明。笔者发现，针对具体行政行为，用适用行政法的基础理论进行对照解释，是行政法基础理论的应用和进步，也是行政行为获得基础理论支持的一次实践验证。具体行政活动获得理论支持以及是否真实获得支撑，是一种试错、一种验证、一种进步。通过检验发现，行政行为能够支持公共服务论，公共服务论能够在行政片段中获得相对完美的支持，二者的互证是行政法理论的一次成功推进。

　　三、在对公共服务论与行政行为互证讨论的过程中，笔者发现还有更多更丰富的内容需要研讨。

（1）公共服务论本身需要完善、深化、推广、普及。行政法有很多基础理论，同样，公共服务论是多种范畴的概念，二者要在行政权力运用的平台上获得一致，可以算是行政法理论的一次成功。对相关的其他范畴的公共服务论需要清理、摈弃，才可能进一步发扬发挥行政法范畴的公共服务论。有的理论设计把公共服务论放在少数的行政支持的范畴。如水电气路教育医疗等领域，是典型的主要的公共服务领域，带有公共性，一个或者几个主体提供服务并非最佳选择。这些领域有一些基本的特征，如可以形成自然垄断，具有明显的直接公共利益，是很多人的共同需要等。为了发挥这些领域服务的有利因素，祛除不利因素，国家（政府）需要直接提供或者制定服务规范，提高服务的标准，保障消费者的正当的合理的权益；在保障这些领域服务提供的基本利益的基础上更需要增强公平公正的普及性，不能完全按照市场经济优胜劣汰的规律自由发展，需要保障基本人权，因为获得基本的普遍的公共服务是一定地域或者国族内人的基本权利。其实，行政等公权提供的其他对外活动何尝不是如此：平等性、普及性、效率性、社会性、道德性、发展性需要具备，具体的制度设计和某一项单一的规范的直接或间接的目标不完全相同，但方向一致。

（2）需要仔细鉴别、审慎确定行政等公权力行使中的非公共服务内容，对其进行限制、约束与去除。理论上而言，行政主体是受托者，民众是委托者，二者可以接受委托代理规则的约束、限定，但事实上，权力一旦委托出去再收回来就困难了，况且新的受托者可能做得更差，更不能保护社会、民众的共同利益。造成这种委托代理的因素也有多种，可能是历史形成的，可能是间接委托代理，可能有受托者强势为之，等等。因此，要针对现有的公权委托代理做好对公权力的约束限制的可行之举。约束的方式之一就是对行政等公权行使的内容进行评估、监督，对特定权力行使行为采取特殊的撤销等方式进行限制。设置专门的机构，组建专门的人员，对行政等公权行使的范围、内容、方式、效果等进行逐一的评估评定，对过分自私行使权力（为部门、团体等谋取利益，如罚款直接自行使用或者提取高比例资金，垄断组织收取高额的服务费用等）、过度保护公权力（在人、财、物的支持方面远远超过通常的社会标准，如盖豪华办公楼、使用大办公室、远超普通民众的水电资源使用、食堂等后勤保障过度等）、公权掌握资源浪费（人浮于事、闲散人员众多、内设机构不断增加等）使用等行为进行测定、评判，对不当的公权自肥行为进行限制、去除，如公务消费奢靡、医疗教育等资源的过度占用等，对高级公务人员社会保障过度等活动进行减少。这项工作一般而言，交由独立机构或者社会主体参与进行比较合适。

（3）服务与发展并重。传统法学、政治学等对暴力具有天然的警惕与排斥，对暴力导致的社会毁灭后果难以释怀，一直抱着控制公权的态度构建理论，设计制度，保护人权。把权力关进制度的笼子后，就需要考虑权力怎么给社会给民众提供更高质量的服务了。国家间有合作共赢，也有残酷的竞争乃至武力冲突。国家的发展是竞争的基础。公权力能够继续发挥更大的功效服务于民众，如高科技发展给人类带来巨大的红利，减少人类的体力劳动量，增加人类的财物，让人类生活更轻松更幸福。国家之间的高科技竞争是国家实力的基础。互联网、芯片、人工智能、生物科技、物联网等新科技都足以改变人类的生存模式，可能形成民族国族优势，让某些民族国族具有更强的竞争能力。限制中的行政为代表的公权如何充分发挥主动性，最大限度地促进国家进步，更有力地给国民提供更高质量更充分的服务，是现代限权国家共同面临的问题。在行政行为与公共服务论互证中需要寻找更好的方式促进行政提高服务能力。就是说，对权力的多重态度：既爱又恨，把权力关进制度的笼子；制约权力和要求权力促进发展不矛盾是国民的共同诉求；提供更好、更规范的公共服务是国家治理能力现代化的标识。简要的总结，是笔者思考的凝练，是对公共服务论与行政行为关系的反思，是继续深化研究的起点。

通过本书的写作，笔者希望能够把行政法学基础理论具体化、明晰化、互动化。在行政具体活动中使用理论论证，行政活动本身也是理论的载体，二者应形成良性的互动和相互支持。这是一个尝试、一个大胆实验、一项耗费心智的独立活动，也算是理论和实践对接、互动、互证的前进，希望获得各界的认可、理解、支持及讨论评判。促进行政法学理论进步、实践推动，是法学研究者的夙愿。一孔之得，抛砖引玉，未来可期！

黄泽勇

2022 年 10 月